프랑스의 종교와 세속화의 역사

프랑스의 종교와 세속화의 역사

발행일 2013년 02월 22일 **발행인** 정상철
지은이 이영재 · 이정민 · 임승휘 · 이성재 · 김응종 · 백인호 · 민유기 · 노서경 · 박지현 · 박 단
펴낸곳 충남대학교출판문화원 **주소** 대전광역시 유성구 대학로 99
전화 042-821-6045 **홈페이지** cnupress.cnu.ac.kr **E-mail** cnupress@cnu.ac.kr

ISBN 978-89-7599-462-3 93920
정가 16,000원

프랑스의 종교와 세속화의 역사

김응종 · 민유기 외 지음 | 한국프랑스사학회 기획

충남대학교출판문화원

머리말

종교는 초월적인 존재를 믿고 의지하는 인간들의 관계망을 조직하고 규율하는 하나의 사회제도로서, 각 문명권은 저마다의 신앙체계에 걸 맞는 내용과 형태를 갖춘 독특한 종교를 발전시켜 왔다. 이 과정에서 세력 확대와 유지를 위해 불가피했던 정치 · 군사 권력과의 동맹 또는 직접적인 권력 장악으로 말미암아 종교는 세속적 이해관계에 얽매이게 된다. 가톨릭 유럽의 경우, 이러한 분열과 대립이 종교적 권위를 약화 · 해체함으로써, 세속화의 장기적 과정이 진행되었다. 물론 그 과정은 진전과 반전이 교차하는 매우 불규칙하고 복잡한 것이었지만, 그 결과 인간 행위의 점점 더 많은 부분은 종교의 통제로부터 해방되었다.

그러나 21세기 벽두에 발생한 충격적인 사건이 이러한 장기적인 추세를 바꾸어 놓은 듯하다. 일부 과격한 이슬람교도들의 9.11테러 이후 종교는 매우 민감한 정치적 사안이 되었다. 이라크와 아프가니스탄에서는 21세기 판 십자군전쟁이 벌어지고, '자유와 평등'을 금과옥조처럼 여기는 유럽 국가들에서는 특정 종교에 대한 박해로 비칠 수 있는 법률이 제정되고 있다. 최근 우리나라에서도 사회갈등을 야기할 수 있는 과잉 종교 활동이 나타나고 있다. 이런 상황에서 현대 사회에서 종교가 가지는 의미, 종교의 성장과 발전에 대한 역사적 고찰의 필요성이 제기된다. 20세기 세계사를 좌우했던 이데올로기의 대결이 종식된 지금, 종교가 그 역할을 대신하고 있는 것처럼 보이기 때문에 더욱 그러하다.

그리스도교 문명권에서 핵심적 역할을 해온 가톨릭 프랑스의 종교적 발전과 세속화 과정을 검토하는 것은 바로 이 같은 문제의식을 토대로 한다. 왜 프랑스인가? 로마가 그리스도교를 받아들이고 국교로 숭배한 이래, 프랑스는 '가톨릭의 장녀'로서 이탈리아와 에스파냐와 함께 로마교회를 떠받쳐 온 가톨릭의 지주였다. 프랑스는 최초의 가톨릭 군주인 프랑크왕국의 클로비스가 다스렸던 땅이고, 카롤루스 대제가 재건하고 로마교회가 축성한 서로마제국의 핵심이었다. 성유로 축성된 프랑스의 왕들은 '신의 이름으로' 통치하면서 그리스도교 왕국의 전통을 계승 · 발전시켰다.

근대 초 종교개혁에서 비롯된 위그노 전쟁으로 분열되고 파괴된 국가를 재건하기 위해 종교적 통합을 강화하며 국력을 키웠던 프랑스는 유럽의 패권 국가로 부상할 수 있었다. 그러나 영국과의 패권 경쟁과 식민지 쟁탈전에서 패퇴하고, 이를 극복하기 위한 일련의 개혁마저 성공하지 못하자 프랑스는 극단적인 선택을 할 수밖에 없었다. 바로 1789년의 혁명이다. 혁명은 프랑스의 모든 것을 바꾸어 놓았는데, 그 중 파급효과가 가장 컸던 것이 바로 '성직자민사기본법'을 통한 가톨릭교회의 개혁이었다. 개혁의 방향은 프랑스 교회를 로마로부터 독립시켜, 이론상으로는 프랑스 인민의 권력, 현실적으로는 프랑스 국가의 통제 아래 두는 것이었다.

우여곡절 끝에 왕정이 복고되고 가톨릭교회도 혁명 전의 상태로 되돌아갔지만, 한 번 시작된 변화의 물결을 막는 것은 불가능했다. 더구나 과학혁명 이래 계속된 지식의 축적과 기술의 발전이 종교의 권위와 통제력을 약화시키면서 사회의 전반적인 세속화를 촉진하는 가운데 교회의 역할은 점점 더 축소될 수밖에 없었다. 사람들은 신도로서가 아니라 시민으로서 국가의 통제와 보호를 받게 되었고, 점증하는 노동계급은 교회가 아닌 조합에서 공동체의 유대를 발견하게 되었다. 공화국에서 시민은 양심에 따라 자유롭게 종교를 선택할 수 있고, 누구나 그러한 권리를 누린다는 점에서 평등하다. 국가는 이러한 자유와 평등을 보장하기 위해 정교분리의 원칙을 선포하고 '세속성(laïcité)'을 공화국이 수호해야 할 이념적 가치로 끌어올렸다. 프랑스에서 세속화 과정의 종점은 정교분리였다.

바로 이러한 점에서, 프랑스는 국가와 종교의 관계, 그리고 종교의 사회적 역할에 관한 하나의 모델이라고 할 만하다. 그런데 최근에 공화국 프랑스가 세속성의 원칙을 앞세우며, 이슬람을 신봉하는 일부 시민들에게 종교적 표현의 자유를 제약하는 법적 조치를 단행함으로써 큰 파장을 불러일으키고 있다. 따라서 프랑스사의 과거와 현재를 종교적 차원에서 재검토해본다면, 국가와 사회, 그리고 그 구성원인 시민들에 대한 종교의 역할과 위상을 규명할 수 있을 것이다. 이에 대한 심도 있는 고찰을 통해서, 우리는 현재 세계에서 진행되고 있는 '문명충돌' 양상뿐만 아니라, 우리 사회에서 벌어지고 있는 종교집단 간의 갈등에 대해서도 제대로 이해하고 판단할 수 있을 것이다.

이러한 학문적, 사회적 필요성에 의해 한국프랑스사학회는 2011년 가을 〈프랑스의 종교와 세속화〉를 주제로 제3회 학술대회를 개최하였다. 이 책은 이 학술대회에서 발표되고 토론된 글들을 기초로 한다. 책은 중세의 종교를 다룬 제1부, 구체제에서 프랑스혁명까지 종교와 세속화의 다양성을 다룬 제2부, 현대의 세속화와 종교 문제를 다룬 제3부 총 10개의 장으로 구성되었다. 각 장의 핵심 내용은 다음과 같다.

신성로마제국 황제 하인리히 4세를 '카노사의 굴욕'을 통해 굴복시킨 것으로 유명한 11세기 후반 교황 그레고리우스 7세는 교황수장제론 정부의 틀을 마련하고자 개혁을 단행하였다. 그는 로마 시노드를 매년 사순절에 정례화하였고, 이 회의의 결정사항은 교황에 의해 공포되어 교회법적 효력을 지니게 되었다. 그레고리우스 7세는 교황을 정점으로 하여 세속적 군주권의 막강한 지지 세력이며 봉건 지배계층인 성직자들을 교황의 하부조직으로 복속시키려 하였다. 그레고리우스는 개혁된 로마 시노드와 특사제도를 활용하여 전 유럽에 실질적인 보편적 교황의 통치권을 실현하고자 하였다. 이영재, 「교황 그레고리우스 7세의 개혁 수단 -로마 시노드와 특사 제도」, 『프랑스사연구』 26호(2012.02)를 수정 보완한 글이다.

그리스도교 공동체에 큰 두려움이었던 호전적 전사들에 대한 교회의 적극적 대처방안 모색은 공권력의 약화와 봉건 세속 영주들의 팽창이 지속되는 11-12세기에 시작되었다. 클뤼니 수도원 개혁 정신에 고무된 오르데릭 비탈은 세속 기사들을 수도사의 삶으로 인도하였고, 금욕주의와 절제를 미덕으로 삼는 시토 수도회의 전통을 바탕으로 한 성 베르나르는 십자군을 통해 세속의 기사가 그리스도의 기사로 거듭날 수 있음을 강조했다. 이들 기도하는 사람들의 그리스도의 기사에 대한 이상화 및 그리스도교화 작업은 시대적 요청에 의한 것이었다. 이정민, 「11-12세기 그리스도의 기사에 관한 고찰 - 오르데릭 비탈과 성 베르나르를 중심으로」, 『서양중세사연구』 30호(2012.09)를 수정 보완한 글이다.

근대 초 프랑스 왕정국가는 종교내전의 상처를 극복하면서 세속국가로서의 고유한 성격을 확보하기 시작했다. 17세기 전반의 절대왕정 체제는 왕권신수설을 토대로 국왕 신격화를 통한 국가의 자율성을 확보하고 국가 자체에 종교성을 부여했다. 개신교 지역과 달리, 프랑스에서 종교적 권위와 정치적 권위의 융합은 추구되지 않았다. 프랑스 절대왕정 체제는 공적 종교성, 즉 국가의 종교성이란 이름하에 종교적인 것을 정치적인 것에 종속시켰다. 프랑스에서 권리를 가진 근대적 개인과 자율성의 개념은 이러한 신성한 권리로서 국왕주권을 옹호한 절대주의의 틀 안에서 발전했다. 임승휘, 「근대 초 프랑스의 정치적 세속화 -프랑스 종교내전에서 루이 13세의 치세까지」, 『프랑스사 연구』 26호(2012.02)를 재정리한 글이다.

중세에 동일 직업을 가진 이들 간에 형제애를 발휘하여 좁은 범위 내에서 연대를 실천했던 형제회는 17세기 들어 종교적 신념을 바탕으로 보다 넓은 범위에서 연대를 실천하는 방향으로 변화하였다. 이러한 변화 배경에는 가톨릭 부흥 운동이 있었다. 당시 형제회가 보여준 활동은 교세 확장의 틀을 뛰어넘어 다양한 자선 활동으로 나아갔다. 신을 향한 사랑이 충만하다면 신분의 고하를 떠나 형제가 될 수 있다는 인식은 형제회의 활발한 자선 활동의 심리적 기반이었다. 이러한 태도는 이후 프랑스가 회원 간 형제애의 전통에서 시민들의 연대로 나아가는 사회적 밑바탕이 되었다.

18세기의 무신론자 돌바크에게 있어서 존재하는 유일한 것인 자연은 원인과 결과라는 인과의 사슬로 연결되어 있으며, 자연의 법칙에 의해 움직인다. 자연의 법칙에 따라 사는 것은 그리스도교가 내세우는 내세의 구원이라는 '환상'을 좇아 사는 것이 아니라 현세에서의 행복을 추구하는 것이었다. 그에게 현세의 행복과 안정과 평화를 가져다주는 것은 교회가 아니라 군주였다. 그의 종교사상은 혁명적이지만 정치사상은 보수적이었다. 그러나 자연철학에 기초한 그의 무신론은 신의 자의적인 개입을 거부하며, 전제적인 국왕의 자의적인 통치를 거부하는 정치사상으로 이어지기 쉬운 것이었다. 김응종,「돌바크의 자연철학과 무신론」,『프랑스사연구』26호(2012.02)를 재정리한 글이다.

18세기는 세속화의 결정적 시기였다. 1789년 프랑스혁명 직전까지 제도화된 종교의 사회적 기능은 약화되지 않았으나 개인의 종교에 대한 관심은 크게 후퇴하고 있었다. 이러한 현상은 혁명기 교회제도의 세속화로 나타났다. 1791년의 성직자민사기본법에 대한 선서로 교회제도는 타격을 입었고, 1793년 혁명력 2년의 비그리스도교화는 교회에 결정타를 날렸다. 그러나 비그리스도교화 운동 중에도 미약하지만 저항이 있었고 총재정부시기에 재그리스도교화가 진행되었다. 이후 19세기 내내 극심한 정치변동을 겪으면서 세속화는 1905년의 정교분리법으로 일단락되었다. 백인호,『창과 십자가』(소나무, 2004)의 내용 일부를 대폭 수정 보완한 글이다.

1901년 결사법은 드레퓌스 사건으로 제3공화국을 위기에 빠뜨린 교권주의 세력을 억제하기 위한 것이었다. 1902년 하원 선거 승리로 구성된 급진당의 콩브 정부는 결사법을 적용해 허가받지 않은 수도회와 부속 교육기관들을 폐쇄하였고, 모든 수도회의 교육 금지법을 제정했으며, 정교분리법 논의를 본격화하였다. 급진공화파는 종교에 반대한 것이 아니라 보수주의 세력과 결탁해 민주주의와 공화국을 위협한 교권주의 세력에 반대하였다. 결사법에 의한 시민들의 다양한 결사체 활동과 공교육의 확대는 프랑스 사회의 세속화에 이바지하였다. 민유기,「프랑스 급진공화파의 반교권주의와 1901년 결사법」,

『프랑스사연구』27호(2012.08)를 수정 보완한 글이다.

1932년에 창간한 잡지『에스프리(*Esprit*)』는 프랑스 가톨릭과 지성계에 하나의 중대한 이정표였다. 『에스프리』의 자본주의와 개인주의 비판은 사회 뿐 아니라 교회 내부를 겨냥하는 것이었고, 인격주의를 기치로 집단주의를 거부하는 공동체, 개인주의를 배격하는 개인을 강조하여 파시즘과 공산주의에 항거하기도 했다. 동시에 노동문제에 주목하고 프롤레타리아의 문화적 고양을 지지하여 가톨릭과 공산주의에 소통의 장을 열기도 했다. 『에스프리』는 현대 프랑스에서 가톨릭이 수구적이지 않으며, 교회가 가진 자들만의 것이 아니며, 종교인들이 가지지 못한 자들과 함께 하려 한다는 사회적 인식의 형성에 기여하였다.

비시정부는 세속교육의 목적을 민족의 정신과 문화적 가치를 가르치는 데 두어 가톨릭 교육과 민족교육이 절충된 라이시테를 탄생시켰다. 이 라이시테에 기초해 2차 대전 이후 가톨릭 종교를 절충한 민족교육이 세속교육의 한 부분을 차지하였다. 비시정부의 라이시테는 가톨릭을 프랑스 민족종교로서, 혹은 프랑스 문화의 정신적 토대로서 수용했기에 가톨릭 종교교육을 허용한 1940년 법령이 비시정부 이후에도 존속되었다. 그러나 이 법령은 비시정부의 반유대주의 정책처럼 프랑스 민족에 해당되지 않는 외국인, 이민자, 타종교인을 차별, 억압하는 기저가 될 수도 있었다. 박시현, 「비시정부와 가톨릭교회의 라이시테(1940-1941)」, 『프랑스사연구』27호(2012.08)를 부분 수정한 글이다.

프랑스는 이론적으로 라이크적 공화국이나, 현실적으로 무슬림 이민자에 직면해 라이시테 원칙을 수호하기가 쉽지 않다. 2004년 히잡 금지법은 프랑스의 무슬림에게 차별적 악법으로 여겨졌으나, 라이시테 원칙을 수호하는 효과가 있었다. 프랑스의 1905년 정교분리법 이래 라이시테 원칙은 국가가 종교권력으로부터 독립적이고, 모든 종교로부터 중립이라는 프랑스 공화국의 정체성을 확고히 했다. 하지만 이 원칙은 무슬림 이민자에 대한 통합정책의 유연성을 어렵게 만든다. 무슬림 이민자 문제가 더욱 심각해진다면, 프랑스는 라이시테에 일정한 변화를 줄 수밖에 없을 것이다. 박단, 「무슬림 여성의 베일 착용과 '프랑스적 예외'로서의 라이시테」, 『대구사학』 102호(2011.02)를 부분 수정한 글이다.

필자들은 이 책이 서양의 종교, 세속화, 정교분리, 종교의 사회적 역할, 문화/문명 갈등과 충돌 등과 같은 다양한 주제에 관심을 가진 이들에게, 종교와 사회의 바람직한 관계 설정에 대해 고민하는 이들에게 도움이 되기를 바란다. 한국프랑스사학회의 2011년 학술대회는 〈프랑스의 종교와 세속화〉를 주제로 충남 전의에 있는 대전가톨릭대학교에서 열렸다. 신학교에서의 1박2일은 종교와 세속화에 대해 생각해 볼 수 있는 소중한 시간이었다. 본 학술대회의 취지에 공감하시고 물심양면으로 지원해주신 대전가톨릭대학교 민병섭 총장신부님께 진심으로 감사드린다. 끝으로 이 책이 세상에 나오도록 많은 도움을 준 충남대학교출판문화원에 고마운 마음을 전한다.

필자들을 대표하여 김응종

2013년 2월

목차

01 중세 가톨릭 개혁과 그리스도 기사의 이상화

02 구체제의 종교와 세속화의 다양성

Chapt er 03

Chapt er 04

03 현대의 세속화 문제와 종교의 변화

Chapt er 09

Chapt er 10

part 01

중세 가톨릭 개혁과 그리스도 기사의 이상화

chapter 01 교황 그레고리우스 7세의 개혁 수단:
로마 시노드와 특사 제도

chapter 02 세속 기사의 그리스도 기사로의 이상화:
11-12세기 오르데릭 비탈과 성 베르나르를 중심으로

Chapter 01

교황 그레고리우스 7세의 개혁 수단: 로마 시노드와 특사 제도

1. 들어가며
2. 로마 시노드 개혁
3. 교황청 특사
4. 나오며

Chapter 01

교황 그레고리우스 7세의 개혁 수단 : 로마 시노드와 특사 제도

이영재

1. 들어가며

현재 교황 베네딕투스 16세는 제2차 바티칸 공의회(1962년 10월 11일-1965년 12월 8일) 개막 50주년을 기념하여 2012년 10월 11일부터 2013년 11월 24일까지를 '신앙의 해'로 선포하였다. 이 바티칸 공의회의 정신은 매우 혁신적인 것이었고, 교회를 쇄신하는 중대한 분수령이 되어 오늘날에도 자주 회자되고 있다. 교회 공의회는 오랜 시기를 거쳐 발전해 왔으며, 특히 14세기 후반에 교회 분열을 종식시키는 결정적인 제안이 바로 이 공의회 운동의 이념에서 나왔다. 이러한 점에서 브라이언 티어니(Brian Tierny)는 공의회 이념에서 근대 대의제 모델이 나왔다고 주장하기도 하였다.[1] 이후 교황수장제론에 대비되어 나온

1 박은구, 『서양 중세 정치사상 연구』 (혜안, 2001), 19쪽.

이 공의회 운동은 단명하였지만 서구 민주주의 발전에 중요한 영향을 미치게 되었다. 공의회 발전과정에서 신성로마제국 황제 하인리히 4세를 '카노사의 굴욕'을 통해 굴복시킨 것으로 유명한 11세기 후반 교황 그레고리우스 7세(1020-1085)의 로마 시노드 개혁은 그 초석을 놓은 사건으로 볼 수 있다. 교황 수장제론자였던 그레고리우스 7세가 공의회 발전에 기여했다는 사실은 역설적이라 하지 않을 수 없다.

교황 그레고리우스 7세[2]는 교황에 선출되자 교회의 개혁을 조직적이고 체계적이며 지속적인 것으로 만들기 위한 법적 제도화가 필요하였다. 이러한 조치 가운데 하나로 시노드 개혁이 실시되었다. 시노드를 활성화하기 위해 그는 정례적인 모임, 일정한 수의 참석인원, 다수의 수평적인 토의 과정을 통한 일종의 '민주적인' 방식을 시도하였으며, 로마 시노드(Rome Synod)를 그의 교회 개혁의 중요한 수단으로 활용하였다. 그레고리우스는 이러한 시노드에서의 결정 사항을 널리 알리고 책임 있게 수행할 유능하면서도 신뢰할 수 있는 특사를 파견하여 자신의 개혁을 안정적으로 정착시키려 노력하였다.

2. 로마 시노드 개혁

1) 사순절 시노드의 정례화

교황 그레고리우스 7세로부터 이후의 개혁 교황들은 모든 라틴 교회 관할 구역의 주교들이 참석하는 시노드를 자주 개최하였다. 시노드의 어원은 회의(assembly)라는 의미를 지닌 '시노도스(*synodos*)'에서 유래된 것으로, 초대 교회 시

2 교황 Gregory 7세에 관한 최근의 국내연구로는 장준철, 「전통과 혁신: 교황 그레고리우스 7세 개혁의 양면성」, 『서양중세사연구』, 23호 (2009), 31-58쪽. 이영재,「교황 Gregory 7세의 로마 교회론과 성전(Holy war)관」, 『서양중세사연구』, 19호 (2007) 36-66쪽; 「교황 Gregory 7세의 서임권투쟁에 관하여」,『서양중세사연구』, 15호 (2005) 27-59쪽; 「교황 Gregory 7세의 교황주권론 연구」, 숭실대학교 박사학위 논문 (2004).

기에 같은 지역의 여러 주교들이 교리와 규율에 관한 문제를 명확히 하고자 모인 것에서 비롯되었다.[3]

시노드는 크게 두 범주로 나뉜다. 첫째는 황제들이 소집하고 주재하였던 제국 시노드로, 제국 전역의 교회 문제들을 조정하기 위한 것이었다. 오토 및 잘리에르 왕조 시기에 개최된 이 시노드에는 교황이 참석하여 황제와 함께 회의를 주재하기도 했다. 사실상 제국 시노드에 교황이 참석한다는 것은 개혁 교황권 초기 시절에도 지속된 일이었다. 1049년 10월 마인츠에서 열린 제국 시노드에는 교황 레오 9세가 황제와 함께 동석하였으며, 교황이 참석했던 마지막 제국 시노드였던 1055년 피렌체에서 열린 제국 시노드에서는 독일 출신의 교황 빅토르 2세와 황제 하인리히 3세가 동석하여 함께 개혁 법령들을 반포하였다.

둘째는 교황 시노드로서 이는 그레고리우스 개혁 이전부터 있어 온 것이었다. 여기에는 로마 외곽의 주교들이 주로 참석하였는데, 때로는 로마 교회 관할 지역의 주교들, 드물게는 비잔틴 제국의 지배에 복속되지 않은 이탈리아 지역의 주교들이 참석하였다. 이 시노드는 로마 교회의 지방 문제들을 해결하기 위해 개최되었는데 이는 지역 교회들에게 보편 교회의 원칙을 가르치고 실행할 수 있도록 계도하는 의미도 지녔다. 로빈슨(Robinson)은 교황 레오 9세 시기에 새로운 부류의 교황 시노드의 원형이 출현했다는 점을 지적한 바 있다.[4] 그에 따르면 1049년 교황 레오 9세는 마인츠에서 제국 시노드가 열리기 2주 전 랭스에서 열린 교황 시노드가 바로 이 새로운 형태의 시노드의 원형을 이루었다. 이 시노드에서 교황은 처음으로 비이탈리아인과 비제국의 주교들을 소집하여 로마의 외곽 지역과 제국의 변방에까지 교회의 최고 판결권을 행사할 수 있게 했다. 이러한 교황 시노드는 11세기 말엽 개혁 교황들의 모델

---

3 B. Schimmelpfenning, *The Papacy* (New York: Columbia Univ. Press, 1992), p.7.

4 I. S. Robinson, *The Papacy, 1073-1198, Continuity and Innovation* (Cambridge: Cambridge Univ. Press, 1990), pp.122-123.

이 되었다고 할 수 있다.

1073년에 이르기까지 교황들이 주재하였던 로마 시노드는 교회의 업무를 집행하고 많은 지역에서의 교회 개혁을 수행하기 위해 부활절 이후에 자주 열리게 되었다. 그러나 1073년의 교황 알렉산데르 2세 시기의 마지막 시노드는 부활절 이후라기보다는 사순 시기에 개최되었다. 교황 그레고리우스 7세는 이것을 하나의 선례로 만들어 매년 라테라노 성당에서 사순 시기에 시노드를 개최하였다. 단 1077년은 그레고리우스가 '카노사의 굴욕' 사건 이후 북부 이탈리아를 여행하고 있었기 때문에 사순 시기에 열리지 못했다. 1082년에서 1085년까지 로마에서의 정치적 군사적 상황이 불안정하였음에도 불구하고, 그레고리우스는 로마에서 사순 시기에 교황 시노드를 개최하고자 노력하였다. 그러나 이례적으로 1074년과 1078년에는 11월에 시노드를 한 번 더 개최하기로 하였다. 또한 1083년에는 11월에만 소수의 인원이 참석하는 시노드가 개최되었다. 그레고리우스 7세 시기의 마지막 시노드는 1084년 망명 중인 살레르노에서 열리게 되었다.

이에 대한 카스파르(E. Caspar)는 종교회의의 빈번한 개최에 대한 고대적인 두 대립적 전통들을 언급한다. 그 가운데 하나는 니케아 공의회 모델로 이에 따르면 일 년에 12번의 시노드를 개최할 것을 장려하는 것이었고, 다른 하나는 4세기 말엽과 5세기의 아프리카 공의회 모델로 이는 공의회를 연중 개최하는 것이었다.

그러나 사실 어디에서도 로마 공의회가 특별히 언급되고 있지는 않았다.[5] 교황 그레고리우스 7세는 고대적인 전통에서도 명확히 언급되고 있지 않은 시노드의 개최지를 로마로 정하여, 매년 사순 시기에 로마의 라테라노 성당에서 정기적으로 열리도록 정례화 하였다. 1075년에 그레고리우스 7세는 "몇 년 동안 사도좌에서는 주님의 도움으로 시노드를 관례대로 사순절 첫 주에

5 R. Somerville, "The Councils of Gregory Ⅶ", *Studi Greroriani*, 13(1989), p.36.

개최하기로 결정하였다"며 라벤나의 대주교에게 사순절 첫 주에 시노드를 소집한다는 내용의 서한을 보냈다.[6]

그레고리우스는 로마 주교들과 추기경들과 함께 협의한 내용을 자신의 주교좌의 일상적 모습으로 로마 시노드의 기능을 통해 보완하였다. 이들 시노드의 공식적인 기록과 교황의 서한들에서 알 수 있는 바는 그가 시노드에서 자신의 사도적 권위를 증명하고 이를 그리스도교 공화국(*Respublica Christiana*)에서의 정신적 · 도덕적 · 정치적 생활의 체계화를 추구하는 주요한 기구로 인식하였다는 점이다.[7] 그레고리우스의 기록집(*Registrum*)은 시노드의 목적을 유래 없이 광범위한 의미로 서술하였다. 그것은 "거룩한 교회의 쇄신을 위해서(*pro restauratione*)" 그리고 "유익을 위하여(*ad utilitatem*)" 소집되었다. 이러한 목적은 1079년 사순절 시노드가 "신의 영예와 거룩한 교회의 건설(*hedificationem*)을 위하여 그리고 영혼과 육신을 지닌 인류의 복지(*salutem*)을 위하여" 개최되었다는 기록에서 확인될 수 있었다.[8] 이 목적의 광범위성과 일관성은 1078년과 1080년의 사순절 시노드에서 묘사되었던 약간의 제한된 성격과는 대비되는 것이었다. "이들 시노드에서 사도적인 법령을 확정하였던 그레고리우스는 교정을 필요로 하였던 많은 사건들을 교정하였고 확정을 필요로 하였던 많은 일들을 확정하였다."[9]

2) 시노드 참석자들

그렇다면 그레고리우스 7세의 시노드에는 어떤 사람들이 참석하였을까? 그레고리우스 7세가 개최한 시노드에는 일반적으로 그리스도교 사회의 광범

---

6 Gregory VII, *Registrum*, E. Caspar(ed.), (Berlin: Weidmann, 1955), p.179. 이하 *Reg.*로 축약.

7 H. E. J. Cowdrey, *Pope Gregory* VII, 1073-1085 (Oxford: Clarendon Press, 1998), p.586.

8 *Reg.* 6. 17. p.425.

9 *Reg.* 5. 14. p.368; 7. 14, p.480.

위한 지역의 사람들이 참석하였다. 이는 당시 군주의 대관식과 맞먹는 규모였으리라 추정된다. 이러한 연구는 탕글(G. Tangl)[10]에 의해 주로 이루어졌는데, 그녀는 당시 교황의 서한이 주교들은 물론 수도원장들에게 발송되었다는 점을 강조하며, 수도원장들의 시노드 참석을 그레고리우스 교황권의 혁명으로 보고 있다. 물론 수도원장들의 참석은 이전의, 특히 교황 레오 9세 시기의 시노드에서도 확인되고 있다. 그러나 탕글이 강조하는 점은 레오 9세기에는 모든 수도원장들의 참석이 아니라 일부의 특정 수도원장들만이 초대되었다는 사실이다.[11] 즉 그레고리우스 7세의 로마 시노드에는 주교들은 물론 수도원장들이 참석자의 다수를 이루었다. 교황은 주교들을 소집하여 시노드에 참석하도록 했으며, 이러한 과정을 다른 주교들에게도 고지하였다.

로마 시노드의 법령들은 각 주교들의 교구나 각 지방에서 주교가 개최하는 지역 시노드들을 통해 시행되어질 것이었다. 한편 수도원장들은 시노드의 결정사항에 주의를 기울이는 상당수의 성직자와 속인 공직자들에게 시노드에서 이루어진 도덕적 · 속죄적인 판결이 이행됨에 따라, 자신들이 속한 지방에서 자신들이 중심적인 역할을 수행하게 될 것을 기대하였다.[12] 이러한 과정에서 하층계급의 성직자와 속인들 역시 시노드에서의 자신들의 직무를 지니게 되었다. 그레고리우스 7세에게 지방 교회는 그곳의 성직자와 일반민들로 구성되어 있었기 때문에 로마 시노드는 성직자와 속인 양자 모두로 구성된 전체 교회를 대표하였다. 그 외에 그레고리우스 7세의 시노드의 실질적 다수를 이루며 지속적으로 참석한 이들은 도시 외곽의 주교들과 로마 사법권에 직접 복속되었던 중부 이탈리아의 '로마 교회의 교구' 주교들로 추정된다. 1079년에 사순절 시노드의 기록은 참석자들에 관해 언급하였는데, "이웃의 대주교들,

10 G. Tangl, *Die Telinehmer an den allgemeinen konzilien des Mittelalters* (Weimar, 1932).

11 R. Somerville, "*The Councils of Gregory VII*", p.40.

12 *Reg*. 7. 14. p. 482 / H. Cowdrey, *The Age of Abbot Desiderius of Monte Cassino* (Oxford: Clarendon Press, 1983), pp.43-44 참조.

주교들, 성직자들, 그리고 다른 교구의 성직자들"의 순서로 서술하고 있다.[13]

로빈슨(Robinson)에 따르면 그레고리우스 7세 시기에는 교황 시노드가 여전히 로마의 지방 시노드로서의 전통적인 흔적을 지니고 있었던 반면, 우르바누스 2세 시기의 십자군 원정과 칼릭스투스의 공의회 시기를 거치면서 라틴 교회의 법률을 제정하고 집행하는 전체 공의회로 명확히 변화해 나갔다.[14] 반면 코드리(Cowdrey)는 이미 그레고리우스 7세 시기부터 이러한 교황 시노드 범위의 확대과정이 이루어졌다고 주장한다. 1080년의 사순절 시노드에서는 주교 선출시의 양도 권한에 관한 법령이 우선적으로는 로마에 직속으로 소속해 있었던 주교좌에 부여되었으며, 그 다음으로 다른 대 도시교구에 속해 있던 주교좌에 주어졌다.[15] 구성원들을 살펴보면 그레고리우스의 시노드에 정규적으로 참석한 사람들은 로마 사법권에 직접 소속된 중부 이탈리아의 '로마 교회 속주'의 주교들과 외곽(suburbicarian)주교들이었다. 라테라노에서 열린 시노드들이 전체 교회의 시노드로서의 위상을 지녔다는 사실과 여기에서 결정된 사항들이 많은 업무들에서 보편적으로 적용되었다는 사실은 로마 시노드들이 그레고리우스 7세의 보편적 사법권에 상응하는 권위를 지녔다는 점을 보증해 주고 있다.[16] 그러나 일부의 경우에는 그레고리우스 자신이 특별히 마음에 두었던 고위층의 성직자만을 소집하였던 경우도 있었다.

3) 시노드의 주요 의제

그렇다면 교황 그레고리우스 7세가 추구하였던 시노드는 구체적으로 어떤 일들을 다루었는가? 그에게 교황 시노드는 먼저 개혁의 수단이었다. 1074년

13 *Reg.* 6. 17. p.425 / 7. 14, p.482.
14 Robinson, *The Papacy*, p.131.
15 *Reg.* 6. 17. p.425 / 7. 14, p.482.
16 H. Cowdrey, *Pope Gregory VII 1073-1085*, p.588.

1월 시카르드 아퀼레이아 총대주교에게 사순절 시노드 참석을 권하는 서한에서 그는 이 시노드가 "우리시대 교회의 고질적인 부패와 파괴"를 막는데 꼭 필요한 "위안과 치유"를 위한 것"이라고 밝히고 있다. 이는 무엇보다도 성직매매 금지와 성직자 결혼의 남용을 바로잡는 것이었고, 악한 자들을 처벌하는 것이었다. 1078년의 11월 시노드에서 그는 자신의 교황 초기시절의 관심사를 새롭게 다지는 계기로 성직매매와 성직자 간음을 금지였다. 성직매매의 금지에 관한 한 그는 이미 그레고리우스 1세가 이미 행했던 모든 형태의 금지를 확장시켰다. 그레고리우스 7세는 주로 주교들에게 연설하기를, 자신의 교구 안에서 예를 들어 성직록, 대부제직, 대성당 관리직 등과 같은 교회 관직을 팔았던 사람들에 대해 그들의 직위를 박탈한다고 공언했다. 성직매매를 통한 서품의 범위가 폭넓게 적용되었는데, 이는 과거 그레고리우스 1세가 돈을 주었던 사람들뿐만 아니라, 호의 혹은 봉사에 대한 대가로 수여받았던 사람들까지도 구별해 냈던 조치를 뒤따른 것이었다.[18] 더욱이 이들의 서품은 올바른 서품자에게 뒤따르는 승인절차였던 성직자와 인민들에 의한 자유 선출권을 침해했다는 차원에서 반교회법적인 것으로서 무효화되었다.

이렇게 시노드는 이전 개혁 교황들 시기와 마찬가지로 정의의 법정 역할을 하였다. 정의로움에 대한 추구는 그가 '그리스도교 공화국'을 수립하기 위해 꼭 이룩해야 할 불가결의 요소였다. 그의 서한 대부분에서 이러한 확고한 신념을 지닌 그레고리우스의 모습이 쉽게 확인되고 있다. 확장된 교황의 소집문들과 시노드의 의정서들은 '사악한 자'들을 처벌하는 일이 그의 시노드들의 가장 중요한 일이었음을 암시하고 있다. 예를 들어 그레고리우스 7세 초기 1075년의 사순절 시노드에서 반포된 의정서는 독일의 황제 하인리히 4세의 다섯 명의 참사위원들과 프랑스의 군주 필리프 1세, 노르망디의 귀족 로베르

17 *Reg.* 1. 42. p.65.

18 H. Cowdrey, *Pope Gregory VII*, p.509.

기스카르와 그의 조카에 대해서, 그리고 일곱 명의 제국 주교들에 대한 파문령의 선고를 기록하고 있다. 1076년의 사순절 의정서는 놀랍게도 독일 황제에 대한 선고뿐만 아니라 프랑스와 제국의 많은 주교들에 대한 선고문을 기록하고 있다. 그가 소집한 일련의 모든 교황 시노드는 황제 하인리히 4세와의 사건에 관련된 내용이었다.

1078년 11월 시노드에서 1080년 사순절 시노드까지 그레고리우스 7세 초기에 개최된 시노드에서 교황은 자신의 입장에서 많은 문제들을 처리하였다. 먼저 성직매매에 관한 문제에서 그는 자신의 최측근이자 특사였던 위그 드 디(Hugue de Die)를 리옹(Lyon, Gallia Lugdnensis) 대주교로 확정함으로서 자신의 특권을 행사하는 기회로 삼았다.[19] 그레고리우스 1세의 저술을 철저히 인용하면서 그는 과거에 세속 권력의 부당한 호의를 받아 리옹 주교좌로 부임하게 되었던 사람들을 비난하였다. 또한 법령들을 통해 도둑과 강도들처럼 대문이 아닌 다른 곳을 통해 들어온 사람들에게 더욱 강력한 형태의 법률적 제재를 가할 것임을 거듭 천명하였다.[20] 이렇게 해서 리옹 대주교좌는 그레고리우스가 이루고자 열망한 자유롭고 도덕적으로 정화된 교회 상황에 대한 프랑스에서의 전형이 되었다.

그레고리우스 7세는 1078년 속인에게 서임을 받은 성직자들에 대해서 법적 제재를 가하였다. 그는 그것을 수여하였던 속인에 관해서는 아무 언급도 하지 않았다. 그러나 1080년 3월의 시노드에서 그가 주도한 입법은 속인으로부터 서임을 받은 성직자들은 물론 서임을 한 속인들에 대해서도 강경한 어조로 제재를 가하였다. 주교들과 수도원장들 그리고 다른 성직자들에 관해 초기에 그가 행했던 비난을 반복하면서 그는 이제 그들이 야망의 죄 뿐만 아니라 우상숭배와 맞먹는 불복종의 죄(사무엘 상. 15장 23절)를 저질렀다고 심각하

---

19 *Reg.* 6. 34. pp.447-449.

20 H. Cowdrey, *Pope Gregory VII*, p.512.

게 질책하며 이를 도덕적 죄로 확대하였다. 그리하여 성직자에게만 적용되었던 사안이 이제는 황제로부터 그 아래의 모든 속인 사람들에게 적용되기 시작했다. 이에 성직자에게만 적용되었던 면직과 직위 박탈의 처벌이 속인에게도 동일하게 적용되기 시작했다. 그레고리우스는 교회의 적합한 자유를 훼손하면서 성직록을 받았던 성직자들의 관행에 죄명을 씌웠으며, 그들이 합당한 회심을 할 때까지 육체 혹은 정신의 모든 축복에서 그들을 배제하였다.[21]

그레고리우스는 시노드에 참석하는 그 자체가 입법과정에 참여하는 것이 되도록 하였으며 더욱이 일관된 법적 제가가 추가된 시노드를 통해 교황 권위를 행사하려 하였다. 그레고리우스의 시노드 운영방식은 교황 결정에 대한 일반적인 원칙들을 공포한 것이라기보다는 오히려 그가 특별한 사건들로서 인식하였던 죄, 남용, 불법행위 혹은 실정 등에 관한 검증 과정이었다. 특히 주교들을 동원하여 그들로 하여금 교회를 재조직하게 함으로써 그가 수용할 수 있는 기준으로 교회조직을 향상시키고자 했다.[22]

4) 토론에 의한 방식

그레고리우스의 시노드 제도는 그 규모가 점점 더 발전되어 나갔다. 시노드에서 내려진 결정들은 교황 혼자만의 의지와 권위로부터 나온 것이 아니었다. 이점에 있어서 그레고리우스는 집단적인 결정에 대해 특별한 가치를 부여하는 신념을 가지고 있었는데, 이는 그가 "그의 이름으로 둘이나 셋이 모인 곳에는 언제나 그리스도가 함께 하겠다"는 성서 구절[23]을 인식하고 있었다는 데에 있다. 더욱이 당시의 세속 통치자들의 대관식과 마찬가지로 그레고리우스의 시노드는 그리스도교 사회의 광범위한 지역에서 온 참석자들로 구성되

21 *Reg*. 7. 14a. pp.480-481.

22 H. Cowdrey, *Pope Gregory VII*, p.51

23 마태오 복음 18장 20절 참조.

어, 그의 조력자들의 조언과 동의에 의해 뒷받침되었을 때 더욱 큰 힘을 발휘할 수 있었다. 그는 1074년 5월 투르의 랄프 대주교에게 보내는 서한에서는 앙주 백작 풀크의 파문을 이야기하면서 "이 문제가 우리 로마 시노드에 보고되고 안건으로 상정되었기 때문에 이는 신성한 시노드의 전체 회의를 통해서 동의되었다"[24]는 내용을 담고 있었다.

또한 그는 1075년 사순절 시노드에서도 "우리의 형제들인 주교들의 조언과 전체 회의에서의 동의를 얻어" 그의 법령들을 공포하였다고 천명하였다.[25] 주교들은 시노드에서 법률 보좌관들이며 공동 재판관으로 활동하였고, 이들의 시노드 결정은 '변경할 수 없는 합의'에 따른 것이었다. 그리하여 그는 시노드에서 주교들의 지방 업무를 논의하여야 할 필요가 있을 때마다 주교들의 참석을 요구하였다. 그는 시노드에서 프랑스 군주와 프랑스의 많은 주교들의 파문을 고려해야만 했던 1076년에 상스의 대주교에게 "프랑스 교회의 요구와 어려움 및 그의 왕국과 관련된 많은 다른 일들 때문에 당신은 로마 시노드에 참석해야만 한다"고 서한을 보냈다.[26] 대주교는 전문적인 증인으로서 뿐만 아니라 재판관으로서 필요하였다. "우리는 보다 완전하게 그리고 더욱 친밀하게 당신의 분별력 있는 조언과 다른 동료들과의 조심스러운 합의에 의해 정복당했으며, 우리는 교회의 자유와 종교의 방어를 위해 더욱 안전하고 확실히 무장되었다."[27] 그러므로 교황과 분쟁 중이었던 하인리히 4세는 1083년 주교들이 시노드에 참석하는 것을 막았는데, 이는 교황이 주교들의 조언을 가장 경청하였기 때문이었다.[28] 그리하여 이때의 시노드는 효과적으로 기능할 수 없었다. 이런 자료들을 통해 볼 때 시노드에서 주교들의 기능이 단순히 부

24 Gregory VII, *Epistolae Vagantes*, H. Cowdrey(ed.), (Oxford: Clarendon Press, 1972), 투르의 랄프 대주교에게 보낸 서한, 1074년 3월 9일 이후, p.9.

25 *Reg*. 2. 62, 대주교 지에하르드 아퀴레이아에게 보낸 서한, 1075년 3월 23일 p.217.

26 *Reg*. 4. 9. pp.307-308.

27 *Reg*. 1. 42. p.65.

28 *Reg*. 9. 35. pp.627-628.

차적인 기능 즉 교황에 의해 이미 내려진 결정을 단순히 비준하는 일을 수행하였다고 볼수만은 없는 것이다. 오히려 반대로 결정들은 시노드에서의 토론 방식으로 도출되어진 것으로 보인다.[29]

그레고리우스 7세의 서한들에서는 시노드에 참석한 자들이 전반적인 토론을 통해 도출해낸 결정들의 많은 일례들을 보여준다. 예를 들면, 1075년 사순절 시노드에서 주교 디오니시우스 피아첸자의 면직은 "신성한 시노드의 부동의 판결과 그곳에 참석하였던 모든 형제들의 최종적인 동의에 의해 결정되었다."[30]

시노드의 조언과 동의에 대한 언급들은 형식적 절차 그 이상이었다. 교회 업무의 많은 항목들에 토론이 붙여졌고 시노드에서의 적극적인 참여를 통해 결정들이 도출되었다.[31] 좋은 일례로 1079년의 사순절 토론은 베랑가르 투르의 성찬식 가르침에 관한 것이었다. 이것은 그레고리우스 자신이 수 십 년 동안 주저해왔고, 불확실하게 인식해 온 문제였다. 시노드에서 양측 모두의 주장들이 강력하게 제기되었으나 베랑가르는 전체 회의체 앞에서 최종적인 항복을 하게 되었다. 1078년의 사순절 시노드에서는 독일에서의 문제들이 한 주제로 상정되었고 조심스러운 토론에 붙여졌다.

1080년에 투르의 대주교와 돌 주교간의 논쟁에 대해 시노드의 결정이 지연되었던 일이나 리모즈의 주교와 델로스의 수도사 간의 수도원의 소유권에 관한 논쟁에서 잠정적인 판결이 내려진 일들이 있었는데, 그레고리우스는 이를 "우리 형제들의 동의와 조언에 따라" 도출되어진 것으로서 묘사하였다.[32] 그레고리우스의 시노드들은 그의 개인적 권위를 단지 표명하기 위한 장으로서가 아니라 그것을 완성하고 강화하는 무대였다. 주교들이 하인리히의 적들로부

---

29 Robinson, *The Papacy*, p.124.

30 *Reg*. 2. 54. 피아첸자 교회에 보낸 서한, 1075년 3월 3일, pp.198-199.

31 Cowdrey, *Pope Gregory VII*, p.590.

32 *Reg*. 7. 17. 1080년 3월 8일, pp.491-492.

터 그레고리우스의 고발을 들었을 때, 매우 많은 시노드의 법령들은 파문이라는 사도의 검이 하인리히의 폭정에 대항하여 칼집에서 빼어져야만 한다고 주장하였다. 그러나 사도적인 온순함은 이를 거부하였다. 교황의 거부권은 그를 실제적으로 시노드에서의 주군으로 만들었으나 그레고리우스 7세가 관습적으로 이 역할을 수행했다는 어떤 표시도 찾아 볼 수 없다.[33]

그러나 로마 대주교인 교황만이 교회 안에서 최종적인 권한을 지니며, 모든 성직자와 심지어 전체 공의회에 대해서도 법률을 만들고 최고의 권한을 행사할 수 있었다.[34] 시노드의 집단적인 측면은 그 절차를 강화시켰다. 또한 일반적으로 한 주 동안의 대략 3일에서 5일이 소요되었던 이 로마 시노드는 종교적인 사건들뿐만 아니라 행정적이고 사법적인 사건들의 성격을 함께 지녔다. 시노드의 판결들을 기록하였던 그레고리우스 7세의 서한은 다음과 같이 말한다.

> 우리는 이 회의 회기 중에 참석한 모든 형제들의 한결같은 동의를 얻어 신성한 시노드의 불변의 판결에 따라 선포하였다……[35]

이는 시노드가 교회의 최고 재판권을 지니며 동시에 개혁 법령들을 반포하는 일종의 입법 회의체로서도 기능하기도 했다는 점을 보여준다. 하지만 정의로운 법정의 역할을 담당한 교황 시노드는 사법적 성격을 점차 잃어가는 공의회로 변화하였고 이러한 과정은 인노켄티우스 2세 시기에 완성되었다.[36] 교황의 시노드가 공의회(*Concilium*)라는 명칭으로 사용된 것은 12세기에 일어난 일이었다. 이 공의회라는 용어는 공식적인 문서와 연대기에서 개혁 교황이

---

33 *Reg*. 6. 17. pp.425-427.

34 K. F. Morrison, "The Church Reform and Renaissance in the Early Middle Ages", *Holiness and Politics in Early Medieval Thought*, (London: Variorum Reprints, 1985), p.150.

35 *Reg*. 2. 54. pp.198-199.

36 Robinson, *The Papacy*, p.139.

주재하는 공의회를 묘사하는 데에 종종 사용되었다.[37] 제2차 라테라노 공의회의 시기에 전통적인 교황 시노드의 사법적인 기능들은 새로운 기구인 추기경 회의(consistory)의 일상적인 업무가 되었다. 일단 시노드에서 조사되고 판결된 사건들은 이제 교황의 형제들 즉 그들의 공적인 상담자들인 추기경들의 조언에 따라 교황에 의해 결정되었다.

3. 교황청 특사

그레고리우스는 그의 특사들을 파견하여 대도시 교구와 다른 주교들에게 그들의 시노드에서의 판결을 알리고 적용시키고자 하였다. 교황 정부의 가장 중요한 기구들 중의 하나인 교황청 특사제도는 교황의 쿠리아(Curia)와 지방 교회들 및 서구 그리스도교 세계의 세속 통치자들을 이어주는 연결고리 역할을 하였다. 이는 커다란 효과를 발휘하였다.[38] 특사의 파견은 이미 중세 초기 교황청에서 콘스탄티노폴리스에 사절단을 파견하면서 시작되었다. 이후에는 카롤루스 왕조 법정에 로마 교회의 이익을 대변하는 사절단을 두게 되었다. 교황 그레고리우스 7세 초기에는 이상과 같은 로마사절단 제도에 급격한 변화가 발생했다. 그레고리우스 7세의 특사직은 한 교구에서 교황의 대리 업무를 담당했던 부제(vice-pontiff)에서 시작되었다. 교황은 그 교구민들이 이 부제를 성 베드로인 것처럼 받아들이도록 하고 모든 일에 있어서 그에게 경청하고 복종하도록 명령하였다.[39]

---

37 이들 12세기 공의회들 가운데 7개가 교황에 의해 소집되어 '전체 공의회(*concilium generale*)' 라는 명칭이 붙여졌고, 그리하여 공의회는 '전체적인(general)' '세계적인(ecumenical)' 종교회의를 의미하게 되었다. 공의회는 교황 칼릭스투스 2세의 세 번의 공의회 즉 1119년의 툴루즈 공의회, 랭스 공의회, 1123년의 제 1차 라테라노 공의회에서 완성되었다. 그리하여 이는 12세기의 일련의 모든 교황 공의회에 모델을 제공하게 되었다.

38 Robinson, *The Papacy*, p.146.

39 Gregory Ⅶ, *Epistolae Vagantes*, p.56, 58.

1) 특사직의 세 유형

교황청 특사에 대한 첫 번째의 체계적인 연구는 13세기의 교회법 법률가들, 특히 1073년-1198년까지의 시기를 연구했던 '교황령 연구자들(Decretalists)'에 의한 것이었다. 이들은 교황청 특사를 세 가지 범주로 나누어 설명했다. 첫째는 교황청에서 파견한 특사(*legatus a latere*)로 교황 전권을 위임받은 일반적인 추기경들이며 이 시기에 가장 흔하게 등장하며 중요한 임무를 맡은 특사들이었다. 둘째는 선교 특사(*legatus missus* 혹은 *nuncius apostolicus*)로서 약간의 권한을 지닌 사절로 흔히 중재의 권한이 없는 단순한 전달자들이었다. 셋째로 토박이 특사(*legatus natus*)는 명예직으로 특별한 대주교에게 붙여진 것이었다. 이 직위의 보유자는 로마 특사로서의 광범위한 지역에 대한 권한과 기능을 가지지 않는 자들이었다. 그러나 이 같은 13세기의 구분이 1073년-1198년까지의 특사들의 알려진 활동과 정확하게 일치하지는 않는다. 11세기 후반에 교황 서한에서는 "로마 특사", "사도좌의 특사", "우리의 특사" 등의 언급이 가장 자주 등장하는 표현들이었다.[40]

1070년대의 거의 모든 특사는 교황청의 구성원들로 이루어졌으며 대부분이 임시직이었으나 몇몇의 특사들은 그 지방 출신들로서 종신직으로 활동한 경우도 있었다. 그레고리우스 7세는 광범위한 다양한 사람들을 특사로 고용하였다. 그들의 선발 기준은 충성심과 능력 및 자격을 갖춘 것에 따라 그리고 각각의 사절들의 요구에 따른 것이었다. 그레고리우스 7세 시대의 이들 특사들은 세 유형으로 나눌 수 있을 것 같다.

첫째, 중요하거나 긴급한 상황에서 그레고리우스는 추기경-주교들을 기용하는 경향이 있었다. 그레고리우스가 독일로 파견한 첫 번째 특사는 추기경-주교들인 오시티아 주교 제랄드, 팔레스티나 주교 움베르토 벨몬테로서 이들

40 Robinson, *The Papacy*, pp.147-149.

은 그레고리우스의 첫 번째 개혁 시노드에 참석하였으며, 이후 1074년 3월에 급파되었다. 추기경-주교이었던 제랄드는 그레고리우스 7세의 교황직 초기 시절에 프랑스에서 이미 특사로 활동하고 있었던 인물이었다. 이들의 사명은 로마 시노드에서 시작된 성직매매와 성직자의 결혼에 반대하는 운동을 벌여 황제 하인리히 4세와 독일 교회로부터의 지지를 획득하는 일이었다. 1070년대 중반의 독일 왕국으로 파견된 특사들은 이 개혁안을 수행하고자 하였으며, 로마 교황의 수위권에 존경을 드러내고자 했다. 그의 후임자 외드 드 샤티용(Eudes de Châtillon 또는 Odon de Lagery, 후일 우르바누스 2세)는 1084-1085년에 독일에 홀로 보내졌으나, 1079년에 파도바의 주교 울리히가 추기경 피에트로 알바노와 동행하여 독일로 파견되었다. 그레고리우스의 특사들은 일반적으로 홀로 행동하지 않았다. 예를 들어 위그 드 디는 교황 대리자로서 그의 동행인 아마투스 올롱과 함께 화합하여 행동하였다. 피에트로 알바노는 1079년에 독일에 있었는데 1079-1080년의 클뤼니와 그의 이웃 주교들간의 위기를 수습하기 위해 보내졌으며 1084년-1085년에 프랑스로 되돌아왔다.

그레고리우스의 교황좌 초기에는 추기경-사제 위그 캉디드(Hugues Candide)를 스페인에 급파하긴 했지만, 일반적으로 그레고리우스 7세는 특사직에 로마 사제들을 거의 기용하지 않았다. 왜냐하면 이들은 로마에서의 전례 임무를 담당하였기 때문이었다. 오히려 그는 보다 하위직의 로마 성직자들인 부제와 부제보를 종종 기용하였는데, 그 자신도 부제 시절에 특사직을 수용했던 일이 있었기 때문이었을 것이다. 그레고리우스는 이러한 성직자들이 자신의 심중을 충분히 알아주기를 기대하였으며, 또한 그들이 기꺼이 책임 질 수 있기를 권고하였다. 이들은 이른바 성 베드로의 가족이었다.

둘째, 그레고리우스 7세는 상당수의 많은 수도원장들을 특사로 기용하였다. 수도원장들은 자신들만의 광범위한 지위와 연결망을 가지고 있었다. 그리하여 클뤼니 수도원장 위그와 베르나르, 생빅토르 수도원장 리샤르와 같은 자들은 그레고리우스 7세가 신임하는 특사들이었다. 이 시기에 그는 사도적

은총과 판단력의 대리자로서 클뤼니의 수도원장 위그와 연대함으로써 자신의 열정에 균형을 잡을 수 있었다.

세 번째 유형은 서임권 투쟁의 모든 시기에 특징이 되었던 종신직 특사들이다. 이들은 특사가 되기 이전까지는 로마 교회 내에서 어떤 성직의 품계도 받지 않았으며, 지방이나 '변경지역'에서 추기경직을 받지 않았던 이들로서, 이들 모두는 그들이 활동하였던 지방 토박이 출신이었다. 이들은 대부분 그 지방의 주교의 힘이 막강하였던 지역에서 주교로 임명되어 교황 특사로서 적극적인 활동을 하였던 사람들이었다. 그리하여 이들이 특사로서 활동을 시작하였을 때 이들 모두는 주교의 지위를 지니고 있었다. 1073년 이전과 1077년 이전에 조차 그들의 지위와 역할은 서구 교회에서 유형화된 것이 아니었다. 이들은 그레고리우스와 로마 교회의 지속적인 의존도가 높아감에 따라 많은 양의 업무 압박에 부응하여 점차적으로 출현하게 되었으며, 프랑스와 독일의 두 중요한 서구 왕국을 다루기 위해 변화하는 상황에서 매우 중요하게 등장한 인물들이었다. 리옹의 대주교가 되었던 위그 드 디는 종신직으로 한정된 지역을 넘어서는 교황 대리인 내지 교황청 특사로서 활동하였던 선택된 집단 사람들의 전형적인 유형이 되었다.

1077년부터 특별히 그가 프랑스에서 이행하였던 역할은 주교 아마투스 올롱이 그해 남부 프랑스와 북부 스페인에서 광범위하게 수행했던 역할이었으며, 1081년부터는 루카의 주교 안셀모 2세에 의해 롬바르디아를, 그리고 주교 알트만 파사우에 의한 남부 독일에서의 역할과 동일한 것이었다. 교황 대리자로서 이들의 역할이 발전되어갔을 때, 그들은 교회 정부에 대한 그레고리우스의 대부분의 결정적인 역할을 개별적으로 대변하였다. 그럼에도 불구하고 교황 정부 제도화의 장기적인 발전에서 살펴보면 이들의 역할은 일시적인 것이었다. 12세기에 교황 행정부가 확대되면서 대체로 이들은 필요치 않게 되었다.

2) 특사의 임무

그렇다면 특사들은 교회 내에서 어떠한 임무를 이행하였는가? 첫째, 특사의 임무는 교황의 권위를 신앙인들에게 가르치는 교황의 본질적인 의무를 공유하는 자들이었다. 특사에게 시노드는 신앙인을 가르칠 수 있는 기구였던 것이다. 둘째, 특사들의 의무는 로마 교황의 개혁 시노드에서 결정된 법령들을 그들의 지방에 급송하는 일이었다. 그레고리우스는 자신의 개혁안을 관철시키기 위해서는 특사에 의존하여야 함을 인식하였다. 개혁적인 법령들은 그레고리우스가 주장하였던 '서한들과 특사들을' 통해 전역에 선포되었다.

로빈슨은 1073년에서 1198년까지의 기간 동안 19명의 교황 가운데 4명을 제외하고서는 모두가 특사로서 활동하였다는 점을 밝힌 바 있다.[41] 이 시기에 활동하였던 대부분의 교황들은 그들의 실제적인 첫 통치 경험을 특사직을 통해 얻었는데, 교황청에서 멀리 떨어진 지역에서 교황청 특사로 복무하는 일은 교황이 될 자격을 알아보는 첫 시험대가 되곤 하였다. 그들 중 절반은 제국의 영토에서 교황청을 대표하였으며, 제국 법정에서 중재자로서의 역할을 담당하였다. 이들 가운데 일부는 교황청에 관한 선거의 책임을 지니고 있었고, 교황과 제국과의 관계 속에서 그들의 전문가적인 의견을 제시하였다. 그레고리우스 7세의 서한에서는 개혁의 필요 속에서 긴급하게 행한 특사들의 중요성을 많이 언급하고 있다.

로마 교회는 교회가 설립되는 초대 시기부터 이 관습을 가지고 있었다. 교회는 전 지역에 특사를 파견하여 그리스도교도를 가르쳤으며, 특사에게 교회의 권위를 부여하여 로마 교회의 통치자와 지배자가 일반민들에게 행할 수 없는 일을 행하였다. 이를 통해서 세상 전역의 모든 신앙인들에게 구원과 도덕적 고결함을 설교하고, 신성한 종교와 관련된 모든 일 안에서 사도적인 원

41 Robinson, *The Papacy*, p.147.

리를 신앙인들에게 부지런히 가르치도록 하였다.[42]

1050년대 부제보(Subdeacon) 이후 1059년대에 대부제(Archdeacon)가 되었던 힐데브란트는 개혁 교황으로서의 일종의 특사의 강화된 권위를 행사하는 최초의 사람 중의 하나였다. 교황 레오 9세 이래로 특사들의 기용은 일반적인 일이 되었다. 교황이 되기 이전 그레고리우스 7세도 이탈리아, 프랑스, 독일에서 특사직의 광범위한 경험을 하게 되었다. 그는 특사들의 기능을 행정적이고 사법적인 기능뿐만 아니라 구원을 선포하고, 덕을 증진시키며, 건전한 원리로 세상을 계도하는 교황 의무를 반영하는 것으로 이해하였다.[43]

프랑스에서 그가 두 번째 특사직(1056년)에 있을 때, 그는 칼론에서 종교회의를 한 차례 개최하여 성직매매의 죄목으로 몇 명의 주교들을 폐위하였다. 그의 특사직 임무는 또한 그를 독일 법정과 밀라노의 법정으로 가도록 하여 로마 수위권에 대한 존경을 가르치려는 쿠리아의 노력들에 주된 초점이 맞추어지게 되었다. 특사들은 교회의 기능들을 정규적이고 필요한 역할로서 인식하였다.

모든 지역에서 주교들에 대한 교황의 권위에 대해서는 11세기 말엽 라테라노 성당의 콘스탄스의 법률 네 번째인 실베스테르 법령(*Actus Silvestri*)에 따르면, 세속의 모든 재판관들이 황제를 그들의 수장으로서 가지는 것과 꼭 마찬가지로 로마의 세상에서는 교황이 주교들의 수장이며 군주이다.[44] 특사가 주재한 시노드는 그레고리우스 7세의 「*Dictatis Papae*」4조항에서 언급하고 있듯이, "(교황청) 특사는 비록 그가 하위 등급일지라도 한 시노드에서 모든 주교들을 주재하며, 그들을 폐위할 수 있다"는 것이었다. 이와 같이 특사의 지위는 교회의 계서제 내에서 주교들보다 상위에 있었으며, 교황의 전권을 지닌 특사들은 지방에서 교황의 대리인으로서 활동하였다.

---

42 Robinson, 앞의 책, pp.149-150.

43 Cowdrey, *Pope Gregory VII*, p.592.

44 Cowdrey, *Pope Gregory VII*, p.593.

3) 대주교들과의 갈등

그러나 유력한 성직자들 특히 대주교들은 그 자신들이 신으로부터 직접 뽑힌 인물들이며 그들이 지닌 권한은 옛날부터 내려오는 전통적인 권한으로 생각하였다. 그리하여 교황의 개입 특히 교황청 특사들의 활동은 주교들의 권한을 침해하는 일로 간주되었다. 1074년 그의 주교직을 폐위당하고 교황청 특사들과 충돌하였던 브레멘 대주교 리에마르(Liemar of Bremen)는 힐데쉐임 편지 모음집에서 그레고리우스 7세를 위험인물로 묘사하며 불만을 표출했다. "위험인물은 주교들을 자신의 하급관리였던 것처럼 주교들에게 명령하기를 원하였다. 그리고 그들이 그의 명령을 이행하지 않는다면 그들은 로마로 회부될 것이며 또는 재판 없이도 폐위될 것이었다."

1073-1074년에 그레고리우스 7세와 대주교 지그프리드 마인츠 간의 서신 왕래에서도 이러한 갈등은 이미 나타났다. 지그프리드도 로마의 역할은 그리스도교 왕국의 교회들에게 그들의 전통적인 권한을 보호해 주는 것이라고 믿었다. 그래서 그는 "신성한 교황좌가 마인츠의 교회에게 위임하였던, 즉 존경받는 어머니가 사랑하는 딸에게 주었던 것처럼 은총의 특권"을 그레고리우스에게 간청하였다. 랭스의 대주교 마나세스(Manasses) 1세(1069-1080)도 그레고리우스의 특사에게 강력히 저항하였다. 마나세스의 이름으로 발표된 저항적인 세 통의 편지들은 교황이 위임하였던 랭스 교회의 전통적인 권리에 대한 다양한 공격을 서술하는 것이었다. 1080년 마나세스는 리옹 종교회의에서 폐위되었다. 마나세스는 고대적인 전통을 지녀왔던 주교좌의 주교권을 주장하였으며 교회법이 금지하였던 그의 주교구에서 다른 주교들의 간섭을 비난하였다.[45] 그가 주교좌에 있는 동안 마나세스 1세의 주된 목적은 개혁을 방해하려는 것이 아니라 그들이 이시도루스 메르카토르(Isidorus Mercator)와 위대한 대주

45 I. S. Robinson, "*Pericuosus Homo*: Pope Gregory VII and Episcopal Authorith", *Viator*, 9 (1978), p.123.

교 힝크마르 시대에 지녀왔던 랭스 교회의 전통을 사라지지 않게 보존하려는 것이었다.

마나세스의 성직에 대한 생각에 따르면, 로마 교회의 기능은 다른 교회들의 특권을 보호하고, 그 특권들의 위반을 처벌하는 것이었다. 랭스의 특권을 옹호하는 마나세스에 대한 그레고리우스 7세의 행동은 교회의 전통적인 구조에 대항하는 것이었다.

이러한 마나세스와 그레고리우스 7세의 대립에서 알 수 있듯이 양자 사이에는 교회의 조직화에 대한 개념에 차이가 있었다. 교회에 대한 정의를 마나세스는 특권들을 열정적으로 보호해 주는 엄격한 계서제로 생각하였던 반면, 그레고리우스에게는 더욱 역동적인 개념으로 교회 구조를 그리스도교 사회의 필요에 따라 재구성하여 새로운 틀을 만드는 것으로 파악하였다. 마인츠, 브레멘, 그리고 랭스의 대주교들이 옹호하고자 하였던 그 당시의 영예로운 특권은 그레고리우스 7세에게는 단지 관련 없는 관습의 외형처럼 보였다. 오랫동안 만들어지고 잘 알려진 관습일지라도 그레고리우스에게는 진리를 대신할 수 없었다.[46]

그레고리우스 7세에 따르면 로마교회는 모든 교회들과 인민들의 보편적인 어머니이며 군주였다. 서구는 로마로부터, 로마에 의해서만 유일하게 복음을 전파하였다는 고대적인 전통을 이어 받았다. 라벤나 교회가 성 아폴리나리스(St. Apollinaris, 사망 179년)를 통해 지니게 되었던 위엄 내지 명예가 어떠할지라도 사도좌의 은총에 의해 허용된 것이었다. 라벤나 대주교가 로마에게 복종과 예속의 의무를 인정하지 않았을 때, 그레고리우스 7세는 "성 베드로와 순교자이며 주교인 성 아폴리나리스를 사랑하는 모든 라벤나의 인민들에게 저항할 것을 설교하였다."[47]

46 Robinson, 앞의 논문, p.131.

47 *Reg*. 6. 10. 1078년 11월 26일 위베르트의 파직을 라벤나인들에게 알리는 서한, p.411.

교황 수장제 정부 형태의 운용은 예외 없이 하위직 관리자들에 대한 엄격한 통제를 필요로 한다. 그것은 주교 조직에 대한 통제를 의미하였다. 교황은 이에 대한 통제 없이는 효율적인 통치권의 구사를 기대할 수 없었다. 프랑스는 전통적으로 상스와 랭스의 대주교의 권위가 막강하였다. 이에 그레고리우스는 이들의 권위를 약화시키기 위해 특히 리옹의 대주교 지위를 강화시켰다. 1079년 4월 20일 교황은 4개의 지방교회 즉 리옹, 루앙, 투르, 상스에 대해 리옹 주교좌에게 최고권을 부여하였다. 그는 프랑스 교회에서 만든 경쟁적인 수위권을 자신이 신뢰할 수 있는 인물들에게 부여하였다. 이때 특사는 대주교를 축복하였고, 상당히 많은 주교와 대주교들을 그들의 직위에서 파면하였다. 그의 열정에 대한 가장 드러난 희생자는 랭스 대주교 마나세스였다. 그와 위그 드 디 사이의 오랜 투쟁은 1080년 성직매매에 대한 대주교의 면직으로 절정에 달하였다. 쉬퍼(Theodor Schieffer)는 프랑스에서의 교황 특사에 대한 1935년의 연구를 통해 위그 드 디의 특사 활동에 관한 다음과 같은 결론을 도출하였다. "그레고리우스의 특사직은 공격 기구였다. 개혁적인 특사의 관심은 교회 권위를 증오하거나 거리끼는 힘과 경쟁하는 것이었다. 그리하여 어떤 특사직의 승리는 주교와 메트로폴리탄의 권한을 약화시키는 것을 의미하였다." 그레고리우스 특사에 대한 당대의 반대자들은 이들을 쿠리아의 공격용 무기와 동일시하였다.

브레멘의 대주교 리에마르는 1075년에 독일에서 그 자신과 동료인 마인츠 대주교 지그프리드에 대한 추기경 특사들의 행동에 대해 불평하였다. "마치 무모한 미친 자들처럼 이들은 우리를 사도좌에게 복종하도록 엄명하였다. 그들의 명령을 통하여 시노드를 소집하거나 혹은 로마로 보내 우리 자신을 해명하도록 하였다." 그레고리우스에 대한 비판은 종종 "전대미문의 혁신가"로서 그는 교회의 고대적 특권을 약화시킨다는 유사한 의미로 불평되었다. 이와는 반대로 그레고리우스는 다음과 같이 주장하였다. 그의 개혁 조치들은 "신성한 교부들의 고대적인 발자취를" 뒤따르는 것이었다. 그는 의심할 바 없이 초기 교황들의 법령들에서 언급된 교회의 권위있는 제도들을 복원시키는 것이라고 믿고 있었다. 그의 목적은 명백히 위 이시도르 법령집에 근거한 '교부들의 법규'를 이행하는 것이었다. 그레고리우스의 특사 제도는 '관습적인' 것으로서 권위 있는 것으로 보여졌다. 그가 아마투스 올롱의 종신직 특사에게 "로마 교회가 설립되는 초대 시기로부터"라고 언급한 바 있었다. 그레고리우스는 그의 특사직을 복원하는 제도로서 간주하였으나, 마나세스 랭스와 리에마르 브레멘과 같은 반대자들은 그레고리우스의 특사직이 관행적으로 이전 그레고리우스 교회의 전통을 지녔던 사람들에 반대하는 공격용 제도로 쉽게 변질 될 수 있었다고 주장하였다.

주교들의 임무에 대한 그레고리우스 7세의 인식은 1074년과 1075년의 로마 사순절 회의 개최를 서술한 교황 서한에서 잘 표현되었다. 그의 주교 의무에 대한 것은 복종(*obedientia*)의 개념이었다. 이것은 성서 사무엘 상 25장 22-23절까지를 인용한 것으로 "복종은 희생제물보다 더 나은 것이며, 귀 기울이는 것이 기름진 숫양을 드리는 것보다 나은 일이다." 이 복종에 대한 개념을 교황 그레고리우스 1세는 "신의 의지에 대한 인간 의지의 자발적인 복속을 의미하였던" 반면, 그레고리우스 7세에게서는 "교황의 명령에 대한 주교들과 성직자들의 복종을 의미하는 것"이었다. 1076년 독일 주교들의 그레고리우스 7세에 대한 불만은 그레고리우스가 교회의 전통적인 계서제를 모욕하였으며 주교들의 권리를 파괴하려 했다는 데 있었다.[48]

4) 그레고리우스와의 소통

1070년대 후반의 특사는 주로 정치적인 기능을 지녔다. 독일에서의 내전이 발발한 후 교황은 특사들을 활용하여 하인리히 4세와 대립군주 루돌프와의

48 I. S. Robinson, "*Periculosus Homo*", p.106.

경쟁적인 파당을 협상하고자 하였다. 특사들이 행해야 할 것으로 기대되었던 일의 범위는 항상 예견될 수는 없었다. 그레고리우스는 때때로 그의 임시 특사들을 임명하여 파견할 수밖에 없던 때도 있었다. 그의 종신직 교황 대리자들에게만 교회법과 교회 법규의 지도서에 따라 행동하는 광범위한 자유가 주어졌다. 그리하여 특사들은 로마의 그레고리우스에게 정규적으로 돌아가야만 했다. 특별히 그들이 종교회의를 가진 후에는 꼭 그렇게 해야만 했다. 그래서 그레고리우스는 자신의 이름으로 취해진 그들의 결정들을 알아보고 개정할 수 있었을 것이다. 그렇게 로마로 돌아가는 일이 지체되었던 특사들은 심한 견책을 당하게 되었다. 주교 휴 디에가 특사로서 경험했던 판결조차도 그레고리우스의 로마 시노드에 의해 꼼꼼히 조사받고 확정되었다.[49]

그러나 그레고리우스가 주장하였던 모든 통제에도 불구하고, 그의 지시사항들을 넘어서 행동했던 특사들은 항상 절박한 문제들을 제기했다. 프랑스에서는 교황의 대리자들이 다루기 어려운 첨예한 경우가 적잖이 있었다. 위그 드 디와 아마투스 올롱이 특사들로서 행한 지속적인 실수는 개혁을 진행하는데 있어 드러난 과도한 열정과 엄격함에서 비롯되었다. 그레고리우스 7세는 특히 위그 드 디의 판결을 번복함으로써 여러 번에 걸쳐 그의 가혹함을 조절해야만 했다. 특사들은 고도의 정치적 문제들에 있어서 그레고리우스의 의도를 간과할 수 있었다. 1077년에 포케임에서 로마의 추기경-부제였던 베르나르와 마르세이유의 수도원장 베르나르 드 생빅토르은 그레고리우스가 원하는 것과는 일치하지 않는 입장으로 대립 군주로서 루돌프 라인휄덴의 선출에 대한 동의를 표명하였다. 1080년 그레고리우스의 사순절 시노드에서 그는 루돌프의 선출을 자신의 동의 없이 발생한 일이었음을 선언하였다.[50]

말년에 그레고리우스의 특사들은 독일에서 하인리히 4세의 반란을 무마시

49 *Reg*. 7. 20. 랭스의 대주교 마나세스 1세에게 보낸 서한, 10980년 4월 17일 p.496, *Reg*, 8. 17, 랭스의 성직자와 인민들에게 보낸 서한, 1080년 12월 27일, p.538.

50 *Reg*. 7. 14., p.484.

키고 동시에 파문당한 황제에게 지속적으로 충성을 보여 온 주교들을 면직하는 일을 행하였다. 결정적인 역할은 1084년 12월에 추기경 주교 오도 오스티아(외드 드 샤티용)에 의해 행해졌는데, 그는 주교 오토 콘스탄스를 면직하고 그 자리에 게하드 주링엔을 축성하였다. 완강한 개혁자로서의 그레고리우스는 이들 교황청 특사를 통해 그리스도교 공화국 전역에 정의로움을 실현하고자 하였다. 이후 12세기의 교황청은 보다 전문적인 법률가-특사들을 파견하여 이들로 하여금 각 지방에서의 사건 심의 및 사실 규명이 이루어지도록 하였고, 이 모든 자료를 로마 교황청 법정으로 송부하여 최종 판결은 교황청 법정에서만 행해지도록 함으로써 교황수장제론의 보다 정교한 발전을 이루었다.[51]

4. 나오며

교황 그레고리우스 7세는 교황수장제론 정부의 틀을 마련하고자 개혁을 단행하였다. 로마 시노드는 그레고리우스 개혁을 실천하는 중대한 교회조직으로 기능하였다. 그는 로마 시노드를 매년 사순절에 개최하기로 정례화 하였다. 교황에 의해 주재되었던 이 시노드는 주교와 수도원장들을 중심으로 때로는 사제, 부제 등도 참석하였는데, 이 회의의 결정사항은 교황에 의해 공포됨으로써 교황령과 같은 교회법적 효력을 지니게 되었다. 그러나 로마 시노드의 의사 결정 과정은 교황 한 사람에 의해 주도되기 보다는 참석자들 간의 수평적 토론과 다수 구성원들 간의 합의에 따르는 민주적인 방식을 취하였다고 볼 수 있다. 그리하여 일반적인 현상은 아니었다 하더라도, 때로는 교황이 로마 시노드의 결의에 대해 거부권도 행사하였다.

한편 교황이 공포한 로마 시노드의 결의 사항은 교황청 특사에 의해 지방

51 G. Barraclough, *The Medieval Papacy* (London: Thames and Hudson, 1968), p.104.

으로 전달되었으며, 이 특사들은 파견된 지방에서 지역 시노드를 개최하여, 다시 이를 각 지역에 전달하였다. 교황 그레고리우스 7세에게 이같이 중요한 임무를 수여받은 특사들은 쿠리아의 구성원들이었던 주로 추기경-주교들, 수도원장들, 지방 토박이들로서 교황의 전권을 위임받은 자들이었다. 그리하여 이들 특사들은 전통적으로 주교좌의 권한이 막강했던 마인츠, 브레멘, 랭스 등의 대주교들과 심각한 마찰을 겪었다. 교황 그레고리우스 7세는 교황청 특사에게 강력히 저항했던 이들에 대해서는 그들이 대주교들이라 하더라도 폐위와 파문령에 처하도록 하였다. 더욱이 그레고리우스는 지방에서의 이들의 판결을 늘 보고받도록 지시하였는데, 이는 왕왕 특사들의 과도한 열정에서 비롯된 지나친 판결을 교정해야만 했기 때문이었다. 그레고리우스는 자신의 뜻이 잘 전달되도록 특사들과의 원활한 소통을 원하였지만 어려움도 많았다.

그리하여 그레고리우스 7세는 교황을 정점으로 하여 이제까지 군주권의 막강한 지지 세력이며 봉건 지배계층인 성직자들을 교황 하부조직으로 복속시키려 하였다. 그레고리우스의 개혁된 도덕적인 성직자들은 바로 그의 개혁 운동의 지지자로서 활동하게 될 뿐만 아니라, 교회법에 의해 선출된 성직자들로서 교황 수장제 교회 정부의 핵심적인 요소였던 것이다. 그레고리우스는 개혁된 로마 시노드와 특사제도를 활용하여 그리스도교 공화국이었던 전 유럽에 실질적인 보편적 교황의 통치권을 실현하고자 하였다.

Chapter 02

세속 기사의 그리스도 기사로의 이상화 : 11-12세기 오르데릭 비탈과 성 베르나르를 중심으로

Chapter 02

세속 기사의 그리스도 기사로의 이상화
: 11-12세기 오르데릭 비탈과 성 베르나르를 중심으로

이정민

I. 들어가며

중세 유럽에서 공동체 혹은 개인 간의 갈등과 사적복수를 해결하기 위한 크고 작은 전투와 폭력은 긴장된 사회분위기를 연출하였으며 이는 중세인들의 삶에 중요한 특징을 이루었다. 수도사들도 마찬가지로 폭력에서 유래하는 긴장감과 두려움으로부터 자유로울 수 없었다. 이러한 배경 속에서 싸우는 자들(bellatores)에 대항해 기도하는 사람들(oratores)의 자기방어에 관한 논쟁이 지속되었다. 이는 중세 초기 교회신학자들을 중심으로 벌어진 '정당한 전쟁(la juste guerre)'과 '성전(la guerre sainte)'에 관한 개념들로 거슬러 올라간다.

'밀리시아(기사, militia)'라는 단어는 전투하는 이들, 즉 전사의 집단화를 설명하는 단어로 로마 제국의 '말을 탄 직업 군인(eques)'이라는 의미와 '봉사하다(servio)'라는 의미를 내포하고 있다. 이는 전투하는 사람들과 관련하여 직업적 기능만을 강조하는 '밀레스(기사, miles)'라는 단어와는 다른 뉘앙스를 지닌다. 또한 말을 소유한 기사들의 우월한 전투기술의 발달이라는 의미는 물론이거니와 귀족스러운 삶의 가치를 지닌 기사들의 엘리트적 성격을 잘 드러낸다.[1]

11세기 아델베롱(Adalbéron de Laon)과 캉브레의 제라르(Gérard de Cambrai)와 같은 주교들은 전사들에게 폭력에 대한 약자의 보호를 최상의 의무로 규정하였다.[2] 한편으로는 신과 가난한 자들에게 봉사한다는 명목 하에 기사도의 개념이 구체화되기 시작하였으며 다른 한편으로는 귀족(nobilitas)과 기사의 개념의 융합되어 나가기 시작한다. '그리스도의 기사(militia Christi)'라는 표현에는 신에 대한 군사적 봉사라는 의미를 지니게 되며 이교도에 맞선 십자군은 세속기사들을 그리스도에게 봉사하는 전사로 거듭나게 만드는 결정적인 기회를 부여하게 된다.[3]

성 아우구스티누스(St. Augustinus)로부터 시작된 '정의로운 전쟁'의 개념은 교황 그레고리우스(Gregorius) 7세에 이르러 로마 가톨릭 교회를 위한 전투로 이해되었으며 이에 따라 성전을 수행하게 될 전사들은 그리스도의 전사로 불렸다.[4] 잘 알려진 바대로 교황 우르바누스(Urbanus) 2세는 1095년 11월 프랑스의 클레르몽(Clermont) 공의회에서 세속 기사들에게 십자군 원정을 촉구하면서 '그리스도의 기사'가 될 것을 강조하였다. 호전성과 폭력성을 지닌 기사들에게 그리스도교적 가치와 윤리관을 심어 주고자 하는 교회의 시도는 계속되었다. 세속의 기사들에게 그리스도의 기사와 기사도라는 새로운 의미가 적극적으로 부여되었으며 그 구체적 실천 방안으로서 십자군이 제안된 것이다.

---

1 Georges Duby, *La société chevaleresque* (Paris: Champs, 1979), p. 42.

2 베다(Beda Venerabilis)의 『*De quatuor ordinibus*』에서 설명하고 있는 'quatuor ordines hominum: scilicet oratores, defensores, mercatores, laboratores' 중 질서를 유지하고자 'defensores, id est milites'를 만들어내었다고 설명하고 있으나 그들은 사실 약탈을 일삼고 있다고 설명하고 있으며 이러한 전통은 아델베롱과 제라르에게도 이어졌다. Jean Batany, "Du bellator au chevalier dans le schéma des trois ordres, études sématique", *Actes du 101e Congrès national des sociétés savantes: section de philologie et d'histoire* (Lille, 1976).

3 Paul Rousset, *Les origines et les caractères de la première croisade* (Neuchâtel: La Baconnière, 1945), pp. 70-71. miles Christi, militia Christi는 악에 대항하는 정의로운 전투를 행하는 이들을 가리키는 단어로 사용되고 있다.

4 *Registrum*, Ⅲ, 15, p. 277.

이와 관련하여 노르망디(Normandie)의 생테브룰(Saint-Evroult) 수도원의 수도사 오르데릭 비탈(Orderic Vital)의 생각은 대표적인 사례를 제공한다. 생테브룰 수도원은 교통 요충지에 위치한 지리적 조건과 노르망디의 손꼽히는 수도원들과의 친분 덕분에 수도승들과 성지순례자, 상인들, 기사와 귀족들과의 교류가 활발했던 곳이었다. 클뤼니(Cluny) 수도원의 영향을 강하게 받고 있었던 이곳에서는 11-12세기 노르망디를 포함하여 프랑스와 잉글랜드에 관한 풍부한 정보를 확보할 수 있었다.

그리하여 오르데릭 비탈은 11살이라는 어린 나이로 수도원에 입회하였음에도 불구하고 수도원 바깥 세상에 관한 다양한 소식을 접할 수 있었고 특히 군사 관련 업무를 포함한 기사 계급과 기사도에 관한 정보를 자주 접할 수 있었다. 특히 그가 저술한 『교회사(Historia ecclesiasticae)』[5]는 동시대인 성 베르나르(St. Bernard)의 저작들과 더불어 당대의 이상적인 기사도에 관한 많은 관심과 다양한 일화들을 소개하고 있다. 그가 수도원 주변에서 활동하던 기사들 및 이들과 연루된 사고와 사건 등에 관해서 상당히 다양하고 폭넓은 소식통들을 지니고 있었기 때문인 듯하다.[6]

그는 기사생활과 전투를 직접 경험하지 못했으나 생테브룰 수도원에 입회한 대귀족 가문 출신의 자제들이나 성 수비대 출신의 기사들로부터 노르망디 지방의 기사 계층과 전투기술에 관해 다양한 정보들을 수집할 수 있었다. 그의 『교회사』는 11-12세기 기사 계급의 성격과 기사도의 이상을 종교적인 열정과 더불어 상세하게 기술하고 있다. 성직자들의 이러한 태도는 클레르보(Clairvaux) 수도원장 성 베르나르(St. Bernard)에게서도 나타난다. 오르데릭과 달

5 생테브룰의 수도원장 로제(Roger)의 요청으로『교회사(Historia ecclesiasticae)』을 기술하였으며 총 13권으로 구성되었다. 특히 11세기 후반부터 12세기 중반까지 봉건사회의 기사도와 기사도 사회에 관해 풍부한 자료를 제공하고 있다. 본고에서는 *Historia Ecclesiasticae*, F. Guizot(trans.), *La collection des mémoires relatifs à l'histoire de France* (Paris, 1826); *Historia Ecclesiastica*, ed., Aug. Le Prévost (Paris, 1838-1855); *The Ecclesiastical history*, ed. M. Chibnall(Oxford, 1968-80) 등을 토대로 하고 있다.

6 오르데릭 비탈은 세스터(Chester)백 라눌프(Ranulf)와 왕의 수비를 맡고 있던 기욤(Guillaume de Roumare) 등과의 교류를 통한 정보를 제공받고 있는 것 같다.『교회사』, ed. M. Chibnall(Oxford, 1968-80), vol. VI, pp.538-539.

리 기사 집안에서 태어난 그는 기사의 특성과 군사 기술에 관한 풍부한 경험과 지식들을 바탕으로 『새로운 기사를 위한 찬가(De laude novae militiae)』[7]를 저술하고 이를 통해 새로운 기사도의 이상과 제2차 십자군 원정의 정당성을 설파하였다.[8]

11-12세기는 봉건 사회가 안정되어가면서도 세속 영주들의 폭력적 팽창력은 지속된 시기였다. 거칠고 난폭한 전사집단들로 인해 심리적 압박을 받던 이 '기도하는 자'들은 이들을 자신들의 목적에 맞게 길들일 필요가 있었다. 이렇게 해서 적극적으로 제안된 것이 바로 '정의로운 전쟁'과 '합법적인 전투'라는 신학적 · 도덕적 당위성과 이를 실천하는 이상적인 기사의 모습이었다. 이 글에서는 11-12세기 오르데릭 비탈과 성 베르나르가 세속의 '전투하는 사람들'에게 제안하는 이상적인 그리스도 기사의 모습과 실천 방안 그리고 그 역사적 의미 등을 고찰하고자 한다.

2. 세속 기사와 그리스도의 기사

1) 세속의 기사

오르데릭 비탈과 성 베르나르는 모두 세속기사들이 비생산적인 전쟁을 포기하고 구원을 위한 무기를 들어야 한다고 주장하는데 이는 바로 교회와 수도원 공동체의 이해관계를 기준으로 선과 악을 구분하는 이분법적 세계관에 바탕을 두고 있었다.

---

7 Bernard de Clairvaux, *Éloge de la nouvelle chevalerie(De laude novae militiae)-Vie de saint Malachie-Épitaphe, hymne, lettres*, Pierre-Yves Emery(trans.), Oeuvres complètes/Bernard de Clairvaux(Paris: Cerf, 1990), XXXI.

8 필자는 선행 연구에서 성 베르나르의 『새로운 기사도를 찬가』를 통한 새로운 기사도에 관한 분석을 전개하였다. 그러나 11 · 12세기 수도승들이 설명하고 있는 '그리스도의 기사' 의 이상과 그 실천 방안에 관한 구체적인 분석의 필요성이 제기되었다. 이정민, 「성 베르나르와 새로운 기사도」, 『서양중세사연구』 27호 (2011).

먼저 오르데릭 비탈의 경우를 살펴보자. 그는 기사들을 상반되는 두 유형으로 구분하고 있는데, 그 하나가 잔인하고 방종과 약탈만을 일삼는 마치 강도 같은 세속 기사라면 다른 하나는 성직자들과 수도승들을 보호하며 관대하고 신뢰를 주는 바람직한 모델로서 그리스도의 기사였다. 당연히 모범적인 그리스도의 기사와 불량스러운 세속의 기사를 나누는 기준은 교회나 수도원 공동체에 얼마나 우호적이고 적극적인 자세를 취하느냐였다.[9] 다른 한편 에퀴테스(equites)[10], 티로(tiro)[11] 혹은 밀레스(miles) 등의 다양한 용어로 지칭되고 있는 기사들은 좀 더 깊이 살펴보면 사회적인 위치에 따라 구분되고 있다는 점을 알 수 있다. 즉 그는 그리스도의 기사(Christi miles)[12], 용병 기사(gregarius miles, stipendiarius miles)[13], 기사 지휘관(magister militum, princeps militum)[14], 촌락 기사(pagensis miles)[15], 성전기사(miles Templi)[16] 등 구체적인 표현을 통하여 기사들 내부의 사회적 위치와 역할을 설명하고 있다.

그는 기사들의 특징들을 다음과 같이 기술한다. 그들 대부분은 젊은이들이었으며 이들은 자신들이 섬기는 영주들과 함께 전쟁을 하기 위해 언제든지 이동할 수 있었다. 또한 그는 다양한 기사 집단들에서 그들 사이의 친근함과 전문적인 자신감, 명예를 존중하는 태도들은 물론 성 수비대의 일상생활, 전투로 행하는 기사들의 발걸음, 전투 기술 등에 관해서도 기술하고 있다. 이러한 공통적인 특성 외에도 그는 기사 개개인의 이름과 함께 그들의 개인적 성

9 예를 들면, 생테브룰 수도원의 기증자나 우호적인 관계를 유지하는 그리스도의 기사와는 달리 이 수도원의 재산을 공격하는 기사는 그릇된 세속의 기사이다. 수도원 연대기와 성서학에서는 수호성인에 의해서 구원을 받는 올바른 기사와 수도원의 수호성인에게 처벌을 받는 그릇된 기사들을 언급하는 것을 자주 기술하고 있다.

10 『교회사』, ed. M. Chibnall, vol. II, p.212, 230, 360; vol. III, p.160, 184, 332; vol. IV, p.200, 232, 246; vol. V, p.110, 218, 282; vol. VI, p.18, 72, 516, 542.

11 *Ibid.*, vol. II, p.174, 206, 346; vol. III, p.96, 102, 244; vol. IV, p.16, 40, 132, 338; vol. V, p.214, 282, 348; vol. VI, p.50, 80, 302, 342, 432, 544.

12 *Ibid.*, vol. III, p.40, 298.

13 *Ibid.*, vol. II, p.214, 234, 306; vol. III, p.108; vol. VI, p.472, 534; vol. VI, p.24, 28, 448.

14 *Ibid.*, vol. II, p.266, 308, 318; vol. III, p.216; vol. IV, p.52; vol. VI, p.34, 122; vol. VI, p.526.

15 *Ibid.*, vol. IV, p.178, vol. VI, p.26.

16 *Ibid.*, vol. VI, p.496.

격을 기술한다. 베르트랑(Bertrand Rumex)[17]과 오동(Odon Borleng)[18]의 경우는 잘못된 과거를 청산하고 창과 다른 무기를 연마하여 기사로 성장하는 모습을 보여주는데 이들은 좋은 가문 출신이라는 공통된 배경을 가지고 있다. 또한 새로운 가문을 만들기 위하여 토지를 얻고자 하는 세속적 욕망으로 충만한 영주의 막내아들들인 퐁 에샹프레이(Pont-Echanfray), 페르테 프레넬(Ferté Frênel) 등도 언급되고 있다.

그는 왕의 아들이라 할지라도 기사 서임식은 교회에서 치러야하는 것이 당연하다고 주장한다.[19] 그렇기 때문에 그는 랑프랑크(Lanfranc), 윌리엄 몸즈베리(William of Malmesbury) 등의 예를 들어 잉글랜드 왕 헨리 1세의 왕자시절 기사 서임식을 종교적인 열정으로 소개한다.[20] 그가 볼 때 헨리는 언젠가 정의 수호를 위해 축성 받은 칼을 사용하게 될 것이므로 평범한 기사는 아니었다. 흥미로운 일화 중의 하나는 안티오크(Antioch)의 공 탕크레드(Tancrède, 1070-1112)가 죽자 그의 부인인 세실(Cécile, 1097-1145)이 기사들을 보충하기 위하여 기사 서임식을 거행했다는 사실이다.[21] 물론 세실은 프랑스 왕 필리프 1세의 딸이었고 이는 중세 후기와 다르게 당시에는 남녀차별 논리보다는 사회적 신분의 논리가 더 크게 작용했다는 점을 보여준다.

기사들에게는 검술뿐만이 아니라 궁술 또한 중요했고 고귀한 가문 출신의 기사들은 사냥을 할 때 활을 자주 사용하고 있다. 모범적인 궁사로 소개되고 있는 기사는 잉글랜드를 정복했던 노르망디 공작 기욤(잉글랜드 정복왕 윌리엄 1세)의 장자였던 로베르 2세(Robert II Courteheuse, 1051-1134)였다. 그는 피카르디에 위

17 *Ibid.*, vol. Ⅵ, p.192.

18 *Ibid.*, vol. Ⅵ, pp.348-351.

19 12세기 중반 교회는 마치 결혼식을 종교적인 의식으로 완성한 것처럼, 기사도에 시작이라고 할 수 있는 기사 서임식에 영적인 의식을 추가하는데 성공했다. 존 솔즈베리(John of Salisbury)는 기사 서임식은 반드시 교회에서 진행되어야 하며 무장을 한 기사는 제대 위에 그의 칼을 올려놓는다. 이는 기사의 칼을 신에게 바친다는 의미이다. John of Salisbury, *Policraticus*, ed. C.C.J. Webb(Oxford, 1909), Ⅵ, p.10.

20 『교회사』, ed. M. Chibnall, vol. Ⅳ, 120; 보다 정확하게는 웨스트민스터(Westminster)에서 기사 서임식이 진행되었다고도 한다. 란프랑크는 윌리엄 루푸스(William rufus)를 키우고 기사로 만들었다.

21 *Ibid.*, vol. Ⅵ, pp.108-109.

치한 푸아(Poix)의 영주 고티에 티렐(Gauthier Tirel) 또한 훌륭한 궁사로 명성이 높았다고 전한다.[22] 하지만 그는 1100년 잉글랜드 왕 윌리엄 루푸스와 동행한 사냥에서 윌리엄이 화살로 암살당하자 후일 그의 암살범으로 지목되기도 하였다.

이상과 같이 모범적인 기사들의 사례들 이후에 오르데릭 비탈은 '사악한' 기사들의 사례들, 즉 잔인하고 폭력적이며 교회를 공격하는 강도 같은 세속의 기사에 대한 일화들을 언급한다. 특히 그는 교회의 사람들과 힘없는 자들, 예를 들면 수도승들, 농민들에 대한 약탈은 물론 살해당한 적들, 방화된 건물 등과 같은 무자비한 약탈과 폭력에 대해 주목한다. 바로 이와 같은 기사의 전형으로 오르데릭은 퐁티외(Ponthieu) 백작이자 벨렘(Bellême)의 영주였던 로베르 2세의 사례를 든다.[23] 탐욕스럽고 난폭하며 잔인한 로베르 2세는 신의 교회와 성직자들과 수도승들을 포함한 비전투원들을 무자비하게 탄압하였다. 그의 난폭함은 자신의 가족들에게도 마찬가지였으며 그의 부인 아네스(Agnès)[24]를 끊임없이 괴롭히고 성에 가둬 버렸다.

오르데릭 비탈은 교회를 존중하고 가난한 자들을 보호할 것을 요구하는 신의 평화 운동(la paix de Dieu)에도 불구하고 수도사와 성직자들은 물론 힘없는 이들을 박해하는 욕심 많은 기욤을 마치 '반(反)기사(anti-chevalier)'로 내세운다.[25] 그는 교회를 존중하지 않고 생테브룰 수도원을 공격한 로베르 2세에게는 한 푼 어치의 은총도 주어져서는 안 된다고 단호히 말한다. 물론 오르데릭 비탈의 부정적 평가와 달리 오늘날에는 로베르를 정치적 야망이 크고 대내외로

---

22 『교회사』, ed. M. Chibnall, vol. II, pp.356-357; vol. V, pp.288-289. 1100년 8월 2일 윌리엄 루푸스(William Rufus)는 포레 뇌브(Forêt-Neuve)에서 화살에 맞아 사망하였다; Orderic Vital, *Histoire de Normandie*, trad. Louis-François du Bois(Paris, 1825-1827), vol. IV, p.74.

23 Ipse, sicut Ismael, contra omnes vicinos manus armatas atrociter erigebat, monachos et clericos et inerme vulgus saeva tyrannide terrebat, et damnis contumeliisque frequenter illatis miserabiliter affligebat: 『교회사』, ed., Aug. LE PREVOST(Paris, 1838-1855), 1. VIII, t. III, p.422, 1. XI, t. IV, pp. 304-305.

24 Agnetem, filiam Guidonis Pontivi comitis: *Ibid.*, 1. VIII, t. III, p.423.

25 『교회사』, ed., Aug. LE PREVOST, 1. VIII, t. III, pp.423-424. 여기에서 '적그리스도(Anti-Christ)' 의 뉘앙스를 발견할 수 있다.

왕성한 활동을 펼친 인물로 평가하고 있다.[26] 그에 따르면 악명 높은 로베르는 사실 과거에는 용감하고 능력을 갖춘 뛰어난 기사였으나 불행히도 거만과 잔인함 때문에 그 장점들이 망가져 버렸다.[27] 1124년 외설스러운 시를 지은 죄 때문에 앙리 1세에게 실명을 당할 위기에 처하자 절망에 빠져 스스로 자결한 뤽 드 라 바르(Luc de la Barre)에 관한 기술에서도 오르데릭 비탈은 최대한 절제된 감정 표현으로 객관적 기술을 시도하고 있다.[28]

이러한 오르데릭 비탈의 선악 이분법적 세계관은 성 베르나르에게서도 나타난다. 그의 경우에는 성전기사단을 찬양하면서 그릇된 기사와 바람직한 기사의 모습을 과거의 기사와 새로운 기사로 나누어 비교 서술하고 있다.[29] 성전기사단에 대한 찬양을 통해 새로운 기사도의 완성을 적극적으로 설파하고자 노력한 그는 『새로운 기사도를 위한 찬가』에서 그릇된 과거의 세속기사들을 거칠고 잔인하며 악마를 위한 전투를 벌이는 것은 물론이거니와 오직 전쟁만으로 살아간다고 비난한다. 그는 규율 준수와 순종이 모든 기사들에게 해당되는 최고덕목이라고 강조하면서 규율도 없이 불복종을 일삼는 세속기사들이 하는 일이라고는 재산낭비나 죽음, 범죄 외에는 아무 것도 아닌 비생산적인 전쟁일 뿐이라고 지적한다.[30]

그는 또한 기사들의 전투기술이나 집중력을 흐리게 하는 온갖 사치와 이른바 '여성스러운 외모', 즉 긴 머리, 헐렁헐렁한 긴 셔츠, 풍성한 소매 등을 신랄하게 비판한다. 이러한 베르나르의 세세하고도 날카로운 지적들은 기사들이

26 M. PREVOST, *Dictionnaire de biographie française*, t. V(Paris, 1951), col. 1343-1344. Cf. J. Boussard, *La seigneurie de Bellême aux Xe et XIe siècles, Mélanges Halphen*(Paris, 1951), pp.43-54. 로베르는 모계상속을 통해 1082년에 영주가 되었으며 윌리엄 루푸스의 사망 후 헨리가 잉글랜드의 왕관을 차지하자 로베르 쿠르트외즈(Robert Courteheuse)를 지지하였다. 활발한 대외활동에도 불구하고 1112년 체포되어 셰르부르(Cherbourg)로 이송된 후 영국으로 소환되었다. 1127년 달구어진 칼로 눈을 지져 죽음을 당했다는 설도 있고 아사했다는 설도 있다.

27 『교회사』, ed., Aug. LE PREVOST, 1. VIII, t. III, p.423.

28 *Ibid.*, 1, XII, t. IV, p.461.

29 『새로운 기사도를 위한 찬가』, chap. IV, *PL*, t. CLXXXII, col. 925-927.

30 『새로운 기사도를 위한 찬가』, II, 3.

지닌 전사로서의 특수성과 군사업무에 관한 정확한 이해와 분석을 보여주는 것이기도 하다. 물론 여기에서 우리는 성직자가 기사에게 부과하는 금욕적인 태도를 발견한다. 실제로 그는 세속적 오락과 여흥들, 예를 들어 사냥, 덫으로 새잡기, 장기나 주사위 놀이, 우스꽝스러운 흉내, 마술사와 허풍선이, 익살과 노래, 게임과 공연 등에 대해 상당히 부정적인 입장을 보여준다.[31]

이러한 엄격한 금욕주의와 절제는 『성 베네딕투스의 계율(Regula sancti Benedicti)』을 곧이 곧대로 준수하려 하는 시토 수도회의 분위기를 반영하고 있다. 그는 물질적 · 지적 번영으로 인해 클뤼니 수도원의 금욕주의가 약화되어 가난, 순종, 노동이라는 수도원 생활의 주요한 정신 또한 느슨해지고 있다고 생각했다. 이에 그는 클뤼니 수도회에 속한 생 티에리(Saint Thierry)의 수도원장 기욤(Guillaume)에게 서신을 보냈다. 여기에서 그는 시토 수도회의 엄격한 계율준수를 포기하고 보다 느슨한 클뤼니 수도원에 입회한 2명의 수도사 이야기를 통해서 클뤼니의 행태를 비판하였다. 이에 당시 클뤼니 수도원장이었던 복자 피에르(Pierre le Vénérable)는 답장에서 오히려 시토 수도원이 비인간적으로 계율을 적용하고 있으며, 이는 사실상 위선에 불과하다고 반박한다.[32] 오르데릭 비탈 역시 수도원장 로베르(Robert)에게 시토 수도회의 지나친 금욕과 절제에 관해 날카로운 비판을 나타낸다.[33]

성 베르나르와 오르데릭 비탈에게 교회와 비무장 속인들을 공격하고 위협하는 행위나 단지 자신들만의 세속적인 이해관계와 갈등을 해결하기 위해 전투를 벌이는 행위는 세속 기사들이 회개와 속죄를 해야만 하는 죄악들이었다. 그들이 볼 때 기사들은 영혼 구원을 위한 전투, 교회 및 기독교 공동체를 위해

31 *Ibid.*, VI, 3.

32 M. Vignes, "Les doctrines économiques et morales de Saint Bemard sur la richesse et le travail", *Revue d'histoire économique et sociale*, t. 16 (1928), p.558.

33 "성 베네딕투스의 모든 계율을 준수하고 있다고 자랑을 늘어놓고 있는 시토의 수도승들은 속바지도 솜을 넣은 외투도 걸치지 않습니다. 그들은 고기와 기름덩어리들도 절제하며 침묵을 지킬 뿐 아니라 염색된 옷도 절대로 입지 않습니다. 그들 스스로 노동하고 먹을 것과 입을 것을 손수 장만합니다. 9월 13일부터 부활까지 일요일을 제외하고는 단식을 합니다." 『교회사』, trad. F. Guizot(Caen, 1826), Liv. VIII, p.392.

성전을 수행하는 새로운 그리스도의 기사, 교회세계의 팔로 거듭나야만 했다.

2) 그리스도의 기사

사실 군사적 봉사와 신을 위한 봉사라는 이중적 의미를 지닌 그리스도의 기사라는 개념은 초기 그리스도교 사회에서 유래하고 있다.[34] 성직자와 수도사들에게 참된 그리스도의 기사란 무엇보다도 교회를 보호하면서 은혜를 베푸는 자다. 그러므로 수도원들이 자신들에게 토지와 특권을 증여하는 기사들을 칭찬하는 기록을 발견하는 것은 놀라운 일이 아니다. 오르데릭 비탈은 그의 동료 수도사 로베르(Robert de Prunelai)의 아버지가 고귀한 가문 출신이기 때문에 그를 주저없이 '합법적인 기사(legitimus eques)'라고 부른다.[35] 물론 출생배경은 전투에서 아무런 힘이 되지 못할 뿐더러 기사 서임식의 조건이 되지는 않는다.[36] 그러나 오르데릭 비탈은 고귀한 가문 출신이나 유력가문과의 결혼은 그리스도의 기사가 지닌 명예심의 중요한 요소라고 생각했고 이는 성 베르나르와 큰 차이를 보여준다.

오르데릭 비탈이 제시하는 가장 이상적인 그리스도의 기사들 중 하나인 앙수 드몰(Ansoud de Maule)은 귀족가문 출신으로 체격이 크고 용감하고 영리한 뛰어난 전사다. 그는 이상적인 그리스도의 기사를 서술함에 있어 신체적 아름다움에 대해 세심한 관심을 기울이며 표현하고 있다.[37] 나아가 앙수는 주교

---

34 성 콜롬반처럼 베네딕투스의 계율은 수도승을 싸우는 그리스도의 전사, 사람(combattants)으로 표현하고 있다. *La règle de saint Benôit*,, 서문과 chap. I, II, LXI. *La règle de saint Colomban*, ed. Seebafs; Regula monachorum sancti Colombani abbatis(Gotha, 1895), chapitre VIII.

35 『교회사』, ed. M. Chibnall, vol. VI, 150.

36 J. Flori, "Les origines de l'adoubement chevaleresque", *Traditio*, XXXV(1979), pp.228-239.

37 Hic corpore speciosus, lingua disertus, liberalis et generosus, 『교회사』, 1. X, t. IV, p. 70. Cf. Rex enim magnus erat corpore fortis et formosus, audax et largus, agilis et probus, et multa honestate conspicuus; *ibid*., 1. III, t. II, p.152; Corpore praecellebat, fortis et magnus, statura gracilis et procerus, niger et hirsutus, et instar presbyteri bene tonsus; *ibid*., 1. X, t. IV, p.26, 38; Erat idem consul magnanimus, corpore pulcher et validus, timens Deum et Ecclesiae cultor devotus; *ibid*., 1. VIII, t. III, p.302. 이러한 외모가 출중한 기사 혹은 언제나 잘생긴 영웅에 관한 표현은 당시대의 시와 구전문학에서도 종종 나타나고 있다.

와 왕을 존경하는 부드러운 목자와 같은 모습을 지녔다. 즉 오르데릭 비탈에게 앙수는 그야말로 가장 이상적인 그리스도의 기사이다.[38] 앙수와 더불어 거론되는 대표적인 그리스도의 기사는 바로 노르망디 공작 기욤 정복왕(Guillaume le Conquérant)으로 그는 기욤의 자질과 관대함 그리고 단호함과 정의로움에 대해 찬사를 보내고 있다.[39] 또 다른 그리스도의 기사에 관한 일화들은 『교회사』의 여러 장에서 종종 발견할 수 있다. 페르슈(Perche)백작 조프루아 2세(Geoffroi II)와 러들랜의 로버트(Robert of Rhuddlan)의 묘비명에 새겨진 바처럼 진정한 기사는 교회, 성직자, 수도승들, 어린이들과 성지 순례자를 존경하고 보호해야한다.

오르데릭 비탈은 선량하고 관대하며 용감함은 물론이거니와 신의를 지키고 선서에 충실하며 동시에 맡겨진 직분에 최선을 다하는 기사에 관한 칭찬을 아끼지 않는다.[40] 퇴니(Toeni)의 로제 2세는 존경스러운 행동이 두드러질 뿐만 아니라 이웃하고 있는 성직자와 수도승을 사랑하고 아끼는 대표적인 인물이다.[41] 블루아(Blois)와 샹파뉴(Champagne)의 백작인 티보 4세(Thibaud IV)와 같이 진정한 기사는 정의와 평화를 사랑한다.[42] 오르데릭 비탈은 인질로 잡힌 기사들에게 선서의 중요성과 신의를 강조하는 정복왕 기욤의 이야기를 들려주면서 주군과 약속된 말에 대한 신의가 진정한 기사를 대변해주는 중요한 성격이라고 강조한다.[43]

더불어 앞서 악의 기사로 대표되는 로베르 2세에 대항한 전투에서 헨리 1세는 포로로 붙잡혔던 적들을 무기와 말을 소유한 채로 석방했는데 그 이유는 다름이 아니라 적이지만 병사들이 자신들의 주군에 대한 충성을 잃지 않

38 『교회사』, trad. F. Guizot, Liv. II, pp.458-459.

39 *Ibid.*, 1, IV, t. II, p.164, 167, 178, 200-201 그리고 1, VII, t. III, pp.228-229.

40 『교회사』, ed., Aug. LE PREVOST, 1. VIII, t. III, pp.287-288, 302.

41 *Ibid.*, 1. VIII, t. III, p. 348. Cf) 대표적인 이상적인 기사로는 기욤 드 푸아티에(Guillaume de Poitiers)을 들 수 있다: *Gesta Guillelmi ducis Normannorum et regis Anglorum*, ed. R. Foreville(Paris, 1952), pp. 13-14.

42 *Ibid.*, 1. XI, t. IV, p.188.

43 Absit a me ut credam quod probus miles violet fidem suam! Quod si fecerit, omni tempore, velut exlex, despicabilis erit; 『교회사』, ed., Aug. LE PREVOST, 1. X, t. IV, p.49.

았기 때문이라고 설명한다. 또한 오르데릭 비탈은 약 900명의 기사들이 참가한 1119년 전투에서 겨우 3명만이 사망하였다는 일화를 기술하면서 이러한 결과는 기사들이 도망자들을 죽이기보다는 서로를 아끼는 동료애와 신에 대한 두려움으로 도망자들을 생포하고자 하였기 때문이라고 해석하고 있다.[44]

1112년은 엄격한 규율과 금욕을 강조하는 시토 수도회에 기사들의 입회가 두드러지는 해였다. 기사 가문 출신인 베르나르 역시 수도회에 입회한 동료들과 함께 세속 귀족과 기사들의 성격과 특징을 어느 누구보다 잘 파악하고 있었다. 그는 특히 기사 출신의 수도승들에게 『새로운 기사를 위한 찬가』를 통해 수도승의 삶과 교회를 수호하기 위한 기사의 역할을 조화롭게 구성할 것을 제안하였다.[45] 여기에서 그는 이상적 기사도를 완성하기 위한 영광, 규율, 복종, 전사로서 지녀야 할 자세와 특성, 전사들의 복장의 구성요소 등에 관한 다양한 사항들에 대해 세심하게 기술하고 있다. 그는 수도사의 삶을 전사의 삶에 비유하면서 수도사를 평화로 무장한 전사로 보았다. 이에 따라 그들의 경험 혹은 독서에 바탕을 둔 기사도의 이미지를 적극적으로 활용하고 있다.

이렇듯 『새로운 기사도를 위한 찬가』는 전사와 수도사의 이미지들을 겹쳐 놓으면서 그리스도의 전사라는 이상을 동시대인들에게 소개하고 있다.[46] 성 베르나르는 기사들, 특히 수도기사들이 추구해야할 이상적인 기사의 자격요건으로 종교적 · 도덕적 사명감뿐만 아니라 외모와 행동양식 그리고 실생활에서 준수되어야할 구체적인 행동방식들을 자세하게 서술하고 있다.[47] 가장 중요한 원칙은 완벽한 복음주의적 실천과 평화를 전제로 이루어져야 한다. 먼저 음식과 의복은 지나치지 않게 절제하고 필요한 만큼 가지며 공동체

---

44 *Ibid.*, 1, XII, t. IV, p.361.

45 1128년 1월에 교황 특사의 주재로 개최된 트루아 공의회(Concile de Troyes)에는 렘스(Reims)와 상스(Sens)에 있는 주교들과 수도원장들이 참석하였다. 이 공의회를 이끈 성 베르나르의 영향 아래 교회 개혁을 위한 여러 방안들이 채택되고, 무엇보다도 위그 드 페이앙에 의해 소개된 성전기사단의 정관이 승인되었다.

46 『새로운 기사도를 위한 찬가』, IV, 7.

47 *Ibid.*, IV, 7.

의 삶에서 모든 행동은 주의를 기울이고 조심스러워야 한다. 아내와 아이를 포함한 개인의 모든 사적 소유는 포기해야만 한다. 기사들이 전장에 없을 경우에는 식량 생산을 위해 노동을 해야 하며 빈둥거리며 시간을 보내도 안 된다. 게다가 기사들은 언제나 자신들의 무기 정비와 찢어진 옷 수선에 신경을 써야만 하며 낡은 것을 수선하고 정리정돈에 주의해야 한다. 그에 따르면 두려움이 없는 기사의 몸은 철제 갑옷으로, 그의 영혼은 신앙이라는 갑옷으로 무장되었으므로 모든 위험으로부터 안전할 수 있다고 설명한다. 바로 이러한 이중 갑옷 덕분에 그리스도를 위해서라면 아무 것도 두려워하지 않고 죽고 사는 것을 의심하지 않을 것이라고 강조한다.[48]

여기에서 흥미롭게도 오르데릭 비탈이 지향하는 이상적인 기사도와 그리스도의 기사라는 모범적인 이상형에 관한 묘사와 서술은 성 베르나르와는 미묘한 차이점을 보인다. 전자가 기사들이 지닌 전사로서의 특성에 대한 섬세한 관찰과 분석보다는 기사들의 경건한 신앙심과 고귀한 귀족 가문 출신배경을 이상적인 기사의 조건으로 부각시키고 있다면, 후자는 시토 수도회의 개혁 정신을 바탕으로, 또 전투와 기사에 관한 전문가 못지않은 지식과 경험을 토대로 절제와 금욕을 가장 우선시 하는 새로운 기사도를 제안한다.

3. 세속의 기사에서 그리스도의 기사로

봉건 사회에서 밀접하고 친숙한 관계를 지닌 기사와 수도승 사이에 '위계(ordo)' 이동이 일어나는 일은 그다지 놀라운 일은 아니다. 성 베네딕투스 계율과 성 콜롬바누스의 계율들은 수도사를 이미 그리스도의 전사라고 언급하고

---

48 "용감한 심장을 지닌 기사들이여! 주저함이 없이 진격합시다! 그리고 십자가의 원수들을 물리칩시다. 그대들은 죽음도 삶도 그대들로부터 그리스도에 대한 사랑을 갈라놓지 못한다는 사실을 너무나 잘 알고 있습니다. 모든 위험에 직면하여 '우리는 살든지 죽든지 주님의 것입니다.' 라는 말씀을 되새깁시다." *ibid.*, I, 1.

있으며 수도사의 삶을 영적인 전투에 비유하였다.[49] 따라서 그리스도의 전사로서 기사(귀족)들과 수도사들은 서로 밀접한 관계를 맺으며 이러한 관점에서 귀족이 수도사가 되는 일은 자연스러워 보였다.

오르데릭 비탈은 가장 완벽한 그리스도의 기사가 되기 위한 실천방안으로 수도원 생활을 강조한다. 그는 우선 전투력을 가진 이들의 보호가 절대적으로 필요한 사회에서 전투력을 지닌 기사에게 존경을 표한다. 이러한 기사들 중에 세속기사이기를 포기하고 교회의 팔 아래에 놓이는 그리스도의 기사가 되고자 하는 이들이 등장하는데 그 이유와 동기는 다양하지만 대개의 경우 임종이나 병 그리고 보속 등의 동기가 적극적으로 작용하였다.

오르데릭은 이러한 경우들을 많이 소개하며 수도원을 선택한 기사들을 매우 높이 평가하고 있다.[50] 예를 들어 1034년 벡(Bec) 수도원의 설립자로 추정되는 에를뤼앵(Herluin)은 패배라는 중압감에 시달리다가 도망을 가서 더 이상 신을 위해서 전투를 감행하지 않겠다며 수도사가 되었다.[51] 그러나 무엇보다도 오르데릭의 기술에서 자주 등장하는 그리스도의 기사로의 선택 동기는 임종이다. 이는 죽음을 눈앞에 두고 성 베네딕투스의 계율 아래 자신의 몸을 의탁함으로써 평화를 얻고자 하는 개인적 바람에서 출발한다고 할 수 있다. 『교회사』에서 오르데릭 비탈이 가장 이상적인 그리스도의 기사로 자주 소개하고 있는 앙수(Ansoud de Maule) 역시 임종을 앞두고 생테브를 수도원으로 입회를 희망한다.[52] 앙수는 수도원으로 입회할 것과 토지 재산을 기증하고자 하였으

---

49 *La Règle de Saint Benoît*, Prologue와 chap. I, II와 LXI, *La Règle de Saint Colomban*, chap. VIII, ed., SEEBAFS, *Regula monachorum sancti Columbani abbatis*(Gotha, 1895), t. XV, p.382; Athleta Christi, 『교회사』, ed., Aug. LE PREVOST, 1, III, t. II, p. 136, 1, XIII, t. V, p.86.

50 P. Rousset, "La description du monde chevaleresque chez Orderic Vital", *Le Moyen Age*, t. 75(1969), p.440.

51 『교회사』, ed., Aug. LE PREVOST, 1, III, t. II, p.13.

52 앙수의 아버지 피에르(Pierre de Maule)는 우슈(Ouche)의 수도원에게 특혜를 베풀었으며 앙수는 그의 아버지를 닮고자 노력하였다. 그리고 15년 동안이나 혼자서 살아 간 그의 어머니를 항상 존경하였으며 무엇보다도 교회에 십일조와 봉헌을 잊지 않았다. 그리고 떠돌이나 창녀들에게는 일절 돈 한 푼도 주지 않았다. 한동안 그는 전쟁을 수행하러 외국을 나갔는데 이탈리아에서 기스카르(Guiscard)와 우호관계를 맺었으며 알렉시스(Alexis)에 대항하여 그리스에서도 전쟁을 벌였다. 프랑스에 귀국하여 낭트의 성주(城主) 라울의 딸 오델린(Odeline)과 결혼을 하였다. 『교회사』, trad. F. Guizot, Liv. II, pp.447-448.

나 장남의 부재로 이틀을 기다린다. 이어 앙수는 그의 부인에게 자신이 죽으면 그녀도 수녀원으로 입회할 것을 요구한다.[53] 그는 임종 전 주위 사람들에게 약탈이나 폭력를 금지하고 교회와 성직자에 대한 사랑, 특히 자신이 속한 생테브룰 수도원의 수도사들에 대한 존중을 당부한다.[54] 성스러운 옷을 입은 앙수는 수도승들이 지켜보는 가운데 평화로운 죽음을 맞이하였다. 앙수의 일화는 세속 봉건사회에서는 강인하고 관대하며 교회와 수도원에는 보다 친절하고 우호적인, 이른바 '본받을 만한 그리스도의 기사'의 모습이 나타나며, 이는 11-12세기 수도사의 전형적인 세계관을 이룬다. 생테브룰 수도원 기증자였던 덕망이 있는 기사 위그 드 그랑메닐(Hugue de Grandmesnil)은 나이가 들어 힘이 약해지고 아프기 시작하자 수도사의 옷을 입고 6일 후에 사망한다.[55] 나이가 든 리샤르 프레넬(Richard Fresnel)은 수도승의 옷을 입고 얼마 후에 사망하였으며 수도승들의 묘소에 안장된다.[56]

죽음은 노년에만 찾아오는 것은 아니기에 늙지 않았어도 병들거나 상처를 입어 임종을 앞두고 수도사가 되려는 기사들도 종종 등장하게 된다. 노르망디 공작 로베르 2세(Robert II Courteheuse)의 아들 기욤 클리통(Guillaume Cliton)은 알로스트(Alost) 전투에서 심하게 부상을 당하자 곧 수도사가 될 뜻을 밝힌다.[57] 그리고 모르타뉴(Mortagne) 백작 조프루아 2세는 심각한 병에 걸리자 클뤼니 수도승이 된다.[58]

봉건 세속 귀족과 기사들은 종종 저승으로 떠나는 영혼을 도울 수 있는 순

53 결혼의 불가해소성은 코린토 I서, 7장에 바탕을 두고 있다. 배우자가 수도원으로 입회하고자 할 때에는 반드시 그의 아내의 동의를 얻어야만 한다. 이러한 경우는 혼인이 깨어지는 것이 아니라 '합의에 의한 별거' 로 설명된다. R. NAZ, "Séparation des époux", *Dictionnaire de droit canonique*(Paris, 1965), t. VIII, col. 966-967.

54 『교회사』, trad. F. Guizot, Liv. II, pp.458-459.

55 *Ibid.*,1, VIII, t. III, p.453.

56 Ricardus senex Uticum venit et aeger monachatum accepit et paulo post in initio julii obiit ac in capitulo monachorum tumulatus quiescit; *ibid.*, 1, XII, t. IV, p.346.

57 『교회사』, ed., Aug. LE PREVOST, 1, XII, t. IV, p.482.

58 *Ibid.*,1, XIII, t. V, pp.1-2; Goisfredus comes Moritoniae, filius Rotronis comitis, vir in multis probitatibus praedicabilis, usque ad mortem aegrotavit, et, convocatis proceribus Petrici et Corboniae, qui suo comitatui subjacebant, res suas solerter ordinavit.

례자의 복장을 갖추기를 갈망했다. 그래서 수도복이 장례용 의복으로 선택되었다. 그러나 기사들이 기사의 옷을 입은 채 칼이 든 칼집과 함께 매장되는 경우는 있어도 성직자를 모방하여 수도복을 입은 채 매장되는 경우는 드물었다. 이들은 죽음이 다가올수록 커져가는 두려움 때문에 회개의 마음과 수도승이라는 사회적 위치가 최우선이라는 믿음으로 수도복을 걸쳤을 뿐이었다. 그렇기 때문에 그들이 진정으로 사회적 위계를 바꾸려 했다고는 볼 수 없다. 어쨌든 수도사들은 생의 마지막 순간에 보속을 행하려는 이들을 받아들임으로써 자비의 의무를 완수하였다. 이는 또한 그들의 공동체와 그들의 사회적 지위에 강력한 권위를 부여하는 행위이기도 했다. 이러한 배경 속에서 기사는 경건한 존재로서 수도승들의 환영을 받고 성 베네딕투스 계율 아래 입회하게 된다.[59]

이와는 다르게 나이가 들어가면서 속세를 떠나 수도원으로 향하는 기사들의 경우는 사회적 지위의 변화와 수도원 직분이라는 이중적 의미의 전환을 내포한다. 즉 기사는 수도사(ordo monachorum)가 되기 위해 세속인(ordo laicorum)의 성격을 모두 포기한다. 예를 들어 로베르 드 그랑메닐(Robert de Grandmesnil)은 젊은 시절을 학문에 열중하며 보내고 열렬한 마음으로 노르망디 공작 기욤(윌리엄 정복왕)의 신하가 되었다. 그러나 죽음에 관해 심사숙고한 결과 속세를 떠나 우슈(Ouche)의 수도원으로 입회하게 된다. 그는 1059년 이 수도원의 수도원장이 되었으나 기욤의 노여움을 사게 되어 로베르 기스카르(Robert Guiscard)가 새롭게 정복한 남부 이탈리아로 피신을 해야만 했다.[60]

수도원으로의 입회가 집단적으로 이루어지는 경우도 있었다. 메니에르(Mainier)가 생테브룰 수도원장이었던 시절 저명한 가문 출신의 기사 다섯 명이 속세를 떠나 수도사가 되었다.[61] 리샤르 드 외디쿠르(Richard de Heudicourt)는

---

59 P. Rousset, "La description du monde chevaleresque chez Orderic Vital", p.438.

60 그 후 로베르는 노르망디로 돌아와 1082년에 사망하였다.『교회사』, ed., Aug. LE PREVOST, 1, III, t. II, p.40.

61 *Ibid.*, 1, VI, t. III, pp.12-13.

기나긴 전투를 치러가는 도중에 부상을 당하자 죽음을 두려워하게 되었으며 수도원에 인생을 의탁할 것을 결정하였다. 그는 우슈의 수도원으로 입회하여 7여년을 더 살았다.[62] 로제 드 보몽(Roger de Beaumont)은 노르망디 공작 기욤의 부하였다가 프레오(Préaux) 수도원에 입회하였다.[63] 부르고뉴 공작 위그도 통치 3년 후 공작령을 그의 동생 외드(Eude)에게 위임한 뒤 클뤼니 수도원으로 입회하여 15년을 살았다.[64]

하지만 수도원으로의 입회가 순수한 신앙심으로만 이루어진 것은 아니었다. 사고의 책임이나 복수를 피하기 위하여 수도원으로 입회를 청하는 경우들도 종종 있었다. 1100년 숲에서 사냥을 하던 로베르(Robert Courteheuse)의 사생아 리샤드(Richard)는 노루나 사슴일 것이라고 조준을 한 사냥꾼에 의해서 살해당하였다. 사고를 저지른 사냥꾼은 한 치의 주저함도 없이 생 팡크라스(Pancrace) 수도원에 몸을 숨기고 복수의 위험을 피하기 위해 수도사가 되었다. 오르데릭 비탈은 이 사냥꾼은 자신의 죄를 보속으로 갚았다고 결론짓는다.[65] 라울 모쿠론(Raoul Mau-Couronne)은 의학을 포함한 학업과 군사기술을 연마하는데 열중하다가 세속의 유혹을 뿌리치고 마르무티에(Marmoutier) 수도원으로 입회하여 6년을 살았다.[66]

여기에서 세속을 포기하고 수도원으로 향하는 기사들을 열거하는 오르데릭 비탈의 증언은 상당히 흥미롭다. 세속 사회와의 조화에 의미를 부여한 클뤼니 수도원에 의해 새로이 고무된 수도생활은 특히 기사 계급에게 매력적이었을 것이다. 『교회사』를 통하여 오르데릭 비탈은 많은 기사들이 세속의 기사들에서 그리스도의 기사로 거듭나기 위하여 세상의 열정과 전투의 반향을 싣고 세속을 떠나고 있는 현상을 긍정적으로 해석하고 있다.

---

62 *Ibid.*, 1, III, t. II, p.144.
63 『교회사』, ed., Aug. LE PREVOST, 1, VIII, t. III, p.426.
64 XV annis Deo gloriose militavit, *ibid.*, 1, XIII, t. V, p.34.
65 *Ibid.*, 1, X, t. IV, p.81.
66 *Ibid.*, 1, III, t. II, p.28, 70, 92.

수도사의 삶으로 이행을 이상적인 기사, 즉 그리스도의 기사가 되기 위한 주요한 실천 방안으로 제안하는 오르데릭 비탈과는 달리 성 베르나르에게 기사도의 이상은 교회를 보호하고 억눌린 자와 약자를 방어하며 예루살렘으로 향하는 성지순례자들을 구호한다는 종교적 사명감을 갖춘 십자군으로 나타난다. 스스로를 방어할 수 없는 약자들을 보호하고 전사계층을 교회의 통제 아래에 놓고자 하는 중세 교회의 정치적 의도와 관심은 1097년의 십자군 원정대로 결집되었다. 그리스도교 공동체를 유지하고 방어하기 위한 정의로운 전쟁과 성전에 대한 신학자들의 논의는 계속 이어졌으며 특히 클레르몽 공의회에서 교황 우르바누스 2세가 제창한 십자군은 11세기 성지순례에 대한 그리스도인들의 이상을 보여준다.[67]

이슬람에 대항한 전투와 십자군은 무엇보다도 세속의 기사가 그리스도의 기사로 거듭나는 결정적인 계기를 제공한다. 11-12세기 기사와 십자군에 관한 특별한 관심을 보이고 있는 오르데릭 비탈과 성 베르나르는 신의 영광을 위한 전쟁을 수행하고 이교도들을 응징하기 위해 십자군에 참가하며 종교적 사명감을 완수하고 그리스도교 세계를 수호하는 임무를 성실히 수행하는 이상적인 기사를 열망하고 있다. 먼저 오르데릭 비탈은 『교회사』에서 제1차 십자군의 정당성을 역설하며 십자군에 참가한 노르망디의 대영주들과 기사에 관한 기술을 보여주고 있다. 그는 제1차 십자군 원정에서 활약한 로베르 르 무안느(Robert de Moine)에 이어 세속적인 일과 영적인 일을 동시에 잘 처리하는 능력 덕분에 교황특사로 선출된 아데마르 드 몽테이유(Adémar de Monteil)를 주목한다.[68] 세속적인 것과 영적인 것 사이의 연계를 최고의 가치로 여기는 오르

67 장 플로리(J. Flori)는 제1차 십자군 원정을 중심으로 11 · 12세기 기사도와 십자군에 관한 교황들의 노력과 십자군 원정을 기술한 연대기 작가들을 분석하고 비교하는 뛰어난 연구를 보여 주고 있다. Jean Flori, *Croisade et chevalerie XIe-XIIe siècle* (De Boeck Université, 1998). J. Richard, *L'esprit de la croisade* (Paris: Cerf, 1969), p.46. Cf. Régine Pernoud, *Les hommes de la Croisade* (Paris: Fayard/Tallandier, 1982), p.42.

68 『교회사』, ed., Aug. LE PREVOST, 1, IX, t. III, pp.574-575.

데릭 비탈은 기사와 성직자 및 수도승 간의 정신적 유대를 중시한다.[69]

이에 비해 성 베르나르는 제2차 십자군의 정당성을 역설하는 가운데 수도사 기사들의 성격과 역할을 강조함으로써 십자군에 종교적인 색채를 보다 적극적으로 부여하고 있다. 그는 전투원의 특성과 자질을 겸비한 기사들이 사회의 모순을 해결하는 강인한 그리스도의 기사가 되어야 한다고 제안한다.[70] 그는 잔인하고 거친 세속기사들을 제2차 십자군 원정으로 유도하면서 이 원정의 참여가 고통 받는 형제들을 구원하고 교회에 속죄하는 성스러운 은총이라며 종교적인 목적을 강하게 부각시킨다. 그에게 제2차 십자군은 합법적인 전쟁이며 악을 쳐부수기 위한 필연적인 선택이다. 동시에 거칠고 폭력적인 과거의 기사가 종교적 사명감과 열정으로 새롭게 거듭나 그리스도의 기사로서의 이상과 가치를 실천하는 방안이었다. 즉 십자군은 이교도의 공격에 대한 유일한 대처방안이자 전사와 전쟁의 개념을 종교적 의미로 새롭게 탄생시키는 역사적 사건이었다.

이러한 미묘한 차이에도 오르데릭 비탈과 성 베르나르가 공통적으로 견지하고 있는 기독교적 세계관은 전투와 전쟁의 합법성이나 정당성이 결과가 아니라 동기나 원인에 달려 있다는 생각이다. 즉 오직 신만이 정당한 전쟁을 판단할 수 있는 유일한 기준으로 작용한다.[71] 특히 성 베르나르는 십자군의 출현을 속죄 관행의 새로운 단계로 파악하고 있으며 『새로운 기사도를 위한 찬가』를 통하여 성전기사 수도회뿐만 아니라 십자군의 정당성 그리고 그리스도의 기사로 거듭나기 위한 세속 기사들의 회개와 참여를 요청하고 있다. 오르데릭 비탈이 그리스도의 기사가 되기 위한 주요 실천 방안으로 세속의 기사들을 수도사의 삶으로 인도하고 있다면 성 베르나르는 십자군을 통해 거만

---

69 오르데릭은 노르탐폰(Northampon)백 알테프(Waltheof)가 반역을 폭로하지 않았다는 이유로 사형을 선고 받았는데 감옥에서 매일 기도하는 방법으로 그가 어릴 적 배웠던 다비드(David)의 시편들을 노래를 불렀다고 기술하고 있다; *Ibid.*, 1, IV, t. II, p.266.

70 St. Bernard, 『새로운 기사도를 위한 찬가』, Migne, Patrologie latine, t. CLXXXII, col. 921-924.

71 이정민, 「성 베르나르와 새로운 기사도」, 27쪽.

하고 호전적인 세속의 기사가 그리스도의 기사라는 새로운 기사로 거듭날 수 있는 구체적인 방법을 제안한다. 즉 성 베르나르에게 십자군은 전투력뿐만 아니라 도덕적 · 종교적 사명감을 부여받은 기사들이 그리스도의 기사로 거듭날 수 있는 현실적인 실천방안이었다.

4. 나오며

호전적인 전사들의 존재는 그리스도교 공동체에게 간과할 수 없는 커다란 두려움이었다. 초기 교회의 신학자들로부터 정당한 전쟁과 성전에 관한 논쟁 그리고 전사에 관한 관심은 지속되어 왔지만 이들에 대한 교회의 적극적인 대처방안 모색은 공권력의 약화와 봉건 세속 영주들의 팽창이 지속되는 11-12세기에 시작되었다. 전투력을 갖춘 세속 군주와 기사들에게 대응할 수 있는 기도하는 사람들의 자기방어는 반드시 이루어야 할 당면과제였다. 이러한 배경 속에서 오르데릭 비탈이나 성 베르나르는 호전적인 기사에게 그리스도의 길을 따라 진리와 정의를 수호해야만 한다는 사명감을 부여하려 하였다.

먼저 대귀족 가문이나 기사들과 접촉이 잦았던 생테브룰 수도사 오르데릭 비탈은 고귀한 출신과 경건한 신앙심 그리고 신체적 아름다움을 갖춘 이상적인 인간형을 그리스도의 기사로 내세운다. 생테브룰 수도원의 뛰어난 지리적 · 지정학적 조건 덕분에 기사 계급과 전투에 관한 생생하고 다양한 정보를 접할 수 있었지만 때때로 그의 기술은 다소 봉건적이며 주관적이고 편파적일 때도 있다. 물론 전사로서의 경험이 전혀 없다는 이유 때문이기는 하지만 수도원 외부 세계와 주변에서 일어나고 있는 사건 등을 오르데릭 비탈에게 신속하게 들려주는 이들의 관점이 반영된 결과이기도 할 것이다. 11-12세기 노르망디에서는 주변 봉건 세속 영주들은 물론이거니와 영국과 프랑스 왕들 사이에 정치적 · 경제적 · 외교적 갈등과 전투가 빈번하게 발생하였으므로 이에 직접적 혹은 간접적 이해관계를 가진 이들의 편파적인 정보 전달과 해석이 오르데릭 비탈에게 큰 영향을 끼쳤을 것으로 짐작된다.

이와는 대조적으로 전사로서의 풍부한 개인적 경험을 지닌 성 베르나르는 전쟁과 전투기술에 관한 전문적인 지식을 바탕으로 이상적인 그리스도의 기사가 되기 위한 군사적 · 신체적 · 종교적 조건 등을 세밀하게 분석한다. 죽음을 두려워하지 않는 종교적 · 도덕적 정신 무장과 전투에 적합한 머리모양과 옷차림, 무기 정리와 군사 기술 연마는 그리스도의 기사로 거듭날 수 있는 필수조건들이다.

11-12세기 안정을 이루고 발전해 나가던 봉건사회는 외부 세계로 팽창해 나가기 시작하였다. 이러한 팽창의 일환이었던 십자군은 교황에 의해 제시되어 종교적 정당성과 합법성을 갖춘 정의로운 전쟁, 즉 성전으로 탄생하였다. 11-12세기 노르망디의 생테브룰 수도사 오르데릭 비탈과 시토 수도회의 클레르보의 수도원장 성 베르나르는 그리스도의 정의와 진리를 실천하는 이상적인 인간형으로 거듭난 그리스도의 기사와 새로운 기사도, 그리고 그 실천적 방안으로써 십자군을 설파하고 있다. 제1차 십자군에 참가하는 주변 봉건 세속 영주들과 기사들을 바람직한 그리스도의 기사로 기술하는 오르데릭 비탈의 십자군에 대한 평가는 소극적이고 제한적이다. 그러나 제2차 십자군의 합법성과 당위성을 설파하면서 기사들의 참여를 제안하는 성 베르나르는 그리스도의 기사라는 이상을 보다 실천적이고 적극적으로 제시한다. 그리스도의 정의와 진리를 행동으로 실천하는 주된 임무를 부여받은 그리스도의 기사는 더 이상 비생산적인 전쟁이나 약탈을 일삼는 폭력적이고 잔인한 세속의 기사가 아니었다. 십자군을 통하여 거듭난 그리스도의 기사는 그리스도교 교회와 공동체를 수호하고 그리스도의 정의와 진리를 실천하는 이상적인 인간형으로 완성되었다.

11-12세기 클뤼니 수도원 개혁 정신에 고무된 오르데릭 비탈과 엄격한 금욕주의와 절제를 미덕으로 내세우는 시토 수도회의 전통을 바탕으로 한 성

베르나르가 제시하는 이상적인 그리스도의 기사와 새로운 기사도의 구체적 실천적 방안에는 미묘한 차이가 내재한다. 그러나 이들 기도하는 사람들에게 그리스도의 기사에 대한 이상화 및 기독교화 작업은 공통적인 시대적 요청이었다.

part 02

구체제의 종교와 세속화의 다양성

chapter 03 근대 초 프랑스의 정치적 세속화
: 프랑스 종교내전에서 루이 13세 치세까지
chapter 04 17세기의 신앙심과 형제회
chapter 05 돌바크의 자연철학과 무신론
chapter 06 18세기는 세속화의 결정적 시기였는가?
프랑스혁명을 중심으로

Chapter 03

근대 초 프랑스의 정치적 세속화
: 프랑스 종교내전에서 루이 13세 치세까지

1. 들어가며 : 프랑스 절대왕정과 세속화
2. 프랑스식 세속화의 문제들
3. 프랑스 종교내전과 국가이성 개념의 확립
4. 절대왕정의 종교성과 세속성의 문제
5. 나오며 : 국가에 의한 종교의 전유

Chapter 03

근대 초 프랑스의 정치적 세속화
: 프랑스 종교내전에서 루이 13세 치세까지

임승휘

1. 들어가며 : 프랑스 절대왕정과 세속화

"마키아벨리의 교리에 입각한 국가 종교(religion d'État) 외에 더 이상의 다른 종교는 프랑스에 존재하지 않는다."[1] 1630년 '속은 자의 날' 이후 리슐리외 추기경에 대한 공격의 선봉에 섰던 마튜 드 모르그(Mathieu de Morgues)의 이러한 비난은 명백한 정치적인 의도성에도 불구하고, 당시 리슐리외 추기경을 위해 봉사하던 선동가들, 일명 '국가주의자들(étatistes)'에 의해 유포된 정치선전물들에 깔려있던 종교관의 문제점을 잘 보여준다. 그러나 한 걸음 더 나아가 루이 13세의 치세 말기, 프랑스 정치 상황에 대한 모르그의 이러한 진단은 프랑스

1 Paul Hay du Chastelet, *Recueil de diverses pièces pour servir à l'histoire* (Paris, 1635: éd. 1643, f° 1025. [BNF Rés. Fol. Lb36-22 a]); Etienne Thuau, *Raison d'Etat et pensée politique à l' époque de Richelieu* (Athènes: Presses de l'Institut Français d'Athènes, 1966), p.236에서 재인용.

가톨릭교의 운명과 근대 프랑스 사회에 불어닥칠 세속화의 바람에 대한 일종의 예언처럼 들리기도 한다.

하지만 그보다 더 시사적인 것은 모르그가 "국가 종교 외의 다른 종교"의 부재를 이야기하면서도 '종교'라는 용어에 집착하고 있다는 점이다. 단순히 종교가 없는 상태, 직설적으로 무신론을 언급하거나, 아니면 종교의 외피를 둘러쓴 무신론 정도로 비난의 고삐를 죄어도 전혀 문제가 되지 않을 터였다. 하지만 모르그는 끝까지 "국가 종교"라는 이름을 고집했다. 모르그가 언급한 "다른 종교"란 필시 대다수 프랑스인들의 종교인 로마 가톨릭교임에 틀림없을 것이라면, 그가 비판한 "국가 종교"란 과연 어떠한 종교였을까? 그것은 새로운 형태의 "종교", 또는 전통적인 그리스도교의 한 변형이었을까, 아니면 프랑스 근현대사의 주요한 축을 형성하게 될 세속화의 시작이었을까?

추상적이고 종교적 차원에서 근대화는 막스 베버의 말처럼 "세상의 탈주술화" 과정으로 이해된다. 이 과정의 중요한 특징은 대략적으로 다음과 같다. 근대화의 과정은 초인간적이며 초자연적인 존재들로 가득한 근대 이전 사회의 우주관에 대해 지속적으로 의문을 제기한다. 자연현상과 사회현상을 설명하기 위해 근대 이전의 사회가 의지했던 초자연적 존재들은 근대화의 과정에서 그 힘을 잃어버린다. 근대화는 그 자리를 오직 과학적 방법에 의해 발견된 법칙만을 현상에 대한 유효한 설명으로 받아들이는 과학적 자연관으로 대체시켰다. 그런 점에서 근대화는 넓은 의미에서의 세속화(sécularisation)의 과정을 포함한다. 그것은 이성과 과학의 이름으로 종교 제도와 신앙 그리고 그에 입각한 관행들에 도전한다.

하지만 근대화 과정이 내포하는 세속화가 근대 세계의 일반적인 경향[2]이라고 해도, 경신성(敬神性)으로서의 종교가 사회로부터 완전히 사라진 것은 아니

2 주로 사회학에서 논의되는 '세속화이론' 은 세속화를 근대성의 발전법칙의 하나로 간주한다. 사회가 근대화될수록 종교는 후퇴한다고 보는 이 이론은 지적, 과학적 발전이 종교의 정당성을 제공하는 근거인 영적, 초자연적, 미신적인 사상을 붕괴시킴으로써 종교 그 자체를 공허하게 만든다고 주장한다.

다. 18세기 프랑스 사회의 세속화 이면에서는 종교적 가치의 내면화를 극단적으로 추구했던 '바로크적 경건' 신앙이 발전하고 있었다. 이는 비단 세속화 초기에 국한된 현상이 아니다. 오늘날에도 세속 사회의 한 구석에는 여전히 강건한 종교적 문화가 존재한다. 가장 근대화된 국가 중 하나로 간주되는 미국은 동시에 가장 종교적인 나라이며, 보다 극적인 '세속화'의 과정을 밟은 일부 유럽 지역에서도 그리스도교의 세례나 혼례와 같은 종교 예식은 여전히 사라지지 않고 있다. 잉글랜드와 이탈리아 같은 곳에서 교회는 도덕적으로나 사회적으로 여전히 중요한 역할을 담당하고 있다.

그러나 종교가 신앙인 개개인들의 삶에서 여전히 실제적인 영향력을 행사하고 있을지라도, 사회 전체를 조직하는 원리로써 전통적인 구심력이 소멸되었다는 점에는 의심의 여지가 없어 보인다. 전통 사회에서 종교가 차지하는 위치와 비교했을 때, 종교적 관행은 점점 더 개인의 선택과 행위의 영역에 속하게 되었다. 많은 사람들에게 세례나 혼례와 같은 예식은 종교적 의미에 대한 믿음 때문이라기보다는 그것이 갖는 사회적 기능 때문에 지켜지고 있다. 이러한 세속화는 근대 사회에 영향을 미친 더 광범위한 문화적 과정, 즉 합리화 과정의 한 측면이라고 볼 수 있다. 물론 과학적 세계관의 등장이 이 과정의 분수령이 되었지만, 자본주의 경제의 발전으로부터 새로운 예술적 탐구에 이르기까지 실로 다양한 요소들이 합리화 과정의 동인이자 과정으로 작용했다.

물론 세속화를 포함하는 이 과정은 근대화 추구론자들이 선전하듯 마냥 장밋빛 미래를 간직한 변화로 감지된 것은 아니었다. 그것은 역사의 주체들에게 실로 고통스럽고 위험한 과정이었다. 1942년에 제시된 뤼시앙 페브르의 연구는 여러 비판에도 불구하고[3] 바로 이러한 난색과 고통의 과정에 대한 여전히 중요한 역사적 성찰이다. 그는 근대화 과정의 전환점인 16세기를 "믿음을 원하던 세기(un siècle qui veut croire)"로 정의하면서 믿음에 대해 의문을 던지

3 페브르 테제에 대한 비판은 김응종, 『아날학파』 (민음사, 1997), 57-59쪽 참조.

고, 자문하며, 때로 고통스러울지라도 꾸준히 믿음을 원했던 이들의 모습을 그려냈다. 그는 16세기에 있어서 믿음에 대한 결연한 거부는 위험한 모험, 미지의 영역에 대한 탐험이었다고 주장한다.[4]

하지만 르네상스가 끝나면서 시작된 이 알려지지 않은 심성의 영역에 대한 탐험은 고전시대에 접어들면서 점점 더 과감한 개척자들을 배출하게 되었다. 가브리엘 노데(Gabriel Naudé)와 피에르 가상디(Pierre Gassendi) 같은 자유사상가들은 모험적이고 도발적인 개척자들이었다. 프랑스에서 17세기가 '성인들의 세기'가 된 것은 종교개혁에 대한 대응으로 시작된 가톨릭 종교개혁의 성공을 보여주는 것이기도 하지만, 이와 동시에 이 시기가 그만큼 성인이라는 어떤 종교적 본보기의 존재를 절실히 필요로 했던 시기였음을 반증하는 것이기도 했다. 16세기가 페브르의 주장대로 "믿음을 원하던 세기"였다면 17세기 또한 어떤 면에서는 16세기의 연장이라고 볼 수도 있다. 사실 그것은 단순한 연장이기보다는 믿음에 대한 갈망이 한층 더 심화된 시기라고 볼 수 있다. 16세기와 다르게 17세기는 종교적 무관심이 가능해지기 시작한 시기이고, 미지의 영역이 활짝 문을 열기 시작한 시기였기에, 이러한 위협과 불안은 다른 한편에서 믿음에 대한 갈망을 한층 더 강화시켰다.

성인들과 자유사상가들이 처음으로 공존하기 시작한 시기에 나타난 사회적 변화의 양상은 마법과 마녀, 그리고 마녀사냥에 대한 태도의 변화로부터 이신론에 이르기까지 도처에서 발견된다. 그리고 무엇보다도 17세기의 정치문화는 이러한 심성의 변화를 반영하면서 동시에 변화를 추동했던 요소인 것처럼 보인다. 16세기 후반의 종교내전을 극복하는 과정에서, 17세기 초반 반(反)합스부르크 정책 기조의 확립에서, 그리고 절대왕정이 추구한 국가이성의 정치에서, 프랑스의 정치는 더 이상 전통적인 종교의 틀 안에서 규정될 수 없었다. 30년 전쟁에서 보여준 면모나 전통적인 가톨릭 국가인 에스파냐와의

4 Thierry Wanegffelen, *La Renaissance* (Paris: Eclipse, 2003), p.186.

국제관계에서 드러나듯 프랑스 절대왕정은 '교회의 장녀'라는 지위를 포기하려는 것처럼 보였다. 철저하게 현실적인 국익을 추구하면서, 프랑스 절대왕정은 마튜 드 모르그가 지적했듯이 마키아벨리의 정치교훈을 좇으려는 듯이 정치와 종교를 철저히 분리시키기 시작했다.

물론 1000년 이상 유지되어온 가톨릭 신앙의 전통이 갑자기 사라진 것은 아니다. 그것은 여전히 강력한 사회적 준거였으며, 많은 사람들에게 절대적 진리의 보루이자 이상이었다. 때문에 17세기 프랑스 왕정의 모습은 당대인들에게 하나의 거대한 스캔들로 비춰졌다. 리슐리외의 대외정책의 정당성을 지지하고 이론적 지원을 제공했던 가브리엘 노데, 장 드 실롱(Jean de Silhon), 에이 뒤 샤틀레(Hay du Chastelet)와 장 시르몽(Jean Sirmond)과 같은, 당시의 표현에 따르면 '국가주의자(étatistes)'들 조차 스스로를 '국가주의 가톨릭교도(catholique d'Etat)'로 규정하면서 자신들이야말로 진정한 가톨릭교도라고 주장했다.

그렇다면 이들 '국가주의자'들이 표방한 가톨릭 신앙은 어떻게 정의될 수 있는가? 또한 이 기묘한 이름의 '국가주의 가톨릭교도'란 어떤 역사적 배경에서 형성되었고 전통적인 신앙의 방식과 어떻게 구별될 수 있을까? 그것이 프랑스 근대 사회의 세속화에 끼친 영향은 어떻게 읽혀져야 할 것인가? 이 글은 이러한 문제제기를 통해 17세기 프랑스의 국가발전 과정에서 나타난 새로운 종교적 지평, 혹은 세속적 지평의 윤곽을 살펴보고자 한다. 이를 위해 이 글에서는 프랑스 종교내전과 낭트 칙령까지, 그리고 루이 13세의 치세 기간에 감지되는 프랑스 정치적 세속화 과정을 추적하면서 주요한 특징들을 짚어보고자 한다. 그러나 역사적 고찰에 들어가기에 앞서 우선 '세속화'라는 용어의 개념에 대한 논의를 소개할 필요가 있을 것이다. 이 글에서 사용되는 '세속화'라는 용어는 그 함의에 있어서 프랑스 근현대사에서 통상 사용되고 있는 '세속화' 개념과 어느 정도 차별적이기 때문이다. 따라서 세속화의 개념에 대한 정리는 근대 초의 정치적 세속화가 프랑스의 전반적인 세속화 과정에 끼친 영향에 대해 이 글이 제기하는 문제를 풀기 위해 선결되어야 할 작업이기도 하다.

2. 프랑스식 세속화의 문제들

근대 유럽의 종교사에서 사용되고 있는 용어들인 **sécularisation**, **laïcisation** 그리고 **déchristianisation**은 대개의 경우 중첩적으로 사용되는 경향이 있다. 1840년경 종교적 관행의 쇠퇴를 비판하기 위해 뒤팡루(Félix Dupanloup) 주교가 처음 사용한 **déchristianisation**(탈그리스도교화)은 주로 가톨릭 종교관행의 쇠퇴를 지칭한다.[5] 18세기에 시작된 이 과정은 프랑스 혁명기에 이르러 교회의 폐쇄와 사제들의 결혼, 교회재산의 징발과 같은 급진적이고 폭력적 방식으로 진행되었고, 혁명의 순교자들과 이성의 제전과 같은 새로운 형태의 시민 종교 보급의 양상을 띠었다.

비교적 분명한 역사적 현상을 지칭하는 탈그리스도교화와 달리 세속화(laïcisation, sécularisation)는 의미상 조금 더 복잡한 양상을 띤다. 『프라임 불한사전』에서 **laïcisation**은 "속화(俗化). 종교에서 분리시키기."로 정의된다. **sécularisation**의 경우에는 "1. (수도회로부터의) 탈퇴, (성직자의) 환속 2. (교회 재산 기능의) 국유화. 민간 이양."으로 정의된다. 용례를 살펴보면, '교육의 속화 **laïcisation de l'enseignement**', '성직자 재산의 국유화 **sécularisation des biens du clergé**', '공공교육의 탈종교화 **sécularisation de l'enseignement public**' 등의 용법을 갖는다. 그런데 영한사전에서 설명된 laicization과 secularization의 의미는 약간 다르다.[6] 이 두 명사는 모두 별도의 항목이 되지 못하고 각기 laicize와 secularize의 파생어로 실려 있다. laicize는 "…을 세속화하다. 속인을 임명하다. (공직 등을) 속인

5 Michel Vovelle, *Les mots de la Révolution* (Toulouse: Presses Universitaires du Mirail, 2004), p.31.

6 『영한사전』(금성교과서, 1987).

에게 개방하다." secularize는 "…을 세속화하다, …을 종교에서 분리하다. (성직자를) 환속시키다. (교회의 재산을) 국유(민간)로 이관하다."로 풀이된다. 우리가 일반적으로 세속화라고 부르는 프랑스어 단어 **laïcisation**과 **sécularisation**의 의미는 사뭇 다르지만, 영어에서 secularization은 프랑스어의 두 단어를 합친 의미를 갖고 있다.

영어의 secularization과 프랑스어의 **laïcisation**이 똑같이 '세속화'라는 의미를 갖지만 양국의 세속화 과정의 차이로 말미암아 그 의미의 구체적 내용은 상당한 차이를 보인다. 이는 기본적으로 종교적 전통(가톨릭/개신교), 종파의 복수 여부, 국민적 정체성의 형성과정에서 종교의 역할 등의 차이를 반영한다. 예를 들어 개신교 국가인 영국에서는 국교회와 더불어 지역 별로 상이한 종교적 정체성이 유지된 탓에, 세속화는 국가가 아닌 사회의 차원에서 전개되었다. 반면, 프랑스에서는 강력한 가톨릭 전통이 존재한 데다, 근대 이후 극적인 종교적 갈등을 경험하면서 세속화는 무엇보다도 국가의 주도하에 진행되었다.

이러한 사정으로 인해 프랑스 학계는 **laïcisation**과 **sécularisation**을 같은 의미로 사용하면서도 동시에 양자를 섬세하게 구분하는 경향을 보인다. 예를 들어 레미 파브르(Rémi Fabre)는 **sécularisation**이라는 용어에 대해 그것이 세속 권력의 **désacralisation**(탈신성화)을 암시하는 동시에 교회/국가 관계의 특정한 변화, 특히 점진적인, 그리고 상대적으로 평화로운 관계조정 과정을 의미한다고 설명한다.[7] 반면 **laïcisation**은 국가와 교회 사이에서 발생한 비교적 강도 높은 갈등 구도에 의해 결정된다. 그 결과는 교리적인 관용의 가능성 여부에 관계없이 법적인 관용을 강제하는 것으로, 국가가 공공 영역에서 종교성을 상징하는 모든 요소를 배제하는 결정이 세속화의 대표적 사례이다. 파브르의 견해

7 Rémi Fabre, "Tolérance et sécularistion de l'Etat", in *La Toleérance. Colloque international de Nantes*, mai 1998 (Presses Univ. de Rennes, 1998), pp.343-347.

는 비판의 여지가 많은데 근대국가의 권력이 지닌 신성한 성격에 대한 그의 논의는 차치하고라도 절대왕정 시기와 관련해서 세속권력의 탈신성화를 세속화와 동일시하는 것은 무리가 있다. 프랑스 절대왕권의 기본속성은 기본적으로 국왕의 신격화를 매개로 규정되기 때문이다.

다른 한편 프랑스 종교사회학을 대표하는 장 보베로(Jean Baubérot)는 세속화를 "가장 일반적인 의미에서 근대 사회에서 종교의 사회적 중요성이 상실되는 과정"으로 정의하면서 이 과정을 통해 "여타 사회적 의미작용 및 행위로부터 종교가 분리되었다."고 설명한다. 그는 벨기에 종교사회학자인 칼 도블라크르(Karl Dobblelacre)의 구분법을 빌려 **sécularisation**을 '잠재적 세속화'와 '외관적 세속화'로 구분하고, **laicïsation**이 후자에 해당한다고 판단한다. "**sécularisation**은 규범적 틀로서의 종교의 사회적 역할이 감퇴하고 변모하고 해체되고 재구성되는 사회적, 문화적, 상징적 과정을 가리킨다. [⋯] **laicïsation**은 사회의 총체적인 규제 속에서 종교의 제도적 거리두기를 정치에 도입하는 과정을 가리킨다." 즉 **laicïsation**은 "정치적 심급(審級)과 다양한 사회 제도들이 종교에 대해 자율성을 획득하고 고유한 작동의 규칙을 부여받는 과정"이다. "**laicïsation**은 외관적 세속화로서 말하자면 의식적이고 의도적인 세속화를 말한다. 그것은 종교라는 하위체계와 교육, 의료, 사법과 같은 여타 사회적 하위체계 사이의 기능적 분화를, 후자들의 자율성을 확고하게 하는 법적 구조화를 통해 의도적으로 강화하는 것을 노린다."[8] 그는 이러한 구분법을 통해 관용개념을 분석하는데, 이념적 관용 혹은 교리적 관용과 법적 관용을 구분하고, 비록 오늘날 이러한 구분이 흐릿해져서 부지불식간에 법적 관용과 이념적 관용을 동일시하는 경향이 있지만 양자는 엄밀히 구분되어야 하는 개념이라고 주

8 Jean Baubérot, "Sécularisation et laïcisation", in Haneda Masashi, éd., *Sécularisation et laicités*(UTCP Booklet, 2009), pp. 13-25. http://utcp.c.u-tokyo.ac.jp/publications/ pdf/UTCPBooklet7_011-025_.pdf ; "Sécularisation et Laïcisation. Mode d'empoli «à la française»", Communication présentée au Centro di Alti Studi in Scienze Religiose, le 4 novembre 2004. http://jus-tunsi.e-monsite.com/pages/philosophie/secularisation-et-laicisation- mode-d-emploi-a-la-francaise-jean-bauberot-gsrl-ephe.html

장한다. 그는 법적인 관용에 laicïsation의 개념을 적용시키면서, 세속화가 역사적으로 법적 관용을 강제하면서도 이념적 관용에 대한 요구를 포기한 가운데 진행되었다고 설명하고, 그런 점에서 넓은 의미의 세속화(secularisation)와 좁은 의미의 세속화((laïcisation)를 구분할 수 있다고 주장한다.[9]

보베로는 프랑스의 세속성(laicïté)을 3가지 핵심적인 원리를 지닌 개념으로 파악한다. (1) 양심과 예배의 자유에 대한 인정 (2) 국가와 시민사회에 대한 교회의 지배력에 대한 투쟁 (3) 무신론을 포함한 종교와 신념의 평등이 그것이다. 그러나 보베로는 현실에 있어서 이 세 가지 원리가 경우에 따라 특정한 부분이 강조되고 있다고 지적한다. 신앙을 가진 자들에게 세속성은 일차적으로 예배의 자유를 의미하며 반교권주의자에게는 종교의 지배에 대한 투쟁이, 그리고 종교적 소수파에게는 종교간 평등이 강조된다는 것이다. 그는 복수의 세속성'들'의 개념을 강조하면서, 세속화의 역사 역시 하나의 과정이 아니라 여러 분기점을 갖고 있다고 설명한다. 프랑스에서 그 첫 번째 분기점은 1789년과 1806년 사이의 기간이다. 혁명 과정에서 세속화는 1791년 헌법에 의해 예배의 자유가 선포되면서 시민권과 세속 혼인 절차를 발전시켰다. 동시에 혁명력, 혁명의 성인, 자유의 여신과 같은 시민종교를 출현시켰다. 이 과정은 제정과 로마 교회의 화해였던 '종교협약(Concordat)'을 통해 안정되었다. 하지만 이 과정에서 형성된 교회와 국가의 관계는 국가에 의한 교회의 보호와 통제를 핵심으로 하는 것이었고, 결국 세속화는 교회/국가 간의 구별로 귀결되었다.[10]

보베로가 제시한 개념 정의는 일견 효율적인 것으로 보인다. 하지만 이러한 정의는 시기적으로 빨라야 18세기 후반, 주로 19세기 이후 시대를 그 대상으로 한다. 이는 보베로가 세속화의 단계를 혁명 이후부터 설명하기 시작하

---

9 Jean Baubérot, "Tolérance, sécularisation et la laïcisation de l'Etat", in *La Tolérance*, Colloque international de Nantes, mai 1998 (Presse Univ. de Rennes, 1998), pp.187-191.

10 Jean Baubérot, "Etat, laicité, religions", *Regards sur l'actualité*, n.298, pp.5-23.

는 데서 분명히 드러난다. 그래서 과연 이 개념 정의 방식이 근대 초 그러니까 16세기 후반과 17세기에도 적용될 수 있는지는 의문이다. 보베로의 세속화라는 개념을 적용하는 것이 망설여지는 것은 어찌 보면 당연한 일이다. 경제적, 사회적 변화, 근대적 개인과 시민의 등장, 사회적 역학관계의 변화, 그리고 보다 명확해진 공적 영역과 사적 영역의 경계는 18세기 말에 이르러 '세속화'로 일컬어지는 일련의 변화에 다른 양상을 가져다주었기 때문이다.

그러나 이러한 시대적 조건의 다름과 더불어 근대 초 프랑스의 '세속화'는, 즉 '세속화' 이전의 '세속화'로 부를 수도 있을 과정은 다른 유럽 국가들의 세속화와 구별시키는 특정한 역사적 조건에서 시작되었다. 이러한 특정한 조건은 다른 유럽 국가들과는 다른 프랑스의 독특한 '세속화' 과정에 일관된 방식으로 영향을 끼친 것으로 보인다.

3. 프랑스 종교내전과 국가이성 개념의 확립

1562년 바시(Wassy) 학살 사건에서 시작된 프랑스 종교내전은 낭트 칙령이 반포된 1598년까지 프랑스를 뒤흔들며 프랑스인들에게 광신적인 전쟁의 짙은 흔적을 남겼다. 폭력과 대량학살, 허약한 왕권과 사회적 무질서에 대한 프랑스인들의 집단 경험은 그들의 사유와 행위방식의 변화를 요구했고, 교파적 차이를 명분으로 시작된 전쟁의 성격에 대한 의혹을 제기하게 했다. 이미 1585년 에티엔 파스키에(Etienne Pasquier)는 이 전쟁이 개신교도를 상대로 한 것인지 아니면 국가를 상대로 벌어지는 것인지에 대해 의구심을 표현했다. 전쟁이 장기화되면서 점차 앙리 드 나바르(Henri de Navarre)의 말처럼 "종교의 이름으로 발발한 이 전쟁은 어느 순간 국가의 전쟁(guerre d'Etat)이 되어버렸고", 국가는 모든 공적 토론의 핵심으로 등장했다. 게다가 주권 국가체제의 등장은 단순히 추상적인 이론의 차원에만 국한된 것은 아니었다. 프랑스 종교내전의 과정에서 나타난 새로운 정치적, 사회적 현실은 전통적인 교회의 힘이 약화되고 그 자리를 대체한 '정치적인 것'의 새로운 면모를 보여주었다.

그런 점에서 프랑스의 사례는 매우 독특하다. 유럽에서 개인의 자유는 대체로 종교적 힘에 맞서 쟁취해야 하는 대상이었다. 대체로 종교개혁은 로마로부터 분리된 교회의 "국유화(nationalisation)", 최근 역사학계에서 교파화(confessionalisation)라는 이름으로 부르는 세속권력(시민권력)에 의한 교회권력의 통합으로 귀결되었는데, 교파화의 가장 분명한 사례는 영국, 루터파 독일 그리고 덴마크와 스웨덴이다. 이들 지역에서 종교 권력은 정치권력에 복속되었다. 칼뱅파 지역에는 정치권력이 종교 권력에 스스로 통합되었지만, 두 지역 모두 종교와 국가의 결합은 커다란 갈등 없이 이루어졌고, 이러한 결합 안에서 개인의 자유를 향한 지적, 심성적 이행이 진행되었다.[11]

16세기에 프랑스에서 발생한 종교적 갈등은 억눌린 용수철과 같았다. 그것은 작은 논쟁에도 튀어 올라 폭력이라는 탈출구를 찾으려는 것처럼 보였다. 이러한 상황은 중재자의 위치에 놓이게 된 중앙권력의 역할을 강화했고 중재를 위해 만들어진 제도를 지속시키고 사회적 유대를 파괴하지 않기 위해 배타적으로 정치적인 논리를 출현시켰다. 이러한 세속적 논리의 등장은 개인과 집단에 의해 구체화된 법적 상황 속에서 구체적 선택과 결정이 이루어지면서 생성된 결과물이었다. 1598년의 낭트 칙령은 종교적인 방법을 통한 교파 간 타협의 실패를 보여주는 증거물이다. 이 칙령은 종교적이지 않은 방식, 주권자가 세속적인 방식으로 보장한 타협의 산물이었다. 그것은 관용의 칙령도 아니었으며, 단지 '불관용 속에서 공존하기'를 명령했을 뿐이다.[12]

프랑스에서 국가, 그리고 그것의 지배논리인 국가이성은 특별한 정치적 종

11 16세기에 발생한 종교의 내적 혁명은 신/인간 관계에 있어서 과거 교회가 장악했던 절대적인 중재역할에 의문을 제기했고, 인간과 신 사이의 직접적이며 내적인 관계를 설정했다. 이 때문에 루터와 칼뱅의 종교개혁을 근대적 개인주의의 출발점, 종교개혁에 의해 출현한 종교적 개인을 세속화한 것으로 보려는 시각도 존재한다.

12 Olivier Christin, "Sortir des Guerres de Religion. L'autonomisation de la raison politique au milieu du XVIe siècle", in *Actes de la recherche en sciences sociales*, vol.116-117 (mars 1997), p.25.

교적 역할을 수행했다. 이러한 특징은 종교개혁이 야기한 상황, 특히 종교내전의 상황에서 유래한다. 어떤 면에서 프랑스는 프로테스탄트 국가들과 가톨릭교회가 온전히 보존된 에스파냐와 이탈리아 그리고 오스트리아 등의 국가들 사이의 중간적 위치를 점한다. 종교개혁이 완전히 성공하지는 않았지만, 신교파는 "국가 안의 국가"를 형성할 만큼 충분히 프랑스에 뿌리를 내렸고, 1562년부터 1598년까지 벌어진 종교내전에 의해 왕국의 종교적 분열은 확고해졌다. 이 상황은 진정 프랑스 정치문화의 모태이다. 그리고 왕권신수설의 주권국가는 바로 이 상처로부터 자라난 중재자였다. 신으로부터 직접 그 권력을 부여받은 프랑스 왕정 국가는 교회의 그것을 능가하는 종교적 정당성을 확보했기에 대립적인 교파들에 공동의 질서를 강제할 수 있는 평화의 도구로 간주되었다.

게다가 교파 간 갈등에 대한 교리적 판단이 효력을 상실하면서 이 종교의 평화는 곧 신학자들의 전통적 지위를 위협했다. 신학자들의 상대적인 위상 하락은 1540년과 1561년에 걸친 종교회의에서 타협이 실패하고 폭력에 종지부를 찍는 데 실패한 데 기인한다. 동시에 이 평화는 프랑스인의 종교적 삶에서 교회가 행사했던 전통적인 기능을 대체할 국가의 강화된 통제력을 암시한다. 왕의 칙령은 개신교도들의 종교 예식을 위한 구체적인 조건과 양심의 자유가 지켜야 할 한계를 명시했다. 법률가들의 역할이 증대되었고, 성직자들은 관료와 법관들의 단순한 보조자의 지위로 전락했다.[13] 간헐적인 평화의 시도 역시 왕권을 일시적으로나마 재확립시키면서 중앙권력의 팽창에 기여했다. 종교내전의 와중에서 평화 확립을 위한 주권군주의 역할에 대한 백성들의 기대감은 높아져갔고, 지방의 저항에도 불구하고 칙령의 준수를 위해 훗날 지사제의 기원이 될 지방파견 위임관이 처음으로 등장했다. 종교적 갈등

13 Bernard Dompnier, *Le venin de l'hérésie. Image du protestantisme et combat catholique au XVIIe siècle* (Paris: Centurion, 1985), pp.245-246.

에 대한 세속화되고 정치적인 해결은 법률가의 역할을 강화시켰고, 이는 중앙집권적 국가 기구의 발전으로 귀결되었다. 그것들은 국가의 행정적, 법제적 구조의 강화, 정치적 사유에서 중앙권력의 이미지와 기능의 변화를 야기했다.

낭트 칙령으로 귀결된 평화협정들, 1562년의 생제르맹 칙령과 1563년의 앙부아즈 칙령 같은 일련의 평화협정들의 역사적 실패는[14] 일차적으로는 교파 간 대립이 격화되었던 상황에 기인한 것이지만, 동시에 그것이 지닌 구조적 취약성 때문이기도 했다.[15] 이러한 시도들은 개인과 집단 간의 협상과 타협을 통해 자신의 교파적 정체성을 유지한 채 적대적인 교파에 대한 상호 인정을 보장하려 했지만, 그러한 행위의 원리를 밝히지는 못했다. 왕에 대한 복종, 도시적 이상, 평화에 대한 예찬, 시민간의 형제애 등과 같은 요소들은 일반적인 정당화 원리였지만, 그것은 자신들이 구성한 체제를 명확하게 정의하지 못했다. 결국 칙령으로 인한 일시적인 종교의 평화는 의견의 일치가 아닌 쌍무적인 계약의 성격을 띨 수밖에 없었다. 그런 점에서 최종적인 "교파적인 내전의 중립화"는 새로운 정치 질서, 즉 주권 국가의 성립을 향한 중요한 분기점이었다.

전쟁 기간 중에 나타난 이러한 변화와 더불어 앙리 드 나바르의 왕위 계승 과정 역시 변화한 종교/국가 관계의 양상을 보여주었다. 1589년 8월 앙리 3세의 암살 이후 살리카 법에 따라 왕위를 계승한 것은 앙리 드 나바르였지만, 그는 아직 프랑스인의 진정한 왕이 아니었다. 왕국의 절대다수를 구성했던 프랑스의 가톨릭 신자들은 신성연맹파를 중심으로 신교도 왕의 파리 입성을 거부했다. 파리 시의 완강한 저항 앞에서 앙리4세는 1594년 결국 개인의 신앙을 버리고 가톨릭교로 개종했다. 앙리4세의 이 선택은 앞서 시도된 일련의 평화노력에서 진행되었던 사적 영역과 공적 영역의 잠재적인 분리, 즉 신앙이

14 두 칙령에 대해서는 임승휘, 「프랑스 종교전쟁과 관용개념의 탄생: 푸아시 회담(1562)에서 낭트칙령(1598)까지」, 『이화사학연구』, 37집(2008), 297-298쪽.

15 Christin, "Sortir des Guerres de Religion", pp.23-24.

라는 사적 영역과 국가의 안녕이라는 공적 영역의 분리를 상징하는 사건이었다. 물론 공적 영역이 본질적으로 정치적인 것은 아니지만, 내전 과정에서 등장한 공적 영역은 불가피하게 정치적인 성격을 부여받았다.

개인적으로 개종을 원하지 않았던 앙리4세의 개종은 국가를 위한 희생으로 간주되었다. 때문에 종교내전의 승리자는 앙리4세도, 가톨릭교회도 아니며, 프랑스 국가야말로 진정한 전쟁의 승리자라는 평가가 내려졌다. 물론 국가의 이러한 승리가 완전한 것은 아니다. 개종 과정을 통해 가톨릭교회와 프랑스 왕정간의 불가분의 관계에 대한 원칙이 재확인되었기 때문이다. 왕의 개종은 군주정이 가톨릭의 망토를 되찾고 교회의 장녀의 지위를 재확립하게 함으로써 교파적 소속에 대한 애매모호함을 불식시켰다. 경건한 군주정만이 종교적 소수파가 왕국 내에 존재할 수 있는 조건을 만들 수 있었던 것이다.[16]

이러한 양상은 "세속화"를 앙리4세의 평화령의 특징으로 보는 전통, 그리고 교회로부터 국가로 신성의 전이를 주장하는 보다 섬세한 해석과 다소 모순된다. 마르셀 고셰(Marcel Gauchet)에 따르면 "앙리4세와 함께 승리를 거둔 것은 단순히 국가에 관한 세속적 시각이 아니라 그 자체로서 종교적 목적이 되어버린 국가였다. […] 국가는 고유한 이름을 부여받았고 진정한 종교의 대상이 된 동시에 중세 말과 르네상스 시기에 공공연하게 발전한 국왕 숭배론을 전유했다. 국왕과 신과의 '직접적' 관계는 단지 성직자의 중계에 대한 독립성의 수단일 뿐 아니라 국가의 군주정에 내재한 종교성의 원천으로 작용했다."[17] 그러나 이러한 분석이 16세기 말과 17세기 초의 실제 현상을 묘사한다고 해도, 그 묘사는 상당 부분 추상적이다. 왜냐하면 국가와 왕정 간의 일체성은 아직 불완전했기 때문이다. 국가와 왕정은 고유의 삶을 가지고 있었고, 어떤 지점에서는 서로 대립적이기도 했다. 앙리4세의 개종은 이 갈등을 잘 보여준다. 군주

---

16 Alain Tallon, *Conscience nationale et sentiment religieux en France au XVIe siècle* (Paris: PUF, 2002), p.284.

17 Marcel Gauchet, *Le désenchantement du monde. Une histoire politique de la religion* (Paris: Gallimard, 1985), pp.207-208.

정의 정당성이란 시각에서만이 아니라 그것은 국가의 안정성과 왕국의 전통의 입장에서 불가피한 선택이었다.[18]

그렇다고 해도 종교내전 시기에 나타난 중요한 변화의 의미가 사라지는 것은 아니다. 분명 많은 것이 달라져 있었다. 가장 중요한 것은 종교와 정치, 가톨릭교회와 왕정의 관계에 대한 인식의 변화였다. 36년간의 내전과 앙리4세의 즉위와 함께 내전을 종식시킨 낭트 칙령은 한 국가에 두 종류의 신앙을 공식적으로 인정함으로써 종교적 통일성에 대한 전통적 관념을 뒤흔들어 놓았다. 종교내전 이후 프랑스에서 관용의 문제는 국가와 종교를 구별하는 원리를 그 이론적 기초로 받아들여야 했다. 국가의 세속적 평화와 정의에 대한 예찬은 '종교적' 관용의 관건이 교리적 관용이 아닌 법적인 관용이었음을 보여준다. 그 결과 종교의 평화는 신학자들이 아닌 법률가와 정치가들의 임무, 정치권력이 관장하는 공공질서와 행정의 문제가 되었다.

프랑스에서 근대국가의 개념과 그것의 법제적 개념인 주권, 군주의 절대적인 국왕주권으로 표현된 주권이 구체화된 것은 바로 이 순간이다. 이 두 개념은 군주의 권위가 기존의 종교적 신앙을 초월하여 확립될 수 있도록 만든 신학 혁명을 함축한다. 17세기에 확립된 프랑스 절대왕정의 역설 중 하나는 바로 이 새로운 신학에 의거하여 종교로부터 국가를 분리시키고 전통 교회에 대한 국가의 종교적 권위를 확보했다는 점이다. 프로테스탄트 지역과 달리 프랑스에서 교회의 종교적 권력과 국왕의 정치권력은 서로 통합되지 않고, 분리된 채 유지되었다. 프랑스의 교회는 국왕과 국가로의 종교적 전이를 의미하는 공적 종교의 이름으로 정치권력에 복종해야 했다. 이것이 절대주의이다. 이는 프랑스의 독특한 정치문화를 출현시킨 독특한 정치신학적 토양이었다.[19]

18 Tallon, *Conscience nationale et sentiment religieux en France*, p.285.

19 Marcel Gauchet, "Une laïcité incertaine", Conférence de Marcel Gauchet prononcée lors d'un colloque en décembre 2000. http://gauchet.blogspot.com/ 2006/06/une-lacit-incertaine.html

4. 절대왕정의 종교성과 세속성의 문제

군주의 권위가 신으로부터 유래한다는 것은 널리 알려진 것이었다. 구약에 등장하는 신으로부터 기름부음을 받은 왕의 이미지는 프랑스의 왕에 의해 계승되었다. 카르댕 르브레(Cardin Le Bret)는 『주권론』의 첫머리에서 "프랑스 왕정의 첫 번째 특징은 그것이 오직 신으로부터 유래하며, 프랑스의 왕은 신을 통해 지배권을 부여받았다."는 점을 분명히 했다. 이러한 왕권신수설은 분할 없는 주권에 대한 주장을 정당화했다. 그리하여 17세기에 프랑스의 왕은 지상에서 신의 대리인이며, 신의 속성에 참여하는 존재로 간주되었다. "기적을 행하는 왕"에 대한 믿음 역시 이러한 논리를 지원했다.

신학은 왕권의 표상에 영향을 미쳤다. 중세말 발전한 국왕이체론의 신학은 그리스도를 머리로 하는 신비한 몸으로서의 교회가 그대로 정치에 옮겨져 국왕을 머리로 하는 국가라는 신비한 몸에 관한 이론을 발전시켰다.[20] 17세기에 이르러 프랑스의 왕은 절대주의 이론 속에서 인성을 지닌 그리스도를 능가하는 존재가 되어갔다. 결코 보통의 인간일 수 없는 국왕은 살아있는 신의 형상을 추구했고, 절대왕정의 정치는 종교적 모델에 따라 유사 신성의 예식으로 발전하려는 경향을 보여주었다. 마르크 블로크가 일종의 종교로 간주했던 절대왕정의 신비주의는 보쉬에(Jean-Jacques Bossuet)에 의해 이렇게 표현된다.

> 국왕에 대한 존경에는 종교적인 속성이 존재한다. 신에 대한 경배와 국왕에 대한 존경은 서로 결합된다. 신은 왕에게 신성한 속성을 부여했고, 따라서 국왕을 존경하는 것은 그리스도교 정신에 입각한 또 다른 종교라고 할 수 있다.[21]

보쉬에에 의해 절정에 달한 왕권신수설은 17세기 초반부터 적극적으로 해

20 임승휘, 「프랑스의 왕」, 『역사비평』, 54호(2001), 328쪽.

21 Jacques-Bénigne Bossuet, *La politique tirée de l'Ecriture sainte*, III, 2.

석되고 있었다. 루이13세 치세, 특히 리슐리외 추기경이 권력을 장악하면서부터 본격화된 친정부적 선전 문서들은 주요한 정치적 사안에 대해 분명한 목소리를 내기 시작했다. 추기경을 위해 봉사한 작가들이 가장 민감하게 반응했던 문제는 단연 국제정치, 특히 프랑스의 반(反)합스부르크 정책기조였다.

이 시기 가장 주목할 만한 정치소책자는 단연 1625년 출간된 『국가주의 가톨릭교도(*Le Catholique d'Etat*)』[22]이다. 추기경의 정치선전의 개시작이기도 한 이 저작은 당시 프랑스의 국제정치가 보여준 반가톨릭적 측면을 비판한 일련의 팜플렛들에 대한 응답이면서, 이후에 등장할 국가주의 저작들의 핵심적 요소들을 제시한다.[23] 프랑스의 정치가 그리스도교 정신과 일치함을 입증하고자 하는 저자는 『국가주의 가톨릭교도』라는 제목에서 논지의 핵심을 암시한다. 저자는 '국가주의 가톨릭교도' 또는 '정치파'와 같은 용어가 멸시의 대상이 된 것에 대해 분격하면서, 국가주의 가톨릭교도란 국가의 이해관계와 종교의 이익을 진정으로 일치시킬 줄 아는 인물을 지칭한다고 주장한다.

『국가주의 가톨릭교도』를 주목하는 이유는 저자가 외견상 모순적인 두 가지 원리, 즉 권력의 종교적 속성과 세속적 측면을 동시에 강화시킨다는 점이다. 이론적으로 『국가주의 가톨릭교도』는 왕권신수설에 대한 장황한 논증이다. 저자는 왕권신수설을 토대로 군주가 지상에서 일종의 신과 같은 존재라고 주장한다. 신과 군주 사이의 이러한 근접성으로 인해 군주의 권위는 신성해지며 군주는 백성에게 절대적이며 종교적인 복종을 요구한다. 백성의 저항권을 부정하면서, 기도에서 안식을 얻도록 권유하는 『국가주의 가톨릭교도』는 왕권신수설을 통해 왕권의 독립성과 주권적 성격을 보장하고 있다.

---

22 *Le Catholique d'Etat, ou Discours politique des alliances du Roy Tres- Chrestien, contre les calomnies des ennemis de son Estat. Dedié au Roy, Par le Sieur du Ferrier*, in Paul Hay, sieur Du Chastelet, *Recueil de diverses pièces pour servir à l'histoire* (S.I., 1640) [BNF LB36-22(B) pp.90-156. 이 팜플렛의 저자에 대해서는 이견이 있는 듯하다. 일반적으로 페리에(Jérémie Ferrier)의 저작으로 통용되지만, 페리에를 비롯한 일군의 추기경의 문필가들의 공동작업이라는 주장도 있다.

23 Thuau, *Raison d'Etat et pensée politique*, p.182.

물론 왕권신수설은 왕권을 제한하는 용도로 이용될 수도 있었다. 예수회의 니콜라 코생(Nicholas Caussin)은 같은 왕권신수설을 토대로 백성의 절대적 복종의 주장이나 국왕의 신격화를 비판한다. 지상의 왕정은 결코 영속성을 지닌 실체가 아니며 절대적인 신 앞에서 상대적인 지위만을 가질 뿐이므로, 그것은 자율적인 개념일 수 없었다. 코생과 같은 인물에게 절대성과 자율성을 주장하는 절대왕정이란 왕정의 존립 자체를 위협하는, 즉 국왕을 더 이상 국왕이 아니게끔 하는 모순 그 자체로 여겨졌다.[24]

이와 반대로 『국가주의 가톨릭교도』의 저자에게 그것은 왕권의 절대성을 보장해주는 논거로 활용된다. 특히 저자는 에스파냐의 시메네스(Ximenes) 추기경의 예를 들어가며, "교회의 향로처럼 기분 좋은" 대포의 화약 냄새를 언급하면서 전쟁에 대한 군주의 권한을 강조한다. 국왕의 전쟁권은 신이 군주에게 부여한 고유한 권리이며, 이는 가톨릭 국가와의 전쟁에도 해당한다. "군주의 적은 신의 적이며, 따라서 우리 모두의 적이기도 하다."는 저자의 주장은 종교전쟁의 신성함을 국가 간 전쟁으로 전이시킨다. 저자는 전쟁에 대한 군주의 결정이 지니는 정당성은 논의의 여지를 갖지 않는다고 강변한다.

논의의 여지가 없어야 하는 이유는 군주의 권위가 신성한 이상 그것이 어느 정도의 신비를 담보하기 때문이다. 저자는 1620년대 중반 프랑스와 합스부르크 왕가 사이에 발생한 발틀린(Valteline) 사태에 대해 언급하면서 다음과 같은 한계를 스스로 명시한다.

> "국가 중대 사안은 심오한 것이어서 아무나 쉽게 그 비밀을 알아챌 수 없다. 나는 대신회의와 그들의 비밀을 존중한다. 그것은 자격 있는 자들만이 드나드는 성소와 같다."

왕에 대한 복종은 신에 대한 복종과 유사해지고, 국왕에 맞선 반란은 악마의 사주를 받은 행위가 된다. 초월적 식견을 갖추고 신의 무오류성에 참여한

24 임승휘, 「국왕고해신부 니콜라 코생의 절대주의 비판」, 『서양사론』, 63호(1999).

국왕은 마치 신이 모세를 매개로 자신의 의지를 실현하듯 수석국무대신을 앞세워 통치한다. 국왕의 정의는 신의 정의와 혼동된다. 결국 국가의 신비는 신앙의 신비와 양립한다. 국왕의 집무실은 국가의 성소이며, 속인들은 그저 조심스레 이를 바라볼 수밖에 없다. 성경에 의거한 마키아벨리주의라는 마숑(Machon)의 독특한 신학[25]은 권력의 신격화의 특수한 한 예일 뿐이다.

하지만 이렇듯 신으로부터 유래한 프랑스 왕정의 종교성은 전통적인 가톨릭교의 그것과는 다르다. "왕국의 정의는 개인들 사이의 정의와는 다른 법칙을 갖고 있기"[26] 때문이다. 그리고 이 대목에서부터 『국가주의 가톨릭교도』의 논지는 역설적인 방향으로 발전한다. 저자는 권위적인 국가의 종교적 교리를 발전시켰지만, 다른 한편으로 종교와 정치의 분리를 주장하면서 정치 영역의 자율성을 확보하려 한다. 저자는 에스파냐를 겨냥하며 에스파냐인들이 스스로 신앙의 수호자를 자처하며 국제정치에서 도덕성의 진정한 구현자라고 주장하지만, 실제로는 종교와 정치를 분리하고 있다고 지적한다. "에스파냐의 역사는 힘이야말로 모든 미덕의 여왕이며, 국가 중대사에 있어서 일반적인 도덕은 적용되지 않는다는 점을 가르친다."[27] 같은 논리로 "프랑스는 국가의 필요에 따른 동맹국을 갖는다." "국가의 법은 결의론자의 규범과 다르며, 학교에서 가르치는 도덕은 정치와 공통점을 갖지 않으며"[28], "위대한 군주의 전쟁은 신학자의 법을 따르지 않는다. 전쟁에서 신학자의 정의가 낼 수 있는 목소리는 결코 크지 않다."[29]

『국가주의 가톨릭교도』의 역설은 종교의 권위적 개념에 근거하여 프랑스 절대왕정의 이론적 토대를 확립하면서 종교와 정치의 분리라는 결론에 도달

25 마키아벨리주의에 대한 마숑의 그리스도교적 정당화에 대해서는 Thuau, *Raison d'Etat et pensée politique*, pp.334-350.

26 *Recueil de Hay*, p.88.

27 *Ibid.*, pp.88-89.

28 *Ibid.*, p.95.

29 *Ibid.*, pp.123-124.

한다는 사실에 있다. 신과 국가권력이 일치하는 것은 오직 국가권력의 자율성을 보다 효과적으로 확보하기 위해서일 뿐이다. 이제 자율성을 획득한 국가권력은 국가이성이라는 고유한 원리, 즉 이해관계에 입각한 합리성의 통치 원리를 통해 사회와 개인을 규제하게 된다. 국가주의자들은 과거와 현재의 목소리를 동시에 경청하면서, 왕권신수설, 가부장적 군주의 의무, 그리스도교 군주의 이상과 같은 전통적 사상에 의거하여 체제를 옹호하고, 신에게 책임을 지는 국왕의 개념 속에서 자신의 종교성을 입증하고자 했지만, 결국 군주와 신의 근접성의 교리는 군주를 신과 종교로부터 멀어지게 하기 위한 논리일 뿐이다. 이들은 현실주의적이며, 합리주의적이고, 중상주의적 정신으로 무장한 채 자율성을 확보한 국가이성의 "무책임성"을 옹호한다. 동시에 국가주의 저작들은 한결같이 정치학을 비밀스런 지식으로 간주하면서도 동시에 그것을 모두에게 개방된 과학으로 만든다.[30]

17세기 초반 정치의 영역에서 감지되는 세속적 합리성의 담론은 "인간이 합리적이라면 정치 역시 합리적이어야 한다."는 리슐리외의 주장에서 드러나듯 초지상적 목적지향주의의 굴레에서 벗어난 통치의 기술로서의 정치 개념을 확립시켰다. 사실에 대한 관찰로부터 출발하여 절대왕정의 정치적 세속화는 현실을 관통하는 법칙을 찾고 가장 효율적인 방법으로 행동하고자 했다.

권위주의적인 동시에 합리성을 추구하는 '국가주의자'들의 정치적 사유가 지닌 특징은 바로 이러한 역설과 모순이다. 일차적으로 이는 그것이 하나의 사상체계이기 전에 하나의 행위 의지이기 때문에 수반되는 불가피한 성격인

---

30 이 이데올로기는 정치사상의 역동적 요소를 다양한 방식으로 혁신하고 있는데, 에티엔 튀오는 이러한 국가주의 저작들의 특징을 다음과 같이 정리한다. (1) 그것은 전통적인 신앙을 새로운 방식으로 해석하고 기존의 원칙을 변형시킨다. 새로운 현실에 맞게끔 오랜 원리를 전복시키는 행위는 왕권신수설의 해석에서 분명하게 드러난다. (2) 그것은 낡은 원리에 새로운 원리를 중첩시킨다. 왕권신수설에 따른 주권의 개념에 국가이성의 사상을 첨가한다. 낡은 원리를 제거하지는 않지만, 이를 능가하는 것이다. (3) 그것은 하나의 전통을 다른 전통에 대립시키면서 이용한다. 황제주의의 전통과 그리스도교 군주의 이상에 의거하면서도 이들은 이교도 사상에 의거하여 그리스도교 사상의 특정한 의미들을 변형시키고, 그로부터 스스로를 해방시킨다. (4) 국가주의의 전위로서 마키아벨리주의는 그리스도교적 전통을 파괴하고 현재에 국한된 실용주의를 추구한다. Thuau, *Raison d'Etat et pensée politique*, pp.388-390.

것처럼 보이지만, 이는 피상적인 분석일 뿐이다. 사실 이 역설이야말로 프랑스 절대왕정의 이데올로기가 지닌 명확한 본질이기 때문이다.

17세기 초 프랑스의 '국가주의' 정치 담론에서 나타난 세속화는 바로 이러한 역설과 모순, 즉 도전적인 합리적 세속성과 전통적인 종교적 가치체계 사이의 불안한 균형과 충돌에 토대를 두고 있었다. 국가주의의 정점에 있던 리슐리외 추기경의 정체성에 대해 한 역사가가 제시한 "세 명의 리슐리외"라는 이미지는 단순히 추기경 개인의 복잡한 내면을 떠나서 논리적 일관성을 담보할 수 없었던 17세기 초반 프랑스 정치의 다중적 정체성에 대한 상징적 표현인 셈이다.[31]

종교내전 말기부터 프랑스의 가톨릭교는 내부적으로 신앙의 다원화를 경험하기 시작했다. 17세기 초에 이르러 이러한 다원화는 분명한 정치적 현상으로 나타났다. "국가를 위한 일은 결국 신을 위한 일이다."[32]라고 단언할 수 있었고, 그래서 무능한 정치인은 결코 진정한 신학자가 될 수 없다고까지 주장한 리슐리외 추기경과 같은 인물로부터 매일 신과 그의 천사들을 접하고 정치적 조언까지 구하던 신비주의자에 이르기까지 다원화된 형태의 가톨릭 신앙의 모습은 가톨릭교가 더 이상 정치적으로 통일된 종교가 아님을 보여준다.

통일성의 부재는 국가와 신 관계를 명확하게 규정하는 것을 불가능하게 만들었다. 정치와 종교의 불분명한 경계와 더불어 명목상 신으로부터 유래한 정치권력의 정당성 담론은 17세기의 정치적 논의를 신학 대 신학의 대립구도로 만들었다. 이러한 대립구도는 한편으로는 국가의 존재를 정당화하는 절대적 준거로서의 역할을 가톨릭교가 상실했음을 의미하지만, 다른 한편으로 신학의 외피를 쓴 채 성립될 수밖에 없었던 프랑스 절대왕정의 국가이성이 지

31 Jörg Wollenberg, *Les Trois Richelieu. Servir Dieu, le Roi et la Raison, trad. de l'allemand par Edourd Husson* (Paris: François-Xavier de Guibert, 1995).

32 Richelieu, Armand du Plessis, duc de, *Testament politique*, éd. Louis André (Paris: Robert Laffont, 1947), p.201.

닌 논리적 한계를 보여준다.

5. 나오며 : 국가에 의한 종교의 전유

근대 초 프랑스의 정치적 세속화가 사회와 국가의 세속화로 직접 귀결되는 현상일까? 그렇지는 않을 것이다. 이것은 분명 근대 초 프랑스의 정치적 세속화가 지닌 한계이다. 앙리4세의 개종은 사적 영역과 공적 영역의 분리이면서 종교적 가치에 대한 국가이성의 승리였고, 리슐리외 추기경의 현실정치는 분명 세속적 합리성에 입각한 국가의 이해관계의 실현을 추구했다. 하지만 그 어디에서건 가톨릭교의 종교성과 신학의 외피를 벗어나지는 못했다. 이는 근대 초 프랑스의 절대왕정 국가가 지닌 한계인 동시에, 프랑스 왕국의 구성 원리로서 여전히 강건한 구속력을 견지하고 있는 가톨릭교의 위상을 보여준다.

그러나 절대왕정 국가가 서서히 실현한 자율성, 즉 국가이성의 차원에서 세속성의 원리는 이제 부인할 수 없는 현실이 되었다. 근대 초 프랑스 왕정국가는 종교내전의 상처를 극복하면서 세속국가로서의 고유한 성격을 확보하기 시작했다. 17세기 전반의 절대왕정 체제는 왕권신수설을 토대로 국왕을 신격화했고, 이러한 신격화를 통한 국가는 자율성을 확보하고 나아가 국가 자체에 종교성을 부여했다. 동시에 신격화를 통한 왕정의 자율성은 국가이성의 논리로 무장하고 합리성에 기초한 정치적 사유를 발전시켰다. 17세기 초반에 나타난 이러한 정치적 세속화는 전통적인 가톨릭교에 대한 새로운 정치적 해석이라는 형태를 띠었다.

이미 언급한 보베로의 구분법을 활용한다면, 이러한 양상은 '넓은 의미의 세속화(sécularisation)'가 진행되지 않은 역사적 여건 속에서 프랑스 왕정이 '프랑스식 세속화(laicïsation)'를 추구할 수밖에 없었던 상황에 기인한다고 진단할 수도 있을 것이다.[33] 그러나 문제는 절대왕정 국가에서 형성된 이러한 구조적 관계가 향후 프랑스의 독특한 국가/종교 관계, 즉 국가에 의한 종교의 전유를 특징으로 하는 세속화의 과정에 큰 영향을 끼쳤다는 점이다. 개신교 지역에서와 달리, 프랑스에서는 종교적 권위와 정치적 권위의 융합이 추구되지 않았다. 오히려 프랑스 절대왕정 체제는 종교적 권위와 정치적 권위를 분리시켰고, 나아가 공적 종교성, 즉 국가의 종교성이란 이름하에 종교적인 것을 정치적인 것에 종속시켰다. 프랑스에서 권리를 가진 근대적 개인과 자율성의 개념은 바로 이러한 신성한 권리로서 국왕주권을 옹호한 절대주의의 틀 안에서 발전했다. 그런 점에서 프랑스의 18세기 계몽사상, 특히 루소와 프랑스 혁명이 이뤄낸 것은 인민에 의한 절대적인 주권의 민주주의적 전유라고 할 수 있다.

프랑스혁명이 낳은 '성직자 시민헌장', 즉 국민에 의한 교회의 포합(抱合) 시도 역시 절대왕정 시대부터 이어져온 국가에 의한 종교의 합병 기획의 연장선에서 이해될 수 있다. 19 세기에 진행된 자유주의의 발전, 독립된 개체로서 개인의 확립, 그리고 이를 토대로 한 시민사회의 형성은 이후 프랑스가 밟았던 '세속화'의 조건을 명확하게 해주었다. 자유의 이름으로 자유를, 특히 종교적 자유를 억압해야 하는 논리적 딜레마를 지녔던 프랑스혁명의 탈그리스도교적 세속화는 19세기가 풀어야 할 숙제였고, 교회와 국가 사이에 벌어진 갈등의 축이었다. 그리고 다시 한 번 국가는 갈중의 해법을 제시했다. 1905년의 정교분리는 19세기 말 프랑스의 자유주의적 민주주의의 시각에서 시민사회와 국가의 분리에 대한 축성이었으며, 프랑스의 세속성, 즉 '라이시테'가 확립된 순간이었다. 종교적 자유는 사적 영역 안에서 시민적 자유로 인식되었

33 물론 이러한 세속화에 대한 주장이 근대국가가 지닌 보다 넓은 의미에서 종교성에 대해 의문을 제기하는 것은 아니다. 오히려 종교성은 근대국가의 핵심을 이룬다. 주권 개념을 통한 국민과 국가가 일체화라는 복잡한 과정을 거쳐, 국가는 국민의 숭배대상이 되었고, 국가를 위해 목숨을 바치는 행위는 순교의 위상을 차지하게 되었다. 국민적 성소와 그에 대한 숭배 의례, 법질서에 대한 복종의 논리는 바로 근대국가가 지닌 원초적 의미의 종교성을 상징적으로 보여준다. 이점에 대해서는 임승휘, 「근대국가의 종교적 기원: 프랑스 절대왕정과 종교」, 『프랑스사 연구』, 12호(2005), 5-7쪽을 참조.

으며, 시민은 종교로부터 완전히 분리된 공적 영역에서 자신의 개인적 신념을 분리할 것을 요구받았다. 민주주의적 자율성은 사적 영역이 공적 영역에 종속됨을 담보로 이루어지며, 이는 개인의 종교적 소속과 신념을 초월하여 국가의 도덕적 역할이 확립됨을 의미했다.

Chapter 04

17세기의 신앙심과 형제회

1. 들어가며
2. 형제애의 전통
3. 형제회의 종교 활동
4. 형제회의 자선 활동
5. 나오며

Chapter 04

17세기의 신앙심과 형제회

이성재

1. 들어가며

17세기는 프랑스 역사에서 '대성인의 시대'로 불린다. 1650년에 젊은 사제들을 위한 학교인 생쉴피스(Saint-Sulpice)회를 세운 장 자크 올리에(Jean-Jacques Olier), 애덕부인회와 함께 빈민 아동을 위한 자선으로 명성을 떨친 뱅상 드 폴(Vincent de Paul), 프랑스 카르멜 수도회와 오라토리오 수도회를 창설한 피에르 드 베륄(Pierre de Bérulle)의 활동은 이를 잘 보여준다.

이러한 성인들이 나올 수 있었던 배경에는 높은 종교적 신심이 있었다. 많은 부르주아들과 귀족들이 가톨릭 부흥과 신의 영광을 위해 수백만 리브르의 돈과 수십 채의 가옥을 헌납했던 것이다.[1] 또한 트렌토 공의회의 법령을 1615

1 조르주 뒤비, 로베르 망두르, 김현일 역, 『프랑스문명사』, 하 (까치, 1995), 431쪽.

년에 고위 성직자들이 받아들였던 것도 이를 가능케 했다. 예배는 이 시기에 더욱 엄숙해졌으며 영적인 체험은 과거보다 더욱 가치가 있는 일로 여겨졌다. 생탕투안느(Saint-Antoine) 거리에 한 해에만 여덟 개의 수도원이 만들어지고, 도시 설교에 익숙했던 카푸생회 수도사들이 높은 대중적 인기를 얻었던 것도 바로 이런 분위기를 반영한다.

17세기에 가톨릭은 다양한 조직의 창설을 통해 자신의 활력을 입증하고 있었다. 이 가운데 형제회는 가톨릭의 가치를 일상에서 전파하는데 가장 큰 기여를 했다고 할 수 있다. 물론 형제회는 중세에도 존재했다. 하지만 중세의 형제회가 주로 같은 직업을 가진 사람들의 모임이었던 반면에, 17세기에 만들어진 형제회는 이런 틀을 벗어나 사회의 다양한 구성원들을 포함한 종교 조직이었다. 회원들은 인위적이긴 했지만 가족이라는 개념을 공유하고 있었으며, 사회의 위계질서 틀에서 일정정도 벗어나 새로운 종교 공동체를 이루려는 목표도 지니고 있었다. 더 나아가 이 시기의 형제회는 내부의 종교적 열망을 다양한 자선 활동으로 표출시키면서 사회 안정에도 크게 기여했다.

이점에 대해 로베르트 위테(Robert Jütte)는 형제회의 활동을 다음과 같이 묘사했다. "여러 조직 중 육체적 고통을 덜어주는데 가장 큰 역할을 한 것이 형제회였다. 종교적 차원에서 회원들은 죽은 자의 매장과 미사를 통해 봉사했다. 또한 자선 사업을 통해 가난한 영혼에 희망을 주었으며, 평신도들, 사제들, 수녀들이 빈민 부조를 위해 회원들과 함께 일했다. 자선 활동의 순간은 자선이 가진 신성한 성격의 양심을 반영한다. 보시를 행하는 것은 출생, 결혼, 사망 그리고 성인들의 날과 일치했다."[2]

이 글에서는 이러한 형제회의 사회 활동을 살펴보고자 한다. 이는 당시의 사람들이 자신들의 종교적 열망을 어떤 방식으로 현실과 접목시키려 했는지,

2 Robert Jütte, *Poverty and Deviance in Early Modern Europe* (Cambridge: Cambridge University Press, 1994), p.125.

즉 17세기의 가톨릭이 어떤 방식으로 사람들의 영적, 물질적 요구와 조우했는지 알아보려는 것이다. 아래에서는 먼저 형제회를 과거 형제애의 전통 속에서 간략히 살펴보고, 이어서 형제회의 종교 활동과 자선 활동을 통해 이 조직의 성격을 구체적으로 확인하고자 한다.

2. 형제애의 전통

프랑스에서 형제애의 전통은 오래전부터 존재해 왔다. 이미 중세에 유럽에 널리 퍼져 있던 맹인 형제회의 규약은 공동체 내부에서의 상호 부조가 어떤 방식으로 실행되고 있었는지를 잘 보여준다. 여기에는 맹인 안내인의 공동 이용, 병들었을 때의 상호 방문 그리고 공동체가 모금한 자선금에 대한 분배 방식 등이 상세히 규정되어 있었다.[3] 형제회를 통해서 회원들은 형제애를 나누고 자신들의 삶을 안정적으로 꾸려나가는 데 큰 도움을 받았다.

인문주의자인 에라스무스도 형제애에 바탕을 둔 자선(*caritas*)을 강조했다. 그가 말한 자선은 기도를 하고 교회에 자주 나가는 것이 아니라, "타인을 자신의 수족처럼 여기는 자선"이었다. 그는 『편람』(*Enchiridion*)에서 기독교의 사랑을 '타인에 대한 동정'이 아니라 "구원의 손길을 뻗고, 빗나간 사람을 부드럽게 타일러 돌아오게 하고, 분별없는 사람을 가르치고, 타락한 사람을 다시 일으키고, 슬픔에 빠진 사람을 위로하고, 어려움에 처한 사람을 원조하고, 궁핍한 사람을 도와주는 것"이라고 말했다. 따라서 그가 보기에 진정한 기독교인은 궁핍한 사람에게 형제애를 느끼면서 빈민을 도와야 했다. 또한 그는 재산을 탕진하고 낭비하는 삶은 "이웃을 사랑하라"라는 계율을 어기는 것이라고 생

3 대표적인 것으로는 14세기 바르셀로나와 발렌시아의 맹인 형제회, 1411년에 스트라스부르에 설립된 '가난한 맹인 형제회'를 들 수 있다. 브로니슬라프 게레맥, 이성재 역, 『빈곤의 역사』(길, 2010), 71쪽.

각했다. "그래서 어떻게 할 것인가? 너의 수족과 같은 사람들이 너무 배가 고파서 이를 악물고 있는데 너는 배불리 먹고만 있을 것인가? 너의 형제는 추위로 떨고 있는데, 너의 집에는 먼지가 묻고 좀과 곰팡이가 슨 옷이 구석에 처박혀 있지는 않은가?" 그리스도교의 사랑에 따르면, 부유한 사람의 재산은 공공재산이고 부유한 사람은 단지 수탁자에 불과했다. 소유를 금지하고 빈곤하게 살아야하는 의무가 단지 성직자에게만 해당된다고 믿는 것은 잘못된 것이었다. 이러한 원칙들은 모든 교인들에게 적용되는 것이었다.[4]

17세기에 이러한 '형제애'는 종교적 형제회를 통해 구현되었다. 여기서 형제회의 회원들은 지위와 신분의 고하를 막론하고 서로가 형제라는 개념을 공유함으로써 17세기의 어려운 상황을 벗어나려고 노력했다. 실제로 형제회는 성직자, 귀족, 평민 등 다양한 계층의 사람들이 긴밀한 유대관계를 형성하는데 크게 기여했다.

포레(Forez)의 몽브리송(Montbrison)에 있던 노트르담 데 쉬프라주(Notre Dame des Suffrages) 형제회에 관한 1677~1789년의 고문서를 보면 회원이 모든 사회계층에 걸쳐 있음을 알 수 있다. 또한 일반적으로 외국인, 하인, 노동자들을 회원으로 받지 않은 것으로 알려져 있던 참회(Pénitents) 형제회의 경우에도 실제로는 정신적 기준을 강조했기 때문에 계층적으로 낮은 위치에 있던 사람들이 가입할 수 있었다.[5] 이점에 대해 모리스 아귈롱(Maurice Agulhon)은 다음과 같이 지적했다. "형제회는 지위, 나이, 직업을 기준으로 회원을 받아들인 것이 아니라 원하는 사람은 누구나 이에 가입할 수 있는 일종의 동호회였다."[6]

형제회는 인위적으로 구성된 가족, 즉 결혼이나 혈연관계가 아니라 오히려 공동 규칙에 대한 서명을 통해 만들어진 가족이었다.[7] 실제로 여기에는 가족

4 같은 책, 227-228쪽.

5 Jean-Pierre Gutton, *Dévots et Société au XVIIe siècle: Construire le Ciel sur la Terre* (Paris: Belin, 2004), p.29.

6 Maurice Agulhon, *Pénitents et Francs-Maçons dans l'ancienne Provence* (Paris: Fayard, 1967), p.86.

7 G. Le Bras, "Les confréries chrétiennes", *Etudes de sociologie religieuse*, tome 2, *De la morphologie à la typologie* (Paris: P.U.F., 1956), p.423.

과의 관계가 멀어져 외로움을 느끼는 사람들과 새롭게 도시로 이주해 온 사람들이 종교적 형제애를 통해 소속감을 가지려는 요구가 크게 작용했다. 고위층 인사들 역시 기꺼이 형제회에 가입하기를 원했으며, 이를 통해 어려움에 처한 사람들과 유대를 맺고자 했다. 이러한 형태의 형제회를 피에르 뒤파르크(Pierre Duparc)는 '지역 주민의 형제회 공동체'(confrérie-communauté d'habitants)라고 불렀다.[8] 회원들은 모든 교구민들과 함께 식사를 하고자 했으며, 성신강림 축일에 먹을 양식을 나누어주기도 했다.[9] 로제 드보(Roger Devos) 역시 이러한 유대와 연대의 노력을 다음과 같이 나타냈다. "그들의 주요 목적은 보시와 성신강림 축일의 식사를 통해 상징적으로 빈자와 부자 모두가 서로의 연대를 새롭게 창조하는 것이었다. 또한 산 자와 죽은 자의 연대도 잊지 않으려고 했는데, 왜냐하면 형제회는 죽은 회원들의 장례식을 책임지고 있었기 때문이다."[10]

이처럼 당시 형제회는 천상에 있는 존재와의 영적 교류 그리고 지상에서 힘든 처지에 놓여 있는 사람들에 대한 연대를 위해 꼭 필요한 조직이었으며, 이를 위해 적극적인 종교 활동과 자선 활동을 통합적으로 전개해나갔다.

3. 형제회의 종교 활동

1) 순례

순례는 형제회의 중요한 종교 활동으로 이를 통해 회원들은 신의 은총과 죄사함을 받을 수 있다고 판단했다. 또한 직접 가지 못할 지라도 회원들 중 순

8 Pierre Duparc, "Confréries du Saint-Esprit et communautés d'habitants au Moyen Age", *Revue historique de Droit français et étranger*, quatrième série, tome XXXVI (1958), p.349.

9 *Ibid.*, p.352.

10 Roger Devos, "Pratiques et mentalités religieuses en Savoie. Permanence et évolution", *Ethnologie française*, nouvelle série, tome II, numéro 3, (juillet-septembre, 1981), p.204.

례를 갔다 온 사람이 있다면 그 혜택이 회원 전체에 돌아갈 것이라고 생각했다. 형제회의 순례는 루앙에서 그 모습을 구체적으로 확인할 수 있다. 루앙 생니케즈(Saint-Nicaise)의 삼축일(Trois Nativités) 형제회[11] 순례 규약에는 다음과 같은 내용이 있다.

> "우리는 매년 두 번 순례를 할 것이다. 그리고 그 순례에는 모든 사람들이 참여하는 것을 원칙으로 한다. 성사 팔부첨례의 날에 벨뵈프(Bellebeuf) 교구의 생타드리앙(Saint-Adrien) 예배당으로 첫 번째 순례를 떠날 것이며, 생드니(Saint-Denys)의 기일에 캉틀뢰(Canteleu) 교구의 생트바르브(Sainte-Barbe) 참회 신부회 수도원으로 두 번째 순례를 떠날 것이다."[12]

마찬가지로 루앙의 생트클로틸드(Sainte-Clotilde) 형제회는 매년 앙델리(Andelys)로의 순례를 조직했다. 그 이유는 이곳에 클로틸트 성인에게 바쳐진 기적의 샘이 존재하고 있었기 때문이었다. 삼위일체, 신성 가족, 그리고 여덟 명의 성인을 수호자로 삼고 있던 생비비앙(Saint-Vivien) 교구의 한 형제회 역시 해마다 루앙 북서쪽으로 20킬로미터 떨어진 파비이(Pavilly)의 생트오스트르베르트(Sainte-Austreberte) 무덤으로 순례를 떠났다. 생텔루아(Saint-Eloi) 교구의 생피르맹(Saint-Firmin) 형제회는 리지외(Lisieux)의 몽포르(Montfort)에서 가까운 생피르맹 지역까지 행렬을 지어 걸어가는 것을 관례로 하고 있었다.[13]

형제회는 종종 장거리 순례를 도모하고 권장하기도 했다. 앞서 언급한 삼축일 형제회의 규약에는 다음과 같은 내용이 있다.

---

11 삼축일에서 3은 예수, 마리아 그리고 장-밥티스트를 의미한다.

12 Archives départementales de Seine-Maritime(ADSM), G 1241. Marc Venard, "Les formes de piété des Confréries dévotes de Rouen à l'époque moderne", *Histoire, économie et société*, vol.10, no.3, (1991), p.284.

13 18세기에도 이러한 활동은 지속되었다. 1747년에는 생니케즈 교구의 노트르담 드 그라스(Notre Dame de Grâce) 형제회 회원들이 노트르담 드 봉스쿠르(Notre Dame de Bonsecours)까지 순례했다. 당시 노트르담 드 봉스쿠르는 마리아를 기리는 성소로서 매우 조촐한 장소였으나 19세기에는 루앙을 지키는 수호 대성당이 되었다.

"만일 우리 형제회 회원 중에 로마, 예루살렘 혹은 갈리스(Galice)의 생자크(Saint- Jacques)로 순례를 떠나고 싶은데 돈이 부족하다면, 형제회는 그에게 20솔을 지원할 것이다. 또한 그의 뜻에 따라 소미사를 올려줄 것이다. 그리고 생맨(Saint-Main)으로 순례를 떠나는 사람을 위해서는 10솔을 제공할 것이다."[14]

어떤 형제회의 경우에는 순례를 가입 조건으로 내세우기도 했다. 생비비앙 교구의 생자크(Saint-Jacques) 형제회는 이런 이유로 17세기 말까지 큰 명성을 얻고 있었다. 이 형제회는 에스파냐의 두 성지, 즉 노트르담 뒤 필리에(Notre Dame du Pilier)와 생살바퇴르(Saint-Salvateur)에 순례를 다녀 온 사람들로 구성되었다.[15] 또한 생피에르 뒤 샤텔(Saint-Pierre du Châtel) 교구의 노트르담 드 로레트(Notre Dame de Lorette)-생피에르(Saint Pierre) 형제회 역시 노트르담 드 로레트와 로마로 순례를 다녀온 사람들로 구성되었다. 1606년에 생장(Saint-Jean) 교구의 한 형제회는 6명의 사제와 3명의 교회 관리인, 그리고 18명의 평신도들이 모여 규정을 만들었는데 이에 따르면 몽생미셸(Mont Saint-Michel)로 순례를 다녀온 사람들만이 회원이 될 수 있었다.[16] 생마클루(Saint-Maclou) 교구의 생미셸 형제회의 경우에는 남부 노르망디의 몽생미셸로의 순례를 한 경우에만 회장이 될 수 있다는 규약을 가지고 있었다. 회장은 종종 몽생미셸로 사람들을 이끌고 순례를 떠나야 했다.

이보다 조금 덜 엄격했던 형제회들도 있었다. 예를 들어 생비비앙 교구의 한 형제회는 1656년의 규약에서 나폴리 왕국의 풀리아(Puglia) 지역에 있는 몬테 가르가노(Monte Gargano)나 혹은 남부 노르망디의 몽생미셸 같은 신성한 지역에 순례를 다녀왔거나 순례 예정인 사람들을 회원으로 받아들였다. 순례를 할 예정인 경우에도 회원 자격이 주어졌다는 점에 주목해야 한다. 물론 이 형

14 ADSM G 1241. Marc Venard, "Les formes de piété des Confréries", p.284.

15 여성의 경우에는 순례를 다녀오지 않아도 입회가 허용되었다.

16 ADSM G 1232. Marc Venard, "Les formes de piété des Confréries", p.285.

제회의 규약에는 순례를 떠나기를 원하는 사람들이 어떤 숭배의 마음가짐을 가져야 하는지, 그들이 돌아와서는 어떤 신앙의 경험을 증언해야 하는지가 다음과 같이 정해져 있었다.

> "순례를 다녀온 사람들은 형제회의 목록에 자신의 이름을 올린다. 입회날에 그들은 성스러운 교회를 찬양하며 이단적 사고를 근절하기 위한 기도를 신에게 올린다. 또한 기독교 군주들의 평화와 그 왕가의 번영을 비는 기도도 함께 올린다."[17]

생니케즈 교구의 생미셸 형제회 역시 1658년의 규약에서 회원 자격을 순례 계획을 가진 사람들로 정하고 있었다. 그들의 규약은 그들이 발간한 소책자에 담겨 있는데, 여기에는 우선 대천사장으로 교회의 수호자인 성 미셸의 출현과 그를 숭배하기 위한 노르망디와 프랑스에서의 의식이 서술되어 있다. 그리고 나서 17세기 초에 세워진 이 형제회의 역사와 몽생미셸 순례에 대한 약속만으로 회원이 될 수 있다는 내용이 이어진다. 소책자는 성 미셸 대천사에게 마귀를 물리쳐 줄 것을 기도하는 것으로 마무리된다.

이처럼 형제회는 다소 성격이 다르긴 했지만 크게 보아 순례를 통한 종교적 신심을 매우 강조하고 있음을 알 수 있다. 그리고 이를 통해 회원들의 공동체 의식은 더욱 강해졌을 것이다. 일상에서 이러한 태도는 신과 망자를 위한 기도에서도 확인할 수 있다.

2) 기도와 경배

망자를 위해 기도하고 그 육신을 장지까지 운반하는 것은 모든 형제회의 주요 의무 중 하나였다. 이미 1551년에 성직자였던 장 블랑숑(Jehan Blanchon)은

17 ADSM G 7879, Marc Venard, "Les formes de piété des Confréries", p.285.

생테스프리(Saint-Esprit) 병원에 세워진 노트르담 드 리에스(Liesse) 형제회에 100솔을 유증하면서 회원들이 그를 위한 대미사 때 노래하면서 찬양해 줄 것을 부탁했다.[18] 1561년 2월 7일에 조지프 라매느(Joseph Lamaigne)도 자신이 속해 있던 생자크 병원 형제회에 25솔을 유증하면서 회원들과 순례자들이 그를 위해 기도하기를 바란다고 말했다.[19]

일반적으로 주기도문과 성모 기도가 행해졌지만 몇몇 엄격한 형제회는 모든 회원에게 고해성사에 담긴 7개 시편을 외우게 하기도 했다. 그러나 시편의 애도가(*De profundis*)는 외우기가 매우 어려웠던 듯하다. 이 때문에 생비비앙 교구의 성사 형제회는 글을 모르는 사람들을 위해 주기도문 5번, 성모기도 5번으로 이를 대체하기도 했다.

아침과 저녁의 기도 역시 형제회의 주요한 규약이었다. 생니케즈 교구의 성사(Saint-Sacrement) 형제회가 작성한 1691년 규약에는 다음과 같은 내용이 있다. "형제들과 자매들은 매일 아침 그들의 처음 생각을 신에게 돌려야 한다. 옷을 입은 후에 무릎을 꿇고 신을 숭배하며 모든 일에 대해 은총을 구한다. 주기도문, 성모 찬송 기도를 하며 성 요셉을 위한 기도를 한다."[20]

1678년에 생모르(Saint-Maur) 묘지 예배당에는 전문적으로 '망자를 위한 노트르담 형제회'가 만들어졌다. 이 형제회는 성 모르와 성 니콜라 뿐만 아니라 연옥으로부터 영혼들을 구해내기 위해 부활한 그리스도, 성 마르트(Saint Marthe), 성 라자르(Saint Lazare)까지 포괄하는 복합적 신성성을 지향했다.[21]

18세기 초까지도 이런 전통은 지속되었다. 예를 들어 1704년에 노트르담 라롱드(Notre Dame la Ronde) 교구에 세워진 한 형제회는 남성과 여성 모두를 회원으로 받은 후에 '망자를 위해 기도하는 협회'라고 대주교에게 자신들의 존재

18 AN, MC, ET CXXII 1316, (1551년 12월 15일), 장 블랑송의 유언장.

19 AN, MC, ET XXXIII 173 f 582, (1561년 2월 7일), 조지프 라매느의 유언장.

20 ADSM G 1241. Marc Venard, "Les formes de piété des Confréries", p.294.

21 Ch. de Beaurepaire, "Notice sur le cimetière Saint-Maur à Rouen", *Bulletin de la commission des Antiquités de la Seine-Inférieure*, t. VI, (1885), pp.228-258.

를 알렸다. 이 형제회는 일요일만 빼고 매일 미사를 거행할 것이라고 했다. 구체적으로 보면 월요일에는 죽어가는 사람들을 위해, 화요일부터 금요일까지는 이미 죽은 자들을 위해, 그리고 토요일에는 회원들이 적절하고 성스러운 죽음을 맞을 수 있도록 기도한다. 또한 매월 네 번째 일요일에는 "기독교의 가장 중요한 진리들에 관한 강연회를 열 것이라고 말했다.[22] 이러한 망자를 위한 기도는 회원들에게 천당에 가기 위한 필수적인 과정으로서 여겨졌을 것이며, 이를 통해 형제회는 당시 사회에서 확고한 종교적 위치를 차지할 수 있었다.

3) 마리아 숭배

17세기에 형제회의 마리아 경배는 매우 강하게 나타났다. 1652년에 루앙의 한 형제회는 회원들에게 하루도 빠지지 말고 영광스런 동정녀 마리아송을 읽으라고 요구했다. 만약 글을 모르는 회원이 있다면 그는 매일 삼위일체를 기리는 우리들의 성부(*Pater noster*)를 3회, 영광스런 동정녀를 기리는 아베 마리아(*Ave Maria*)를 3회 말해야 했다.[23]

1657년에 노트르담 데 세트-돌뢰르(Notre-Dame des Sept-Douleurs) 형제회에 속한 11명의 아우구스티누스 수도사와 24명의 평신도(여자 16명, 남자 8명)는 자신들의 규약을 대주교로부터 인정받았다. 이 형제회의 신입 회원들은 아우구스티누스 수도원장으로부터 7개의 고통이라고 불리는 성모 마리아 상을 받았다. 그들은 "자신의 방에 노트르담 데 세트-돌뢰르 상을 모셔두고 매일 그 앞에서 경배를 드릴 것이며 그렇지 않으면 어떤 벌이라도 받겠다."고 맹세했다. 이 형제회에서도 글을 읽지 못하는 사람들에 대한 배려가 있었다. 글을 읽지 못하는 사람들은 마리아의 일곱 고통을 기려 주기도문과 성모 기도를 7번 암

22 ADSM G 1232, Marc Venard, "Les formes de piété des Confréries", pp.285-286.

23 *Ibid.*, p.286.

송해야 했다.[24]

노트르담 드 리에스 형제회 역시 마리아 숭배에 대한 열의를 보여준다. 1673년에 작성된 규약의 서문은 다음과 같다.

> "동정녀는 이 형제회의 주요 수호자이므로 형제회에 소속된 모든 형제들과 자매들은 특별히 그녀에게 경배를 바치고 그들이 서로 만나는 모든 장소에서 모든 방법을 동원해 동정녀의 영광과 명예를 드러내야 한다. 즉 말, 행동, 태도에서 자신들이 동정녀의 종처럼 행동해야 하는 것이다. 그리스도의 모친을 섬기지 못하면서 그리스도를 섬길 수는 없는 것이므로 형제들과 자매들은 자신들이 동정녀의 종임을 세상과 스스로에게서 항상 확인하기 위해 노력해야 한다."[25]

이 형제회 역시 매일 동정녀 신도송과 애도가 암송을 강조했으며, 토요일에는 동정녀를 위한 성무일과를 올렸다. 그리고 매년 어느 토요일을 정해 단식을 행하기도 했는데 이것은 다른 형제회에서는 쉽게 찾아 볼 수 없는 것이었다.

이후 형제회의 마리아 숭배는 예수, 요셉, 안나로 확장되어 마리아의 가족 모두를 경배하는 방향으로 나아갔다. 생비비앙 교구의 노트르담 들 라 델리브랑드(Notre-Dame de la Délivrande) 형제회의 경우를 보면 요셉이 마리아와 연결되어 나타난다. 이곳에서의 경배 형태는 다양했고 매우 세밀하게 규정되어 있었다. 그 내용을 보면 회원들은 행복한 죽음과 구원을 요청하기 위해 토요일, 동정녀 축일, 삼위일체 축일, 크리스마스, 요셉 축일, 생비비앙 축일에 기도를 해야 했다. 또한 회원들은 "온 세상을 구한 동정녀 마리아의 중재에 기대어" 신에게 영혼의 구원을 빌었다. 이를 위해 매주 일요일마다 천국의 별(*Stella*

24 *Ibid.*, pp.287-288.

25 ADSM G 1244, Marc Venard, "Les formes de piété des Confréries", p.288.

Coeli)을 말할 것이며 전염병이 돌 때에는 이를 매일 암송해야 했다.[26]

4) 성체 배령

성체 배령 역시 17세기에 회원들에 대한 형제회의 주요 요구 사항이었다. 1590년에 생테티엔느 데 토늘리에(Saint-Etienne des Tonneliers)의 성사 형제회는 매우 경건했지만 고해와 성체 배령은 하지 않았다. 그러나 17세기에 접어들면서 변화가 발생했다. 예를 들어 생장 교구의 생미셸 형제회는 1606년의 규약을 통해 9월 29일 성 미셸 축일에 고해와 성체 배령을 하라고 회원들에게 요구했다. 생마클루의 생클레르(Saint-Clair) 형제회와 생트크루와 데 펠르티에(Sainte-Croix des Pelletiers)의 성사 형제회 역시 1611년과 1630년에 회원들에게 특별한 언급이 없이 "모든 엄숙한 축일"과 형제회 축일에 성사를 하라고 권고했다. 이후 성사를 하는 날은 더욱 더 증가했다. 예를 들어 1652년의 생소뵈르(Saint-Sauveur) 교구의 생조지프(Saint-Joseph) 형제회는 한 달에 한 번 이상 성사하라고 요구했으며, 수호성인 혹은 망자를 위해 자주 성사를 하라는 규정을 두었다.[27]

생비비앙 교구의 노트르담 들 라 델리브랑드 형제회 역시 1657년 규약을 통해 "수태절, 탄생축일, 정결축일, 수태고지축일, 승천축일, 크리스마스, 성령강림절, 성삼위일체절, 성사절 등의 축일과 11월 1일의 만성절, 성비비앙 축일에 모든 형제들과 자매들은 고해성사하고 성체 배령해야 한다."는 규정을 두었다. 또한 입회의 날에 회원들은 성사를 해야 하며 이것이 끝난 후에는 적어도 20솔의 은화를 신에게 헌금으로 내야 했다.[28]

이외에도 형제회 회원들은 사망한 형제나 자매를 위해 성체 배령을 해야

---

26 ADSM G 1246, Marc Venard, "Les formes de piété des Confréries", p.287.

27 *Ibid.*, p.289.

28 *Ibid.*, p.290.

했으며 더 나아가 그들의 이웃들에게도 이를 알려야했다. 델리브랑드 형제회는 "아이들 혹은 하인들을 가진 회원들은 그들에게 우리 신앙의 신비를 알릴 의무를 가진다. 회원들은 신앙에 대해 그들에게 세심하게 설명하고 성체 숭배로 인도하며 빨리 첫 번째 성체 배령을 하도록 알려줘야 한다."[29]는 규정을 두고 있었다.

성체 배령은 단지 신앙 형제회에서만 행하던 것은 아니었다. 17세기 이후에는 직업 형제회에서도 이런 모습을 살펴볼 수 있다. 생장(Saint-Jean) 교구의 잡화상 형제회는 1609년에 회원들에게 성체 배령을 요구했으며, 이어 1669년에는 통 제조공, 1679년에는 직조공, 1684년에는 모자 제조공과 묵주 제조공 형제회가 성체 배령을 했다. 이러한 신앙심의 고양은 형제회의 또 다른 활동인 자선으로 이어졌다.[30]

4. 형제회의 자선 활동

1) 매장

모든 자선 활동 가운데 매장은 형제회 회원들에게 가장 중요한 것이었다. 외르(Eure)의 17세기 규약에 따르면 다음과 같은 내용이 있다. "형제회의 가장 주요한 목적은 특히 전염병이 도는 시기에 죽은 형제와 자매의 주검을 매장하는 것이다. 빈민이든 부자이든 상관없이 죽은 형제와 자매를 모두 매장한다."[31]

자선 사업 가운데 '죽은 자를 매장'하는 것은 중세 말에 추가된 것이었다. 필립 아리에스는 이에 대해 "점차 죽은 자를 매장하는 것이 굶주린 자에게

29 *Ibid.*, p.290.

30 *Ibid.*, p.295.

31 Michel Bée, "La société traditionnelle et la mort", *XVIIe siècle*, n.106-107 (1975), p.85.

먹을 것을 주고, 여행자에게 숙박을 제공하고, 헐벗은 자들에게 옷을 주고, 병든 자와 수인들을 찾아가는 것과 동일한 차원의 자선행위가 되었다"고 말했다.[32]

17세기에 전국적 조직이었던 성사회(Compagnie de Saint-Sacrement) 역시 주요 사업의 하나로 매장을 고려하고 있었다. 성사회는 1633년에 빈민들을 매장했을 뿐 아니라 죽음의 순간에 빈민들을 도왔다. "걸인들에게 종부성사를 내려주고 나면 아무도 임종을 맞는 이들을 도와주려 들지 않았다. 위로의 말 한 마디 없이 죽게 내버려두는 것이다. 영적인 도움을 극도로 필요로 하는 순간에 방치된 채 버려지는 가난한 자들을 보고 이 단체는 가만히 있지 않았다."[33] 또한 매장의 순간에 빈민에게 교리를 가르치는 것 역시 주요한 활동이었던 듯하다. 성사회의 연보에 따르면 1633년에 매장지를 찾아온 빈민들에게 보시를 행하기 전에 교리를 가르쳤다는 기록이 남아 있다.[34]

2) 빈민과 죄수 부조

유언자들은 형제회에 유증을 함으로써 자신들의 자선을 잊지 않았다. 유증은 현금이 많았지만 종종 숭배를 위한 장식물인 경우도 있었다. 형제회는 실제로 신앙심의 실천과 자선을 위해 형성된 단체였다. 이러한 조건에서 유언자들의 형제회에 대한 유증은 빈민에 대한 간접적인 자선의 표현으로 이해할 수 있다. 이는 생퇴스타슈(Saint-Eustache)의 주임사제였던 르네 베누아(René

32 "복음서에서는 장례 의식에 관해 매우 조심스러운 태도를 견지한다. 피리 소리에 맞춰 죽은 자들의 시신을 마을 밖으로 운반하는 곡녀들의 행렬과 마주 쳤을 때 예수는 아무 말도 하지 않는다. 뿐만 아니라 다음과 같이 수수께끼 같은 말을 남김으로써 예수가 장례식을 비판하고 있다는 해석을 낳기도 했다. 즉 "죽은 자들로 하여금 죽은 자들을 매장하도록 하라." 중세 후반기에는 성서의 이 같은 침묵을 못 견디겠다는 듯 죽은 자들을 위한 제식을 복음서 안에 편입시키려는 경향이 역력했다." 필립 아리에스, 고선일 역, 『죽음 앞의 인간』 (새물결, 2004), 336-337쪽.

33 같은 책, 339쪽.

34 BNF, [NUMM-80072], Comte René de Voyer d'Argenson, *Annales de la compagnie du Saint-Sacrement* (Marseille: Dom Beauchet-Filleau, 1900), p.41.

Benoît)의 말에서도 확인할 수 있다.

> "형제회는 기독교의 참회와 신앙심을 바탕으로 만들어진 자선 협회이다. 사람들은 서로 자선을 행하고 인류애의 실현을 위해 이곳에 모였다. 회원들은 정신적, 육체적 혹은 물질적으로 할 수 있는 가장 적절한 방식으로 성인들을 따르고 모방하기 위해 노력했다."[35]

파리의 유언장을 보면 16세기 이후 형제회에 대한 언급이 계속해서 증가하고 있음을 알 수 있다. 이는 회원 수의 증가와 이로 인한 형제회의 자선 자금이 점차 커졌음을 보여주는 것이다. 구체적으로 보면 1510~30년 사이에 8~9%에 머물던 언급 회수는 16세기 중반을 넘어서면서 10%를 넘어섰고, 1611~30년에는 30%에 육박한다.[36] 하지만 17세기 후반으로 갈수록 회수는 다시 9%로 떨어지는데 이는 1656년의 파리 종합병원(Hôpital Général) 창설과 같이 부조 정책에 국가가 더욱 적극적으로 개입하면서 많은 유증이 이곳으로 전환되었기 때문일 것이다. 실제로 이 시기에 프랑스 전 지역에서 전개된 병원 설립에는 형제회의 회원들이 조직적으로 참여하고 있었다. 빈곤의 규모가 커지자 소규모의 공동체라는 틀을 벗어나 전 사회적으로 자신의 활동을 전개하기 시작했던 것이다.

---

35 BNF, [D-22002], René Benoist, *De l'institution et de l'abus survenu ès confraries populaires: avec la réformation nécessaire en icelles*, Paris, N. Chesneau, 1578. Marc Venard, *Le Catholicisme à l'épreuve dans la France du XVIe siècle* (Paris: Cerf, 2000), p.266. 피아바노 아를로토(Piavano Arlotto) 역시 다음과 같이 정의했다. "형제회에게 미덕은 자선과 관대함의 더 정교한 형태뿐만 아니라 형제들 사이의 싸움을 완화하기, 그들의 잘못을 고쳐주기, 죽은 자에게 경의를 표하기, 연옥에 있는 영혼을 구제하기, 과부를 위로하기와 같은 행동을 포함한다." Brian Bullan, "Support and redeem: charity and poor relief in Italian cities from the fourteenth to the seventeenth century", *Continuity and Change* vol.3, n.2 (1988), p.183.

36 조르주 뒤비와 로베르 망두르 역시 1590년부터 1640년까지의 시기에 프랑스 도시의 종교적 열정은 몇 도나 높아졌던 것으로 보인다고 기술하고 있다. 그들은 "만인에게 고통을 주는 갈등을 무력을 통해서 해결할 수 없었기 때문에 사람들의 마음은 가톨릭의 우월성을 보여주기 위해서 특히 모범을 보여주는 방향으로 나갔던 것이다" 라고 말한다. 조르주 뒤비, 로베르 망두르, 『프랑스문명사』, 431쪽.

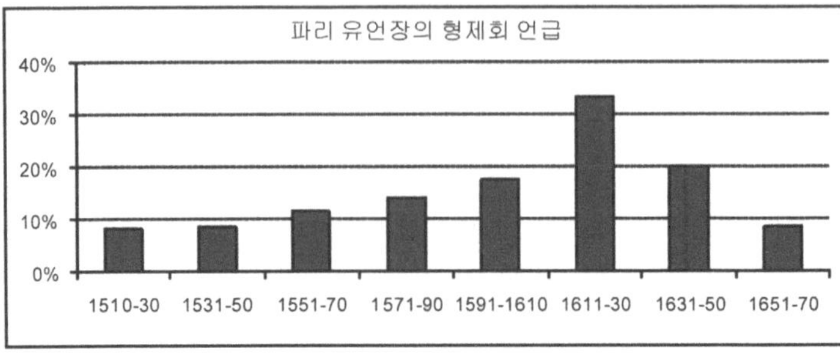

형제회에 유증을 하면서 직접적으로 그 돈으로 자선을 해달라는 표현을 보면 다음과 같다. 1649년에 니콜라 팔뤼(Nicolas Faluy)는 교구의 빈민들에게 쓰라고 요구하면서 생테스프리(Saint-Esprit) 형제회에 50리브르, 애덕 부인회에 30리브르를 유증한다. 그는 또한 자신의 매장을 책임질 사람들에게 자신을 위해 기도해달라고 요구하면서 20솔을 각각 주라고 말한다.[37] 1651년에 국왕 참사위원이었던 토마 바드랑(Thomas Badran) 역시 아픈 빈민들의 고통을 덜어주기 위해 자비(Miséricorde) 형제회에 300리브르를 유증한다고 말했다.[38] 1678년에 생퇴스타슈의 주임 사제였던 피에르 마탱(Pierre Martin)은 노트르담 드 봉스쿠르(Notre Dame de Bonsecours) 형제회에 300리브르를 유증하며, 성사, 생탄느, 생미셸, 생로슈 형제회에 각각 30리브르를 유증한다.[39]

이 외에도 형제회는 포로로 잡힌 사람들을 구해내려 했다. 바르바리아에서 포로들은 종종 노예가 되었는데 형제회는 이들을 되사기 위해 노력했다. 또한 죄수들과 유죄 판결을 받은 자들에 전념했던 자비 참회회(Pénitents de la Miséricorde)도 있었다. 이들은 감옥을 방문해 보시를 베풀었으며 죄수들에게 정신적, 육체적 위안을 제공하기 위해 노력했다. 더 나아가 회비를 모아 빚 때문에 감옥에 갇힌 자들을 구해내었으며, 중죄로 처형을 받게 된 죄수가 있

37 AN, MC, ET XXXIII 293, (1649년 8월 15일), 니콜라 팔뤼의 유언장.
38 AN, MC, ET LXV 23 (1651년 1월 20일), 토마 바드랑의 유언장.
39 AN, MC ET XXXV 329, (1678년 7월 27일) 피에르 마르탱의 유언장.

을 때 회원들은 행렬을 이루어 사형장으로 갔고 이후 죄수의 주검을 매장해 주었다.

3) 병원 설립

매장, 부조와 함께 빈곤 문제를 해결하려는 형제회의 적극적 의지는 병원 설립에서도 확인할 수 있다. 형제회가 이를 본격적으로 추진한 것은 17세기에 들어서면서부터이다. 이는 아마도 1544년에 파리에 창설된 대빈민국(Grand Bureau des Pauvres)을 비롯해 여러 시에서의 부조 정책이 그 효과를 거두지 못했기 때문이었을 것이다. 실제로 형제회는 부조 정책의 실패 이유를 종교적 동기가 부족했기 때문이라고 생각했다.[40] 그 결과 17세기에 들어 형제회들은 병원을 세우고 순례객과 여행객을 위한 숙소를 운영하는 방식으로 이 문제에 개입했다. 로베르트 위테가 가톨릭 국가에서 형제회는 사회 보장 체제의 중추였다고 말한 것은 바로 이런 이유 때문이다.[41]

17세기에 가장 이 문제에 집중적인 관심을 가졌던 집단은 성사회였다. 1630년 방타두르 공작인 앙리 드 레비(Henri de Levis)가 창설한 이 형제회는 파리를 기점으로 지방에 약 60여개의 분회를 가지고 있었으며, 체계적인 자선 체계를 수립하고 게으른 빈민이라는 부정적 사회 인식을 바꾼다는 목표를 가지고 있었다. 회원들은 고위 귀족과 관리, 그리고 성직자들로 구성되어 있었으며 바로 이 덕분에 재정적으로 큰 어려움은 없었다. 이들은 이러한 회원들의 높은 사회적 지위와 자금을 바탕으로 정부의 빈민 부조 정책에 적극적으로 개입했다. 특히 그들이 강조한 것은 빈민의 도덕성 회복이었다. 그들에게 있어서 악은 근본적으로 무질서였으며 여기에는 카니발, 불경죄, 신비적 계

40 Timothy J. McHugh, "Hôpital Général, the parisian elites and crown social policy during the reign of Louis XIV", *French History*, vol.15, n.3 (september, 2001), pp.237-238.

41 Robert Jütte, *Poverty and Deviance*, pp.125-139.

시론, 매춘, 결투 등과 같은 모든 방종한 태도가 포함되어 있었다.[42]

이러한 무질서를 없애기 위해 역시 중요했던 것은 종교 교육과 근면한 생활 태도였다. 실제로 『성사회 연보』(*Annales de la Compagnie*)에 따르면 '무질서'(désordre)라는 단어가 빈번하게 언급되고 있는 것도 이런 맥락에서 이해가능하다. 즉 성사회는 당시의 다른 형제회들과 마찬가지로 자기희생, 명상 그리고 기도를 근간으로 사회를 조직하고자 했던 것이다. 그 대표적인 사업이 바로 병원 창설이었다. 성사회는 기존의 빈민 수용소로서의 역할을 주로 담당해왔던 이 기관을 종교성이 충만한 공간으로 탈바꿈시키고자 노력했다. 성사회가 파리, 오를레앙, 마르세유 그리고 앙굴렘에서 종합병원의 창설과 종교적인 규율 제정에 크게 기여했다는 사실은 이를 잘 보여준다.[43]

실제로 국왕 참사위원이자 몽바르(Montbard)의 남작이었던 크리스토프 뒤플레시스(Christophe Duplessis)는 성사회의 회원으로 뱅상 드 폴과 함께 부르고뉴에 생트렌느(Sainte-Reine) 병원을 만들었다. 그는 또한 1656년에 파리에 설립된 종합병원의 규율을 준비했으며 이곳에 많은 기부를 하기도 했다.[44] 당시 성사회와 종합병원의 관계는 이 병원의 감독관 26명 가운데 적어도 12명이 성사회 회원이었던 것에서 확인할 수 있다.[45] 뒤플레시스는 이 협회의 정신이 그 시대의 모든 위대한 자선 사업에 스며들어 있다고 생각했다[46]. 1671년 11월 1

---

42 Emanuel Chill, "Religion and Mendicity in Seventeenth-Century France", *International Review of Social History*, n.7 (1962), pp.421-423.

43 Georg'ann Cattelona, *Regulation of female sexuality: the Hôpital du Refuge in Marseille, 1640-1789*, (Ph. D. Indiana University, 1991), p.47. 이성재, 「16-17세기 프랑스의 감금정책에 나타난 종교성: 정부법령과 성직자들의 태도를 중심으로」, 『서양사론』, 91집 (2006), 87-88쪽.

44 공공부조 문서보관소(Archives de l'Assistance publique)의 1658년 기록에 따르면 그는 이미 10월 5일에 1,250리브르에 해당하는 보식을, 10월 9일에는 4,000리브르에 해당하는 귀걸이를 종합병원에 기부했다. Georg'ann Cattelona, *Regulation of female sexuality*, p.6.

45 Marcel Fossoyeux, *Contribution à l'étude de la compagnie du Saint-Sacrement au XVIIe siècle* (Nogent-le-Rotrou: imp. Daupeley-Gouverneur, 1923), p.6

46 그는 이후 생쉴피스(Saint-Sulpice)에서의 자선 사업에 몰두했으며, 사부아(Savoie)의 어린이들을 위한 학교 건설에 참여하기도 했다. 1662년에는 기아로 어려움을 겪고 있는 지역을 돕는 애덕 부인회의 사업에 동참했으며, 생-루이 섬의 브르톤비이에르(Bretonvilliers) 건물과 부르고뉴 호텔 옆에 있는 모도스(Maudosse) 건물에 음식배급소를 설치하기도 했다. Ibid., p.6.

일의 유언장에서 그는 종합병원 가운데 살페트리에르(Salpêtrière)에 있는 교회에 자신을 매장해달라고 부탁했다. 하지만 이 교회는 당시 공사 중이었고 결국 그의 신체는 생루이 예배당에 안치되었다. 그는 많은 유증을 빈민(100리브르), 우르술라 수녀회(350리브르), 생트렌느 병원(150리브르) 등에 했다.[47]

5. 나오며

프랑스에서 형제회는 시대의 요구에 맞추어 변화하면서 프랑스의 정체성을 형성하는 데 기여한 중요한 역사적 산물이다. 중세에 동일 직업을 가진 사람들을 주로 회원으로 받아들이고 그들 간에 형제애를 발휘함으로써 좁은 사회적 범위 내에서 연대를 실천했던 이 조직은 17세기 들어 종교적 신념을 바탕으로 보다 넓은 사회적 범위에서 연대를 실천하는 방향으로 변화하였다. 이러한 변화 배경에는 당시 가톨릭 부흥 운동이 있었다. 신교와의 대결에서 우위를 점하기 위해 가톨릭계는 트렌토 공의회 이후 사제의 역할을 강화하는 노력을 경주했던 것이다. 그러나 교세 확장을 위한 경쟁이라는 배경 속에서 당시 형제회가 보여준 활동은 그러한 틀을 뛰어넘어 다양한 자선 활동으로 나아갔다. 즉 그들이 추구했던 "신을 향한 사랑이 충만하다면 신분의 고하를 막론하고 형제가 될 수 있다"는 원칙은 그들의 활발한 자선 활동의 심리적 기반이 되었던 것이다. 이러한 태도는 이후 프랑스를 회원 간 형제애의 전통에서 시민들의 연대로 나아가게 한 사회적 밑바탕이 되었다고 볼 수 있다.

이를 잘 보여주는 사례를 우리는 스테파노 시미즈(Stefano Simiz)의 샹파뉴(Champagne) 지방 형제회 연구를 통해 확인할 수 있다. 시미즈는 이 지역의 주

47 BNF [8-LN27-66045], Marcel Fossoyeux, *Contribution à l'étude de la compagnie du Saint-Sacrement*, pp.2-3.

교관할 도시인 렝스(Reims), 샬롱(Châlons) 그리고 트루아(Troyes)의 형제회를 15세기 중엽에서 19세기 중엽까지 추적했다. 그리고 400년에 걸쳐 이 지역의 형제회가 오랫동안 지속되어 올 수 있었던 이유로 형제회가 시대의 요구에 맞추어 계속해서 새롭게 변화했기 때문이라고 주장했다. 실제로 이 지역에서 중세의 직업 형제회는 트렌트 공의회 이후 종교적 성격이 강한 형제회로 새롭게 변모했으며, 18세기를 거치면서는 활발한 자선 사업을 통해 지역 사회에 확고한 자리를 잡아 갔다. 형제회 활동이 금지되었던 1792년 8월 이후 잠시 주춤하기도 했지만 다시 나폴레옹과 교황의 종교협약(Concordat) 이후 활발한 자선 사업을 전개한다.[48]

17세기에 형제회에서 나타났던 변화들이 사람들의 시야를 더욱 넓혀 자신과는 다른 신분의 사람들까지도 형제로 받아들일 수 있게 했다는 점은 오늘날 '연대'라는 담론 전개에 있어서 매우 중요하다. 이는 '연대'라는 말의 변화에서도 잘 나타났다. 라틴어의 솔리두스(*solidus*)에서 유래하는 연대는 원래 '단단한', '고정된', '지속적인'이라는 뜻을 지녔으며, 로마 채권법에서는 가족이나 공동체의 '연대 채무'라는 의미로 사용되었다. 하지만 프랑스 혁명 시기에 이미 공공 부조의 국가 기획이 시도되면서부터 그 의미는 법적인 채무 연대의 범위를 벗어나기 시작했다. 19세기를 통해 '연대'는 무엇보다도 노동계급의 단결과 관련하여 주로 사용되었으며, 점차 모든 사회 구성원을 위한 복지 사회의 실현이라는 도덕적 의미까지 지니게 되었다. 이와 같은 '연대'의 의식 변화에 있어 사람들의 삶과 밀접한 관계를 맺었던 형제회의 정신은 분명 큰 역할을 담당했을 것이다. 형제회의 상호 부조와 연대의 전통은 현대 프랑스의 복지 체제를 이해하기 위해서 반드시 고려해야 할 역사적 경험인 것이다.

48 Stefano Simiz, *Confréries urbaines et dévotion en Champagne* 1450-1830 (Villeneuve-d'Ascq: PU du Septentrion, 2002).

도판 1: 루앙 생 비비앙 교구의 '삼위일체, 신성가족 그리고 8명의 성인' 형제회 그림

Chapter 05

돌바크의 자연철학과 무신론

1. 들어가며
2. 무신론 선언
3. 자연 즉 신(神)
4. 현세의 행복
5. 동시대인들의 반응
6. 나오며

Chapter 05

돌바크의 자연철학과 무신론

김응종

1. 들어가며

돌바크 남작 폴-앙리 티리(Paul-Henri Thiry)는 1723년 12월 8일 오늘날 독일의 라인란트-팔츠에서 태어나, 1789년 1월 21일 파리에서 사망했다. 그의 영지인 올바크는 오늘날에는 프랑스 모젤도(道)의 작은 코뮌이지만, 그가 태어날 당시에는 신성로마제국에 속했다가, 프랑스혁명기에 프랑스에 병합되었다. 폴-앙리 티리의 삼촌은 존 로(John Law)가 인수한 미시시피 회사에 투자해 큰돈을 벌었고, 신성로마제국의 기사 작위를 받았는데, 정식 허가도 없이 남작 작위를 붙이고 다녔다. 그는 1730년에 조카 폴-앙리 티리를 양자로 입양하였고, 1753년에 사망하면서 영지와 작위 그리고 막대한 재산을 물려주었다. 조카(양아들)는 삼촌(양아버지)의 남작 작위를 적극 사용하여 문필공화국에서 '돌바크

남작(baron d'Holbach)'으로 통용된다.[1]

부자 양아버지 덕분에 돌바크는 1744년 당시 유럽 최고의 대학으로 꼽히던 라이덴 대학에 입학하여 법학을 공부하였다. 그는 가톨릭이었지만 프로테스탄트 대학에서 공부하면서, 존 윌크스(John Wilkes) 같은 영국의 이신론자들과 가깝게 지냈다. 그는 물리학, 의학, 화학, 기계학 등에도 심취해서, 디드로가 편집한 『백과전서』에 이와 관련된 글을 무려 400여 편이나 기고할 정도였다. 독일인 돌바크는 1749년에 파리에 정착하여 프랑스 국적을 취득했으며, 1756년에는 '국왕참사비서'라는 관직을 구입하여 프랑스 귀족이 되었다.

돌바크의 결혼은 후일 그가 공표한 무신론만큼이나 파격적이다. 돌바크의 삼촌은 폴-앙리 티리를 입양하기에 전에 폴-앙리 티리의 사촌인 쉬잔(Suzanne)을 입양했고, 쉬잔은 니콜라 댄과 결혼하여 자녀를 넷 두었다. 1750년에 돌바크는 그 중 한명인 바질 주느비에브와 결혼했고, 1754년에 바질 주느비에브가 죽자, 2년 후에 처제인 샤를롯 쉬잔과 결혼했다. 이와 같은 근친결혼은 일찍부터 대가족 형태의 공동생활을 해온 사람들이 재산을 지키기 위한 편법이었을 것이나, 어쨌든 당시의 결혼법이나 관습에는 위배되는 것이었다.

돌바크는 파리에 오자마자 당대의 최고 지식인들을 집에 초청하여 살롱을 열었고, 1759년에는 파리의 루아얄(Royale) 거리에 대저택을 구입하여 살롱을 계속하였다. 여름에는 사촌이자 장모의 저택이 있는 그랑발(Grandval) 성(城)으로 살롱을 옮겼다. 그의 살롱은 30여 년간 계속되었는데, 일주일에 두 번 목요일과 일요일에 열렸고, 통상 20여명이 참석했다. 디드로, 루소, 엘베시위스, 바르테즈, 브넬, 루엘, 루, 다르세, 뒤클로, 소랭, 레날, 쉬아르, 불랑제, 마르몽텔, 생랑베르, 라콩다민, 샤스텔뤼 등이 단골 멤버였으며, 외국인으로는 흄, 윌크스, 스턴, 갈리아니, 베카리아, 카라치올리, 스텔번 경, 크뢰츠 백작, 베리,

1 Baron d'Holbach는 '올바크 영지의 남작' 이라는 뜻이기 때문에 올바크 남작으로 표기하는 것이 옳을 것 같으나, 프랑스에서는 돌바크 남작이라고 부르기 때문에 여기에서는 돌바크(남작)라고 표기한다.

프리시, 가리크, 브룬스비크 공, 프랭클린, 프리스틀리, 바레 대령, 달베르크 남작, 마이엔츠 선제후 등이 초대를 받았다. 돌바크의 살롱은, 파리의 귀부인들의 살롱과 달리, 철학자들의 살롱이었으며, 그야말로 "유럽의 카페"였다. 돌바크는 '철학 호텔의 주인'이었고, 그의 초대받는 것은 '철학 인증서'를 받는 것으로 여겨질 정도였다.[2]

루소가 『고백록』에서 광적인 무신론자라고 경멸한 이들 "돌바크의 패거리"가 모두 무신론자였던 것은 아니다.[3] 그렇지만, 돌바크는 이 살롱에서 '무신론'을 다듬어나갔으며, 이것을 『자연의 체계』, 『자연적 정치』, 『외제니에게 보내는 편지』, 『종교의 잔인함』, 『예수 그리스도에 대한 비판적인 역사』, 『편견론』, 『신성한 오염』, 『양식』, 『휴대용 신학』, 『베일 벗은 그리스도교』, 『에토크라시』 등에서 체계화시켰다. 또 그는 홉스의 『인간의 본성에 대하여』, 안토니 콜린스의 『유대주의의 정신』, 존 톨랜드의 『세레나에게 보내는 편지』 등을 번역했다. 돌바크의 사상은 무신론이라는 점에서 일관성을 지니고 있다. 그의 자연철학은 무신론을 뒷받침하기 위해 세워졌고, 그의 사회철학과 정치철학은 무신론의 토대 위에서 세워졌다. 돌바크의 많은 책들 가운데 1770년에 나온 『자연의 체계(*Système de la Nature*)』는 돌바크의 사상을 가장 포괄적으로 담고 있는 책이기 때문에, 이 글에서는 이 책을 중심으로 돌바크의 사상을 검토해보기로 한다.

---

2 Guy Chaussinand-Nogaret, *Les Lumières au péril du bûcher. Helvétius et d'Holbach* (Paris: Fayard, 2009), p.156.

3 이 살롱에 참석한 사람들에 대한 구체적인 연구로는 Alan Charles Kors, *D'Holbach's coterie: an enlightenment in Paris* (Princeton University Press, 1976). 저자는 이 방대한 사회사적 연구에서 돌바크의 살롱에 모인 사람들이 모두 무신론을 공유했다는 루소 이래의 편견을 부정한다. 이들 20여명의 열성 멤버 가운데 무신론자로 꼽을 수 있는 사람은 돌바크, 디드로, 내종 정도였다.

2. 무신론 선언

계몽주의 시대에도 가톨릭교회를 거스르는 것은 죽음을 무릅쓰는 일이었기 때문에[4], 돌바크는 가명으로 런던에서 『자연의 체계』를 출판했다. 볼테르를 비롯한 여러 사람이 저자로 의심받았지만 정작 돌바크 자신은 의혹에서 벗어났다. 돌바크의 살롱에서는 문제의 저자가 누구인지 알고 있었으나, '비밀'을 누설하지 않았던 것이다.[5] '무신론'은 제1장 "자연과 자연의 법칙"에서부터 분명히 천명된다.

> 인간은 상상의 체계를 따르기 위해 경험을 포기했을 때 자신을 속인 것이다. 인간은 자연의 작품이다. 인간은 자연 속에 존재하며 자연의 법칙에 예속된다. 인간은 자연의 법칙에서 벗어날 수 없으며, 생각 속에서도 그것을 넘어설 수 없다. 인간이 눈에 보이는 세계 너머로 뛰어나가려 하는 것은 헛일이다. 무섭고 거역할 수 없는 필요에 의해 되돌아오지 않을 수 없다. 인간은 자연에 의해 형성되었기 때문에, 자연의 법칙에 둘러싸여 있다. 그 거대한 전체 너머에는 아무 것도 없다. 인간은 그것의 일부이며, 그것의 영향을 체험한다. 인간의 환상이 자연 위에 있거나 자연과 별개의 것으로 그리는 것은 언제나 그가 이미 본 것에 따라 구성된 허깨비에 불과하다. 그것들이 차지하고 있는 장소나 그것들의 행동 방식에 대해 어떤 분명한 관념을 형성하는 것은 불가능하다. 왜냐하면 만물을 포함하고 있는 자연의 바깥에는 아무 것도 없고 또 있을 수 없기 때문이다. 그러므로, 자연이 인간에게 거부한 행복을 줄 수 있는 존재를 인간 세상 바깥에서 찾는 대신, 이 자연을 연구하고, 자연의 법칙을 배우고, 자연의 힘에 대해 숙고하고, 자연이 가하는 불변의 법칙을 관찰하라. 인간이 이러한 발견을 그 자신의 지복(至福)을 위해 적용하도록 하고, 그 어떠한 것도 변화시킬 수 없는 자연의 가르침을 조용히 따르도록 하라.[6]

---

4 1757년의 칙령은 교회를 거스르거나 국가의 안정을 해치는 책의 저자나 판매자들은 사형에 처할 수 있다고 규정하였다(*Ibid.*, p.230 주 43 참고). 다니엘 모르네, 주명철 옮김 『프랑스혁명의 지적 기원』 (민음사, 1993), 175쪽.

5 Alan Charles Kors, *D'Holbach's coterie*, p.83.

6 이 글에서는 Samuel Wilkinson의 영어번역판을 참고했다. *System of Nature; or the Laws of the Moral and Physical World*, 3 Vols (Thomas Davison, 1820), 제1권, p.1. 이 책을 인용할 경우에는 I, II, III 으로 권수만 표기할 것이다.

932쪽에 달하는 전권의 내용이 여기에 압축되어 있다. 인간, 경험, 자연, 자연의 법칙, 행복(지복)이 핵심어이다. 종교, '신', '하느님'이라는 단어는 나오지 않지만, 그것과 관련하여 읽을 때 의미가 분명해진다. 첫 줄에서 '상상'과 '경험'을 대조시킨 것은, 인간의 인식은 감각이나 경험에서부터 출발한다는 물질주의, 경험주의를 표현한 것이다. 그것은 단순히 인식론적인 출발을 말하는 것이 아니라, 비물질적인 상상에 기초해 있는 그리스도교를 비판하는 것이다.

"인간은 자연의 작품"이라는 말은 인간이 하느님의 창조물이라는 그리스도교의 창조론을 거부하는 것이다. '자연'이라는 "거대한 전체 너머에는 아무 것도 없다". 자연이 무한하다면 '신'이 들어갈 자리는 없다. 그러니 '신'은 없는 것이다. 인간이나 자연은 신이 만든 것이 아니다. 그러면 자연은 어떻게 생성된 것인가? 무에서 '창조'된 것인가? 오로지 자연만이 존재한다고 말하는 물질주의자의 관점에서 볼 때 '무'에서 '유'가 나올 수는 없다. 자연의 생성이라는 거대한 문제를 경험적으로 알 수는 없지만, 돌바크는 자연은 자연에서 나온 것으로 생각한다. 자연은 자연에서 나와 자연으로 돌아가며 다시 자연 속으로 나온다. 돌바크의 자연은, 고대의 자연철학자들이 말했듯이 '순환'한다.[7] 자연의 바깥에 있는 것, 그리하여 자연의 외부에서 자연을 조종하는 것은 돌바크에 의하면 환상, '허깨비'(chimera)에 불과하다.

인간은 자연 속에서 태어나고 자연 속에서 자연의 법칙에 따라 살아간다. 자연은 '법칙'에 따라 스스로 움직이며, 인간에게 영향을 미친다. 자연의 법칙은, 뉴턴의 만유인력의 법칙이 결정적으로 증명하듯이, 규칙적이며, 불변이다. 이렇게 자연의 법칙을 강조하는 것은 기적이나 예언과 같은 하느님의 '자의적인' 개입을 거부하는 것이며, 나아가 예배와 기도 같은 종교 행위의 효력을 부정하는 것이다. 모든 것이 이미 정해진 자연의 법칙에 따라 움직이는 것

7 I, p.35. "…물질은 언제나 존재했다; 그것은 자신의 본질에 의해 움직인다; 자연의 모든 현상은 그 안에 포함된 물질의 다양한 움직임에 따라 생겨난다; 그것은 마치 불사조처럼 자기의 재에서 영원히 다시 생성된다."

이라면, 기도는 아무 소용이 없기 때문이다. 혜성은, 이미 피에르 벨이 논증했듯이, 신이 인간을 경고하기 위해 보낸 것이 아니며, 기적이라고 알려진 사건들은 알고 보면 자연의 법칙을 따르는 자연 현상일 뿐이다. 그것을 기적이라고 열광하는 것은 인간의 무지 때문이다.

이렇게 신이 존재하지 않고 '자연'이 존재하는 것이라면, 인간은 더 이상 신이라는 '허구'를 따르지 말고, 자연의 법칙을 따라야 한다. 인간의 행복은 바로 거기에 있다. 인간의 행복은 자연 속에, 다시 말하면 현세의 삶 속에 있다. 내세는 없으며, 따라서 내세의 심판도 없다. 천당이니 지옥이니 하는 것은 모두 교회가 사람들을 겁주고 지배하기 위해 만들어낸 허구적 공간에 불과하다. 사후 심판이 없으니 '영혼불멸'이라는 것도 필요 없다. 물질주의자 돌바크는 초기의 교부들을 좇아 영혼도 '물질'이라고 본다. 그러니 불멸이 아닌 것이다.[8] 이렇게 해서 교회의 생존조건인 '영혼불멸'이 거부된다. 따라서 그리스도교의 '사기'에 속거나 공포에 굴복하여 현세의 행복을 포기하고 내세의 구원에 매달릴 필요가 없다. 그리스도교가 강요하는 금욕과 고행을 거부하고 자연의 법칙에 따라 현세의 행복을 추구해야 한다. 교회의 행복을 위해서가 아니라 인간의 행복을 위해 살아야 한다고 돌바크는 말하는 것이다. 이점에서 돌바크는 에피쿠로스의 충실한 제자이다.

이렇듯, 위 인용문에는 무신론에 대한 강력한 선언이 들어 있으며, 그것은 책의 전권을 통해서 구체적으로 논의된다. 돌바크가 상상에 의존해서만 무신론을 체계화시킨 것은 아니다. 『자연의 체계』에는 고대부터 현대에 이르기까지의 자연철학자들, 신학자들, 철학자들이 대거 등장하는데, 특히 다음과 같은 사람들이 돌바크의 논의에서 중요한 비중을 차지한다: 아리스토텔레스, 플라톤, 에피쿠로스, 루크레티우스, 코페르니쿠스, 갈릴레이, 베이컨, 홉스, 로크, 데카르트, 뉴턴, 사뮤엘 클라크, 톨랜드, 안토니 콜린스, 스피노자, 라이

8 I, p.107.

프니츠, 몽테뉴, 피에르 벨, 볼테르, 디드로. 이렇게 본다면, 돌바크의 무신론은 고대의 자연철학자들, 반아리스토텔레스주의자들, 에피쿠로스주의자들, 자유사상가들, 이신론자들, 회의주의자들, 피데이스트들(fideists)의 본질적으로 반그리스도교적인 논의를 종합한 것으로 보아도 무방하다.

돌바크는 무신론을 감추거나 위장하지 않았다. 그의 논지는 오해의 소지가 없을 정도로 분명하다. 이러한 점에서 그는 동시대의 이신론자들과 분명히 구분된다. 그는 여러 각도에서 그리스도교를 공격하고 있기 때문에 『자연의 체계』에서는 동일한 표현과 논의가 지루할 정도로 반복되며, 이것은 그의 다른 책에서도 마찬가지이다. 한 마디로 요약하면, '신'은 존재하지 않는다. 오로지 '자연'만이 존재할 뿐이다.

3. 자연 즉 신(神)

이 표현은 스피노자의 "신 즉 자연"을 변형시킨 것이다. 스피노자는 신이 존재하며 그 신은 자연과 동일하다고 말한다. 그런 점에서 그는 나름대로는 신의 존재를 인정하며 자신에게 가해지는 무신론자라는 비판을 거부한다. 반면에, 돌바크는 신이나 자연 가운데 하나만 존재하는데 자연만 존재한다고 본다.[9] 돌바크는 이 자연을 신적인 존재에 비유하여 설명하기 때문에 여기에서는 "자연 즉 신"이라는 표현을 통해 돌바크의 '자연'을 이해해보려는 것이다.

돌바크에게 있어서, 자연은 '물질'이 다양하게 결합되어 있는 '거대한 전체'이다. 물질 이외에는 아무 것도 없다. 영혼도, 그것이 존재한다면, 물질이며, 신도, 그것이 존재한다면, 물질이다.[10] 인간도 물질이 결합하여 생성된 것이

9 Michael J. Buckley, *At the Origins of Modern Atheism* (New Haven: Yale University Press, 1987), p.250.

10 II, p.211. 홉스도 비슷한 논리를 폈다. 존재하는 것은 물질이다. - 신은 존재한다. - 신은 물질이다.

며, 생명도 물질의 운동을 통해 만들어진 것이다. 인간은 전적으로 물질적인 존재로서 자연의 법칙을 따르며, 그런 점에서 철저하게 수동적인 존재이다.[11] 자연은 창조된 것이 아니라 스스로 존재하는 것이며, 그 스스로가 창조적이다. 돌바크의 자연은, 스피노자 식으로 말하면 "능산적 자연"이다.[12] 자연에서 자연이 나오는 것이지 무(無)에서 '창조'되는 것이 아니다. 창조론은 우주의 형성에 관해 아무런 설명을 하지 못한다. 돌바크에게 있어서, 우주는 자연의 법칙에 의해 움직이는 거대한 기계와 다름없다. 우주에는 초자연적인 신비나 의지가 개입할 여지가 없다. 자연의 법칙은 고정적이고 규칙적이며 합리적이기 때문에, 스피노자도 말했듯이, 신이 있다면 신도 그것을 따르지 않을 수 없다.

돌바크는 데카르트, 뉴턴, 스피노자의 자연관을 따르고 있지만, 이들의 자연에서 신의 그림자를 벗겨냈다는 점에서 한 걸음 더 나아갔다. 데카르트처럼 "본유관념"이라는 것을 들어 신의 존재를 증명할 필요가 없었으며, 뉴턴처럼 자기의 신앙을 고수할 필요도 없었고, 스피노자처럼 "신은 실체다. - 실체는 실재한다. - 그러므로 신은 실재한다."는 식의 억지 증명을 하며 어쨌든 신은 존재한다고 말할 필요도 없었다. 이들처럼 무신론을 은폐할 필요가 없었던 것이다. 돌바크는 신의 존재를 가상하지 않았다. 그에게는 오로지 자연만이 존재했으며, '자연'은 말하자면 '신'과 다름없었다. 돌바크의 자연은 그리스도교의 신을 대체한다.

> '우연'이 우주를 만든 것은 아니다. 그것은 스스로 존재한다. 자연은 필연적으로 영원히 존재한다. 자연은 전능하다, 왜냐하면 만물은 자연의 에너지로 생성되기 때문에; 자연은 동시에 어디에든지 편재해 있다, 왜냐하면 자연은 모든 공간을 채우기 때문에; 자연은 전지(全知)하다, 왜냐하면 만물은 현재의 그 상태가 아닐 수 없기 때문에; 자연은 부동이다, 왜냐하면 자연이 통째

---

11 I, p.82.

12 사실, 이 유명한 말은 스피노자의 작품이 아니라 중세에 이미 사용되던 개념이다. Bernard Tocanne, *L'idée de nature en France dans la seconde moitié du XVIIe siècle* (Klincksieck, 1978), p.11.

로 자리 이동을 할 수 없기 때문에; 자연은 불변이다, 왜냐하면 자연의 형태는 변할 수 있어도 본질은 변할 수 없기 때문에; 자연은 무한하다, 왜냐하면 자연은 어떠한 한계도 없기 때문에; 자연은 완전하다, 왜냐하면 자연은 모든 것을 내포하고 있기 때문에; 요컨대, 자연은 형이상학자들이 말하는 일체의 추상적인 속성을, 신학자들이 말하는 일체의 도덕적인 자질을 가지고 있으며, 여기에는 어떠한 충돌도 없다, 왜냐하면 모든 것의 조합체는 필연적으로 모든 속성들을 지니는 것이기 때문이다.[13]

『자연의 체계』는 '자연'을 '신'으로 찬미하면서 종결된다. 그리스도교를 대체하는 하나의 '자연 종교'가 만들어진 것이다.

오, 자연 ; 모든 존재의 지배자(sovereign)여! 그리고 자연의 숭고한 딸인 덕, 이성, 진리여! 영원히 우리의 존경받는 보호자로 남으시기를! 바로 당신이 인류의 찬미를 받으십니다. 바로 당신에게 지상(地上)의 경의가 바쳐집니다. 그러니 오, 자연이여! 당신이 인간으로 하여금 원하도록 만든 행복을 인간이 얻기 위해 해야 할 것을 인간에게 보여주십시오. 덕이여! 당신의 자애로운 불로 인간에게 생기를 넣어주십시오. 이성이여! 인생의 길을 헤쳐 나가는 그의 불안한 발걸음을 인도해주십시오! 진리여! 당신의 횃불로 그의 지성을 밝혀주시고, 그의 길에서 어둠을 쫓아버리십시오. 오, 보조 신들이여! 인간들의 마음을 당신의 지배에 굴복시키기 위해 힘을 모으십시오. 우리의 정신으로부터 오류를, 우리의 마음으로부터 악함을, 우리의 발걸음으로부터 혼란을 몰아내십시오. 지식이 그 유익한 지배력을 확장하도록, 선함이 우리의 영혼을 사로잡도록, 우리의 가슴 속에 평안이 깃들도록 해 주십시오. 터무니없는 사기(詐欺)가 다시는 고개를 들지 못하기 해 주십시오…[14]

자연이 말하자면 '신'인 것이다.[15] 따라서 자연만을 숭배해야 한다. 자연을 숭배하려면 자연을 이해해야 한다. 자연에 대한 무지, 이로부터 나오는 자연

---

13 II, p.280.

14 III, p.261.

15 이러한 이유로 돌바크를 스피노자류의 범신론자로 보는 것이 무리는 아닐 것이다. 그의 사상은 스피노자의 사상과 매우 유사하지만, 스피노자처럼 '신이 존재한다.' 고 위장하지 않았다는 점에서 차이가 있다고 말할 수 있다.

에 대한 공포에서 미신이 만들어진다. 그리스도교도 예외는 아니다. 그것 역시 인간이 만든 것이지 계시적으로 주어진 것이 아니다. 그에게는, 신이 인간의 형상을 하고 있는 것 자체가 인간이 만들었다는 하나의 증거이다. 돌바크는 크세노파네스를 인용하면서, 소나 코끼리에게도 신이 있다면 그 신은 그들의 형상을 하고 있을 것이라고 말한다.[16]

종교는 모두 만들어진 것이다. 인간이 이성의 힘으로 이해할 수 있는 종교인 자연 종교 혹은 자연만이 유일한 종교이다. 그 밖의 것들은 모두 미신이다. 돌바크는 '사기(imposture)'라는 말을 자주 사용한다. 종교는 사기이며, 교주는 '사기꾼'이다. 돌바크는 마호메트를 '대사기꾼(arch impostor Mahomet)'라고 부른다.[17] 예수는 어떠한가? 예수는 "광적이고 우울한 장인(匠人), 어설픈 사기꾼"이며, 복음서는 "양식 있는 사람들에게는 역겨운 동방의 소설"이다.[18] 이보다 더 심한 무신론 내지 반(反)그리스도교 선언이 있을 수 있겠는가? 돌바크는 당시에 은밀히 유통되던 『세 명의 사기꾼』의 저자는 아니지만 적어도 그 무서운 책의 정신은 공유하고 있다고 볼 수 있다.[19]

돌바크에게 있어서 신은 인간의 공포가 만들어낸 허구에 지나지 않았다. 돌바크는 '신'의 공포에서 벗어나 '신'은 없다고 과감하게 선언한다. 그는 데카르트나 스피노자처럼 신의 존재를 가상하지 않았다. 나아가 그는 이신론자(deist)들처럼 이성을 가진 '최고 존재'가 자연 밖에서 자연의 운행을 주재한다고도 생각하지 않았다. 그에게는 자연만이 유일한 실재였고, 굳이 말한다면 신이었다.

16 II, p.137.

17 II, p.226.

18 Paul-Henri Thiry d'Holbach, *Histoire critique de Jésus-Christ ou Analyse raisonnée des Evangiles*, 1770, *Oeuvres Philosophiques*, t.2 (Editions Alive, 1998), pp.654-655.

19 이 유명한 책에 대해서는, Silvia Berti, "The First Edition of the *Traité des trois imposteurs* and its Debt to Spinoza's *Ethics*", Michael Hunter, David Wootton (ed.), *Atheism from the Reformation to the Enlightenment* (Clarendon Press, 1992). 국내 번역으로는 스피노자의 정신 지음, 성귀수 옮김, 『세 명의 사기꾼』(생각의 나무, 2005).

4. 현세의 행복

돌바크는 홉스의 뒤를 이어, 인간에게 가장 중요한 것은 '자기보존'이라고 말한다. 이미 아우구스티누스도 인간의 이러한 성향을 인정했으며, 자연철학자들이 말하는 '인력', 뉴턴이 말하는 '관성력', 도덕주의자들이 말하는 '자기애' 등은 '자기 보존'의 다른 표현이다.[20] 돌바크는 '행복'이라는 말을 선호한다.[21] 인간이 종교를 믿는 것도 결국은 행복해지기 위함이며, 그리스도교도 최종적으로는 인간의 행복을 위해 존재하는 종교라고 말할 수 있다. 그러나 문제는 무엇이 행복인가이다. 그리스도교는 내세의 구원을 위해 현세의 고난을 감내할 것을 강요하는데, 돌바크에게 있어서, 이것은 있지도 않은 내세를 위해 있는 현세를 포기하라는 것이다. 인간의 진정한 행복을 포기하라는 것이다. 현세의 행복을, 물질적 행복을 거부하는 그리스도교는 본질적으로 반(反)자연적이다. 따라서 인간이 행복해질 수 있는 길은 그리스도교를 버리고 자연의 법칙을 따르는 데 있다. "행복한 사람은 자연이 베풀어준 혜택을 누릴 줄 아는 사람"이다.[22]

그리스도교는 죄의식을 강요하기 때문에 마음의 평화를 주지 못한다. 구원의 불확실, 사후 심판과 이어지는 형벌에 대한 공포는 불안감을 증폭시킨다. 그리스도교는 끝없이 사람들을 겁주면서 그 대신 현세에서의 권력을 유지한다. 신자들에 대한 지배력을 강화하기 위해 그리스도교는 정치권력과 결탁한다. "모든 권력은 하느님으로부터 온 것이다"라고 말함으로써 폭정을 용인하고 저항권을 사전에 분쇄한다. 그리스도교는 결국 이중으로 사람들을 괴롭히는 것이다.

---

20 I, p.53.

21 I, p.148. "무엇이 목적인가? 무엇이 인간이 살고 있는 이 세상에서 인간의 목표인가? 그것은 자신을 보존하는 것이다. 그것은 자신의 존재를 행복하게 만드는 것이다."

22 I, p.5.

뿐만 아니라, 그리스도교는 본질적으로 다른 종교와 공존하지 못한다. 유일신을 믿는 종교에 있어서, 개종을 위한 전쟁은 신성한 의무이다. 그리스도교는 사랑과 평화를 표방하기 때문에 이론적으로는 전쟁과 양립할 수 없는 종교이지만, 현실적으로는 '전쟁'을 동반하는 종교이다. 따라서 그리스도교의 역사는 고난과 고행과 전쟁의 역사이다. 돌바크는 다음과 같이 '종교전쟁'을 고발한다.

> 인간은 이성을 사용할 수 없다거나, 사회의 이익은 이성의 희생을 요구한다고 말하는 사람들은 인간을 자기들의 악의의 놀이감으로 삼는 것이며, 인간을 자기들의 무가치함의 맹목적인 도구로 만드는 것이다. 이와 같은 뿌리 깊은 오류로부터 여러 가지 미신들이 지구 위에 일으킨 그 터무니없는 일들이 발생한 것이다. 지구를 걸핏하면 피로 물들이는 신성한 분노는 여기에서 비롯된 것이다. 그렇게 자주 나라들을 황폐하게 만들었던 비인간적인 박해의 원인이 여기에 있다. 요컨대, 이 세상의 그 넓은 무대 위에서 행해진 그 모든 무시무시한 비극들은 그 다양한 종교 체계들의 지도자들의 명령에 의해 일어난 것이다. 그들은 자기들의 신이 그 충격적인 사건들을 명령했다고 말한다.[23]

돌바크의 글에는 그리스도교의 호전성을 고발하는 구절이 너무나 많아 일일이 인용할 필요가 없을 정도이다. 이러한 고발이 그리스도교의 교리에 대한 비판에서만 비롯된 것은 아니었다. 루터의 종교개혁 이후에 그리스도교와 다른 종교 간의 전쟁만이 아니라 가톨릭과 프로테스탄트 사이의 전쟁 즉 그리스도교 내부의 전쟁이 벌어짐으로써 동시대의 지식인들은 그리스도교가 과연 사랑과 평화의 종교인가에 대해 회의하기 시작했다. 특히 1618년에서 1648년까지 독일에서 벌어져 전체 인구의 절반을 희생시킨 참혹한 종교전쟁은 결정적인 전환점이었다. 이신론이나 무신론은 이와 같은 불행한 시대에

23 II, p.175.

대한 고발의 성격이 강하다고 볼 수 있다.[24]

따라서 중요한 것은 종교가 아니라 삶이고, 내세의 구원이 아니라 현세의 행복이다. '행복'이라는 말은 물론 에피쿠로스의 사상과 결합되어 있다. 사실, 에피쿠로스만큼 왜곡된 인물도 드물 것이다. 그는 인간은 행복을 추구해야 한다고 보았고, 행복은 만족에서 얻어지는 것이며, 만족을 얻기 위해서는 욕망을 줄이라고 주장했다. 따라서 그는 쾌락주의자가 아니라 금욕주의자이다. 금욕주의자가 쾌락주의자로 둔갑하게 된 것은 그들의 적이었던 스토아철학자들의 왜곡, 이들 받아들인 그리스도교 신학자들의 왜곡, 그리고 에피쿠로스의 철학을 따르던 근대의 '자유사상가들(libertins)'에 대한 교회의 의심과 경계 때문일 것이다.[25] 신학적으로도 '에피쿠로스의 역설'[26]은, 피에르 벨이 그러했던 것처럼, 현실적으로 존재하는 '악'을 설명하는 데 있어서 강한 설득력을 지니고 있었다.[27] 물론 에피쿠로스는 '신'의 존재를 인정하기는 했으나, 그가 말하는 '신'은 현세의 인간들에게 신경을 쓰거나 내세의 영혼들에게 상벌을 내리는 그리스도교의 신과는 다른 존재였다.[28] 에피쿠로스의 신은 말하자면 데카르트나 스피노자가 가상한 신과 다르지 않았다. 무신론의 역사에서 중요한 것은 신의 존재를 부정하는 것이 아니라 신이 '섭리'를 가지고 인간사에 개입하는 것을 부정하는 것인데, 이러한 점에서 에피쿠로스는 무신론자였다. 근대에 '에피쿠로스주의자'라는 말이 무신론자의 대명사로 사용된 것은 이러한 이유이다. 디드로는 17세기 프랑스는 온갖 종류의 에피쿠로스주의자들로

---

24 "우리는 신앙심으로 가득한 제후들이 시도 때도 없이 부당한 전쟁을 일으키고, 쓸데없이 백성들의 피와 재산을 낭비하고 있는 것을 보지 못하는가?" Paul-Henri Thiry d'Holbach, *Le Christianisme dévoilé*, 1756, *Oeuvres Philosophiques*, t.1 (Editions Alive, 1998), p.6.

25 미셸 옹프레, 곽동준 옮김, 『바로크의 자유사상가들』 (인간사랑, 2011), 190쪽.

26 신은 전지전능하며 완전히 선한 존재이다. 그런데 왜 현실적으로 악이 존재하는가? 신은 전능하고 선하지만 악이 존재하는 것을 모르는가? 그렇다면 그는 전지하지 못하다. 신은 악이 존재하는 것을 알고 악을 없애려 하지만 없앨 수 없는 것인가? 그렇다면 그는 전능하지 못하다. 신은 악을 없앨 수 있지만 없애지 않는 것인가? 그렇다면 그는 선하지 않다. 현실적으로 악이 존재하는 것은 전지전능하고 완전히 선한 존재가 없기 때문이다. 따라서 신은 없다.

27 회의주의 철학자인 흄은 에피쿠로스의 의문은 여전히 해결되지 않고 있다고 말했다.

28 Michael J. Buckley, *At the Origins of Modern Atheism*, p.5.

가득 찼다고 주장했다.[29]

돌바크는 에피쿠로스를 어떻게 생각하는가? 돌바크는 원자들의 운동, 충돌, 결합을 통해 만물이 생성되었다는 에피쿠로스의 원자론을 그대로 따르고 있으며, 그것이 어떠한 신학체계보다도 확실하다고 말한다.[30] 또한 그는 무신론자 에피쿠로스의 도덕적인 삶에 대해서도 주목한다.[31] 이미 몽테뉴의 제자들과 피에르 벨이 주장한 바 있지만, 돌바크 역시 그리스도교에서만 도덕적인 삶이 가능하다는 전통적인 그리스도교의 도덕론을 거부한다. 로크는 무신론자는 도덕적일 수 없다는 이유로 무신론자를 관용의 대상에서 배제한 바 있는데, 로크는 이러한 점에서 피에르 벨이나 돌바크에 비해 보수적이었다. 또한 돌바크는, "평화를 좋아하는 에피쿠로스는 그리스를 혼란스럽게 하지 않았으며", "루크레티우스의 시는 로마에 내전을 일으키지 않았다"며 무신론이 평화주의적임을 암시한다.[32] 오히려 종교가 호전적이라는 강한 고발이다.

종교가 사람을 도덕적으로 만드는 것이 아니라 오히려 부도덕하게 만든다면, 사람을 도덕적으로 만드는 것은 무엇인가? 돌바크는 사회, 교육, 법으로 충분하다고 말한다.[33] 사람을 행복하게 만드는 것은 내세의 구원에 대한 기대가 아니라 현실 사회의 안정과 질서이다. 이 문제에 있어서, 돌바크는 군주에게 기대를 건다.

> 현실의 사례는 인류의 미래에 대해 절망할 필요가 없음을 우리에게 증명해 주고 있지 않은가? 정의와 질서의 친구인 한 군주가 곧 거대한 제국의 재건자가 될 수 있지 않을까? 커다란 권력으로 무장한 지혜와 공평함은 짧은 시간 동안에 국가의 모습을 바꾸어놓을 수 있다. 절대적인 권력은 악습을 폐지하고 불의를 없애고 악을 바로잡고 도덕을 개혁하는 데 매우 유용하다. 독재

---

29 피터 게이, 주명철 옮김, 『계몽주의의 기원』(민음사, 1998), 441쪽.

30 III, p.151.

31 III, p.184.

32 III, p.184.

33 III, p.269.

는 티투스나 트라야누스나 안토니우스 같은 황제들에 의해 행해질 때는 정부 형태 가운데 최선의 정부이다. 그러나 그것은 대체로 현명하게 그것을 사용할 수 없는 사람들의 손에 들어간다.[34]

돌바크는 군주에게 권력을 주는 정도가 아니라 절대 권력까지 허용한다. 군주가 계몽된 군주라면 다행이다. 그러나 군주가 국민의 행복을 보장하지 못하고 오히려 침해한다면 어떻게 할 것인가? 돌바크는 자연법의 원칙에 의해 사회는 군주에게 부여한 권력을 철회할 수 있다고 말한다. 이론적으로는 저항권을 인정한다.[35] 그러나 이 문제에 있어서 돌바크의 입장은 로크보다는 홉스에 가깝다. 그는 군주에 맞서 싸울 것을 권하지 않는다.[36] 무엇보다도 중요한 평화를 깨뜨릴 위험이 있기 때문이다. 흥미롭게도 돌바크가 기대한 "정의와 질서의 친구"는 루이 16세였다! '혁명'은 돌바크를 비롯한 계몽주의자들의 언어가 아니었다.[37] 공화주의는 계몽주의자들의 시계(視界)에는 아직 들어오지 않았다.[38] 계몽주의의 '급진 철학자'[39]에게 있어서도 유일한 해법은 계몽 전제군주였다.

---

34 Paul-Henri Thiry d'Holbach, *Ethocratie ou le gouvernement fondé sur la morale*, 1776, *Oeuvres Philosophiques*, t.1 (1998), p.597.

35 I, p.159.

36 III, p.251. '저항권' 문제에 대해서는 Guy Chaussinand-Nogaret, *Les Lumières au péril du bûcher. Helvétius et d'Holbach*, pp.242-243에서 상세한 논의를 볼 수 있다.

37 돌바크는 *La politique naturelle*(1773)에서 혁명은 다음과 같은 이유로 혁명이 치유하려고 하는 악보다 더 악하다고 말한다. "혁명에서, 사람들은 분노에 이끌려 이성에 귀를 기울이지 않는다. 그들의 격앙된 상상력은 모든 것을 극단적으로 생각하게 하고 순간만을 고려하게 한다. 야심가들과 광폭한 자들 또는 정치적 협잡꾼들에 눈이 멀어, 대중은 이성이 필요악이라고 말하는 가벼운 악이나 시간이 지나면 쉽게 사라져버릴 악을 치유하기 위해 깊은 상처를 내는데, 그것은 최종적으로는 국가를 파괴하거나 허망하게 약화시키고 만다." (Alan Charles Kors, *D'Holbach's coterie: an enlightenment in Paris*, p.310에서 재인용). 카시러, 박완규 옮김, 『계몽주의 철학』 (민음사, 1995), 357쪽.

38 물론 디드로나 올바크가 공화주의를 말한 적이 없는 것은 아니나 그것은 추상적이고 수사학적인 수준을 넘지 않았다(Alan Charles Kors, *D'Holbach's coterie: an enlightenment in Paris*, pp.302-310).

39 미셸 옹프레, 남수인 옮김, 『계몽주의 시대의 급진철학자들』 (인간사랑, 2010).

5. 동시대인들의 반응

돌바크는, 비록 가명을 사용했기는 했지만, 무신론을 분명히 천명했기 때문에 동시대인들의 관심을 끌지 않을 수 없었다. 돌바크에 대한 역사적인 평가를 결정지은 가장 중요한 인물은 루소이다. 루소는 『고백록』에서 디드로, 돌바크, 그림(Grimm)과 이들의 사회적 동료들을 '돌바크의 패거리(coterie holbachique)'라고 경멸하면서, 이들이 물질주의적이고 광적인 무신론을 공유하고 있다고 비난했다. 루소도 처음에는 돌바크의 살롱에 출입하였으나 살롱에서 이신론이 비판받고 무신론이 우세한 것을 참지 못했던 것이다. 루소는 크레키 부인에게 보낸 편지에서, "나는 철학에 대해 많이 생각해보지는 않았습니다. 나는 철학자들의 무리와는 완전히 떨어져 있습니다. 나는 그들이 불신을 설교하는 것을 좋아하지 않습니다." 라고 말했는데[40], '철학자들의 무리'는 '돌바크의 패거리'의 다른 이름이고, 그 '철학 호텔의 주인'은 돌바크였다. 루소가 『에밀』에서 사부아 보좌신부의 입을 통해 이신론을 주장한 것은 돌바크의 무신론에 대한 반박이라고 볼 수 있다.[41]

당시 '미신'을 타도하는 투쟁을 벌이고 있던 볼테르는 처음에는 이 책을 지지했다. 그는 그림(Grimm)에게 다음과 같이 썼다. "그 책이 좀 더 치밀했다면 그 책은 엄청난 결과를 가져왔을 것이다. 그러나 그 정도로도 그 책은 대단한 일을 했다. 그는 스피노자보다 더 설득력을 가지고 있다. 그러나 스피노자는 그보다 장점을 많이 가지고 있는데, 그것은 그가 고대의 예를 좇아 자연에 지성을 부여했다는 것이다. 우리의 주인공은 지성은 운동의 결과이고 물질들의

---

40 Alan Charles Kors, *D'Holbach's coterie: an enlightenment in Paris*, p.96.

41 *Ibid.*, p.119. 돌바크, 디드로, 루소의 친구이며, 『벨리제르 Bélisaire』의 작가인 마르몽텔의 진술은 살롱의 분위기를 잘 전해준다. "돌바크의 집은 철학자라고 불리던 사람들의 집결지였다. 그 안식처의 불가침적인 성스러움이 정직한 영혼들에게 고취시킨 안전 의식 속에서 돌바크와 그의 친구들은 루소를 그들의 마음 속 깊은 곳으로 받아들였었다. 그런데 그가 『에밀』에서 그들을 어떻게 묘사하고 있는지 보라. 물론, 그가 그들의 모임에 가져다 붙인 무신론이라는 단어가 진실의 일단을 지니고 있다고 해도 그것은 불쾌한 일이다. 대다수의 경우에 그것은 중상모략이다. 루소도 그것을 잘 알고 있다. 그는 자기의 보좌신부의 유신론은 그들 가운데 개종가능자와 열성적인 지지자가 있다는 것을 아주 잘 알고 있었던 것이다."

조합의 결과라고 주장하는데, 잘 이해가 되지 않는다." 그러나 이신론자인 볼테르는 무신론에 대해서는 동의하지 않았으며, "이 책은 모든 사람을 겁나게 하지만, 모든 사람이 읽기를 원한다."고 말할 정도로 돌바크의 책이 대중들 사이에서 인기를 모으는 것에 우려와 불만을 표했다. 그는 『자연의 체계에 대한 답변』을 써서 돌바크의 인기를 차단하려고 노력했다. 그는 돌바크가 스피노자보다 우월하다는 초기의 평가를 철회했으며, 돌바크의 책은 "대단히 잘못된 물리학에 기초한 장황한 허식"이라고 비판했다.[42] 볼테르의 후견인이었던 프리드리히 2세는 『자연의 체계에 대한 비판적 검토』를 작성하여 돌바크의 과격한 무신론을 경계했다.[43] 한편, 볼테르와 편지를 주고받았던 그림은 볼테르의 이신론적 비판을 검토하면서 돌바크를 지지했다.[44]

디드로는 살롱의 고정 출입자였으며, 돌바크의 평생 지적 동반자였다. 돌바크는 디드로의 분신(alter ego)였다.[45] 돌바크는 디드로의 『백과전서』에 많은 글을 기고하였으며, 재정적으로도 큰 도움을 주었다. 디드로는 동료들로부터 '그 철학자'로 불릴 정도로 사상의 폭과 깊이를 인정받았다. 디드로는 유물론자였고 무신론자였다. 그러나 그는 자신의 무신론을 돌바크처럼 적극적으로 설파하지는 않았다.[46] 디드로의 '창조적 물질(creative matter)'과 '동적인 물질(dynamic matter)' 개념은 돌바크의 유물론과 무신론을 형성하는데 결정적이었다.[47] 디드로는 볼테르의 비판에 맞서 돌바크를 변호했다. 디드로는 『자연의 체계』가 "지나치게 길고 산만하다"고 지적하기는 했지만, 분명한 철학을 담고

42 Guy Chaussinand-Nogaret, *Les Lumières au péril du bûcher. Helvétius et d'Holbach*, pp.226-231. E. 카시러, 『계몽주의 철학』, 102-106쪽.

43 Guy Chaussinand-Nogaret, *Les Lumières au péril du bûcher. Helvétius et d'Holbach*, p.223.

44 *Ibid.*, p.62.

45 *Ibid.*, p.133.

46 *Ibid.*, p.47.

47 Michael J. Buckley, *At the Origins of Modern Atheism*, 제5장 "Atheism as the system of Nature: Baron Paul Henri d'Holbach" 참고로 Toland도 "물질은 본질적으로 움직인다" 고 주장하여 돌바크에게 영향을 주었다(*ibid.*, p.320).

있다며 지지했다.[48] 그것은 바로 자기의 철학이었기 때문이다.

돌바크의 살롱은 무신론자들만의 집결지가 아니었다. 디드로와 디드로의 유언집행자이자 유고관리인인 내종(Naigeon) 만이 무신론자였다. 살롱 참석자들은 살롱의 자유로운 분위기와 재치 있는 이야기를 즐겼을 뿐 무신론을 강요받지 않았다. 그렇지만 살롱의 자유로운 분위기는 외국인들을 놀라게 했다. 기본(Gibbon)은 1763년에 파리에 체류하면서 살롱을 출입했는데, "돌바크와 엘베시위스의 친구들"을 "불관용적인 열정을 지닌 교조적인 무신론자"라고 비난했다.[49] 회의주의자인 흄은 영국과 달리 살롱에 무신론자가 많은 것을 보고 놀라움을 금지 못했다.[50]

그러면, 대중의 반응은 어떠했나? 당시의 서적 유통에 대한 연구를 통해 돌바크의 책에 대한 대중의 관심을 알 수는 있는데, 돌바크의 책들은 대중의 구매요청이 많은 베스트셀러였다.[51] 『자연의 체계』는 고가에도 불구하고 출판 첫해에만 4판을 할 정도였다. 대중이 돌바크의 책에 관심을 보인 이유를 정확히 알 수는 없다. 그러나 돌바크의 책이 분명한 논지를 직설적으로 표현하고 있기 때문에 독자가 오해할 소지가 없다는 점을 고려한다면, 돌바크의 무신론이 독자의 관심을 모았다고 볼 수 있을 것이다. 돌바크는 무신론이 관습과 편견의 노예인 무지한 대중을 위한 것이 아니라면서 대중을 무시했지만 말이다.[52]

돌바크의 책이 대중의 관심을 모은 또 다른 이유는 '금서'로 분류되었다는 사실이다. 차장검사인 세기에(Séguier)는 신앙적으로 의심스러운 책 7권을 고발했는데 이 가운데 3권이 돌바크가 쓴 『자연의 체계』, 『신성한 오염』, 『베일

---

48 Jean-Claude Bourdin, Préface, Paul-Henri Thiry d'Holbach, *Oeuvres philosophiques* (Editions Alive, 1998), p.xii.

49 Alan Charles Kors, *D'Holbach's coterie: an enlightenment in Paris*, p.104.

50 *Ibid.*, pp.41-42.

51 로버트 단턴, 주명철 옮김, 『책과 혁명. 프랑스혁명 이전의 금서 베스트 셀러』 (길, 2003), 138쪽. 주명철, 『서양금서의 문화사. 프랑스 계몽주의 시대를 중심으로』 (길, 2006), 341쪽.

52 III, pp.220-221.

벗은 그리스도교』였다. 그러나 저자는 아무런 피해를 입지 않았다. 단지 책이 수거되어 불태워지는 정도였다. 돌바크가 저자임이 밝혀졌다 해도 심각한 처벌을 받지는 않았을 것이다.[53] 그의 주장은 교회를 위협하기는 했어도 국왕을 위협하지는 않았기 때문이다.

6. 나오며

돌바크는 무신론자이다. 그에 앞서 체계적인 무신론을 전개한 사람은 스피노자이다. 그러나 스피노자는 나름대로 신의 존재를 인정했고 무신론자라는 비난을 받아들이지 않았다. 장 멜리에 신부(1664-1729)는 사후에 본인이 무신론자임을 고백하는 '유서'를 남겼다.[54] 돌바크는 비록 가명을 쓰기는 했지만 무신론을 체계적으로 천명했다. 장 멜리에 신부와 돌바크는 종교는 '사기'라며 무신론을 넘어 반신론, 반종교론을 주장했다.

돌바크에게 있어서 존재하는 유일한 것은 '자연'이다. 자연은 원인과 결과라는 인과의 사슬로 연결되어 있으며, 아리스토텔레스의 목적인이 아니라 자연의 법칙에 의해 움직인다. 자연을 창조한 창조주도, 자연을 움직이는 제1원인도 없다. 오로지 자연만이 존재한다. 자연은 자체의 동력에 의해 움직이며, 생성-소멸-생성을 반복한다. 이러한 물질주의 자연관이 돌바크의 독창적인 사상은 아니다. 그것은 멀리는 고대의 자연철학자들의 사상에서, 가깝게는 데카르트와 뉴턴의 자연철학에서 영향을 받은 것이며, 직접적으로는 디드로의 유물론을 계승한 것이다. 차이가 있다면, 돌바크는 신이나 '최고 존재'를 가상하지 않았으며, 자기의 무신론을 체계적으로 분명하게 주장했다는 것이다.

---

53 Alan Charles Kors, *D'Holbach's coterie: an enlightenment in Paris*, p.241.

54 미셸 옹프레, 『계몽주의 시대의 급진철학자들』, 47-107쪽.

따라서 중요한 것은 자연을 이해하고 자연의 법칙에 따라 사는 것이다. 그리스도교가 내세우는 내세의 구원이라는 '환상'을 좇아 굴종적으로 사는 것이 아니라 현세에서의 행복을 추구하는 것이다. 돌바크에게 있어서 현세의 행복과 안정과 평화를 가져다주는 것은 교회가 아니라 군주였다. 돌바크는 다른 계몽사상가들과 마찬가지로 군주에게 기대를 걸었다. 이러한 점에서 그의 종교사상은 혁명적이었지만 정치사상은 보수적이었다.

돌바크의 무신론은 인간의 무지와 공포의 산물인 종교의 억압으로부터 인류를 구원하려는 것이었다. 그러나 인간 사회에서 종교를 제거하는 것이 과연 가능할까? 돌바크는 종교를 히드라에 비유하면서 그것을 퇴치하는 것이 어렵다고 보았다. 또한 돌바크는 대중을 어둠을 좋아하는 '박쥐'에 비유하면서 대중을 불신하였다.[55] 돌바크의 무신론은 당대의 지식인들에게 호응을 얻지 못했다. 루소나 볼테르 같은 이신론자들은 물론이고 자기의 살롱을 출입하는 동료들도 돌바크의 사상을 받아들이지 않았다. 돌바크의 사상은 디드로와 내종에게서만 지지를 얻었다. 돌바크는 자신의 무신론을 적극적으로 설파하였지만, 그것이 실현될지에 대해서는 비관적이었다.

돌바크는 정치혁명을 제창하거나 지지하지 않았다. 국가를 개혁하는 것은 이성, 계몽, 그리고 시간이지 대중의 열정이 아니었다. 혁명이 아니라 개혁이 자연스러운 것이었다. 그러나 그의 혁명적인 무신론이 프랑스혁명의 발발과 진행에 아무런 영향을 주지 않았다고 말할 수는 없다. 그의 무신론은 자연은 자연의 법칙에 따라 규칙적으로 움직인다는 자연철학에 기초해 있는 것으로서, 종교적으로는 신의 자의적인 개입을 거부한다. 전제적인 신을 거부하는 것은 곧바로 전제적인 국왕의 자의적인 통치를 거부하는 정치사상으로 이어지기 쉬운 것이었다. 이렇게 볼 때 돌바크의 무신론은 본의 아니게 프랑스혁

55 Paul-Henri Thiry d'Holbach, *La Contagion sacré*, 1768, *Oeuvres Philosophiques*, t.1, p. 297. 돌바크에게는 종교와 마찬가지로 민주주의도 환상(chimera)이었다.

명의 급진화에 기여했다고 말할 수 있다.[56] 계몽사상을 연구하는 데 있어서 그 종교적인 토대를 연구할 필요성이 여기에 있는 것이다. 피터 게이가 "계몽주의는 고전주의, 무신앙, 과학이 변덕스럽게 혼합된 것이었고, 계몽사상가들은 한마디로 근대의 이교도들이었다"라고 말한 것은 옳다.[57]

56 Guy Chaussinand-Nogaret, *Les Lumières au péril du bûcher. Helvétius et d'Holbach*, p.164.

57 피터 게이, 『계몽주의의 기원』, 28쪽; John Marshall, *John Locke, Toleration and Early Enlightenment Culture* (Cambridge: Cambridge University Press, 2006), pp.1-2.

Chapter 06

18세기는 세속화의 결정적 시기였는가? 프랑스혁명을 중심으로

1. 들어가며
2. 18세기 중반의 세속화
3. 1791년 성직자민사기본법의 선서
4. 혁명력 2년의 비그리스도교화
5. 나오며

Chapter 06

18세기는 세속화의 결정적 시기였는가?
프랑스혁명을 중심으로

백인호

1. 들어가며

현대 프랑스의 가톨릭신자는 얼마나 될까? 정교분리를 일찌감치 실현한 프랑스에서는 종교인구 통계는 공식적으로 금지되어 있으므로 정확히 알 수는 없다. 그러나 교황청이나 민간 통계기관의 간접적 자료들을 통해 대략적으로 가톨릭 신자의 수를 가늠해볼 수 있다. 1989년 로마교황청은 프랑스 전체 인구 5,616만명 가운데 4,765만명(전체 84.85%)가 세례를 받은 가톨릭신자라고 발표하였다. 하지만 1991년 18세 이상 1000명의 성인을 대상으로 실시한 TNS-SOFRES의 조사에 따르면, 매주 미사에 참여하는 신자가 7.9%, 한 달에 1-2회 참여하는 신자가 3.9%, 주요 축제에만 참여하는 신자가 17.4%이고 결혼식과 장례식에만 가는 신자가 45%에 달한다.[1] 전혀 가지 않는다고 대답한 신자도

1 http://www.ipsos.fr/ipsos-public-affairs/sondages/pratiques-religieuses-francais 검색일자 2012년2월8일.

4%, 무교라고 답한 사람도 18%나 되었다. 결국 미사에 참여하는 신자와 주요 축제에 참여하는 신자만을 가톨릭신자라고 규정한다면 30%로 감소하고, 미사에 참여하는 신자만으로 엄밀히 국한한다면 겨우 11.8%에 불과하다.[2]

20세기에 들어 사제소명도 지속적으로 감소하였다.[3] 1965년에 프랑스 재속사제의 수는 대략 4만여 명이었지만, 1986년에는 27,500명으로, 2000년에는 16,000명으로 감소하였다. 1965년도 45세 미만의 젊은 사제가 전체 40%에 달했지만, 1985년에는 50세 미만의 사제가 16%에 불과하였다. 또한 교리문답을 받는 아동의 수도 1960년대에는 아동의 90%에 달했지만, 1990년대에는 43%로 급격히 감소하였다. 더욱이 신자들의 사회적 도덕관도 크게 달라졌다. 1979년에 조건부이기는 하지만 낙태를 합법화한 베일법(loi Veil)은 사회적 도덕관의 변화를 명시적으로 보여주는 좋은 예이다. 미사에 정기적으로 참여하는 가톨릭신자의 69%가 혼전성관계가 무방하고 38%가 낙태해도 무방하다고 조사에서 답하여, 현대 프랑스의 신자들의 상당수가 가톨릭의 전통적 도덕관에서 멀어졌음이 확인되었다.

교회의 권위는 그만큼 약화되었고 신앙은 이제 개인적 양심의 영역으로 간주된다. 1789년 이후 제2차 산업혁명을 겪는 서구세계에서 가장 분명한 변화는 바로 종교와 사회의 분리이다. 종교적으로 현재의 가톨릭은 더 이상 "프랑스국가의 종교"가 아니며, 다만 프랑스인 각자가 선택하는 종교일 뿐이다.

그렇다면 언제부터 이러한 세속화가 시작된 것일까? 엠마뉴엘 토드에 따르면, 유럽의 세속화는 1730년에서 1990년 사이에 크게 세 단계를 거치며 비연속적으로 진행되었다.[4] 첫째 단계는 1730~1800년으로 주로 프랑스의 파리분지, 스페인 중부와 남부, 포르투갈 남부, 이탈리아 남부 지역의 가톨릭 세계에

---

2 홍순호도 실제 교회에 나가는 가톨릭 신자의 수는 30%도 되지 않는다고 보았다. 홍순호, 「19세기 전후 프랑스에서의 교회와 국가」, 오경환 외, 『교회와 국가』(인천가톨릭대학교출판부, 1997), 254쪽.

3 Jacques Le Goff et Rene Rémond, *Histoire de la France religieuse*, Vol.4 (Paris: Seuil, 1992), pp.377-393.

4 엠마뉘엘 토드, 『유럽의 발견-인류학적 유럽사』(까치, 1997), 160-164쪽.

서 그리스도교의 권위가 약화되었다. 둘째 단계는 1880~1930년으로 영국, 게르만 세계, 스칸디나비아 국가들을 중심으로 한 프로테스탄트 세계에서 그리스도교의 통제력이 상실되었다. 셋째 단계는 1965~1990년으로 벨기에, 독일의 남부 및 라인강 유역, 오스트리아, 스위스 일부, 프랑스, 이탈리아, 스페인의 가톨릭 잔여 세력이 후퇴하였다. 대단히 광범위한 지역에서 급작스럽게 그리스도교가 후퇴하였으나 다른 지역에 영향을 주지는 않았다. 쇠퇴가 분산적으로 나타났고 일부 지역에서는 재활성화 단계를 거쳤다는 점에서 그 과정은 불연속적이었다. 1730~1990년 사이에 각 지역마다 긍정적 요소들과 부정적 요소들의 대립이 그리스도교의 운명을 결정하였다. 필자는 토드의 견해에 동의하며, 세속화는 프랑스에서 18세기에 시작되었다고 본다.

20세기 중반까지 역사가들은 정교일치 체제에서 국교로서 절대적 권위를 누리고 있던 프랑스 가톨릭이 18세기말 프랑스혁명을 거치면서 사회를 지배하고 국민의 정신과 행동을 통제하던 강력한 힘을 상실하였고, 본격적인 근대화의 시기인 19세기에 근대적 정치 · 사회 · 경제 현상에게 모든 기능을 양보한 전통의 단순한 잔존물로 전락하였다고 보았다.

역사가들에게 오랫동안 영향을 끼친 전통적 세속화 이론은 사회학의 아버지라 불리는 오귀스트 콩트의 『실증철학』에 잘 나타난다. 콩트는 사고체계와 그에 상응하는 사회구조의 배열이 신학적 단계, 형이상학적 단계, 실증적 단계의 세 단계를 거친다고 주장하였다.[5] 인간사회의 초기인 신학적 단계에서는 비경험적 힘과 초자연적 영역에 사고의 초점이 맞춰지며 종교가 사회를 통제한다. 형이상학적 단계에 이르면, 과학이 발전하면서 과학과 종교가 서로 충돌하고 철학자가 정신적 지도자의 역할을 맡으며, 국가, 군사력과 법이 사회를 통제한다. 마지막으로 실증적 단계에 이르면 관찰에 입각한 과학적 사고에 초점을 맞추며, 모든 경험적 사실에 대한 관찰에 기초하지 않은 사고

5 오귀스트 콩트, 「실증철학」, 조나단 터너 외, 『사회학이론의 형성』(일신사, 1995).

를 거부한다. 과학자가 정신적 지도자이며, 국가와 일반정신에 의한 기능들이 서로 조정을 통해 사회를 이끌어간다. 결국 콩트는 과학의 발전이 필연적으로 종교의 후퇴와 소멸을 가져올 것이므로, 과학이 발전하면 사회는 세속화한다고 주장하였다.

이러한 전통적 세속화 이론에 따르자면, 종교가 인간 삶의 중심이었던 전통사회에서 근대 사회로 이행하면서 교회는 전통적인 헤게모니를 상실하고, 전통적인 종교적 심성과 종교적 실행이 약화되는 지속적인 세속화의 과정을 겪는다. 한마디로 이러한 세속화 과정은 결코 제지할 수 없는 일방적인 역사 진행법칙이라는 것이다.

그러나 1960년대에 르브라(Gabriel Le Bras)와 불라르(F. Boulard)를 중심으로 하는 종교사회학파는 종교가 결코 무시할 수 없는 현대 서구의 중요한 사회문화적 요소로 자리를 잡고 있다는 사실에 주목하면서 전통적인 세속화 이론을 수정하였다.[6] 이들은 하나의 단선적인 세속화가 아니라, 다양한 차원의 세속화가 있었다는 점을 강조하였다. 이들은 세속화를 제도화된 종교가 갖는 사회적 기능의 약화와 개인의 종교에 대한 무관심의 증대로 구별하였다. 역사학계도 종교사회학의 새로운 성과들을 받아들여 근대화의 격변기였던 프랑스혁명을 중심으로 새로운 종교사 연구들을 전개하였다. 1963년 리옹에서 열린 국제 비교종교사 학술대회에서 프랑스 혁명기 비그리스도교화에 관심을 집중한 것을 계기로, 세속화 신화에 기초한 종래의 주장들은 새로운 경험 연구들을 통하여 검증을 받게 되었다.[7]

1960년대에 새롭게 출발하여 지금까지 프랑스혁명의 종교사 연구가 달성

6 프랑스에 대해서는 다음을 참조. Gabriel Le Bras, *Introduction à l'histoire de la pratique religieuse en France* (Paris, 1942-1945); G. Le Bras, *Etudes de sociologie religieuse* (Paris: PUF, 1955); Ferdinad Boulard, *Matériaux pour l'Histoire religieuse du peuple français, XIXe-XXe siècles* (EHESS, 1982-87). 독일에 대해서는 다음을 참조. 나인호, 「근대적 사회 문화 현상으로서 종교-최근 독일에서의 19세기 종교사 연구」, 『서양사론』, 77호 (2003.6), 173-201쪽.

7 *Actes du 89e Congrès national des Sociétés savantes* (Lyon, 1964).

한 성과는 이제는 서구의 근대를 더 이상 단선적으로 세속화된 세대라고 말할 수 없다는 점이다. 단선적인 세속화 대신에, 주기적인 재그리스도교화(rechristianisation)의 반동 속에서 불연속적으로 진행된 비그리스도교화, 그리고 개인적인 근대적 종교 및 종교문화의 부흥, 세속 이념들의 신성화현상이, 프랑스 18-19세기 사회의 특징이고, 정치 경제, 세속 문화 등과 함께 근대화의 동력으로서 활발히 작용하였다는 것이 밝혀졌기 때문이다. 그렇다고 해서 세속화라는 개념 자체를 거부하는 것은 적절치 못하다. 왜냐하면 이러한 복잡한 현상 자체를 세속화라고 볼 수 있기 때문이다. 세속화는 분명히 이 시대를 특징짓는 적절한 개념이라고 보아야 한다.

그렇다면 우리는 세속화를 어떻게 정의할 수 있을까?[8] 세속화라는 용어는 서양에서 1648년 베스트팔렌 평화조약에서 처음으로 사용되었으며, 당시에는 교회가 관할하던 지역을 평신도 정치지도자가 관할하는 지역으로 이전하는 것을 묘사하기 위하여 사용되었다. 20세기에 들어와서 세속화라는 용어가 사회학에서 사용되기 시작하면서 의미는 더욱 다양하고 복잡하게 되었다. 본인은 역사학자인 피터 버크(Peter Burke)를 따라 세속화란 "본질적으로 저 세상에 초점을 맞추고 초자연적인 용어로 현실을 해석하는 것에서 본질적으로 이 세상에 초점을 맞추고 자연적인 용어로 현실을 해석하는 것으로 변화하는 과정"이라고 정의하고자 한다.[9]

아울러 프랑스혁명을 중심으로 진행된 세속화에 대한 논의가 이 글의 중요 주제인 만큼, 세속화를 복합적인 개념으로 보고 오경환이 제시한 다음의 세 차원에서 살펴보고자 한다. 종교사회학자 오경환은 세속화를 교회제도의 세속화, 사회구조의 세속화, 개인의식의 세속화라는 세 차원으로 구별하

8 오경환, 『종교사회학』(서광사, 1990), 12장 참조.

9 Peter Burke, "Religion and Secularisation", in *The New Cambridge Modern History*, XVIII, Companion volume (Cambridge UP, 1979), p.294.

였다.[10] 첫째, 교회제도의 세속화는 교회조직의 성원 수준의 감소를 의미한다. 제도 교회가 내적으로 초월적인 가치보다 현세적인 가치를 강조하며, 세례와 예배 참여가 감소하고 신도 개인의 자율성이 증가하는 것을 말한다. 둘째, 사회구조의 세속화는 사회 영역에 대한 교회의 직접적인 통제력의 약화와 상실을 의미한다. 교회와 국가가 분리되고 교회령을 몰수하고, 교회의 권위로부터 교육이 해방되는 데서 세속화가 나타난다. 사회영역에 대한 교회의 통제력 약화는 또한 사회제도의 자율성의 증가를 의미한다. 셋째, 개인의식의 세속화는 종교적 관점을 빌리지 않고서도 세계와 자신의 삶을 바라보는 개인들의 수가 증가한 것을 의미한다.

그러나 프랑스혁명기 세속화 현상을 설명할 때 세속화의 세 차원을 모두 언급하는 것은 현실적으로는 상당한 어려움이 있다. 특히 두 번째로 언급한 사회구조의 세속화는 너무나 광범위하고 측정하기가 어렵기 때문에, 본문에서는 간단한 설명으로 대신하고 주로 교회제도와 개인의식의 세속화를 중심으로 프랑스혁명기 세속화현상을 설명하고자 한다. 또한 연대기적으로 필자는 18세기의 세속화에 크게 3개의 중요한 시점이 있었다고 본다. 첫째는 1750년대이고, 둘째는 1791년 성직자민사기본법에 대한 충성선서이며, 셋째는 혁명력2년(1793-94년)의 비그리스도교화이다. 따라서 이 세 시점을 중심으로 살펴보기로 한다.

2. 18세기 중반의 세속화

앙시앙 레짐에서 가톨릭교회는 국가의 종교로서 정치 · 사회 · 도덕 · 사상

10 *Ibid.*, pp.397-404; Peter L. Berger, *The Sacred Canopy* (Garden City, N.Y., 1969), *p*.107; Roland Robertson, *The Sociological Interpretation of Religion* (N.Y. Schocken Books, 1970), pp.56-57.

적인 면에서 국가에서 가장 중요한 위치를 차지하고 있었다. 교회의 사회적 역할도 절대적이었다. 교회는 초등 · 중등교육과 병원 · 고아원과 같은 자선 사업의 대부분을 담당하였다. 혁명직전까지도 교회는 외견상 건재한 모습을 유지하였다. 따라서 교회제도의 세속화와 사회구조적 세속화는 거의 없었다고 볼 수 있다.

그러나 18세기 얀센주의에 대한 논쟁과 계몽주의 철학 등으로 교회 안팎으로 공격을 당한 가톨릭교회는, 내부적으로 성직자들의 성소가 감소하고 수도원의 기강이 해이해지는 위기에 직면해 있었다. 더욱이 18세기 중반부터 프랑스인들의 의식에서 중요한 변화들이 일어나고 있었다. 가톨릭교회의 교리에 따른 죽음과 삶에 관한 태도에서 이탈하는 세속화현상들이 나타나고 있었기 때문이다. 다시 말하면 18세기 중반부터 이미 프랑스인들에게 의식적 세속화가 심도있게 나타나고 있었다. 여기서는 교회제도의 세속화, 사회구조의 세속화, 개인의식의 세속화라는 3가지 측면에서 세속화를 살펴보고자 한다.

1) 교회제도의 세속화

(1)교회와 국가의 유대 약화

1598년 정치적 통일을 위하여 개신교의 종교적 권리를 인정한 낭트칙령은 개인에게 종교의 자유를 부여함으로써 다양한 종교적 논의와 개인적 사고가 가능하게 하는 계기를 마련하였다. 1648년 베스트팔렌 조약에서 정치적 지배자가 종교를 지배한다는 원칙이 재천명되면서, 종교는 현실적 필요에 부합하는 역사적 결과물로 전락하였다.[11]

17세기에 종교는 정치적 이해관계에 따라 선택되었고 물질적 가치에 따라 종교적 가치가 좌우되면서 국교주의가 강화되었다. 베스트팔렌 조약에서 재

11 이영림, 「근대초 유럽사회의 세속화와 신앙의 내면화」, 『경기사학』, 4집(2000), 180-186쪽.

확인된 종교 선택의 기준은 정치지배자의 종교가 신민에게 강요될 수 있는 근거가 되었다. 이리하여 루이 14세는 프랑스왕국의 통일을 추구하면서 국가교회주의(gallicanisme)를 선택하였고, 가톨릭은 국가통합의 이데올로기로서 작동하였다. 국교는 다수의 종교라는 이름 아래 순응주의와 획일화를 강요하였고, 이에 따라 국교를 거부하는 소수 종파는 이제 국가와 교회 모두에게 위험한 존재가 되었다.

그리하여 18세기 중반까지 절대왕정의 가톨릭교회는 프랑스사회에서 절대적 권위를 누리게 되었다. 먼저, 가톨릭교회는 국가의 종교였다. 1685년 퐁텐블로 칙령을 제정하여, 프로테스탄트를 합법적으로 인정했던 1589년의 낭뜨 칙령을 철폐하고 가톨릭교회 외에 다른 종교는 인정하지 않았다.[12] 또한, 프랑스 국왕은 가톨릭 신도이어야 한다. 왕권신수설에 의하여 왕은 이 세상에서 "하나님을 대리하는 자"로 간주되었다. 랭스(Reims) 대성당에서 열리는 대관식은 "하나님의 대리인"을 축성하는 의식이었다.[13] 마지막으로, 성직자는 세금을 내지 않는 특권층인 제1신분이었다. 이들은 자체적으로 전국규모의 사법조직(성직자재판소tribunal de l'officialité)과 행정조직(예컨대 성직자총회Assemblée du clergé)을 가진 유일한 신분이다. 절대왕정시대에 교회와 국가의 관계에서 국가는 교회에 대하여 일방적인 우위를 차지하고 있었고, 교회는 실제로는 국가에 봉사하고 있었다.

그러나 18세기 후반부터 재정 파탄과 새로운 사상의 공격에 직면하면서, 교회와 국가의 유대관계는 약화되기 시작했다. 국가는 프로테스탄티즘의 억압에 미온적이었고, 교회의 면세특권을 다시 공격하기 시작하였다. 성직자의 면세특권에 대해서 적대적인 고등법원은 성직자들의 법률상 특권들, 예컨대

12 절대왕정 시대의 인구는 1660년경에는 2천만 정도로 추산되며, 여기에서는 논의의 편의상 1789년의 통계를 사용하기로 한다. Bernard Cousin, Monique Cubells, René Moulinas, *La pique et la croix: histoire religieuse de la Révolution française* (Paris: Centurion, 1989), p.13.

13 Gabriel Audisio, *Les Français d'hier, t.II. Des Croyants. XVe-XIXe siècle* (Paris: Armand Collin,1996), p.50.

교회의 권력남용에 대한 상소나 성직자재판소의 민사사건에 대한 개입을 공격하였다. 여기에 맞서 교회는 성직자들의 면세특권을 폐지하고 교회재산을 위협하는 칼론느와 로메니의 개혁안에 맞섰다. 교회와 국가의 유대관계는 외견상 변함이 없었지만 내부적으로는 18세기 중반부터 흔들리고 있었다.

(2) 미사참여와 성사준수

18세기 프랑스인은 얼마나 그리스도교화되었을까? 그리스도교화를 "복음을 가르치고 해석하고 복음정신으로 살도록 역사적 · 문화적으로 결정된 특별한 형식의 행동양식과 행위로의 전환"이라고 정의한다면, 17세기 그리스도교화의 가장 두드러진 특징은 예전까지 불규칙하고 방만한 신앙생활에 정규성과 보편성을 부여한 것이다.[14] 대응종교개혁 이후의 신부들이 특히 주일미사의 정기적 참여와 부활절 미사의 의무적 참여를 신도들에게 강조하였기 때문이다. 16세기와 비교하여, 17세기에 나타난 가장 두드러진 현상은 정기적이고 대대적인 미사참여이다. 트렌토 공의회(Councile de Trent)는 평신도의 신앙생활을 감시하기 위해 주교의 본당순회방문(visites pastorales)을 강조하였다. 또한 습관적으로 부활절미사에 불참하는 신자는 모든 성례식 즉 결혼식과 약혼식이 금지되고 헌금도 금지되었다. 또한 세속권력도 주일미사참여를 장려하고 보호하였다. 국가는 주일미사 시간에 카바레 문을 닫도록 하고 주일과 축일에 노동을 금지시켰다. 18세기 초반까지 농촌사회에서는 대다수가 부활절미사에 참여한 것으로 보인다.

그러나 18세기 중반부터 이러한 전통 순응주의로부터 이탈하는 현상이 나타났다. 특히 도시에서 부활절 미사 불참자들의 수가 증가하였다. 파리분지 남동부 지역의 여러 본당들에서는 부활절 미사에 참여하지 않는 신자들이 중

---

14 로제 샤르티에, 백인호역, 『프랑스혁명의 문화적 기원』 (소나무, 1999), 147쪽.

가하였다.[15] 1780년대에 옥세르(Auxerre) 교구의 주교는 미사에 참여하지 않는 신자들의 세태를 불평하였다. 르 브라(Gabriel Le Bras)의 샤롱(Chalon)교구에 관한 연구에 따르면, 1740년대부터 부활절미사 불참자가 증가하기 시작하였다. 1741년 라르지쿠르 본당에서는 1명을 제외하고는 모든 신자들이 고백성사를 드렸지만, 이들 중에서 1/3만이 성체를 받았다.[16]

부활절미사 의무의 준수가 주일미사의 참여를 반드시 의미하는 것은 아니지만, 평신도들은 대체로 주일 미사에 잘 참여하였다. 18세기 말에 주일미사 참여는 매우 보편적으로 이루어졌다고 볼 수 있다. 물론 일부 유동인구가 존재하였다.[17] 본당신부들은 목자 · 뱃사공 · 행상인 · 계절노동자 · 여인숙주인들을 미사에서 도대체 볼 수 없다고 불평하였지만, 이 문제는 매우 제한적이었다. 세례 · 결혼 · 종부 성사도 대체로 잘 준수하였다. 세례는 출생 후 1-2일 이내에 받았다. 첫영성체는 14-16세에 행해졌는데 잘 지켜졌다. 또한 강림절과 사순절에는 결혼식이 금지되었는데, 이 금지사항도 잘 지켜진 편이었다. 출생율도 계절적 리듬이 나타난 것으로 볼 때, 일반적으로 성사에서 금하는 사항들을 존중한 것을 알 수 있다.

트렌토 공의회 이후에 교회는 신학교 교육을 강조하여 각 교구마다 신학교를 설립하도록 하였고, 또한 평신도들에 대한 교육을 강조하여 교리문답을 강화하였다. 1660년 이후에는 각 교구별로 교리문답 교재를 개발하여 각 본당에서 활용하도록 하였다.[18] 17세기 후반에 신학교 교육이 강화된 이후로, 18세기에 숫자는 감소하였지만 질적으로는 오히려 더욱 우수한 신부들이 증가하였다.[19] 평신도들에 대한 교육은 주일의 미사 강론과 교리문답 외에도 부정

15 Isabell Brian & Jean-Marie Le Gall, *La vie religieuse en France XVIe-XVIIIe siècle* (Paris: SEDES, 1999) p.120.

16 Le Bras, *Etudes*, p.59.

17 드뤼모 교수는 이들을 *délocalisé*라 불렀다. Jean Delumeau, *Le Christianisme va-t-il mourir* (Paris: Hachette, 1977), pp.200-201.

18 Jean de Viguerie, *Le Catholicisme des français dans l'ancienne france* (Paris: NEL, 1988), pp.19-28.

19 *Ibid.* 특히 1장과 2장을 참조함.

기적으로 방문하는 국내순회 선교사들의 본당 대피정이 있었다. 18세기에 가장 열정적인 신부들은 아마도 국내순회 선교사(missionnaires)일 것이다. 1700년부터 1789년까지 브르타뉴 지방의 모든 본당에는 적어도 한번 이상 선교사들이 방문하여 본당 대피정을 개최하였는데, 이러한 집회는 적어도 2천회는 되었을 것으로 추정된다.[20] 이러한 순회 본당 대피정을 통한 재속신부들의 지속적인 평신도교육으로 집단 심성의 변화가 일어났다. 하지만 주교의 본당 순회 방문시 작성토록 한 질문서들에 대한 최근의 연구 결과에 따르면, 종교적 열성이 없는 일부 지역들이 발견되었다.[21]

이러한 연구결과들을 종합해 볼 때, 북부 · 북동부 · 서부의 몇몇 지역을 제외하고는 18세기 가톨릭교회가 주일미사와 부활절미사에 잘 참여하는 '선한' 그리스도교인들의 왕국을 이룩하였다는 것은 조금도 의심할 여지가 없다. 이러한 정기적인 신앙생활의 참여는 신도들 각자에게 강한 소속감을 제공하여 근본적인 동일성을 갖도록 하였다.

(3)얀센주의와 계몽사상의 도전

교회와 국가의 유대가 강화되는 한편, 1680년대 이후 과학 분야의 획기적인 변화들로 인하여 지적 문화적으로 커다란 변혁기를 맞이하였다.[22] 1686년에 퐁트넬(Fontenelle)은 『기적의 역사』라는 책에서 기적과 성물에 대한 믿음을 공격함으로써 계몽시대의 시작을 알렸다.[23] 루이 15세 초기에 불어닥친 자유의 바람은 교회의 공격을 묵인하였다. 1750년대에 백과전서의 출간은 계몽사상의 확산에서 획기적 계기가 되었다. 1759년 볼테르는 『깡디드』에서 그리스도교의 섭리 교리를 정면으로 공격하였다. 계몽사상가들은 신부들과 교회 의

---

20 Delumeau, *Le Christianisme*, pp.284-290.

21 M-H. et M.Froeschle-Chopard, *Atlas de la Réforme pastorale en France de* 1550 *à* 1790 (Paris, 1986), pp.64-69.

22 폴 아자르, 『유럽의식의 위기』(민음사, 1990).

23 Brian et Le Gall, *La vie religieuse*, pp.123-125.

식을 노골적으로 비판하였다.

계몽사상가들은 인간 이성의 힘과 이성을 통한 인류의 무한한 진보를 믿었다. 이들은 인류의 진보를 위해서는 무지와 미신을 타파하고 이성에 어긋나는 구습과 낡고 모순된 제도를 과감하게 개혁한다고 주장하였다. 이들의 사상은 분명 당대의 가톨릭교회에 정면 도전하는 것이었다. 심지어 무신론을 주장하는 계몽사상가들도 있었다. 프리메이슨 비밀결사 단체의 회원 대부분은 계몽사상에 매료되었고, 성직자들도 계몽사상에 직접 혹은 간접적으로 영향을 받았다. 그러나 계몽사상가들이 초자연적인 기적을 비판한다고 해서, 반드시 반종교적인 것은 아니었다. 계몽사상가들 대다수는 계시의 종교는 거부하였지만, 영국의 경험주의의 영향을 받아 이신론(Deism)과 같은 자연종교를 받아들였다. 볼테르는 그리스도교를 공격했지만, 신이 없는 세상은 거부했다. 장 자크 루소는 사회계약론에서 시민종교(religion civique)를 변호하였다.

이러한 계몽사상가들의 반그리스도교적 주장들이 어느 정도로 기여했는가에 대해서는 논란의 여지가 있으나, 계몽사상의 확산이 가톨릭교회의 영향력을 감소시키고 세속화에 일정한 정도로 기여한 것은 분명한 사실이다.

계몽사상과 더불어, 17세기부터 확산된 얀센주의도 세속화의 중요한 원인을 제공하였다. 얀센주의는 네덜란드의 가톨릭 신학자 코르넬리우스 얀세니우스가 주창한 교의(教義)를 말한다.[24] 초대 교회의 엄격한 윤리로 되돌아갈 것을 촉구하였고, 또한 인간의 본성에 대한 비관적인 견해로 하느님의 은혜를 강조하고 인간의 자유의지를 부정하는 학설을 주장하였다. 얀세니우스의 교의를 계승한 아르노와 케넬에 의해서 파리 교외의 포르루아얄수도원을 중심으로 전파되었다. 17-18세기의 프랑스 교회 내에서 격렬한 논쟁을 일으켜 로마 교황으로부터 여러 번 이단(異端) 선고를 받음과 동시에, 교회분열의 위기

24 이영림, 「프랑스의 얀센주의:신학에서 정치로」, 『서양사론』, 67호(2000), 155-179쪽; 이영림, 「18세기 프랑스: 종교적 갈등에서 정치적 저항으로」, 『역사학보』, 231집(2012.3), 181-209쪽; 구본식, 「얀세니즘에 대한 이해」, 『가톨릭 교육연구』, 제5집(1990), 효성여대 가톨릭 교육연구소, 47-71쪽.

라는 정치문제로까지 발전하여 루이14세가 적대시하게 되었다.

얀센주의 비판자들은 얀센주의가 성서의 신성화와 완전한 종교생활에 대한 강조함으로써 영성체 참여의 감소, 심지어 영성체 거부를 초래하였다고 주장하면서, 초창기부터 얀센주의를 세속화의 주범으로 여기며 신랄하게 비판하였다.[25] 얀센주의자들은 교황과 주교에 대한 의존을 거부하였다는 점에서 기존 교회제도에서 이탈할 가능성을 내포하고 있었다. 얀센주의는 1713년의 대칙서를 거부함으로써 국가의 권위와 기본 틀을 문제 삼은 저항 이데올로기로 성장하였고, 결국 이단으로 몰려 18세기 중엽에는 소멸하게 되었다.

얀센주의 성직자들의 성사에 대한 엄격주의가 본당 신자들을 성사에서 멀어지게 만든 것은 사실이다. 이들은 신자들에게 매우 엄격한 도덕을 요구하였고, 일부 신자들의 죄 사면을 거부하기도 하였다. 파리분지의 옥세르 교구에서는 드 카이뤼스(De Caylus 1704-1754)주교 시절에 얀센주의 성직자들이 활발하게 사목하였는데, 이들이 사목하던 본당들은 구체제 말기에 가장 세속화된 지역들이 되었고 19세기에 신자들의 미사참여율이 가장 저조한 교구 가운데 하나가 되었다.[26] 1730년대 생메다르 묘지의 얀센주의 신부인 프랑수아 드 파리의 무덤에서 일어난 기적을 분석한 메르(C. Maire)는, 교회 밖에서 경험한 기적이 얀센주의에 대한 민중적 감수성을 자극하였지만 장기적으로는 신자들이 교회로부터 멀어지게 하는 결과를 낳았다고 주장하였다.[27]

하지만 세속화의 원인은 얀센주의의 교리 때문이라기보다는, 오히려 얀센주의와 예수회 사이에 벌어진 치열한 논쟁과 다툼 때문이었다.[28] 얀센주의와 예수회의 치열한 논쟁과 다툼은 신자들을 신앙적 혼란에 빠지게 하였다. 얀

25 이영림, 「프랑스의 얀센주의」, 169쪽.

26 D. Dinet, "Le jansénisme et les origines de la déchristianisation. l'exemple des pays de Yonne", *Du jansénisme a la laïcité* (Paris: MSH, 1987), pp.1-34.

27 C. Maire, *Les convulsionnaires de Saint-Médard, Miracles, convulsions et prophètes à Paris au XVIIIe siècle* (Paris: Gallimard, 1985).

28 이영림, 「프랑스의 얀센주의」, 170쪽; C. Langlois, "Problèmatique de la déchristianisation", *Histoire de la France religieuse*, t.III, pp.178-181.

센주의가 고등법원의 지지를 얻고 예수회를 추방하고 국왕이 이를 승인하는 과정을 지켜보면서, 신자들은 어리둥절할 수밖에 없었다. 또한 얀센주의는 성직자 충원에도 직접적 영향을 미쳤다. 젊은 청년들은 종종 얀센주의에 찬성하든지 반대하든지 얀센주의에 대해 입장을 표명해야하는 성직자의 길을 꺼리게 되었다.[29]

(4)사제성소와 수도성소의 위기

18세기 얀센주의에 대한 논쟁과 계몽주의 철학 등으로 교회 안팎으로 공격을 받은 가톨릭교회는 내부적으로 성직자들의 성소가 감소하고, 수도원의 기강이 해이해 지는 위기에 직면하였다. 1789년 당시 전체 135명의 주교들 가운데는 소수의 부패한 주교들도 있었다. 18세기 재속 성직자들에게 나타난 가장 눈에 띄는 위기는 성소(聖召, vocation)의 위기였다. 대부분 지역에서 사제성소가 감소한 것은 분명한 사실이었다.[30] 1740년대에서 1789년 사이에 전국적으로 재속신부의 성소는 25%가 감소하였다. 예를 들어 도미니크 줄리아(Dominique Julia)의 랑스에 대한 연구에 의하면, 1760년대부터 사제성소가 감소하였는데, 그 이유는 예수회의 결정적인 약화, 얀센주의의 쇠퇴, 중산층에 퍼진 계몽주의의 확산 등이었다.[31]

전반적인 성소의 감소추세에도 불구하고 18세기 초반의 사목 개혁 운동의 열매로 루앙, 랑스, 마양스 등 일부 지역에서는 1780년대에 사제성소가 다시 증가추세로 돌아서기도 하였다.[32] 서부, 로렌, 프랑쉬-콩데, 알프스 산악지대와 중앙고원에서도 사제 성소가 지속되었고, 농촌출신 사제 지망생들이 급증하였다. 디종 교구의 프란체스코회 수사신부들 경우 농촌출신이 1735년 이전

29 Brian et Le Gall, *La vie religieuse*, pp.127.

30 T. Tackett, "L'histoire sociale du clergé diocèsain dans la France du XVIIIe siècle", *Revue d'Histoire Moderne et Contemporaine*, t.27 (1979), pp.198-234.

31 D. Julia, "Le clergé paroissial dans le diocèse de Reims", *R.H.M.C.*, t.13 (1966), pp.195-216.

32 T. Tackett, *La Révolution, L'Eglise, La France* (Paris: Cerf, 1988), pp.260-262.

에 14%였으나, 1735년 이후에는 63%로 급증하였다.[33] 농촌출신 사제지망생의 급증 현상은 트렌토공의회 이전 상황으로의 후퇴를 의미하는 것으로, 농촌출신 사제들은 도시출신들보다 물질적 문화적 변화에 제대로 대응하지 못하는 경향을 보였다.

재속성직자 뿐만 아니라, 수도성직자에게도 위기는 찾아왔다. 18세기의 수도원은 기강이 해이해지고 수도성소도 감소하여, 수사가 10명 미만인 곳도 많았다. 오라토리오 수도회와 성모르 수도회(mauriste)의 경우는 1750년대에 수도성소가 21% 감소하였다.[34] 성모르 수도회의 경우에 1760년과 1789년 사이에 50세 이상인 수사의 비율이 36%에서 44%로 증가한 것은 수도성소의 위기를 잘 보여준다. 1780년 수도성직자 위원회(Commission des Réguliers))는 2,966개의 수도원 중 458개를 폐쇄하고 8개 수도단체를 폐쇄하였다.[35] 혁명초기 상당수의 수도회 특히 베네딕도 수도회, 생제느비에브 수도회(Génovéfains), 도미니크 수도회, 시토 수도회에 속한 수사들과 수녀들이 대거 수도원 문을 나섰다는 사실이 수도원의 쇠퇴를 입증한다.

2) 사회구조적 세속화

18세기 초반까지 교회가 사회에 끼친 영향력은 엄청났다. 교회는 프랑스인들의 시간을 지배하였다. 누구나 태어나자마자 72시간 이내에 영세를 받았고, 결혼식과 장례식은 반드시 교회에서 치러졌다. 신부는 호적대장(결혼, 세례, 장례 대장)을 직접 관리하였다. 그리스도교식 달력은 신자들의 일상생활의 리듬을 통제하였고, 주일과 축일을 의무적으로 지키도록 하였다. 또한 교회는 프랑스인들의 공간을 지배하였다. 어느 도시, 어느 촌락에 가든지 교회,

33 Brian et Le Gall, *La vie religieuse*, p.131.

34 *Ibid.*, p.120.

35 François Lebrun, *Histoire des catholiques* (Paris: Privat, 1980), pp.240-241.

소성당과 수도원은 존재하였다. 프랑스 내에는 적어도 4만 여개의 성당이 존재하였다.

교회는 초등교육과 중등교육을 거의 전적으로 독점하였다. 초등학교 교사들은 종종 교회의 교리교육을 담당하였으며, 본당신부는 초등학교 교사를 선발하는 권한을 가졌고 학교운영을 감독하였다. 1680년 드라살(DeLasalle)이 창립한 그리스도교 학교 형제수도회(Frères des Ecoles chrétiennes)는 가장 우수한 초등교육담당 수도회로서 1789년 당시 116개 도시에 존재하였다. 특히 중등교육은 교회가 직접 운영하였다. 1764년 예수회가 추방당하기 이전까지 260개의 콜레쥬(Collège)와 48,000명의 학생이 있었는데, 전체 260개 가운데 예수회가 104개, 그리스도교 학교 형제수도회가 29개, 오라토리오회가 26개 콜레쥬를 운영하였다. 1789년에는 600여개의 콜레쥬에 75,000명의 학생으로 증가하였다. 자선사업에서도 교회는 중대한 위치를 차지하였다. 16세기 이후 세속정부는 많은 자선단체를 설립하였다. 교회는 인력을 제공하는 한편, 주로 영적인 문제를 담당하였다. 1789년 당시 2,200개의 병원이 존재하였고, 전체 35,000여명의 수녀들 가운데 140개 수도단체에 소속된 14,000명의 수녀가 병원사업에 종사하였다. 교회의 사회적 역할은 혁명 전까지 크게 달라지지 않았다.

전국적으로 부활절 미사 참여가 보편화되었지만, 각 교구마다 자발적인 신앙 활동의 참여에서 부정적인 측면이 나타나고 있었다. 그 대표적인 예로 신도회의 쇠퇴를 들 수 있다. 신도회(信徒會, Confrérie)란 본래 특별한 헌신, 가난한 자의 구제사업, 고통받는 자의 자선사업을 위한 평신도들의 신심단체를 말한다. 17세기에는 신도회는 전국적으로 크게 확산되었고 번성하여 평신도들의 신앙 활동을 주도하였다. 하지만 18세기 후반에 새로운 신도회 창립은 매우 드물었고, 신도의 지부도 감소하였으며 전체 회원 수도 줄어들었다. 18세기 말에 이르러, 신도회의 활동은 크게 위축되어 많은 신도회가 사라졌거나, 세속화하여 특권을 누리는 엘리트들의 친선 모임으로 전락하였다. 아귈롱

(Maurice Agulhon)의 『프로방스 지방의 고행 신도회원과 프리메이슨』에 따르면, 앙시앙 레짐 말기에 신도회의 열정은 사라졌고, 그들의 활동도 세속화하여 고행 신도회(Confrérie de Pénitents)가 아예 마을의 소방서역할을 담당하였으며, 1770년 이후에는 귀족, 부르주아지 등의 엘리트 회원들이 신도회에서 이탈하여 프리메이슨 지부에 대거 가입하였다.[36]

전체적으로 18세기 중반 이후 신도회가 쇠퇴하는 모습을 보인 반면에, 교회는 사회에 대한 주요활동인 교육과 자선사업에서 여전히 중대한 위치를 차지하고 있었으므로, 혁명직전까지 사회구조의 세속화는 뚜렷하게 나타났다고 보기 어렵다.

3) 개인의식의 세속화

개인의식의 세속적 변화는 크게 계몽사상의 확산, 죽음에 대한 태도의 변화, 삶에 대한 태도의 변화들을 통해 살펴볼 수 있다.

(1) 계몽서적의 확산과 종교서적의 감소

18세기에 나타나 그리스도교 교리를 뿌리부터 흔들어 버린 계몽주의는 교회가 싸우기에는 힘겨운 상대였다. 계몽주의 철학이 그리스도교 교리를 비판하고 하나님 자체를 부정하는 데에 직면하여, 가톨릭교회는 자체 방어에 나섰지만 별다른 성공을 거두지 못했다. 앞에서 살펴본 바와 같이, 프랑스인들의 종교관행이나 삶과 죽음에 대한 망탈리테가 주로 1750-1760년대에 들어와 중대한 변화를 겪게 되었다. 1750-1760년대는 계몽철학서적들이 쏟아져 나오고 계몽사상이 급격히 확산되었으며 계몽사상가들도 이전보다 더욱 대범하게 그리스도교를 공격하던 시기였다는 사실을 상기할 필요가 있다. 18세기에

36 Maurice Agulhon, *Pénitents et Francs-Maçons dans l'ancienne France* (Paris, 1968)

일어난 중요한 변화는 문자해독률의 전반적 상승도 있지만, 그보다는 인쇄물의 폭발적 증가와 책을 소유한 독자층의 증가이다.[37] 이후로 이러한 독자들의 수요를 만족시키기 위해 새로운 거래방식도 생겨났다. 구체제 말기에 국민들 사이에 독서열이 상당했던 것으로 보인다. 특히 1750년대에 종교서적은 전체 출간물 가운데 35%를 차지하였으나 1790년대에는 10%로 급감하였다. 이러한 종교서적 출간의 감소는 주로 북부 프랑스의 도시 엘리트층에게 국한되는 현상이지만, 계몽사상의 영향을 잘 보여주는 예라고 할 수 있다.

이러한 독서물의 급격한 증가와 확산이 1780년대 사람들의 망탈리테를 급진적으로 변화시켰을까? 이를 확실히 알기는 어렵다. 물론 책들이 혁명을 만든 것이 아니고 혁명이 책들에게 혁명의 선구라는 의미를 부여했다는 샤르티에의 주장은 어느 정도 설득력을 갖는다.[38] 하지만 1780-1790년대에 구체제에 비판적인 문헌들의 대규모 보급이 절대왕정을 지탱하는 신화들을 침식하였음은 부인할 수 없는 사실이다. 계몽철학이 수많은 엘리트들로 하여금 전통신앙에서 이탈하는 데 기여하였다는 증거들은 수없이 많다. 가톨릭을 '광신(fanatisme)'이라고 비난한 볼테르는 국민들의 폭발적인 인기를 누렸고, 수많은 엘리트들은 가톨릭신앙과는 거리가 먼 세속적인 문학협회나 프리메이슨 단체들에 탐닉하였다. 그리고 혁명당시의 혁명가들은 사회의 세속화를 결정하는 과정에서 계몽철학자들의 사상을 구체적으로 적용하였다.

(2) 죽음에 대한 태도의 변화

계몽사상이 확산되면서, 종교관행에도 계몽사상의 영향이 나타나기 시작하였다. 18세기 동안에 주일미사와 부활절미사 참여의무는 여전히 존중되었지만, 18세기 중반부터 종교관행의 후퇴현상이 나타나기 시작했다. 전통

37 샤르티에, 『문화적 기원』, 111쪽. 1686-90년과 1786-90년 사이에 남성은 29%에서 47%로, 여성은 14%에서 27%로 상승하였다.

38 *Ibid.*,, pp.109-144.

을 존중하면서도 사람들의 마음 깊은 곳에서는 근본적인 변화가 일어나고 있었는데, 가장 중요한 변화는 죽음에 대한 망탈리테(mentalités, 집단심성)의 변화였다. 유언장에 대한 연구는 18세기 프랑스인의 죽음에 대한 관행의 변화를 잘 보여준다. 미셸 보벨(Michel Vovelle)은 남부 프로방스 지방의 8개 세네쇼세(sénéchaussée)의 198개 지역에 보전된 2만 여개의 유언장들 중에서 약 2천 여개(600여명의 공증인이 보관)를 선별해서 분석한 결과, 18세기에 프로방스인들의 죽음에 대한 망탈리테가 점진적으로 세속화하였다고 주장하였다.[39] 전통적인 견해에 따르면 죽음에 대한 태도가 혁명으로 인하여 세속화되었다고 하지만, 보벨은 이미 18세기 전반에 걸쳐 세속화되었고 혁명기에 단지 이 현상이 가속화되었다고 보았다.

유언장에 나타난 연미사(혹은 위령미사) 요구는 곧 자기 영혼의 구원에 관한 관심을 표현한 것이다. 유족들에게 연미사를 요구하는 경향을 분석해보면, 구원에 대한 당사자들의 관심도를 측정해 볼 수 있다. 프로방스 지방의 연미사 요구율을 보면, 1700-1720년대에는 75-80%이던 것이 1720-1760년대에 약 80%로 안정적 상승세를 유지하다가, 1760-1780년대에는 명백한 하강곡선을 그린 것을 볼 수 있다. 유언장당 평균 미사요구를 살펴보면, 1700-1720년대에 평균 400대이던 것이 1710-1740년대에 300대 이하로 하락하였고, 1760-1780년대에는 100대 이하로 급격히 하락하였다.[40] 이러한 현상들을 종합해 보면, 1760년대에 급격한 변화가 나타난 것을 알 수 있다. 사후 세계에 대한 두려움이 사라졌고, 죽음 자체에 대한 종교적 관심도 후퇴하였다.

(3) 삶에 대한 망탈리테의 변화 : 성도덕의 쇠퇴

18세기 프랑스인의 죽음에 대한 망탈리테 뿐만 아니라 삶에 대한 망탈리테

39 Michel Vovelle, *Piété baroque et déchristianisation en Provence au XVIIIe siècle* (Paris: Seuil, 1978).

40 *Ibid.*, pp.122-145.

다시 말해 성도덕도 변화하였다. 대응종교개혁은 육신의 죄에 대한 처벌을 특별히 강조하였고 혼외 성관계와 피임을 신랄하게 비난하고 정죄하였다. 다양한 사료들을 통해 교회가 금지하는 사항들이 어느 정도로 존중되었는지를 분석해 볼 수 있는데, 17세기 말에서 18세기 초반까지는 트렌토공의회 이후 교회에서 주장하는 건전한 성도덕이 유지되었으나, 18세기 중반부터는 가톨릭교리로부터 벗어나 성도덕에서 이탈하는 현상들이 명확하게 나타났다.

18세기 중반 이후에 성도덕의 문란을 나타내는 중요한 첫째 지표는 동거 또는 혼외 임신에 의한 사생아 출생율의 증가이다. 18세기부터는 혼외임신에 의한 비적출 출생아의 증가현상이 나타났다. 둘째 지표는 피임의 증가이다. 자발적 출산제한 다시 말해 피임은 본래 가톨릭교회에서 '오난의 범죄(crime d'Onan)'라 하여 교리상 엄격히 금지하고 있는 것이다.[41] 출생과 사망에 대한 최근의 혁신적인 계량 분석방법들을 통해, 17세기에 일부 계층에서 은밀히 시행되던 피임이 18세기 후반에는 일반 대중에까지 확산되었다는 사실을 알게 되었다. 피임은 농촌지역보다는 도시지역에서 그리고 상인, 수공업자보다는 특권층에서 더욱 확산되었다. 프랑스는 다른 북서유럽 지역들보다 훨씬 먼저 그리고 훨씬 체계적으로 교회도덕과 성행위를 분리시켰다는 점에서, 이러한 이탈의 선구자였으며 진원지였다.[42] 셋째 지표는 혼전 임신의 증가이다. 17세기부터 이미 혼전 임신율이 상승하기 시작하였다. 18세기 후반에는 혼전임신율이 급상승하였다. 이것은 성적 쾌락에 대한 태도의 변화, 부모에 대한 공경의 쇠퇴, 연애결혼의 증가 등을 이유로 들 수 있다. 넷째 지표는 유아 유기의 증가이다. 유아를 갖다 버리는 현상이 18세기에 들어와 특히 도시에서 크게 증가하였다. 들라셀의 연구에 의하면, 1670년에서 1772년 사이에 기아가 점

---

41 피임에 대한 가톨릭의 입장에 대해서는 다음을 참조. J. T. Noonan, *Contraception, a History of its Treatment by the Catholic Theologians and Canonists* (Cambridge, Massachusetts, 1966); Jean-Louis Flandrin, *Le Sexe et l'Occident*, 『성의 역사』(동문선, 1994).

42 샤르티에, 『문화적 기원』, 156쪽.

진적으로 증가하였다.[43] 파리에서는 1700년에서 1790년 사이에 219%의 증가율을 기록하였다. 유아 유기는 주로 가난 그리고 혼외임신과 시골에서 도시로의 이주 때문인 것으로 나타났다.[44] 기아의 수가 정기적으로 증가하는 경향은 곧 불법적인 사생아의 증가와 함께 당대인들의 집단심성의 변화를 입증하는 것이다.

결론적으로 18세기에 비그리스도교화가 일어난 원인은 무엇이었는가? 첫째로 장기 지속적인 시각에서 볼 때 종교에서 정치경제로 전환하였기 때문이다. 미셸 드 세르토(Michel de Certeau)에 따르면, 16세기에서 18세기 사이에 일어난 가장 근본적인 변화는 이제까지 조직의 원리였던 종교가 국가이성과 절대주의의 정치로 대체된 것이다.[45] 18세기 후반의 장기 지속적인 비그리스도교화는 사회 공리성(utilité sociale)과 양심의 계시에만 따르는 새로운 자주적인 윤리에 비추어볼 때 불필요하게 된 종교관행의 고갈의 징후라고 볼 수 있다.

둘째로 계몽주의의 확산을 들 수 있다. 새로운 계시자로서 이성을 신봉하며, 하나님의 개입을 배제한 자연법사상과 무한한 인류의 진보를 신봉하는 계몽사상은 분명히 당대의 가톨릭교회를 침식하였다. 계몽사상은 18세기 가톨릭의 영향력을 쇠퇴시키는 데 중요한 역할을 하였다.

셋째로, 성직자들의 사목활동의 실패를 들 수 있다.[46] 프랑스에서 대응종교개혁은 매우 성공적이어서 영적으로 신도들을 강화시키고, 도덕적으로 엄격한 신앙생활을 할 것을 요구하였다. 사회의 계서제를 유지하고 지나치게 과다한 도덕규범을 준수하도록 하기 위해 '두려움의 종교(Religion de la Peur)'와 '무서운 하나님(Dieu terrible)'만을 지나치게 강조하였다. 이러한 트렌토 공의회의

---

43 C. Delaselle, "Les enfants abandonnés à Paris au XVIIIe siècle", *A.E.S.C.* (janvier-février, 1975), pp.187-218.

44 유아 유기는 유럽 전역에 걸쳐 유사한 원인들로 인해 일어났다. Louise A. Tilly, Rachel G. Fuchs, David I. Kertzer, David L. Ransel, "Child Abandonment in European History: A Symposium", *Journal of Family History*, n.17 (1991), p.10.

45 Michel de Certeau, *L'Ecriture de l'histoire* (Paris: Gallimard, 1975), p.165.

46 Ralph Gibson, *A Social History of French Catholicism, 1789-1914* (London: Routledge, 1989), pp.14-29; Lebrun, *Histoire des catholiques*, pp.239-320.

신앙모델은 대다수의 민중들이 집착하였던 민간신앙에 적대적이었으며, 도덕적 규범을 강조하고, 신부가 모든 종교관행에서 주도권을 갖도록 하였다. 17세기에서 18세기 초반까지도 이러한 가톨릭 종교개혁은 놀라운 성공을 거두었으나, 영적으로 민중과 괴리된 상태에서 오래도록 지속될 수는 없었으므로, 18세기 중반부터 비그리스도교화의 징조들이 나타나게 되었다.

넷째로, 교회의 분열을 들 수 있다. 프로테스탄트의 등장으로 교회의 통일이 깨졌고, 교회 내부에 갈등이 야기되었다. 특히 얀센주의로 인한 비그리스도교화의 이중적인 효과를 들 수 있다. 성례에 대한 얀센주의 신부들의 엄격주의는 냉담한 평신도들이 교회로부터 멀어지는 전환점을 마련하였다. 또한 얀센주의와 예수회간의 치열한 교리논쟁은 정치투쟁(얀센주의편인 고등법원과 예수회편인 국왕)으로 발전하여 성직자의 권위를 손상시켰고 또한 평신도들의 교리에 대한 확신을 흔들리게 하였다.

다섯째로, 농촌인구의 이농현상으로 교회조직의 기본단위인 본당(paroisse)이 평신도를 통제하는 기능이 약화된 것을 들 수 있다.[47] 18세기 중반부터 인구의 이동이 빈번해짐에 따라, 농촌 인구가 직업과 먹을 것을 찾아 도시로 대거 이동하였다. 대도시로 이주한 이농민은 예전의 농촌 본당에서의 인간관계로부터 소원해져 전통사회 구조 틀에서 벗어남으로써 신앙에서 쉽게 이탈하였다.

요약하자면, 18세기 프랑스 교회의 역사에는 상승곡선과 하강곡선의 2개의 교차된 경향이 나타났다. 한편으로 복음의 메세지를 더욱 잘 이해하고 이에 충실한 성직자들이 증가하는 질적인 상승곡선과 다른 한편으로 시대의 변화에 따라 나타난 타협주의로 인한 양적인 감소곡선이다. 하지만 18세기 프랑스인들의 마음 깊은 곳을 파헤쳐 들어가 이들의 삶과 죽음에 대한 망탈리테를 살펴보면, 18세기를 주도한 것은 양적인 감소곡선 즉 종교관행의 전반적

47 샤르티에, 『문화적 기원』, 162쪽.

후퇴현상이라는 사실을 확인하게 된다.

결론적으로, 외견상 제도 교회는 절대적 권위를 유지하고 있었고 사회의 모든 영역에서 교회는 막강한 영향력을 행사하고 있어서 교회제도의 세속화와 사회구조의 세속화는 크게 나타나지 않았지만, 개인의식의 세속화는 이미 18세기 중엽부터 두드러지게 나타나고 있었다. 1750년대에 이르면 프랑스인들은 교회의 가르침으로부터 이탈하여 새로운 계몽주의의 가치관을 받아들이고 있었다. 앞으로 다가올 프랑스 혁명은 신앙과 타협주의를 엄격하게 분리하는 도랑을 파헤칠 것이었다. 많은 신부들이 혁명기간에 사제직을 사임하고, 많은 평신도들이 그리스도교신앙에서 이탈하였다. 들뤼모가 지적했듯이, 혁명의 시련을 겪으면서 "가톨릭교회는 양적으로는 감소하였으나, 질적으로는 오히려 순화되었다."[48]

3. 1791년 성직자민사기본법의 선서

프랑스혁명이 일어났을 때 종교 영역에서는 어떤 일들이 일어났을까? 1789년 8월 26일에 제헌의회는 '인간과 시민의 권리 선언'을 공포하고 종교의 자유를 선포한 직후, 가톨릭교회의 재조직에 착수하였다. 1789년 프랑스 혁명 직후에 제헌국민의회가 실현한 가톨릭교회에 대한 개혁은 실로 엄청난 것이었다. 이 시기 개인의식의 차원은 사료와 연구의 부족으로 현재로서는 분석하기 어려운 만큼, 주로 교회제도와 사회구조의 세속화를 중심으로 살펴보도록 하겠다.

48 Jean Delumeau, *Le Catholicisme entre Luther et Voltaire* (Paris: PUF, 1971), p.318.

1) 교회제도의 세속화 : 성직자민사기본법

혁명이 시작되었을 때, 성직자들 대다수도 중대한 교회 개혁의 필요성을 분명하게 인식하고 있었다. 1789년 6월 20일 쥐드폼 선서 이후에 많은 주임 신부들은 신분제를 철폐하고 자신의 재정적 특혜를 철회하며, 교회도 세금을 내는 등의 혁명적인 개혁안에 동의하였다. 절대왕정에서는 국가와 교회의 각 영역이 서로 뒤엉켜 있었던 만큼, 혁명의 행정개혁 과정에서 교회개혁은 필연적으로 야기될 수밖에 없었다. 대부분이 가톨릭 신자였던 제헌의원들도 교회가 개혁되어야 한다고 생각했다.

8월 4일 밤에 십일조를 폐지함으로써 사제들의 급료가 영향을 받게 되었다. 신분제가 폐지되면서 기존의 사제신분은 사라지게 되었으며, 인권선언이 추구하던 개인의 해방은 종국에 수도원의 종신서원을 금지시키도록 하였다. 법령에 따라 2월부터 수도원에 남고자하는 수사들은 각 도별로 새롭게 재편되었다. 파리의 경우에 1790년 중반에 943명의 수사 가운데 451명이 수도원을 떠났다.

(1) 성직자민사기본법의 제정과 충성선서의 부과

8월 6일에 봉건제 폐지를 결정한 후에 제헌의회는 재정문제를 해결하기 위해서 교회재산의 국유화를 결의하였다. 교회재산의 국유화는 교회를 어떻게 재조직하느냐하는 문제를 야기하였다. 제헌의회는 이 문제가 시급하다고 보고, 1790년 4월 21일에 교회문제위원회(Comité Ecclésiastique)의 마르티노(Martineau)의원이 제출한 교회 재조직을 위한 법안을 놓고 의회에서 열띤 토론을 벌였다.[49] 법의 내용과 위에서 살펴본 논쟁들을 종합해 볼 때, 성직자민사기본법은 구체제에서 교회가 직면했던 문제들, 다시 말해 고위성직자와 하급

49 양희영, 「프랑스 혁명기 성직자의 입헌선서에 대한 고찰」, 『서양사연구』 17집(1995), 43-90쪽.

성직자의 심각한 경제적 불균등, 귀족의 고위 성직 독점, 교회 내에서의 주교의 전제정치들을 개혁하는 데 비교적 적합한 조처로 볼 수 있다. 1790년 7월 22일 루이16세는 민사기본법을 승인한다고 제헌의회에 통고하였다. 민사기본법에 대한 교황청의 공식적인 대응은 매우 지체되어 교회의 비난은 1791년 3월 10일에서야 공표되었다. 혁명의회의 압력을 받은 루이16세는 8월 24일 민사기본법을 공표했다.

1790년 11월 27일 제헌의회는 민사기본법에 대한 견해차를 확인하는 격렬한 논쟁 끝에 모든 공무원 성직자들에게 "맡겨진 소교구의 신도들을 정성껏 돌보고 국민과 법과 왕에게 충성하며 제헌의회가 제정하고 왕이 승인한 (민사기본)법을 온 힘을 다해 준수할 것을 선서"하도록 요구하는 법령을 의결하였다. 민사기본법에 의해 공무원으로 대우받게 된 성직자들은 선서를 통해 새로운 시민헌장을 찬성하든 혹은 반대하든 분명한 선택을 하도록 강요당했다. 이제 프랑스 교회는 교황에게 충성하고 시민헌장을 거부하는 신부들, 다시 말해 거부파(réfractaires)사제와 시민헌장을 수락하고 선서한 신부들, 즉 선서파(assermentés)사제로 분열되었다.

로마로부터 대답을 듣지 못한 채 왕은 12월 26일 선서에 관한 법령을 승인하였다. 먼저 의회에서 선서가 시작되었다. 12월 27일 장차 입헌교회의 지도자가 되는 앙베르메닐(Embermesnil)의 주임사제 그레구와르를 시작으로 성직자 대표의 약 1/3이 선서하였다. 가장 지연된 지역에서도 선서의 첫 의식은 1월이나 2월 초에 진행되었다. 성직자민사기본법에 대한 충성선서의 요구는 결국 교회뿐만 아니라 프랑스 전체를 이분시키게 되었다. 태킷의 통계에 따르면 1791년 봄에서 여름까지 재속 성직자의 52-55%가 선서했으며 그들은 적어도 1792년 가을까지 최초의 결정을 굳건하게 유지하였다.[50]

50 Timothy Tackett, *Religion, Revolution and Regional Culture in Eighteenth-Century France-The Ecclesiastical oath of 1791* (Princeton University Press, 1986), Chapter 2 참조.

보벨은 1791년 성직자들의 선서율 분포(지도1)가 비그리스도교화의 강도에 대한 지도(지도2) 그리고 20세기의 종교관행(지도3) 및 정치 선거결과나 정당가입에서 나타나는 정치성향 분포도와 매우 흡사하다는 점을 강조한 바 있다.[51] 선서의 위기는 지역별 문화적 특색과 행동양식들을 더욱 두드러지게 만들었다. 선서는 19-20세기의 종교의 지역별 유형에 중대한 영향을 미친 것으로 보인다. 요컨대 1791년 선서의 위기는 수많은 사람들에게 "새로운 구조를 확립시킨 역사적 사건"으로 20세기 프랑스 세속화현상의 중요한 원인이라고 해석할 수 있다.[52]

성직자민사기본법의 적용과 선서 요구가 야기한 상황은 아무도 예상치 못했을 뿐만 아니라 폭발적이었다. 혁명정부와 친밀하게 협력하는 교회 대신에, 서로가 정통성을 주장하며 분열로 인한 모든 악을 서로의 책임으로 돌리는 두 개의 교회로 분열되었다. 1791년 내내 선서파 교회와 거부파 교회의 갈등은 끊임없이 발생하였고 악화되었다. 루이16세는 선서파 사제가 내미는 성체를 거부하였다. 4월 18일에 생클루(Saint-Cloud)에서 거부파 사제가 집전하기로 예정되었던 부활절 미사에 국왕이 참가하는 것은 군중의 방해로 무산되었다.

1791년 8월부터 제헌의회에서는 일부 급진적 의원들이 혁명의 적과 동화된 거부파 사제들에 대한 억압조처를 취할 것을 주장하였다. 전쟁이 발발한 후에 패전을 거듭하자, 입법의회는 1792년 5월 27일에 새로운 법령을 반포하였다. 이 법령으로 20명의 능동적 시민(citoyens actifs)이 반공민적(incivisme)이라고 고발하면 거부파 사제는 재판 없이 추방당할 수 있게 되었다.

1791년 가을부터 선서파 교회와 거부파 교회 사이에는 더 이상 치유할 수 없는 단절이 발생하였다. 이제 거부파 사제들은 폭동의 혐의자로 취급받게 되었고, 반혁명파 진영으로 내몰리게 되었다. 어려움은 계속 증가하였다. 거

---

51 Michel Vovelle, "Du serment constitutionnel a l'ex-voto peint: un exemple d'histoire régressive", in *Histoire de la France religieuse*, t.III (Paris: Seuil, 1991), pp.208-234

52 Tackett, *Religion and Revolution*, p.300.

부파 사제가 대다수였던 지역은 곧 혁명정부에 반대하는 반혁명지역으로 변해 갔다. 성직자의 선서는 이전부터 존재했던 지역의 뿌리 깊은 갈등을 드러내는 기회가 되었고, 종교는 이제 혁명파와 반혁명파가 대결하는 중요한 전쟁터가 되었다.

1791년 11월 29일의 거부파 사제에 대한 억압 법령을 위한 의회 토론과정에서, 강소네(Gensonné)는 가톨릭교회에서 관리했던 호적대장(세례, 결혼, 장례대장을 말함)을 민간 행정부로 이관시키고, 아직도 남아있는 수도원들을 폐쇄시키고, 성직자민사기본법을 개정할 것을 제안하였다. 이미 여러 도에서 거부파 사제들에 대한 적대적 조처들을 취하였다.

1792년 8월 10일 왕정의 몰락은 혁명기 종교사에서 결정적 계기가 되었다. 이제 입법의회와 파리 코뮌, 그리고 행정부의 임시 행정 참사회의 세 주체가 종교 영역에 관한 일련의 조처들을 취하였다. 이들은 매우 빠르게 행정조처들을 결정하였고, 곧바로 적용하였다. 1792년 8월 10일 이후부터 입법의회는 상퀼로트가 주도하는 파리 코뮌의 압력을 받아 반교권적인 조처들을 취하였다. 8월 10일에 의회는 거부파 사제의 감금과 유형에 관한 1792년 5월 27일의 법령을 시행할 것을 결정하였고, 8월 26일에 거부파 사제에게 15일 이내에 출국할 것과 그렇지 못할 경우에는 유형에 처할 것임을 공표하였다. 8월 16일에 코뮌은 야외 종교행사와 야외 예배를 금지시켰다. 8월 18일 의회는 그때까지 잔존하던 수도회와 신도회의 해산을 명령하였다. 8월 26일의 법령에 따라 거부파 사제들은 2주 내로 프랑스를 떠나지 않으면 유형에 처하게 되었고, 60세 이상이거나 불구인 사제들은 감금될 것이었다. 이 법령으로 말미암아 적어도 3만 명의 신부들이 망명길에 올랐다.[53]

1793년 10월 20일과 21일(혁명력 2년 방데미에르 29일과 30일)의 법령에서는, 모든

53 Michel Vovelle, "La politique religieuse de la Révolution française", in *Histoire de la France religieuse*, t.III (Paris: Seuil, 1991), p.99.

거부파 사제들은 군사위원회의 재판에 회부되어 두 명의 증인의 증언에 따라 24시간 내에 사형에 처할 수 있다고 결정하였다. 1793년에 시작된 비그리스도교화의 전야에, 사제들은 반혁명의 협의자로 간주되었다. 거부파 사제는 이제 반혁명파 귀족과 동일시되었다. 거부파 사제들이 새로운 선서파 교회와 단절되었을 뿐만 아니라, 반혁명파의 분포도와 거부파 사제의 분포도가 일치하고 있었기 때문이다. 거부파가 대다수였던 서부는 반혁명 반란의 중심지였고, 중앙고원, 북부, 알자스 지방도 마찬가지였다.

그러나 반혁명 반란에서 종교적 요인이 결정적이었다고 주장하는 것은 무리가 따른다. 실제로 반혁명 반란이 일어나게 된 요인은 사회경제적 상황, 도시 부르주아지에 대한 적개심, 식량문제 등으로 매우 복합적이다. 그러나 종교는 사태를 악화시키는 촉매제 역할을 하였다는 점은 분명하다.

거부파 사제들은 반혁명파와 연루된 것으로 인식되어 의심과 증오의 대상이 되었다. 더욱이 1793년 말이 되면 선서파 사제들도 더 이상 안전하지 못했다. 이미 1792년부터 전개된 반교권적 조치들로 인해 타격을 입은 선서파 사제들은 이제 곧 비그리스도교화의 파도에 휩쓸리게 되었다. 1791년의 선서는 교회구조의 토대를 흔들었고, 교회제도의 급격한 세속화를 가져왔다.

2) 사회구조의 세속화

사회구조 세속화의 첫 번째 지표는 출생, 결혼, 사망 형식의 세속화이다. 1792년 9월 20일에 입법의회는 지금까지 교회가 관리해오던 호적대장(세례, 결혼, 장례대장)을 세속 행정부로 넘겼고, 이제 결혼은 더 이상 거룩한 성사가 아니라 단순한 민사계약으로 여겨짐에 따라 이혼도 허용되었다. 이러한 호적대장의 세속화는 교회입장에서는 교회성사와 관련된 교회 고유의 영적 영역을 침범하는 조처이며, 또한 교회와 국가의 분리를 향한 시발점이 되는 조처였다. 이 개혁은 거부파 사제와 선서파 사제 모두에게 타격을 주었고, 더욱이 이혼이 용인됨에 따라 혁명정부와 선서파 사제의 결렬이 가시화되기 시작했다. 8월 26일의 법령은 거부파 사제를 대상으로 하였지만, 다른 반교권적 조처들은 선서파 사제도 대상으로 하였다. 이제 더 이상 거부파 사제와 선서파 사제를 구분하는 것이 쉽지 않게 되었다.

사회구조의 세속화를 알아볼 수 있는 두 번째 지표는 축제의 세속화이다. 1792-1793년에 축제 형식에서도 커다란 변화가 나타났다.[54] 1790년과 91년에 종교행사 때마다 수반되었던 축제는 점차적으로 세속화되었다. 1792년 파리 코뮌은 성체침례(Fête-Dieu) 행렬에 더 이상 공식행사가 없으며 집집마다 치장하던 의무조항도 폐지할 것을 결정하였다. 이러한 축제의 세속화는 파리에서 시작하였고, 지방마다 다양하게 받아들였다. 북부의 콩피엔느(Compiègne)에서 1792년과 1793년 초의 축제들은 사제들의 참여 없이 진행되었다. 남부의 프로방스(Provence)에서는 1790년과 1791년에는 미사 후에 종종 축제가 열렸으나 1792년부터는 축제의 빈도가 1/5로 대폭 감소하였고, 1793년 여름에 열린 축제들은 연방파를 기념하였다. 1793년에 대다수의 축제들은 세속화되었다.

4. 혁명력 2년의 비그리스도교화

혁명력 2년의 비그리스도교화는 몇몇 파견의원이 주도하여 지방에서 먼저 시작되었다.[55] 1793년 9월 21일에 파견의원 푸셰(Fouché)는 네베르(Never)도의 대성당에서 부뤼투스의 흉상제막식을 주재하였고, 10월 10일에는 교회 밖의 모든 종교예식을 금지하고 장례식과 묘지를 세속화시키고, 묘지의 입구에는 "죽음은 영원한 수면이다"라는 내용의 비문을 세우도록 명령하였다. 몇몇 파

54 Cousin, Cubells, Mooulinas, *La pique et la croix*, pp.141-158.

55 *Ibid.*, pp.161-166.

견의원들은 성직자들의 결혼을 장려하기도 하였다. 1793년 11월 6일에 코르베이유 근처의 메네시 코뮌의 한 위원은 가톨릭 미사를 포기한다고 선언하고 본당 성당을 폐쇄할 것을 요구했으며, 국민공회의 로비에서 반종교적 가장행렬을 주최했다. 11월 6일 국민공회가 각 코뮌마다 가톨릭미사를 포기할 권리를 갖는다고 선언하면서, 비그리스도교화 운동은 급속도로 진전되었다. 11월 10일에 쇼메트는 파리 노트르담성당에서 자유의 축제를 거행하였다.

며칠 사이에 비그리스도교화 운동의 물결이 파리의 전 지역을 휩쓸었다. 11월 23일에 파리 코뮌은 교회의 폐쇄를 결정하였고, 11월 25일 파리의 모든 교회는 이성의 신전으로 축성되었다. 이러한 현상은 이제 전국적으로 퍼져나갔다. 1794년 봄에 이르러 전국적으로 폐쇄되지 않은 교회는 찾아보기 힘들었다. 이제 가톨릭은 타도의 대상이 되었다. 가톨릭교회를 파괴하고 새로운 혁명적 가치관으로 대체하려는 이 현상을 '혁명력 2년의 비그리스도교화(Déchristianisation de l'an II)' 운동이라고 부른다. 선서로부터 시작된 교회제도의 세속화는 비그리스도교화로 급속히 진전되었으며, 사회구조와 개인의식에서도 중대한 변화가 나타났다.

1) 교회제도의 세속화

혁명력 2년의 비그리스도교화는 성직자와 교회재산을 직접적으로 파괴함으로써, 교회와 교회제도를 세속화하는 데에 결정적으로 기여하였다. 혁명정부는 사제들로 하여금 사제직을 포기하게 하고, 결혼을 장려하였으며, 모든 성당을 폐쇄하고 미사집전을 금지하였으며 성당의 종과 성물들을 수거하여 전쟁물자로 사용하였다.

(1) 사제직 포기

파괴적 비그리스도교화 운동 가운데 가장 극적인 현상은 바로 사제들의 대대적인 사제직 포기(abdication de prêtrise)이다. 보벨은 이미 프랑스 남동부지방의 21개 도를 대상으로 한 연구를 통해서 "신부의 사제직 포기는 혁명력 2년의 비그리스도교화 운동에서 가장 중요한 현상"이라고 강조한 바 있다.[56] 특히 본당신부들이 가장 대대적으로 사제직을 포기하였다. 보벨은 최근 분석을 통해 사제직을 포기한 신부들의 숫자를 18,500명에서 20,000명 정도로 추산하였다.[57] 1791년의 성직자 정원 약 13,000명과 비교하면 약 15%밖에 되지 않지만, 1793년의 성직자정원 약 30,000명과 비교하면 거의 2/3에 달하게 된다. 포기신부의 절반 이상(50-57%)이 1791년 선서에 서약한 선서파 신부이다. 주임신부들이 63%, 보좌신부가 10%,수사들이 5%정도이다. 전국적으로 특히 선서파 신부들이 많은 지역에서 대거 신부직을 사임하였다.

(2) 사제들의 결혼

혁명기 신부들의 결혼은 혁명력 2년의 비그리스도교화보다 훨씬 이전인 1790년부터 이미 몇몇 신부에 의해서 시작되었다.[58] 물론 1793-94년에 결혼이 절정에 이른 것이 사실이다. 그러나 총재정부시기 뿐만 아니라 정교협약 이후에도 신부들의 결혼이 여전히 발견된다. 보벨에 따르면, 대략 도 평균 35건의 결혼이 있었으며, 파리가 132명으로 가장 많았고, 센에와즈도가 85명, 와즈도가 110명이었다. 결혼한 신부의 분포도는 비그리스도교화의 강도를 표시한 분포도와 상당부분 일치한다. 다시 말하면 대체적으로 파리분지와 같이 비그리스도교화가 활발히 일어났던 지역에서 신부들의 결혼도 많았다.

상당수의 신부들에게 결혼은 분명히 비그리스도교화의 측면을 보여준다. 비그리스도교화는 극히 일부에서 이뤄졌던 신부들의 결혼에 새로운 추진력이 되었다. 이제 결혼은 시민으로서의 안전을 보장하는 확실한 상징이 되었

56 Michel Vovelle, *Religion et Révolution: la dechristianisation de l'an II* (Paris: Hachette,1976), p.20.

57 Michel Vovelle, *La revolution contre l'Eglise* (Paris: Editions Complexe,1988), pp.103-104.

58 *Ibid.*, pp.133-154.

고, 사제직 사임과 더불어 세속 시민사회의 적응을 나타내는 증거가 되었다. 다시 말해 비그리스도교화 운동이 신부의 결혼을 일반화시키는 데 결정적인 역할을 하였다.

(3) 신부들의 체포

비그리스도교화 운동 기간을 거치면서 많은 신부들이 반혁명분자로 체포되거나 학살당했다. 도날드 그리어(Donald Greer)에 따르면, 혁명재판소와 인민위원회에서 처형당하였고 신원이 알려진 14,000여명 가운데 920명 즉 6.5%가 성직자였다.[59] 이 숫자는 1789년 인구 가운데 성직자가 1%가 채 안되는 것을 감안하면 상당한 피해이다. 총재정부시기에 억압으로 인한 피해자까지 포함한다면, 적어도 2,000에서 3,000여명의 성직자(성직자 전체의 2%)가 처형당했다.

혁명력 2년의 폭풍을 거치면서 성직자의 상황은 근본적으로 변하였다. 1791년 당시 1,087명이 있던 센에와즈도에서 혁명기간에 666명이 사제직을 포기하고 185명이 결혼하고 143명이 체포되었다. 다른 신부들은 모두 이 지역을 떠나거나 지하로 숨었다. 하루하루 위협과 불안에 시달리던 당대의 성직자의 모습을 그려볼 수 있다. 이로써 교회의 살아있는 몸인 신부들의 다수가 무력화되었다. 교회에 대한 공격은 성직자에만 그친 것이 아니다. 교회재산에 대한 공격도 병행되었다.

(4) 혁명적 문화재 파괴주의(Vandalisme)[60]

교회재산에 대한 공격은 성당폐쇄로부터 시작되었다. 성당폐쇄와 미사금지는 앙시앙 레짐 전통의 상징인 그리스도교를 파괴시키고자 하는 의지의 논

59 Donald Greer, *The incidence of the Terror during the French Revolution-A Statistical interpretation* (Cambridge, 1935).

60 문화재파괴주의(Vandalisme)는 그레구와르신부(Grégoire)가 성당파괴, 성상이나 성인 유물 등의 교회재산파괴를 두고 지칭한 용어이다. A. Vidler, "Grégoire, Lenoir et les mouvements parlants", La *Carmagnole des Muses* (Paris, 1988), pp.131-155를 참조.

리적 귀결이었다. 파리 코뮌(Commune de Paris)이 1793년 11월 23일에 파리의 모든 성당폐쇄를 지시한 것을 시작으로, 전국적으로 코뮌들은 전통과의 완전한 단절의 시기에 "광신주의"에 대항하는 그들의 결단을 나타내기 위해 재빨리 성당들을 폐쇄하였다. 이리하여 전국의 40,000여개의 교회가 문을 닫았고, 센에와즈도에서도 1794년 봄까지 대부분의 성당이 폐쇄되었다. 또한 혁명정부는 전쟁무기제조를 위해 교회 종과 성물을 직접 수거해갔다. 보벨에 의하면 "종 수거와 성물(聖物)수거는 마을에서 가장 직접적으로 확인하고 체험한 비그리스도교화 형태"라고 강조한 바 있다.[61]

파괴적 운동은 전국적으로 거의 모든 그리스도교 제도의 근본을 파괴하였다. 그러나 비그리스도교화 운동 주동자들에게 이러한 파괴적 운동은 단지 필요한 초기 단계에 불과하였다. 이것은 혁명에 처한 민중의 집단심성이 근본적으로 변하고 있음을 표출하는 현상이다. 비그리스도교화 운동에 가장 활발히 참여한 파견의원이나 민중협회 회원들은 "민중이 재빨리 모든 사슬에서 해방되었음"을 강조하면서 이로 인한 심성의 빈 공간을 새로운 형태로 채워 넣을 필요가 있음을 공감하고 있었다. 그리하여 종교에 대한 억압과 함께 애국적, 세속적, 공화주의적인 가치관으로의 대체과정이 조직되었다.

2) 사회구조의 세속화 : 건설적 비그리스도교화

혁명력 2년의 파괴적 비그리스도교화 운동은 가톨릭교회의 근본을 뒤흔들어 성직자와 교회제도의 급진적 세속화를 가져왔다. 이와 더불어 모든 것을 공화국 가치관에 입각한 가치들로 대체하는 건설적인 비그리스도교화 운동이 일어났다. 새로운 혁명적 가치관에 따른 혁명이름과 혁명 지명의 보급, 혁명달력 채택을 통하여 사회구조를 세속화하는 작업들이 진행되었다.

---

61 Vovelle, *La Révolution contre l'Eglise*, p.82

먼저 가족 차원에서 혁명이름(prénom révolutionnaire)이 보급되었다. 1792년 9월 이후부터 본격적으로 신생아들에게 그때까지의 그리스도교식 이름 대신에 혁명이름을 부모들이 자발적으로 부여했다. 이러한 신생아 이름의 세속화는 주로 혁명력 2년에 집중적으로 나타났다. 혁명력 2년에 본격적으로 가속화되었다가 혁명력 3년에는 대폭 감소한다. 혁명이름은 3가지의 형태로 분류할 수 있다. Paul이나 Marat처럼 소속이 분명한 이름들도 있고 Catherine Michel, Jean Baptiste Michel Unité 등의 그리스도교 이름과 혁명이름이 절충된 혼합형 이름들도 있고, 또한 Rose, Julienne, Victoire처럼 기원이 그리스도교와 혁명 양쪽 모두에서 판단하기 어려운 이름들도 있다.

코뮌 차원에서는 전국적으로 구체제, 봉건제, 왕정을 연상시키는 앙시앙 레짐의 코뮌 이름들이 혁명이념에 관련된 지명으로 바뀌었다. 이러한 코뮌 이름의 변화는 건설적 비그리스도교화운동 중에서 가장 과감한 조처로 볼 수 있다. 앙시앙 레짐의 지명들을 바꾸는 것은 무엇보다 자발적인 반응이었다. 전국적으로는 8% 정도가 마을 이름을 바꾸었다. 센에와즈도에서는 694개 코뮌 중에서 70개(10%)가 이름을 바꾸었다.[62]

국가차원에서는 그리스도교력 대신이 혁명력이 채택되었다. 1793년 10월 5일에 국민공회는 1792년 9월 22일을 공화국의 기원으로 하는 혁명력(革命曆, calendrier révolutionnaire)을 사용하자는 롬(Romme) 의원의 제안을 채택하였다. 1년은 30일의 12달로 구분하고 매달은 3순으로 나누고, 남는 5일 혹은 6일은 상퀼로티드(sans-culottides)라 부르는 연휴로 만들었다. 이리하여 일요일 대신에 순일(décadi)이 차지하였고, 순일축제가 종교예식과 경쟁하게 되었다. 그리스도교 달력을 폐지하고, 시간과 공간을 재구성하여 일상생활의 기본 틀을 바꾸고자 하였다는 점에서, 올라르(Alphonse Aulard)는 혁명의 가장 비그리스도교

62 *Débaptisations révolutionnaires des communes*:1790-1795, *Seine, Seine-et-Oise, Seine-et-Marne* (Paris: Maison Jeanne, 1896).

적 조치라고 평가한 바 있다. 그러나 9일 일하고 1일만 쉬는 혁명력은 민중들에게 잘 지켜지지 않아 행정차원에 머무르고 말았고, 1806년 1월 1일에 폐지되었다.

결론적으로 사회구조 전반에 걸쳐서 세속화가 이루어졌다고 볼 수 있지만 이러한 현상이 혁명이 안정화되면서 끝이 났다는 점으로 볼 때, 제한적인 세속화였다고 하겠다.

3) 개인의식의 세속화 : 혁명종교와 혁명축제

이 시기에 개인 의식의 세속화는 주로 혁명종교와 혁명축제를 통해 확인할 수 있다. 파괴된 그리스도교의 대체물로 나타난 새로운 혁명종교는 철저히 세속화되었지만 분명히 종교적인 측면을 지니고 있었다. 혁명종교와 혁명축제는 혁명적 가치관을 시민들에게 주입하고자 노력한 대표적인 예라고 볼 수 있다. 대표적인 혁명종교로는 '이성숭배교(Culte de la Raison)'와 '최고존재 숭배교(最高存在 崇拜, Culte de l'Etre Suprême)'를 들 수 있다.

먼저 계몽주의의 상징인 이성을 숭배하는 이성숭배교가 브뤼메르 20일(1793년 11월 10일)에 파리의 노트르담 성당에서 거행되었고, 곧 전국적으로 확산되었다. 혁명력 2년 프리메르 10일에 코르베이유에서 열린 이성숭배 축제는 파리에서 브뤼메르 20일에 있었던 이성숭배 축제를 그대로 모방하였다. 대부분의 성당은 이성숭배 교당으로 대체되었고 이 성당에서 이성을 찬양하는 강론과 혁명정부의 법률 설명이 있었다. 이성숭배교는 그리스도교에 대한 거부에 기초할 뿐 그 기반이 불확실한 종교였다.

최고존재 숭배는 혁명력 2년 플로레알 18일(1794년 5월 7일)에 로베스피에르에 의해 주창되었다.[63] 이는 부르주아 합리주의자들에 의해 창시된 국가종교로

63 A. Mathiez, *Robespierre et le culte de l'Etre-Suprême* (Le Puy, 1904).

서 민중의 심성과는 전혀 부합되지 않는 혁명종교였다. 이 새로운 종교에 민중은 참가하였으나 열의가 없었고 축제는 어디서나 같은 방식으로 치러졌다. 최고 존재 숭배 축제는 신부로 가장한 인물들의 가장행렬, '광신주의'의 집행자인 가톨릭 신부들을 고발하는 모의재판, '광신주의의 잡동사니'의 화형식의 순서로 진행되었다. 반교권적인 측면이 매우 중요하였지만, 매우 오래된 전통적 축제분위기도 발견되었다.

그러나 민중 심성에 부합되는 더욱 자발적인 종교형태는 바로 마라(Marat), 르펠르티에(Le Peletier), 샬리에(Chalier)로 구성된 혁명 삼위일체를 숭배하는 자유의 순교자 숭배(Culte des martyrs de la Liberté), 또는 파토드 혁명성녀(Sainte Pataude)등의 혁명성인 숭배를 들 수 있다. 자유의 순교자 숭배는 혁명정부의 명령에 따라 이루어진 것이 아니었다. 1793년 여름부터 자발적으로 이루어진 혁명 순교자 숭배는 다른 혁명종교와 달리 오랫동안 지속되었지만, 1794년 봄 이후로 살아있는 혁명영웅에 대한 열광으로 점차 바뀌어 갔다. 하지만 이러한 혁명종교들은 테르미도르 반동 이후에 곧 시들해졌고 점차 소멸하였다.

혁명축제는 종종 혁명종교와 함께 치러졌다. 일례로 이성 숭배와 최고 존재 숭배와 같은 혁명종교가 혁명영웅을 기념하는 기념축제, 혹은 전쟁승리를 경축하는 축제 등과 융합되어 치러졌다. 혁명기 프랑스인들은 축제라는 경험을 함께 체험하면서 통합과 일체감을 느끼고, 그 안에 담긴 상징을 자기 것으로 만드는 과정에서 자신들의 정체성을 재구성해나갔다. 그런 점에서 혁명축제는 프랑스 혁명문화의 형성을 보여주는 가장 좋은 예라고 볼 수 있다. 혁명가들은 혁명축제를 민중에게 혁명을 가르치는 교육의 장으로 이용했고, 이를 위해 축제의 조직화와 체계화에 노력했다. 그러나 혁명축제 조직가들의 노력의 결과는 그다지 성공적이지 못했다.

그렇다면 혁명종교와 혁명축제가 민중에게 큰 인기를 끌지 못하고 실패한 이유는 무엇이었을까? 첫째, 혁명종교와 축제는 단지 그리스도교의 본질을 내부적으로 유지하면서 혁명가치만을 대체시킨 그리스도교의 이식에 불과했기 때문이다.[64] 둘째, 혁명종교들은 너무나 짧은 시간에 시작하여 끝이 났고 확실한 종교적 강령이 부족하였기 때문이다.[65]

비그리스도교화는 왜 일어났을까? 민중을 옹호하는 역사가들은 비그리스도교화가 상퀼로트의 저변에 깔린 집단심성과 합치하는 운동이라고 주장하였다. 비그리스도교화는 민중의 입장에서는 '광신주의(fanatisme)' 다시 말해 앙시앙 레짐의 그리스도교적 질서 개념을 철저히 척결하는 것이다. 이런 점에서 당대 사람들은 혁명력 2년의 비그리스도교화를 종종 '탈광신주의(脫狂信主義, défanatisation)'라고 불렀던 것이다. 가톨릭 사가인 르플롱에 의하면 농촌처럼 도시의 민중계급 가운데에서도 확실한 반교권주의(anti-cléricalisme)가 존재했다.[66] 그래서 종교를 제거하는 것은 곧 구체제의 그리스도교 교리에 의한 민중 억압을 제거하는 것을 뜻했다. 따라서 비그리스도교화는 구체제의 상징인 그리스도교를 파괴함으로써 혁명의 업적들을 보장받고 구체제로 돌아갈 수 없는 전환점을 마련하고자 한 세속화 운동이었다고 하겠다.

그러나 비그리스도교화는 그리스도교의 백지화를 꾀하려 했던 만큼, 스스로의 한계를 지니고 있었다. 무엇보다 비그리스도교화는 저항을 야기했는데, 당시의 특별한 상황으로 인해 저항의 실제 모습을 알아내기가 쉽지 않다. 그 성격상 공식사료들이 드문 저항운동은 파견의원들이 국민공회에 올린 보고서를 통해서 부분적으로 밝혀지고 있다. 대체적으로 저항지역은 사제들이 민사기본법을 대거 거부했던 지역에서 발견되었다. 저항의 형태는 주로 반종교적 모임이나, 자유의 나무를 뽑거나, 자유의 상징물을 파괴하는 행위들이다.

---

64 Jean Jaurès, *Histoire socialiste de la Révolution française*, t.6 (Paris: Editions sociales, 1971), pp.333-349.

65 이탈리아 마르크스주의자 그람시는 로베스피에르의 최고존재 숭배종교는 새로운 혁명종교로서 정착할 수 있었다고 주장한다. 최고존재 숭배종교는 국가와 시민사회와의 관계를 재정립하는 때 이른 시도였다고 해석했다. 농촌민중의 무관심으로 인해 혁명종교는 곧 자코뱅주의의 몰락을 가져왔다고까지 주장하였다. 그러므로 프랑스 혁명은 "이데올로기 차원에서 하나의 이단(종교)으로 성격지워진다. 1789년 혁명의 새로운 점은 곧 봉건계급 즉 교회에 대항하는 부르주아지와 민중(특히 농민)과의 연합이었다" 고 규정했다. H. Portelli, *Gramsci et la question religieuse* (Paris,1974), pp.111-121.

66 Jean Leflon, "La crise révolutionaire(1789-1846)", *Histoire de l'Eglise*, t. XX (Paris: Bloud & Gay, 1949), pp.1955-1956.

특히 여성들이 적극적으로 저항하였고, 반란의 주도적인 역할도 종종 담당하였다.[67]

말하자면 새로운 종교심성이 혁명종교 안에서 생성될 때, 그보다 더 새로운 종교심성이 그리스도교 안에서 태동하였다. 교회 없는 그리스도교인들의 저항운동은 종교반란의 형태보다는 오히려 수동적인 형태를 통해 표출되었다. 신자들은 종종 신부들에게 우호적 연대감을 표명하여 체포 시에 석방을 요구하는 연판장을 돌리거나, 신생아의 호적을 시청과 신부에게 동시에 올리기도 했다.[68] 교회성물, 교회종, 십자가 등을 정부가 징발할 때도 종종 수동적 저항을 불러일으켰다. 뷔(Buc)에서는 1793년 10월 5일에 마을 교회 종을 보존하게 해달라는 서한을 돌렸으며[69], 브레티니(Brétigny)에서는 교회물건 판매를 지연시키기도 했다. 선서파 사제가 대다수였던 센에와즈도의 경우에 파견의원의 보고서들과 전문연구서들을 통해 비밀미사가 집전된 사례를 모아보면, 695개 코뮌 가운데 적어도 43개 코뮌(전체의 7%)에서 비밀미사가 집전되었다.[70]

혁명력 2년의 비그리스도교화는 교회구조를 세속화하는 데에 결정적인 역할을 하였다. 비그리스도교화는 근대 서유럽에서 최초로 그리스도교를 공식적으로 거부한 사건이었다.[71] 또한 일시적으로 사회구조와 개인의식의 급진적인 세속화를 가져왔다. 하지만 이러한 갑자기 폭발한 비그리스도교화는 결정적인 한계를 가지고 있었다. 오랫동안 그리스도교 문화에 젖어있던 프랑스인들이 갑자기 무신론자가 될 수는 없었기 때문이다. 18세기 후반에 프랑스를 변화시킨 세속화현상은 대폭적이고 근본적인 변화였지만, '탈

67 자그니는 A.N. AFII. 153. d.1242. p.35; 가즈랑은 A.D. Essonne, L.52. p.25.를 참조

68 Lucien Noël, *Monfermeil et sa région*, t.II, (Aidillac,1938), p.170.

69 Arsene Dufresne, *Documents Historiques se rattachant à la vie des villages avant 1789, sous la Révolution*(Versailles, 1908), p. 156.

70 J. M. Alliot, *Le clergé de Versailles pendant la Révolution*(Versailles,1913); A.N. AF II. 152-153.

71 Burke, "Religion and Secularisation", p.302.

신성화(désacralisation)'를 의미하지는 않는다. 혁명력 2년의 단기지속적인 비그리스도교화를 통해 혁명은 전통적인 가치관을 새로운 개념과 가치관으로 대체시킴으로써 숭배대상의 전이 또는 신성(神性)의 전이(transfert du sacralité)을 가져왔다.[72] 또한 총재정부시기에 나타난 재그리스도교화의 물결은 비그리스도교화가 교회구조를 세속화하였지만 다시 후퇴하는 역할을 하였다는 점에서 세속화는 불연속적이었다고 하겠다.

5. 나오며

18세기는 프랑스 세속화의 역사에서 결정적인 시기였다. 세속화는 크게 세 단계에 걸쳐 이루어졌다. 첫째는 1750년대 둘째는 1791년 성직자민사기본법의 선서, 셋째는 혁명력2년의 비그리스도교화이다.

첫째 단계인 18세기 중반에 프랑스는 겉으로는 견고한 그리스도교왕국으로 군림하고 있었지만, 교회제도에서 부분적으로 사제성소가 감소하고, 수도원이 쇠퇴하는 현상이 감지되었다. 그러나 1750년대부터 뚜렷하게 집단심성에서부터 깊은 변화가 나타나고 있었다.

둘째 단계인 1791년 선서는 교회구조의 토대를 근본적으로 흔들었다. 1791년 성직자와 종교의 위기는 수많은 사람들에게 "새로운 구조를 확립시킨 역사적 사건"이었다.

셋째 단계는 혁명력 2년의 비그리스도교화이다. 비그리스도교화는 세속화에 결정적인 계기가 되었다. 폭발적으로 일어났던 비그리스도교화 운동의 결과로, 수많은 신부들이 체포, 구금, 망명, 사제직 포기 등으로 억압받으면서 그 수가 대폭 감소하였고, 적어도 4만 여개가 넘는 전국의 본당에서 미사가

72 Mona Ozouf, *La fête révolutionnaire 1789-1799*(Paris, 1976), pp. 317-340.

중단되었다. 이 기간에 혁명정부는 서유럽에서 최초로 그리스도교를 공식적으로 거부하였다. 그리스도교 달력 대신에 혁명 달력을 사용하고, 그리스도교식 이름과 지명 대신에 혁명 이름과 혁명과 관련된 지명으로 대체하였다. 일시적이지만 그리스도교 대신에 이성숭배교, 최고존재숭배교와 같은 혁명종교가 등장하기도 하였다. 비그리스도교화는 일시적으로 사회구조와 개인의식의 급진적인 세속화를 가져왔다.

태킷의 1791년 선서에 대한 신부들의 찬성율의 정도(지도1)와 보벨의 비기독교화 강도를 표시한 지도(지도2)를 비교해보면, 이 두 지도가 서로 매우 흡사하다는 데에 놀라지 않을 수 없다.[73] 또한 불라르 신부의 1945-1966년 프랑스인의 미사참여율을 나타낸 지도(지도3)와 비교해 보면 결국 이 세 지도가 서로 흡사하다는 것을 확인할 수 있다.[74] 1791년 매우 높은 선서율을 보인 파리분지는 1945-1966년의 종교관행조사에서 전국에서 가장 낮은 미사 참여율을 보인 지역 중 하나로 나타났으며, 가장 낮은 선서율을 나타낸 브르타뉴 지방과 방데 지방은 1945-1966년의 조사에서 전국에서 가장 높은 미사참여율을 보인 지역들이었다.[75]

비그리스도교화는 1791년 선서의 즉각적인 결과라는 것이 확인되었을 뿐 아니라 당시의 단기적인 정치화의 모습을 반영하는 것이다. 특히 선서파 신부가 대다수였던 지역에서는 혁명력 2년의 비그리스도교화 운동 시기에 그리스도교가 크게 파괴되었고, 19세기 내내 진행된 세속화의 기원이 되었다. 비그리스도교화는 민중 심성에 돌이킬 수 없는 변화를 가져온 것이다. 비그리스도교화는 결코 전적으로 위로부터 강요된 정치음모도 아니요, 또한 민중의 전적으로 자발적인 운동도 아니었다. 혁명력 2년의 비그리스도교화 운동은

73 Vovelle, *La révolution contre l'Eglise*, p.288. planche 20-21.

74 *Ibid.*, p.287. planche 19.

75 Ferdinand Boulard, *Matériaux pour l'Histoire religieuse du peuple français, XIXe-XXe siècles* (Paris: EHESS, 1982-1987).

보벨의 표현대로 계몽주의 시대 말기에 프랑스의 "집단적 감성변화의 결정적인 전환점(un des tournants majeurs de la sensibilité collective)"이 되었다.[76]

18세기는 단연코 세속화의 결정적 시기였다. 세속화는 하나의 단선적인 세속화가 아니라, 다양한 차원의 세속화로 진행되었다. 1789년 프랑스혁명 직전까지는 제도화된 종교의 사회적 기능이 약화되지 않았다. 그러나 개인의 종교에 대한 관심은 내면으로부터 크게 후퇴하고 있었다. 이러한 현상은 1789년 혁명을 맞이하면서 교회제도의 세속화로 나타났다. 1791년의 성직자 민사기본법에 대한 선서는 프랑스를 둘로 분열시켰고, 교회제도는 큰 타격을 입었다. 1793년 여름에 시작된 혁명력 2년의 비그리스도교화는 교회에 결정타를 날렸다. 약 1년에 걸쳐 전개된 비그리스도교화는 교회제도뿐만 아니라 프랑스인의 집단심성을 결정적으로 세속화시켰다. 그러나 이렇게 강렬한 비그리스도교화 운동 중에도 미약하지만 저항이 있었고 총재정부시기에 재그리스도교화가 진행되었다는 사실은 세속화가 불연속적이며 다양하게 전개되었다는 증거라 할 수 있다. 나폴레옹의 브뤼메르 쿠데타로 혁명이 끝난 이후에도 19세기 내내 극심한 정치변동을 겪으면서, 세속화는 1905년의 정교분리법에 이르러서야 비로소 일단락되었다. 18세기의 세속화가 세 단계로 전개되었고 20세기 프랑스인의 신앙쇠퇴의 기원이 되었다는 점에서, 18세기는 프랑스 세속화의 역사에서 결정적인 시기였다고 하겠다.

76 Vovelle, *La révolution contre l'Eglise*, p.269.

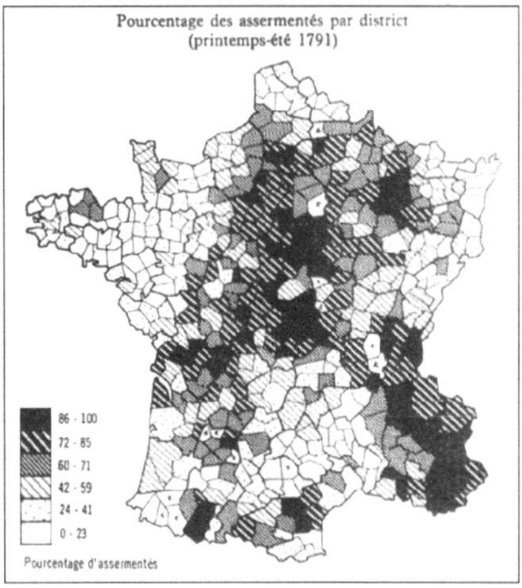

지도1. 1791년 선서에 대한 신부들의 찬성율

DIFFUSION GÉNÉRALE
DES ADRESSES DÉCHRISTIANISATRICES

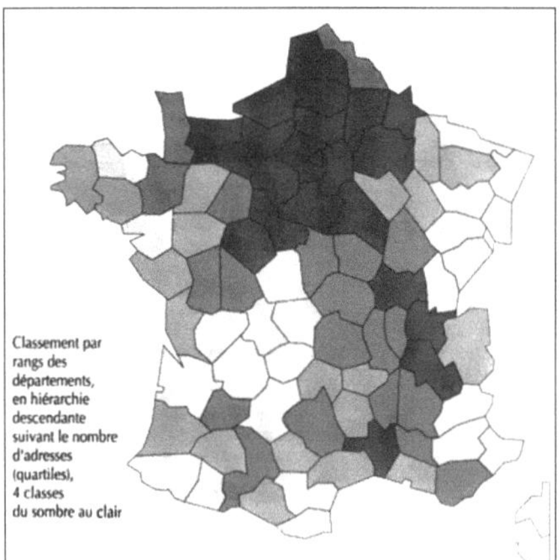

M. Vovelle, *La Révolution contre l'Église*..., op. cit., p. 278.

지도2. 보벨의 비기독교화 강도

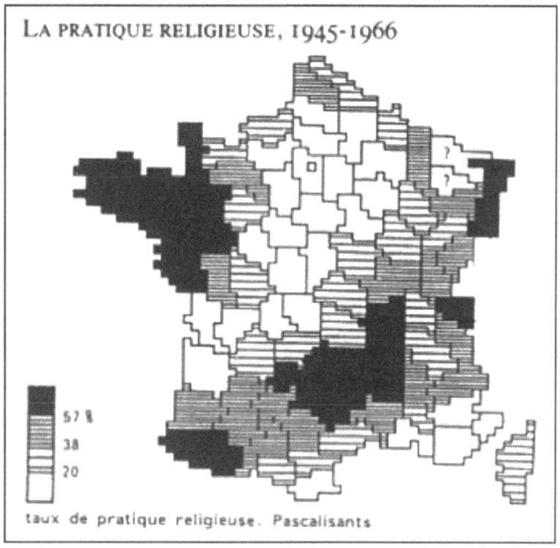

지도3. 1945-1966의 프랑스인의 미사참여율

part 03

현대의 세속화 문제와 종교의 변화

chapter 07 급진공화파의 반교권주의와 1901년 결사법

chapter 08 1930년대 프랑스의 가톨릭 지성 『에스프리』

chapter 09 비시정부와 가톨릭교회의 라이시테

chapter 10 프랑스 무슬림 여성의 베일 착용과 라이시테

Chapter 07

급진공화파의 반교권주의와 1901년 결사법

Chapter 07

급진공화파의 반교권주의와 1901년 결사법

민유기

1. 들어가며

구체제 기간에 서서히 형성된 프랑스인들의 '세속적 심성(mentalité laïque)'은 대혁명 초기인 1790년 성직자민사기본법을 낳았다. 이 법에 의해 성직자 시민헌장에 선서한 선서파 사제들과 이를 거부한 비선서파 사제들 간의 갈등, 프랑스와 교황청 간의 갈등은 혁명기 내내 지속되었다. 1799년에 권력을 잡은 나폴레옹은 제1통령의 직을 수행하면서 교황 비오7세(Pie VII)와 이 같은 갈등을 종식시키는 1801년 종교협약(Concordat)을 탄생시켰다. 이 협약을 통해 프랑스는 가톨릭을 국교로 인정하지는 않았지만 '프랑스인 대다수의 종교'로 인정하고 정부가 주교와 관할 교구에 적당한 급여와 비용을 제공하기로 하였다. 반면에 교황청은 프랑스 정부에 주교 임명권과 주교구와 관구 재분할 권리를 주었으며, 혁명기의 가톨릭 재산 국유화를 인

정하였다.[1]

종교협약은 이후 한 세기가 조금 넘도록 프랑스에서 정치와 종교 사이의 기본 관계를 유지하는 기반이었으나 1905년에 제정된 정교분리법으로 폐지되었다. 정교분리법은 프랑스 공화국이 어떠한 종교도 공화국의 공식 종교로 인정하지 않으며 어떠한 종교에도 경제적 지원을 하지 않고 종교 건물은 공공재산으로 환원하며, 국가는 어떠한 종교적 권한도 행사할 수 없고, 종교는 어떠한 정치적 권한도 행사할 수 없음을 규정했다. 1905년 정교분리법은 프랑스 종교사 뿐 아니라 공화주의 역사에서도 하나의 중요한 상징이자 전환점이다.

제3공화국은 프랑스-프로이센 전쟁으로 제2제정이 무너지면서 1870년에 9월에 선포되었고 파리코뮌을 거친 후 왕당파와의 협상 끝에 1875년에 헌법이 제정되었으나 헌법 제정 이후에도 왕정복고의 가능성이 사라지지 않았다. 하지만 1879년 공화파가 상하원 다수와 대통령직을 차지하여 이른바 '공화파의 공화국(République des Républicains)'이 등장하면서 왕당파와 교권주의 세력의 정치적 영향력이 상대적으로 줄어들었다. 이에 1880년대 공화파는 가톨릭의 사회적 문화적 영향력을 축소시키고 '공화주의적 덕성'을 지닌 시민을 양성하기 위해 초등교육 개혁에 몰두하였다. 1881년 6월 16일자 법은 초등교육의 무상화를 규정했고, 1882년 3월 28일자 법은 초등교육의 의무화 및 기존 종교과목을 시민도덕 과목으로 대체하는 교육내용의 세속화를 규정했다. 그리고 1886년 10월 30일자 초등교육 일반조직법은 종교적 믿음을 공유한 이들의 생활공동체인 수도회(Congrégations religieuses) 소속 교사들이 공립 초등학교에서 교육하는 것을 금지하여 교권주의 세력의 교육 활동에 제동을 걸었다.

하지만 1880년대 이후에도 사립학교는 여전히 가톨릭의 아성이었다. 게다

---

1 Cf., Jean-Pierre Chantin, *Le régime concordataire français: la collaboration des Eglises et de l'État 1802-1905* (Paris: Beauchesne, 2010). Bernard Ardura, Gérard Cholvy, Cardinal Billé, *Le concordat entre Pie VII et Bonaparte, 15 juillet 1801* (Paris: Cerf, 2001).

가 교권주의자들은 왕당파와 보수적 우파 민족주의 세력 그리고 군부와 결탁하여 1890년대 중반에 시작된 드레퓌스 사건을 통해 공화국을 위기에 빠뜨렸다. 이런 상황에서 급진공화파는 대혁명 이래 지속적으로 전개해 온 반교권주의 투쟁을 강화하여 '세속화(laïcisation)'를 완수하기 위해 1901년 결사법과 1905년 정교분리법을 제정하게 된다. 사립학교와 구호시설 등을 통한 수도회들의 사회적 문화적 영향력이 여전했기에, 교육에서 수도회의 영향력을 완전히 배제시키고 시민의 자유로운 결사체 활동에 대한 국가의 후원을 통해, 그리고 정치와 종교의 완전한 분리를 통해 공화국의 위협세력을 통제하려 한 것이다.

독일 통일 직후 1870년대 비스마르크가 가톨릭중앙당의 세력을 약화시키기 위해 전개했던 '문화투쟁(Kulturkampf)'이 가톨릭의 저항과 반발을 낳은 것처럼 프랑스의 결사법 집행과정에서 가톨릭의 반발은 무척 심했다. 1902년 총선에서 승리한 급진공화파 콩브(Emile Combe 1835-1921) 정부가 결사법을 엄격하게 적용해 수도회 부속 교육기관을 대부분 폐쇄하였기 때문이다. 콩브 정부는 결사법을 무기 삼아 반교권주의 정책을 강하게 추진하였고 이는 정교분리법 제정으로 이어졌다. 따라서 1901년 결사법은 정교분리법과 밀접한 관련을 맺고 있다.

그런데 19세기 말과 20세기 초 프랑스의 세속화와 반교권주의에 관한 지금까지의 연구 대부분은 1905년 정교분리법을 중심으로 이루어졌다.[2] 1901년 결사법은 상대적으로 관심을 받지 못한 채 정교분리법 제정의 시대적 배경으

2 정교분리법 100주년을 전후로 출간된 주요 연구들은 다음과 같다. Jean-Marie Mayeur, *La Séparation de l'Église et de l'État* (Paris: Armand Colin, 1998, Réédité avec compléments, Éditions de l'Atelier, 2005). Jean Baubérot, *Laïcité 1905-2005, entre passion et raison* (Paris: Seuil, 2004). Jean-Michel Ducomte, *La loi de 1905, Quand l'État se séparait des Églises* (Toulouse: Milan, 2005). Jean-Marc Schiappa (dir.), *1905! La loi de séparation des Eglises et de l'Etat* (Pais: Institut de recherches et d'études de la Libre pensée, Fédération nationale de la Libre pensée, Editions Syllepse, 2005). Paul Airiau, *Cent ans de laïcité française 1905- 2005* (Paris: Presses de la Renaissance. 2005).

로 일부 언급될 뿐이었다.[3] 결사법 자체에 대한 연구는 정교분리법에 비해 크게 미진한 편이고 반교권주의 보다는 개인의 기본권 문제에 집중되고 있다. 결사법은 기본적으로 개인의 자유로운 결사를 가능하게 하는 법률적 기반을 확립시킨 것이기에 국가와 개인의 관계와 관련하여 법학이나 정치학, 사회학의 시각에서 접근하기 용이하기 때문이다. 대표적으로 2000년에 파리1대학 20세기 사회사연구소, 파리8대학 역사연구소, 파리10대학 현대프랑스사연구소가 상원에서 1901년 결사법을 주제로 개최한 학술대회 성과물이 2001년에 출판되었는데, 40여명이 넘는 연구자의 관심사 대부분이 법률적 문제, 정치적 결사의 문제, 시민사회단체의 문제에 모아지고 있다.[4]

하지만 전체 3개 장 21개 조항으로 이루어진 1901년 결사법은 개인의 결사에 관련된 조항 뿐 아니라 수도회에 대한 국가의 통제와 관련된 조항을 제13조부터 제18조까지 담고 있다. 또한 법률 제정 당시의 의회 논쟁을 살펴보면 이 법이 단순히 결사의 자유를 보장하는 것에 그치는 것이 아니라 가톨릭 교권주의에 반대하며 수도회를 규제하려는 의도를 지녔음을 알 수 있다.

결사법 제정은 드레퓌스 사건이 낳은 정치적 사회적 위기 속에서 이른바 '공화국수호(défense républicaine)' 정부를 이끈 발덱-루소(Pierre Waldeck-Rousseau 1846-1904)에 의해 이루어졌고, 1902년부터 급진공화파 정부가 이 법을 엄격하게 적용하였다. 그런데, 결사법에 대한 선행 연구들은 결사법 이후의 정교분리법은 물론 이전의 드레퓌스 사건과 연결하여 19세기 말과 20세기 초의 세속화 흐름을 종합적으로 분석하지 못한 채 결사의 자유문제에 집중하고 있다. 또한 드레퓌스 사건 당시 반교권주의에 대한 선행연구는 결사법 제정 이전 시

---

3 사회사가 르캥(Yves Lequin)이 교육사, 종교사, 기호학자 등과 공동집필해 1994년에 출간한 『세속성의 역사(*Histoire de la laïcité*)』는 1901년부터 1905년 시기를 다룬 장에서 결사법을 한 페이지 내에서 간단히 언급할 뿐이다. Yves Lequin (dir), Jean Bauberot, Guy Gauthier, Louis Legrand, Pierre Ognier, *Histoire de la laïcite* (Besanon: CRDP de Franche-Comté, 1994), p.131.

4 Claire Andrieu, Gilles Le Béguec, Danielle Tartakowsky (dir), *Associations et champ politique: la loi de 1901 à l'épreuve du siècle* (Paris: Publications de la Sorbonne, 2001).

기까지 만을 분석하고 있어 드레퓌스 사건에서 정교분리법 제정까지의 반교권주의를 시간의 계열성 내에서 연결시키지 못하고 있다.[5]

따라서 이 글에서는 드레퓌스 사건에서 정교분리법 사이 급진공화파의 반교권주의를 결사법을 중심으로 고찰하여 지금까지 정교분리법에 비해 상대적으로 역사적 의미 부여가 부족했던 결사법이 프랑스 제3공화국의 세속화 과정에서 매우 중요한 도구였음을 분석하고자 한다.

2. 드레퓌스 사건과 반교권주의

급진공화파는 1848년 2월 혁명이 도입한 보통선거제가 루이 나폴레옹 보나파르트의 대통령 당선으로 그리고 그에 의한 공화정 체제의 몰락과 1852년 12월 제2제국의 탄생으로 이어지자 공화주의적 시민교육을 확산하지 않고서는 공화국이 유지되기 어렵다는 점을 깨달았다. 하지만 1848년에 실패를 경험한 공화파 혁명가들의 활동은 1850년대 내내 제정의 탄압으로 인해 위축되었다. 게다가 당시 공교육부 장관 팔루(Alfred de Falloux)의 이름을 딴 1850년 3월 15일자 팔루법은 국가가 교부하는 초등교육 교사자격증을 없애며 교육의 자유를 보장하여 수도회가 운영하는 학교에 큰 혜택을 주었다. 또한 1852년 1월 31일자 포고령은 여성 수도회의 아동교육과 빈민 환자 구호 활동을 승인하였다. 이에 수도회가 운영하는 학교는 1843년에 7천590개에서 1869년 1만7천206개로, 이들 학교의 학생 수는 같은 기간에 70만6천여 명에서 161만여 명으로 증가하였다.[6]

1848년 혁명에 참여했던 급진공화파 투사 마세(Jean Macé)는 제정의 탄압을

5 Louis Capéran, *L'anticléricalisme et l'Affaire Dreyfus 1897-1899* (Toulouse: Imprimerie Régionale, 1948).
6 Michel Tricot, *De l'instruction publique à l'éducation permanente* (Paris: Tema, 1973), p.41.

피해 활동하던 알자스의 소도시에서 1868년에 교육동맹(Ligue de l'enseignement)을 창립하였다. 교육동맹은 이후 빠르게 세력이 확대되었다. 제2제국이 탄생 이래의 권위주의적 제국에서 자유주의적 제국으로 변화해 간 1860년대 중반, 세속적 시민교육의 확산을 통해 제정을 지지했던 보수적 농민들을 공화주의적 시민으로 변화시키기를 원했던 공화파의 열렬한 지지와 참여 때문이었다.[7] 교육동맹은 1879년 '공화파의 공화국'이 출현하자 1870년부터 요구해 온 초등교육의 무상 · 의무 · 세속화 입법을 위한 압력을 행사했다. 사회개혁의 때가 도래하기 전까지 기회를 기다린다며 전면적인 사회개혁 대신 공화정 체제 유지에만 몰두해 '시의주의자(opportuniste)'로 불린 1880년대 온건공화파 역시 초등교육 개혁이 공화국 유지에 필요함을 느꼈다. 이에 온건공화파로 1879년에 공교육부 장관에 임명된 쥘 페리(Jules Ferry)에 의해 1881년 6월 18일자와 1882년 3월 28일자 초등교육의 무상 · 의무 · 세속화 법이 제정되었다.

페리법에도 불구하고 교육에 대한 가톨릭의 영향력은 완전히 사라지지 않았는데 무상, 의무 교육을 위해 기존에 존재하던 수도회 부속학교들이 필요했기 때문이다. 또한 페리법은 기존의 종교과목을 시민도덕 과목으로 대체하면서 자녀가 종교교육을 받기 원하는 학부모를 위해 공립 초등학교가 일요일 외에도 일주일에 하루를 더 쉰다고 규정하였다. 1886년 당시 공교육부 장관이던 온건공화파 고블레(René Goblet)에 의해 마련된 초등교육 일반 조직법은 공립 초등학교에서 수도회 소속 교사들을 세속적 교사로 대체하게 하였으나(제17조), 사립 초등학교의 경우 교육내용과 방식에 자유를 허용하여(제35조) 수도회가 운영하는 학교를 규제하지는 못했다.[8]

대혁명기의 반그리스도교화 운동으로 타격을 입었던 수도회는 복고왕국하에서 법률로 그 존재가 승인되었다. 1817년 1월 2일자 법은 남성 수도회를,

7 민유기, 「프랑스 교육동맹 운동의 정치적 사회적 성격 1868-1889」, 『史叢』, 48집 (1998년 12월), 231-233쪽.

8 *Journal Officiel*, 31 octobre 1886.

1825년 5월 24일자 법은 여성 수도회를 승인하였다. 수도회와 부속 교육기관은 제2제국 시기 팔루법으로 인해 크게 확산되어 1877년에는 대혁명 이전 보다 많은 3만2백여 명의 남성과 12만7천여 명의 여성이 수도회에서 생활하고 있었다.[9]

19세기 후반기에 수도회가 크게 증가한 것은 주로 '성모승천 아우구스티노(Augustins de l'Assomption)' 수도회의 활력 때문이었다. 1845년 엠마뉘엘 달종(Emmanuel d'Alzon) 신부가 4-5세기의 성인 아우렐리우스 아우구스티누스(Aurelius Augustinus)에 영감을 받아 프랑스 남부의 소도시 님(Nîmes)에서 설립한 성모승천 아우구스티노 수도회는 실증주의의 대두 속에서 1870-80년대 '원초적인 감성(primitive emotions)'으로 대중을 자극함으로써 신비주의적이고 감성적인 가톨릭의 세력 확장을 주도했다. 이 수도회는 사라져가던 성지순례의 전통을 회복시켰으며, 1880년에 월간지로 창간한 『십자가(*La Croix*)』를 1883년부터 일간지로 발행하며 1833년에 창간된 가톨릭 일간지 『우주(*L'Univers*)』 보다 많은 독자를 확보했다.[10]

전통적으로 왕당파와 결탁했던 교권주의에 반대를 표방했던 급진공화파는 꾸준히 증가하던 수도회의 막대한 부와 부속학교가 '국가 안에 국가'를 형성하고 있는 것으로 파악했다. 수도회들은 1886년에서 1889년까지 불랑제주의자의 소란을[11] 거쳐 뿌리를 내린 "공화국에 알레르기를 일으킬 위험한 존재들로" 간주되었다.[12] 이러한 우려는 드레퓌스 사건을 통해 현실이 되었다.

1894년에 드레퓌스(Alfred Dreyfus) 육군 대위가 간첩죄로 체포되면서 시작된 드레퓌스 사건은 군부와 보수주의 우파 및 교권주의 세력의 공화국에 대한 전

---

9 Gabriel Merle, *Emile Combe* (Paris: Fayard, 1995), pp.248-251.

10 Gordon Wright, *France in modern times: From the Enlightenment to the Present* (W.W. Norton & Company, 1987 fourth edition), pp.234-235.

11 대독복수를 주장하며 대중적 인기가 높았던 블랑제(Georges Boulanger) 장군을 중심으로 결집했던 민족주의자들과 교권주의 세력은 블랑제가 1889년 1월 파리 보권선거에서 하원의원에 당선 된 이후 쿠데타 음모를 꾸몄다. 그러나 이 음모가 발각되자 블랑제는 4월에 해외로 도피하였고 2년 뒤 자살하였다.

12 Francis Démier, *La France du XIXe siècle. 1814-1914* (Paris: Seuil, 2000), pp.347-354.

면적인 도전이었다. 드레퓌스 사건은 1896년에 진범이 알려진 후에도 사회적 파장력이 크지 않았다. 하지만 상원 부의장 슈레르-케스트너(Auguste Scheurer-Kestner)가 1897년 12월 상원에서 드레퓌스의 무죄를 주장하고, 1898년 1월 13일에 졸라(Emile Zola)의 '나는 고발한다'라는 대통령에 보내는 공개서신이 발표된 이후 드레퓌스의 재심을 요구하는 이들과 이에 반대하는 이들이 프랑스 전역에서 갈등을 빚었다. 지식인, 급진공화파, 사회주의자들이 결합한 드레퓌스파 또는 재심파는 '정의 · 진실 · 인권옹호'를 강조하였고, 가톨릭교회, 군부, 보수주의 정치세력이 결합한 반드레퓌스파 또는 반재심파는 '군의 명예와 국가질서'를 내세웠다. 반드레퓌스 진영의 대표적 신문들은 교권주의 신문들이었고, 교회는 반드레퓌스라는 통일적 입장을 일관되게 유지했으며, 가톨릭 신자들은 드레퓌스 사건 시기에 응집력이 흔들리지 않는 유일한 사회집단이었다.[13]

드레퓌스 사건이 진행 중이던 1898년 5월 8일과 22일에 치러진 하원 선거에서는 급진공화파와 사회주의자들의 원내 진출이 늘어나 드레퓌스파 또는 재심파 세력이 강화되었다. 이 선거에서 급진공화파는 이전 1893년 하원 선거에 비해 60여 의석이 늘어난 180여 석을, 사회주의자들은 이전에 비해 7석이 늘어난 57석을 차지했다. 온건공화파는 254석을 얻어 원내 다수를 유지하였으나 이전에 비해 100여 석이 줄어들었고, 우파 민족주의자들이 20석, 보수주의자들이 80석을 얻었다.[14] 선거 이후 6월에 정부를 구성한 급진공화파 브뤼송(Henri Brisson) 총리는 군부에 반대하는 대중시위에 대한 온건한 대처를 빌미로 삼은 우파와 온건공화파 일부의 불신임으로 10월에 실각하였다. 뒤를 이어 드레퓌스의 재심에 반대했던 온건공화파 뒤퓌(Charles Dupuy) 총리가 구성

13 Zeev Sternhell, *La Droite révolutionnaire 1885-1914: les origines françaises du fascisme* (Paris: Seuil, 1984), p.238. Pierre Birnbaum, "Affaire Dreyfus, culture catholique et antisémitisme", Michel Winock (dir.), *Histoire de l'extrême droite en France* (Paris: Seuil, 1993), pp.83-123.

14 Maurice Agulhon, *La République, t.1, L'élan fondateur et la grande blessure 1880-1932* (Paris: Hachette, 1990), p.155.

한 정부는 증가하는 우파 단체들을 제어하지 못해 급진공화파와 드레퓌스의 재심을 요구했던 온건공화파 일부의 불신임으로 1899년 6월에 실각하였다.[15]

이어서 '공화국수호' 내각이라 불린 발덱-루소 정부가 구성되어 1902년 5월 하원선거까지 유지되었다. 1898년 선거에서 의석이 줄어들긴 했으나 여전히 하원 다수를 차지한 온건공화파는 보수주의자들과 결탁해 드레퓌스의 재심에 반대하거나 망설이던 이들과 드레퓌스를 지지한 이들로 분열되었는데, 발덱-루소는 온건공화파 가운데 드레퓌스를 지지한 이들을 대변하였다. 발덱-루소는 드레퓌스 사건으로 위기에 빠진 프랑스 사회를 공화주의의 틀 내에서 지켜내야 한다고 믿었기에 급진공화파와 일부 사회주의자들의 지지를 얻을 수 있었다. 발덱-루소 내각의 탄생은 "공화파의 교회에 대한 최후공격의 시작을 의미"하였다.[16]

하지만 공화국수호 정부가 단일한 대오를 형성한 것은 아니었다. 사회주의자들은 위기에 빠진 공화국을 지킨다는 원칙에 동의하면서도 사회주의자 밀랑(Alexandre Millerand)이 상업산업체신부 장관을 맡아 부르주아 정부에 참여한 것을 두고 격렬한 논쟁을 전개했다. 논쟁의 주원인은 국방부 장관에 임명된 갈리페(Gaston de Galliffet) 때문이었다. 퇴역 장군이던 그는 드레퓌스를 옹호한 일부 온건공화파를 지지했으나 현역 시절 파리코뮌에 대한 유혈진압에 참여한 전력이 있었다. 갈리페는 장관직에 오르자마자 포고령으로 반드레퓌스파에 참여한 군 수뇌부에 대한 대대적 인사를 통해 군부 내 보수주의와 교권주의 세력을 축소시켰다.[17] 하지만 파리코뮌의 학살자라는 급진공화파 내부의 좌파인 급진사회주의자 및 사회주의자들의 계속된 반발로 인해 1900년 5월에 장관직을 사임했다. 갈리페의 후임에는 비밀결사였던 프리메이슨단(franc-maçonnerie) 회원이자 드레퓌스를 지지했던 반교권주의 장군 앙드레(Louis

15 민유기, 「20세기 전환기 프랑스의 급진공화파와 중도정치」, 『프랑스사 연구』, 22호 (2010년 2월), 109쪽.

16 C.S. Phillips, *The church in France 1848-1907* (New York: Russell & Russell, 1967), p.259.

17 Madeleine Rebérioux, *La République radicale? 1898-1914* (Paris: Seuil, 1975), p.37

André)가 임명되어 군부 개혁을 이어갔다.[18]

군부 개혁에 비해 수도회를 겨냥한 반교권주의 정책은 가시적으로 나타나지 않았기에 급진공화파는 발덱-루소 정부에 강력한 반교권주의 투쟁을 요구하였다. 사실 발덱-루소의 반교권주의적 입장은 급진공화파에 비해 온건하였다. 드레퓌스가 1899년 9월 19일에 대통령의 특별사면을 받고 석방된[19] 이후 발덱-루소는 교권주의 세력을 억압하는 것 보다 통제하기를 원했고, 이를 결사법 제정을 통해 간접적으로 수행하려고 했다. 하지만 급진공화파는 드레퓌스 사건의 일단락 이후에도 계속해 반교권주의 선전활동을 이어갔다. 급진공화파 신문인 『르 라디칼(*Le Radical*)』은 1900년에 급진공화파 문인의 『교권주의의 범죄들』 이란 단행본을 출간해 교회가 보수적 정치권력과 결탁해 저지른 각종 해악들에 대해 그리고 교회가 이성과 과학의 발전을 저해한 것에 대해 신랄한 비판을 가하였다.[20]

3. 1901년 결사법 제정 논쟁

1901년 7월 1일에 제정된 결사법은 결사의 자유 보장과 수도회의 통제라는 크게 두 개의 내용으로 구성되었다. 먼저 결사의 문제를 살펴보자. 사회적 존재인 인간이 타인과 결사를 구성하는 것은 자연적 권리 가운데 하나라는 것이 근대 이래의 보편적인 인식이었다. 결사의 자유는 자유주의의 핵심 가운데 하나였고, 초기 사회주의자들 역시 노동자들의 결사를 적극 옹호했다. 19

18 Maurice Larkin, *Church and State after the Dreyfus Affair: The Separation Issue in France* (London: The Macmillan Press, 1974), pp.138-141. Cf., Serge Doessant, *Le général André, de l'affaire Dreyfus à l'affaire des fiches* (Paris: Glyphe 2009).

19 드레퓌스에 대한 최고재판소의 무죄 선고는 1906년 7월에 이루어졌다.

20 Jules Lermina, *Les Crimes du cléricalisme: I. L'Église sanglante II. L'Église ignorante* (Paris: Journal le Radical, 1900).

세기 전반기 토크빌이나 프루동이 모두 결사의 중요성을 강조한 것은 결사를 통해 형성되는 시민사회(société civile)가 개인과 국가를 매개하며 민주적 사회적 삶의 영역을 확장시킨다고 생각했기 때문이다.

그런데 프랑스 사회에서 결사의 자유는 19세기의 연이은 정치체제 변화들 속에서 매우 제한적이었다. 대혁명기인 1791년 6월 14일자 르샤플리에(Le Chapelier) 법은 동업조합을 구체제의 유산으로 간주하여 개인의 자유를 명분으로 노동자들의 결사를 금지시켰고, 나폴레옹1세의 제1제국은 1810년에 제정된 형법 제291조를 통해 정부의 허가를 받지 않은 20인 이상의 결사를 금지시켰다. 이 형법 조항은 19세기 내내 유지되었으며, 입헌왕국은 1834년 4월 10일자 법으로 정부의 허가를 받지 않는 20인 이하의 결사 역시 금지시켰다. 1848년 제2공화국 헌법은 제8조에서 결사와 언론의 자유를 보장했으나 이를 구현할 입법은 이루어지지 않았다. 또한 1848년 국민작업장 해체에 따른 노동자들의 6월 봉기 이후 7월 28일자 포고령으로 비밀결사를 금지시켰다. 제2공화국은 1850년에 허가 받은 상호부조단체의 결성만을 허용하였다. 1870년 제3공화국의 선포 이후 공화파는 결사법 제정을 논의하기 시작하였으나 제1인터내셔널 활동가들이 적극 가담했던 파리코뮌을 거치며 1872년 3월 14일자 법으로 모든 국제적 결사 가입 금지와 제1인터내셔널 가담자의 처벌을 규정하였다. 공화파의 공화국이 도래한 1879년 이후에야 공화파는 본격적으로 결사의 자유를 요구하기 시작하였다.[21] 그 결과 1881년 6월 30일자 법으로 집회의 자유를, 1884년 3월 21일자 법으로 노동조합 결성의 자유를 보장했고, 1898년 4월 1일자 법은 상호부조협회 결성의 자유를 보장했다. 하지만 전면적인 결사법 제정 준비는 1899년에 시작되었다. 형법 제291조는 공화파의 공화국 도래 이후 거의 사문화되어 있었다.

결사법은 개인의 자유와 권리의 확대를 중시한 발덱-루소의 1899년 법률

21 Pierre Sorlin, *Waldeck-Rousseau* (Paris: Armand Colin, 1966), p.427.

계획안을 기초로 하였다. 1848년 제2공화국의 제헌의회 의원을 지냈던 공화파 정치가의 아들로 1846년에 낭트(Nantes)에서 태어난 발덱-루소는 법학을 전공한 후 변호사 생활을 하다 1879년 렌(Rennes)에서 하원 의원에 선출되었다. 30대 중반이던 1881년 강베타(Léon Gambetta) 정부와 1883년 페리 정부에서 내무부장관을 맡아 1884년 노동조합 결성 자유법 제정을 주도했다. 시민의 자유로운 결사에 대한 옹호자였던 그는 1898년 상호부조협회 결성 자유법의 제안자이기도 했다. 1882년과 1883년에 이미 결사의 자유와 관련한 법안을 제안한 바 있었던 발덱-루소는 1899년 11월에 결사법 계획안을 하원에 제출하였다.

1871년에서 1901년 사이 발덱-루소의 법률 계획안을 포함해 다양한 공화파 의원들에 의한 34개의 결사법 제안이 존재했는데, 이들 제안은 모두 나날이 증가하는 결사체들에 법률적 기반을 부여하려는 목적을 지녔다. 1891년에 설립된 노동사무국(Office du Travail)의 조사에 의하면 1900년에 45,184개의 결사체가 존재했다. 이 가운데 가장 많은 범주는 상호부조 단체들이었고, 다음이 스포츠 단체, 다음이 노동조합 이었다.[22]

공화국수호 정부를 이끈 발덱-루소는 "우파에 전쟁을 선포하지 않고, 국가에 향후 스스로를 보호할 수 있는 수단을 제공하기를 희망"하였다.[23] 공화파는 제2제국 막바지와 제3공화국 초기 각종 단체를 결성해 공화주의 확산을 위해 노력해왔고 1898년에는 드레퓌스를 지지하는 이들이 '인권동맹(Ligue française pour la défense des droits de l'homme et du citoyen)'을 결성하여 공화국의 가치를 옹호해나갔다.[24]

---

22 상호부조 단체 11,232개, 스포츠 단체 7,480개, 노동조합 7,246개, 음악단체 6,453개, 각종 친목회 서클 3,677개, 교육단체 2,468개, 학술 및 연구단체 2,303개, 협동조합 1,918개, 자선단체 990개, 기타 단체 1,481개. Jean Defrasne, *Histoire des associstions françaises* (Paris; L'Harmattan, 2004), p.81, p.89.

23 Pierre Sorlin, *Waldeck-Rousseau*, p.444

24 Cf., William D. Irvine, *Between Justice and Politics: The Ligue des Droits de l'Homme, 1898-1945* (Stanford University Press, 2007).

정치학자인 로장발롱(Pierre Rosanvallon)에 의하면 프랑스에서 '시민'은 '종교'와 반대되는 개념이었기에, 시민사회의 영역은 '종교 영역과의 단절' 내에서 사유되었다.[25] 발덱-루소의 결사법 계획안에서 쟁점이 된 것은 종교적 신념에 따른 결사, 즉 수도회들에 관한 것이었다. 가톨릭이나 우파들도 일반적인 결사의 자유에 대해서는 찬성하였다. 우파는 드레퓌스 사건 당시 많은 결사체를 결성하여 활동하고 있었기에 이들 단체들이 법률적 존재 기반을 갖는 것이 필요하다고 생각했다. 가톨릭도 마찬가지였다. 법안이 하원에 제출되자 교황은 파리 주교에게 보낸 편지에서 결사가 "가톨릭의 자유를 위해 필요"하다고 강조했다.[26] 이 같은 상황에서 급진공화파는 수도회를 따로 규정하지 않는 결사의 자유가 가톨릭 교권주의자들의 공화국 반대 활동을 목적으로 한 결사체의 증대를 낳을 수 있다며 걱정하였다. 따라서 결사법 제정 논의가 결사의 자유에 관한 것이 아니라 수도회에 관한 규정들에 집중되어야 한다고 강조하였다.

결사법안에 대한 하원 논의는 가톨릭 보수주의자, 온건공화파, 급진공화파 등 정치세력들의 이해관계 득실 계산 때문에 차일피일 미루어지다가 1901년 1월 15일에 시작되었다. 1월 15일 자유주의적 온건공화파 의원 르노-모를리에르(Amédée Renault-Morlière)는 "결사의 인정이 원초적 자연권의 실천"이기에 공동의 이념을 위해 구성되는 결사를 모든 이에게 허용해야 한다고 결사법 제정을 찬성하면서도, 일반적 결사와 수도회를 구분하는 법은 "증오의 법이자 전쟁무기이고 전투를 위한 법으로 이 나라에 진정한 종교전쟁을 촉발"시킨다고 비판하였다.[27] 자유주의자들은 모든 이에게 공통된 자유, 공통으로 적용되는 법률을 강조하며 일반 결사와 수도회를 구분하지 말고 결사의 자유를

25 Pierre Rosanvallon, *Le modèle politique français: La société civile contre le jacobinisme de 1789 à nos jours* (Paris: Seuil, 2004), p.326.

26 Claire Andrieu, Gilles Le Béguec, Danielle Tartakowsky (dir), *Associations et champ politique*, p.170.

27 *Journal officiel*, Débats parlementaires, Chambre des députés, 16 janvier 1901. 연설 도중에 사회주의자 의원이자 역사가였던 제바에스(A. Zévaès)는 전쟁을 촉발시키는 것은 수도회들이라고 외쳤다.

인정해야 한다고 주장하였다.

이에 사회주의자 비비아니(René Viviani)는 수도회는 법률적 철학적으로 결사와 다르기에 수도회를 일반 결사에 포함시키는 것은 그들에게 특권을 주는 것이라고 반대했으며, 형법 조항에 의해 20인 이상의 결사가 금지되었을 때도 수도회는 이 규정을 적용받지 않았다고 언급했다. 그는 결사가 구성원의 자유와 평등에 기초한 계약에 의한 것이지만, 수도회는 순종에 의한 것이고 구성원들에게 자유와 평등을 보장하지 않는다며 서로 구분하였다. 그는 세속적 사회가 여성에게 권리도 보호도 제공하지 못하기에 수도회가 증가하고 있으며, 생존을 위해 싸우는 노동자들은 물질적 고통을 잊기 위해 수도회의 유혹에 빠지기 쉽다고 주장하였다. 따라서 사회개혁의 적극적 추진이 수도회의 힘을 약화시킬 수 있다고 강조하였다. 하지만 정치적으로 1848년까지 수도회와 싸우던 자유주의자들이 사회주의의 성장 속에서 수도회와 결탁해갔다며 자유주의자들을 비판하였다.

1월 17일 자유주의 우파 의원 피우(Jacques Piou)는 결사법을 통해 사회주의자들과 공화주의자들이 "신앙과 정신적 힘을 뭉개버리며 인간성을 정복"하려 한다고 비난하였다. 반면 급진공화파 레옹 부르주아(Léon Bourgeois)는 "국가가 어떤 경우에도 교회에 봉사해서는 안 되며" 국가, 공공력, 교회 모두 개인의 양심에 침투할 수 없다고 강조했다. 피우는 논의 중인 법이 모두의 권리와 모두의 자유를 보호하지 않기에 중립적 특성을 상실하고 있다는 논리를 전개해 나갔다. 하원 내 결사법안 심의위원회 위원장이었던 급진공화파 트루이오(Georges Trouillot)는 결사법이 '사회적 연대'의 이념을 정치적으로 보호하는 것을 특징으로 하며, 국가는 기존 민법 조항에 위반하여 축적된 수도회들의 재산을 몰수한 후 이를 노동자연금금고의 재원으로 활용하여 "수도회의 자선을 연대행위로 대체"해야 한다고 발언하였다.[28] 레옹 부르주아가 1896년에 연대

28 *Journal officiel*, Débats parlementaires, Chambre des députés, 18 janvier 1901.

성의 도덕적, 과학적, 사회적 기초를 정리한 『사회연대론』을 출간한 이후 급진공화파는 '연대주의'를 자신들의 정치신조로 삼고 있었다.

1월 21일 불랑제를 지지했고 드레퓌스에 반대했던 보수우파 의원 드뮌 백작(Le Comte Albert de Mun)은 트루이오의 발언을 비난하며 파리의 노동현장에서 결핵에 걸린 가난한 여성들을 치료하는 수도회를 언급하였다. 또한 그는 모든 시민에게 동일한 법을 부여하지 않는 결사법 내용을 비판한 후, 결사법 논의가 모든 이에게 '자유교육(enseignement libre)'의 권리를[29] 부여하는 것으로 나아가야 한다고 주장하였다.[30] 1월 22일 발덱-루소에 반대했던 온건공화파 의원 리보(Alexandre Ribot) 역시 "모두를 위한 자유"를 강조하였다. 이에 급진공화파 의원 브뤼송(Henri Brisson)은 대혁명의 원칙에 반대하는 목적을 지닌 수도회들에게 무한한 자유를 줄 수 없다고 주장하였다. 기업가 출신 보수우파 의원 르롤(Paul Lerolle)이 공통된 권리를 보장받아야 함을 재차 주장하자 급진공화파 의원 페쉬(Louis Puech)는 해당 단체의 특성을 고려하지 않는 중립적인 법, "진보의 흐름을 고려하지 않는 법은 전제적, 퇴보적, 반공화주의적 법"이라며 반박하였다.[31] 급진공화파는 기득권을 지닌 교권주의 단체들의 법률적 승인을 가능하게 하는 모두를 위한 자유에 철저히 반대하였다.

1월 28일, 29, 31일 수도회가 자선활동과 같은 훌륭한 사회적 역할을 수행하고 있기에 이들에게 자유를 허용해야 한다는 신부이자 보수주의 의원이었던 게로(Hipoolyte Gayraud)의 발언을 비롯한 모든 이를 위한 자유 주장이 계속되었고 이들에 의한 법안 문구 수정 요구가 이어졌으나 표결로 거부되었다. 2월 들어서는 법안 조항별로 찬반 투표가 진행되었다. 1조부터 12조까지 일반 결사에 대한 조항들은 큰 논쟁 없이 통과되었으나 3월 초부터 진행된 13조부터

29 교권주의자들과 우파 정치세력은 제3공화국 내내 교육에 대한 국가 관리 통제를 비판하며 자유교육을 내세웠으며, 자유교육은 가톨릭교육, 사립교육과 동일시되었다.

30 *Journal officiel*, Débats parlementaires, Chambre des députés, 22 janvier 1901.

31 *Ibid.*, 23 janvier 1901.

18조까지 수도회에 대한 조항 표결과정은 순탄치 않았다.

이 과정에서 우파 의원들은 급진공화파들의 배후에 급진적 반교권주의 활동을 전개해온 프리메이슨단, 1891년 결성된 자유사상협회(Société de libres pensée), 그리고 교육동맹이 있다며 결사법의 핵심이 결사의 자유 보장이 아니라 반교권주의에 있다고 비난하였다. 이에 3월 25일 공교육부 장관 레느(Georges Leygnes)는 "대혁명은 신의 의지에 의해서가 아니라 인간의 의지로, 교회법이 아닌 이성을 지닌 주권자에 의해 사회를 구성하고자 하는 정치적 사회적 원칙이다. 사회를 교회법 위에 다시 놓으려는 것은 반혁명이다"고 웅변하며 세속교육의 중요성을 재차 환기시켰다.[32] 결사법은 3월 29일 하원에서 찬성 303표 대 반대 224표로 통과되었다.

상원 논의는 6월 10일부터 22일까지로 하원에서 보다 짧았다. 상원에서도 우파 의원들은 여전히 수도회가 일반 결사와 동일하게 다루어져야 한다고 주장하였으나 별다른 소득이 없었다. 상원은 법안의 일부 자구를 수정하여 6월 22일 찬성 169표 대 반대 95표로 통과시켰다. 상원에서의 수정 자구 탓에 하원은 6월 28일 재표결에 들어가 찬성 305표 대 반대 225표로 최종 통과시켰다. 법안 통과가 선언되자 급진공화파의 '공화국 만세'와 우파의 '자유 만세'가 의사당에 울려 퍼졌다.

19세기 내내 결사의 자유에 관심을 보이지 않았던 보수주의자들과 교권주의자들은 공화파가 주도한 결사법 제정이 자신들의 세력 확대에도 도움이 된다고 판단하여 이를 승인하였지만, 이 같은 희망을 무력화시키는 일반 결사와 수도회를 구분하는 결사법 조항들에 반대하였다. 온건공화파는 전통적 자유주의자들로 결사의 자유를 환영하면서도 공화국수호 정부를 구성하며 급진공화파와 결합한 일부를 제외하고는 모든 이에게 자유가 보장되어야 한다고 주장하여 교권주의 세력의 입장에 동조하였다. 수도회를 규제하고 자발적

32 *Ibid.*, 26 mars 1901.

인 시민결사를 통해 수도회의 사회적 문화적 활동을 대체하기를 바란 이들은 급진공화파와 사회주의자들이었다. 코뮈나르였던 사회주의자 의원 바이양(Edouard Vaillant)은 6월 28일 하원 최종표결 당일 수도회의 재산 몰수 및 국가와 교회의 완전한 분리까지 제안하였다.[33] 따라서 보수주의자들은 발덱-루소가 "정치적 이유로" 결사법을 제안했고 이는 "극단적 좌파 대다수의 환심을 사기 위한" 것이라고 주장하기도 했다.[34]

1901년 7월 1일자로 공포된 결사법에서 일반 결사에 관한 제1조부터 제12조까지의 주요 조항은 다음과 같다.[35] 제1조는 "결사란 둘 혹은 여러 명이 이윤을 공유하는 것 이외의 목적에서 지식과 활동을 지속적으로 공유하기 위해 만든 협약이다. 결사의 승인은 계약과 책무에 적용되어진 법률의 보편적 원칙에 의해 이루어진다"며 결사의 법률적 개념을 정의하였다. 제2조는 결사는 허가나 사전 신고 없이 자유롭게 결성이 가능함을 규정한다. 제3조는 법률과 미풍양속을 저해하는 불법적 동기와 목적으로 형성된, 그리고 공화주의 정부와 영토의 온전성을 제한하려는 목적을 가진 모든 결사는 취소되거나 효력을 상실한다고 규정한다. 제5조는 결사가 설립자들에 의해서 시민들에게 공개되어야 하며, 결사의 명칭과 목적, 결사의 본부, 그리고 결사의 행정과 경영을 맡은 사람들의 이름, 직업, 주소, 정관을 알리고 신고증을 발부받도록 규정하였다.

수도회에 관한 제13조부터 제18조까지의 주요 조항은 다음과 같다. 어떤 수도회도 그 기능과 조건을 규정한 법에 의해서 허가를 받지 않고는 결성될 수 없다. 국무회의 포고령에 의하지 않고는 어떠한 새로운 부속기관도 설립할 수 없다. 수도회의 해산과 부속기관의 폐쇄는 장관들의 회의에 따른 포고령에 의한다(제13조). 허가받지 않은 수도회는 직접 혹은 대리인을 통해서도 교

33 *Journal officiel*, Débats parlementaires, Chambre des députés, 29 juin 1901.

34 *Le Semaine politique et littéraire*, 26 janvier 1901, p.102.

35 Loi relative au contrat d'association, *Journal officiel*, 2 juillet 1901.

육기관을 운영할 수 없으며 교육을 할 수도 없다(제14조). 모든 수도회는 매년의 수입과 지출, 재정 상태와 동산 및 부동산 상황을 공개해야 한다. 구성원의 이름과 수도회 내에서 사용하는 이름, 국적, 나이, 출생지, 수도회 가입일 등을 기록한 명단을 수도회 사무실에 보관하여야 한다. 이 명단과 계좌 정보는 경찰청장이나 그의 대리인에 의해 변경이 없는 상태로 제출을 요구받을 수 있다. 경찰청장의 요청에 불복하거나 거짓 제출을 한 수도회의 대표나 경영자는 처벌받는다(제15조). 허가 없이 결성된 모든 수도회는 불법임이 공표되어질 것이다. 이에 해당되는 수도회의 구성원들은 처벌받는다(제16조). 이 법의 공표 시점 이전에 결성을 승인 받지 않은 수도회는 3개월 내에 이 법의 규정을 준수해야 한다. 이 같은 법적 절차를 따르지 않은 수도회는 모든 권리에서 박탈된다. 승인을 거부한 수도회의 경우도 마찬가지다(제18조).

제19조부터 제21조까지는 법의 집행에 관한 것으로 1810년 형법의 20인 이상 결사 금지 관련 조항을 비롯해 결사의 자유를 침해했던 19세기 각종 법률 조항들의 폐지를 언급하고 있다.

4. 콩브 정부의 반교권주의 정책

드레퓌스 사건을 거치면서 급진공화파는 세속화, 정치적 민주주의, 사회개혁을 체계적으로 추구하여 공화국을 안정화 시킬 필요성을 절감해 1901년 6월 21-23일 파리에서 전당대회를 열고 '급진당(Parti radical et radical- socialiste)'을 창립하였다. 급진공화파는 창당대회에서 "왕당파, 독재정치, 교권주의에 대항하여 공화국, 민주주의, 세속적 사회의 수호를 결의"하였다.[36] 급진당은 결사법의 수도회 관련 규정이 엄격히 적용되기를 희망했으나 발덱-루소 정부는

36 민유기, 「20세기 전환기 프랑스의 급진공화파와 중도정치」, 110-111쪽.

그들의 희망대로 움직이지 않았다. 이에 급진당은 1902년 하원 선거에서 승리하여 적극적인 반교권주의 정책을 추진할 목적으로 선거운동 기간에 교권주의 세력은 물론 온건 공화파에 대한 비판을 강도를 높여갔다.

급진당 내 좌파인 급진사회주의자 펠르탕(Camille Pelletan)은 1870년 툴루즈에서 창간되어 급진사회주의자들의 대변지 역할을 한 일간지 『라 데페쉬(*La Dépêche*)』를 통해 공화파가 의회를 장악하자 왕당파 대통령 막마옹(Patrice de Mac Mahon)이 의회를 해산시켰던 1877년 5월 16일의 쿠데타와 불랑제주의가 모두 "교회의 선동"을 배후에 두고 있다며 교권주의 세력을 비판하였다. 그는 또한 급진공화파가 공화국의 위기 순간에 온건공화파와 협력해 발덱-루소 정부를 탄생시켰지만 이 정부는 결코 "급진적이지도 민주적이지도 않았다"고 온건공화파를 비판하였다.[37]

1902년 하원 선거의 핵심은 결사법에 대한 찬성이냐 반대냐 하는 '종교 문제'였다. 1902년 4월 27일 1차 투표와 5월 10일 결선투표로 치러진 하원선거에서 급진당은 전체 589석 가운데 219석을 얻어 제1당이 되었고, 급진당과 사회주의자 및 중도좌파 공화주의자들이 결합된 '좌파블럭(Bloc des gauches)'이 339석을, 좌파블럭 반대 세력이 250석을 차지했다.[38]

선거가 끝난 직후 급진공화파 신문 『르 라디칼(*Le Radical*)』은 이제 "정력적으로 반교권주의 행동에 나서야 하며, 1901년 결사법을 엄격하게 적용하고, 민주적 사회적 개혁의 현실화 노력을" 경주해야 한다고 주장하였다.[39] 선거 이후 발덱-루소는 6월 3일에 총리직에서 물러났고 이어 급진사회주의자 콩브가 6

37 *La Dépêche*, 11 mai, 8 avril 1902.

38 Jacques Risse, *Le petit père Combes* (Paris: L'Harmattan, 1994), p.58. 연구자들 마다 정파별 의석수가 조금씩 다른데 한 연구자는 급진당 200여석 이상, 사회주의자들이 48석, 온건공화파 가운데 발덱루소를 중심으로 한 공화국수호 정부 지지 그룹이 100석에 조금 못 미쳤고, 리보를 중심으로 한 다수의 온건공화파 그룹이 127석, 보수주의적 우파인 '자유대중행동(Action libérale populaire)' 이 35석, 우파 민족주의자가 43석, 왕당파 전통의 보수주의자가 41석을 얻었다고 분석한다. Jean-Marie Mayeur, *La vie politique sous la Troisième République, 1870-1940* (Paris: Seuil, 1984), p.186.

39 *Le Radical*, 30 mai 1902.

월 7일에 정부를 구성하였다. '꼬마 신부(petit père)'란 별명을 가졌던 콩브는 남부 타른(Tarn) 도의 소도시에서 재봉사 아들로 태어나 가톨릭 학교에서 공부했고 토마스 아퀴나스 신학 연구로 철학박사 학위를 받았다. 하지만 성직자의 길을 포기하고 새롭게 의학을 공부해 의학박사 학위를 받은 후 퐁(Pons)이란 소도시에서 의사로 활동하였다. 1876년에 이 도시의 시장에 선출되어 정치를 시작했으며 1919년까지 시장 직을 유지했다. 1885년에 샤랑트-앵페리에르(Charente-Inférieure) 도 상원의원에 선출되어 중앙 정계에 진출해 1921년 사망까지 상원 의원으로 활동하며 상원 내 급진당 대표를, 1895-96년에는 급진공화파 레옹 부르주아 총리가 구성한 정부에서 공교육부 장관을 지냈다.[40]

1902년 6월부터 1905년 1월까지 지속된 콩브 내각은 11명의 장관과 1명의 장관급 국무위원으로 구성되었으며 콩브는 총리직과 동시에 내부 · 숭배부(Ministre de l'Intérieur et des Cultes) 장관을 맡았다. '숭배'란 종교협약 이후 가톨릭 교회 관련 업무가 대부분이었던 종교문제의 관할을 의미했다. 법무부장관은 결사법 하원 심의위원회 위원장이었던 급진사회주의자 발레(Ernest Vallé)가 맡았다. 내부 · 숭배부를 총리가 직접 담당하고 법무부를 발레가 맡은 것은 콩브가 내각 구성부터 결사법의 실제적 적용을 염두에 두었음을 의미한다. 결사법 상원 심의위원회 위원장이었던 트루이오는 산업상업부 장관을 맡았고, 발덱-루소 정부에서 1900년에 사임한 갈리페의 후임이었던 앙드레가 국방장관 자리를 계속 유지했다. 모두 12명의 장관급 자리는 군인이던 앙드레를 제외하고 급진당 내 우파가 네 자리를 급진당 내 좌파인 급진사회주의자들이 일곱 자리를 차지했다.

발덱-루소는 다양한 시민 결사체들에 대한 법률적 승인을 통해 자유의 이상을 확대하기를 희망했기에 시민 결사의 결성을 장려하면서도 결사법의 수도회에 관련 규정들을 엄격하게 적용하지 않았다. 발덱-루소 총리가 사임할

---

40 Vincent Duclert, *La République imaginée* (Paris: Belin, 2010), p.443.

당시 프랑스에는 〈표 1〉처럼 914개의 허가 받은 수도회와 457개의 허가받지 않은 수도회, 허가 받은 수도회 부속기관 1만7천325개와 허가 받지 않은 수도회 부속기관 3천498개가 존재했다. 총 2만823개의 수도회 부속기관 가운데 1만6천904개는 교육기관이었고 나머지 3천919개 수도회는 교육과 구호를 동시에 담당하고 있었다.

〈표 1〉 1902년 5월 수도회와 부속기관 현황[41]

	남성수도회	여성수도회	남성수도회 부속기관	여성수도회 부속기관
허가	5	909	1,410	15,915
미허가	61	393	1,964	1,534
소계	66	1,302	3,374	17,449
총계	1,371		20,823	

드레퓌스 사건이 낳은 위기를 해소할 목적에서 구성된 공화국수호 정부를 이끈 발덱-루소의 정책들은 공화국 체제를 지키기 위한 최소한의 것이었다. 발덱-루소 정부는 위에서 언급한 대로 드레퓌스 사건 당시 왕당파와 결탁한 군 수뇌부들에 대한 대대적 인사를 단행했다. 수도회에 대해서는 "기존에 존재하던 수도회 부속 교육기관의 상황을 파악해 관리하고 향후 증가를 억제하게 할 생각"이었다.[42]

하지만 1902년 선거에서 제1당이 된 급진당의 콩브는 "교회에 대한 강력한 공격을 주도"하였다.[43] 급진공화파와 사회주의자들은 결사법의 엄격한 적용을 원했으며, 결사법이 "공화국 체제 내에서 교회의 위치에 대해 질문을 던지

41 콩브 정부 출범 당시의 수도회 수는 구체제 때 만큼이거나 더 많은 것이었다. Emile Combe, *Une deuxième campagne laïque vers la séparation* (Paris: Société nouvelle de librairie et d'édition, 1905), p.305.

42 Jean-Marie Mayeur, *La Séparation de l'Église et de l'État*, p.28.

43 Mona Ozouf, *L'Ecole, l'Eglise et la République 1871-1914* (Paris: Editions Cana, 1982), p.177.

는 시작점"이라고 생각했다.[44] 발덱-루소 정부에서 콩브 정부로의 변화는 "공화국을 수호하는 방어적 반교권주의에서 투쟁하는 반교권주의로 변화"를 의미하였다.[45] 콩브를 '악마'로 지칭하며 콩브 정부 시기의 반교권주의 정책을 '프랑스에 반대한 프랑스'로 규정한 연구서가 존재하는데 이는 당대 교권주의와 보수주의자들의 일반적 인식이었다.[46]

정부를 구성한 후 콩브는 6월 10일 하원 첫 연설에서 정부 정책기조를 설명하면서 결사법과 관련해 "행정적 사법적 적용의 시기"가 시작될 것임을 천명했다.[47] 콩브 정부는 6월 27일자 포고령으로 결사법 제정 이후 허가받지 않고 문을 연 수도회 부속 초등학교 125개를 포함한 수도회 교육기관 127개를 폐쇄시켰다.[48] 이들 학교는 주로 주민 대다수가 가톨릭이었던 지방 소도시들에 존재하였기에 주민들의 반발이 심했으며 폐쇄 얼마 후에 세속 교사를 채용해 '자유학교'로 다시 문을 열기도 하였다.[49]

이에 콩브 총리는 7월 11일자로 도지사들에게 보낸 회람서신을 통해 결사법 제정 이후 허가를 신청하지 않은 수도회와 부속기관을 조사해 8일 기한 내에 폐쇄하도록 명령하였다. 이에 따라 전국적으로 2천5백여 수도회 부속학교가 문을 닫게 되었는데 이 가운데 약 300여 곳이 정부 방침에 반발하였다.[50] 7월 11일 하원에서는 은행가이자 가톨릭 보수주의 의원이던 에나르(Edouard Aynard)가 "2천5백여 학교가 문을 닫게 된다면 15만여 명의 학생을 범죄자처럼 거리로 내모는 것"이며, 1886년 고블레 법에 의해 "교육의 자유가 선포된 나

---

44 Claire Andrieu, Gilles Le Béguec, Danielle Tartakowsky (dir), *Associations et champ politique*, p.181.

45 Serge Berstein, Michel Winock (dir.), *L'Invention de la démocratie 1789-1914* (Paris: Seuil, 2002), p.395.

46 Anne-Marie et Jean Mauduit, *La France contre la France la séparation de l'Eglise et de l'Etat 1902-1906* (Paris: Plon, 1984), p.7.

47 Jacques Risse, *Le petit père Combes*, p.68.

48 *Journal Officiel*, 28 juin 1902, Décret du 27 juin 1902, fermant 127 établissements congrèganistes d'enseignement.

49 Jean-Marc Schiappa (dir.), *1905! La loi de séparation des Eglises et de l'Etat*, p.91.

50 Jean-Marie Mayeur, *La Séparation de l'Église et de l'État*, p.29.

라"에서 이 같은 조치는 "자유에 반하고 인간성에 반하는 범죄"라며 총리를 비난하였다.[51] 하지만 정부는 8월 1일자 포고령으로 도지사들의 폐쇄 명령에 반발한 310개의 수도회 부속 교육기관을 폐쇄하였다.[52]

이에 교권주의자들과 보수주의자들의 항의가 이어졌다. 6월 27일 포고령과 7월 11일 회람서신으로 폐쇄된 많은 곳은 여성수도회가 운영하는 여자초등학교였다. 이에 드뤼 백작 부인을 비롯해 보수주의적 가톨릭 귀족과 상류층 부인들이 7월 27일 파리 콩코르드 광장에서 콩브 정부에 반대하는 시위를 조직해 '자유(교육) 만세'를 외쳤다. 같은 날 같은 곳에서 반교권주의 시민단체들은 '성직자 타도'를 외치며 정부에 대한 지지 시위를 전개하였다.[53]

파리 노트르담 성당의 대주교 리샤르(François Richard) 추기경은 7월 19일, 즉 정부의 회람서신을 통해 정해진 도지사들의 수도회 부속기관 폐쇄 시한 마지막 날 공화국 대통령에게 정부정책을 비판하는 개인 서신을 보냈다. 이에 대해 정부가 반응을 보이지 않자 10월에는 프랑스 전체 주교 78명 가운데 74명이 서명한 수도회 부속학교 폐쇄에 반대하는 청원 서신이 발표되었다. 주교들은 이 서신에서 "교회는 정치에 관심이 없으나 정치가들이 종교에 전쟁을 선포하였다"고 정부의 강력한 결사법 적용을 비판하였다.[54] 이에 대해 국무회의는 12월 2일에 74명 주교가 권한을 넘어선 행위를 했다고 비판하였고, 콩브 총리는 1903년 4월 11일자 답신으로 주교들의 청원서신이 성직자들의 집단청원과 정치적 선언을 금지하고 있는 종교협약과 그 외에도 다양한 프랑스 현행법을 위반하고 있음을 상기시켰다.[55]

---

51 Jacques Risse, *Le petit père Combes*, p.93.

52 *Journal Officiel*, 2 août 1902. Décret du 1er août 1902, fermant 310 établissements congrèganistes d'enseignement.

53 Jacques Risse, *Le petit père Combes*, pp.94-95. Anne-Marie et Jean Mauduit, *La France contre la France*, p.39.

54 Gabriel Merle, *Emile Combe*, pp.318-319.

55 Conseil d'Etat, Déclaration d'abus contre 74 archevêques et évêques auteurs de la pétition en faveur des congrègationistes. Emile Combe, *Une campagne laïque* (Société nouvelle de librairie et d'édition, 1904), pp.415-416. 이어 정부는 집단청원에 주도적 역할을 한 주교 두 명의 봉급 지불을 중단하였다. Dominique Lejeune, *La France de la Belle époque 1896-1914* (Paris: Armand Colin, 1995), p.34.

1902년 여름 이후 여러 도시와 농촌에서는 성직자들의 항의 행진이 계속되었다. 이런 상황에서 급진공화파 신문 『르 라디칼』은 "대혁명과 교회라는 서로 타협할 수 없는 두 원칙 사이에 결정적 투쟁이 전개"되고 있다며 정부를 옹호하였다.[56] 1902년 10월 9일부터 12일 리옹에서 열린 제2회 급진당 전당대회 마지막 날 사회를 맡은 급진사회주의자 하원의원 뷔송(Ferdinand Buisson)은 교회에 대한 반대가 "바스티유를 장악한 우리 선조의 해방의 첫 외침"이었다며 현재 진행 중인 "사회적 공화국과 교권주의 공화국 간의 결투"의 역사적 의미와 중요성을 상기시켰다.[57]

급진당 정부의 입장은 수도회와 부속기관을 우선 폐쇄하고 추후 결사법 규정에 따라 허가를 요청하면 엄격하게 심사하려는 것이었다. 국무회의는 1902년 11월 28일에 수도회와 부속기관의 허가 신청을 관련 부서가 검토한 후에 하원과 상원에서 논의하여 최종결정하도록 규정하였다. 이에 1902년 겨울과 1903년 봄에 허가받지 않았던 54개 남성 수도회와 81개 여성 수도회 및 그 부속기관 517개의 승인 요청이 접수되었다. 하지만 의회는 남성수도회 가운데 구호병원을 운영하는 수도회와 명상수도회 총 다섯 개를 제외하고 모두 승인을 거부하였다.[58] 콩브는 1902년 10월 17일 하원 연설에서 "대체할 수가 없기에 수도회의 구호소들은 폐쇄하지 않을 것"이며 이는 "공화국 공공구호 시스템의 매우 유감스러운 빈자리들"이라고 발언한 적이 있다.[59]

결사법에 의거해 허가를 요청한 수도회와 부속기관들이 대부분 승인받지 못하자 발덱-루소는 공화국의 위협세력에 대한 "통제의 법이 배제의 법으로" 변했다며 콩브를 비판하기도 하였다.[60] 하지만 『르 라디칼』 편집장이던 급진공화파 의원 라크루와(Sigismond Lacroix)는 1902년 선거에서 유권자들이 "결사

56 *Le Radical*, 14 juillet 1902.

57 *Compte-rendu du deuxième Congrès annuel du Parti républicain radical et radical-socialiste* (Paris, 1902), p.130.

58 Gabriel Merle, *Emile Combe*, pp. 277, 288-289, 295, 300.

59 Jean-Marie Mayeur, *La Séparation de l'Église et de l'État*, p.32.

60 Jean Leduc, *Histoire de la France: l'enracinement de la République 1879-1918* (Paris: Hachette, 1991), p.81.

법이 가능한 많은 수도회를 제거할 도구"라는 급진당의 주장에 표를 주어 급진당이 제1당이 되었기에 "결사법의 엄격한 적용은 유권자들의 요구"라고 강조했으며, 발덱-루소의 콩브 비판에 대해서도 "반교권주의 투쟁을 시작하게 만들어 놓고 이제와 반대하고 있다"고 조롱하였다.[61] 〈이미지 1〉은 1903년 4월 29일 허가를 받지 않은 도미니크 수도회 부속기관이 폐쇄되면서 수도사가 쫓겨나는 모습인데, 도열한 경찰 뒤에서 지켜보는 일부 주민이 모자를 벗어 수도사에게 경의를 표하고 있다. 보수주의 장교들 다수는 콩브 정부 시기 수도회와 부속기관의 폐쇄 동원을 거부하며 군에서 사임하였다.[62]

〈이미지1〉 1903년 미승인 수도회 폐쇄[63]

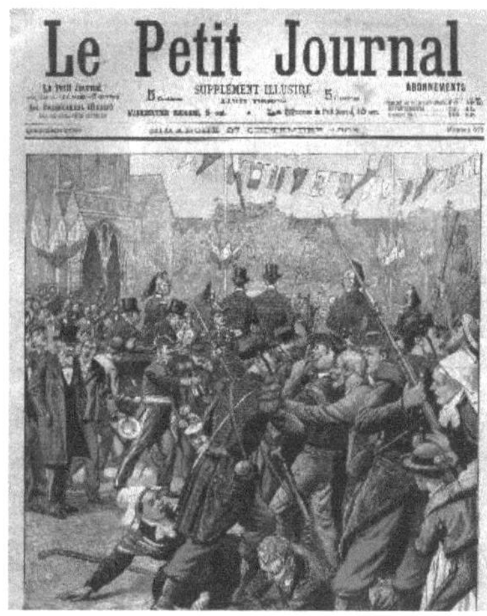

〈이미지2〉 1903년 르낭 동상 제막식[64]

보수주의와 교권주의 세력이 "기요틴 없는 자코뱅주의"라고 비판한 콩브 정부의 강력한 반교권주의 정책은 전국적인 공화파 위원회, 프리메이슨단,

---

61 *Le Radical*, 15 mars 1903, 1 juillet 1903.

62 Francis Démier, *La France du XXe siècle* (Paris: Seuil, 2000), p.395.

63 Vincent Duclert, *La République imaginée 1870-1914*, p.445

64 *Le petit journal*, 27 septembre 1903.

인권동맹, 교육동맹, 교사 단체들 등 급진공화파 지지 세력과 시민단체들의 확고한 지지를 받았다.[65]

콩브는 19세기 중반 『예수의 생애』를 비롯해 다양한 저작으로 세속성의 확대에 앞장 선 르낭(Ernest Renan) 출생 80주년을 기념하여 1903년 9월 13일 르낭의 고향인 브르타뉴의 소도시 트레기에(Tréguier)에 건립된 르낭 동상 제막식에 참가하였다. 콩브와 그를 동행한 공화파 문인 아나톨 프랑스(Anatole France), 동상 제막식에 참가한 프리메이슨단 회원들과 반교권주의 투사들은 도시 한복판 성당 앞 광장에서 미사 시간에 동상 제막식을 열어 세속성의 사상가를 추모했다. 브르타뉴 지방은 1902년 6월 이후 수도회와 부속기관 폐쇄에 가장 적극적인 반대가 있었던 곳이었는데 〈이미지 2〉처럼 동상 제막식 행사는 가톨릭이 조직한 반대시위와 동시에 전개되었다.

동상 제막 축하 연설에서 콩브는 "르낭과 같은 자유사상가들 때문에 우리는 지성에 의심이 되는 믿음에 중립적일 수 있었고, 이성에 대한 믿음을 지닐 수 있었다. ... 우리가 공격하는 것은 종교가 아니라, 지배의 도구로 작동하는 종교기관들이다. 우리는 양심의 영역에 속하는 믿음의 자유를 옹호한다. ... 우리가 종교에 그것을 요구할 권리가 있기 때문에 종교에 바라는 것은, 자신들의 신전에만 머무르라는 것, 신자들에게만 교육을 제한하라는 것, 모든 시민적 정치적 영역에 전혀 개입하지 말라는 것이다. ... 정부는 종교와 정치를 급진적으로 분리시킬 것이다"며 정교분리 의도를 표출하였다.[66]

급진공화파는 이성을 중시한 정파로 "정치에 합리성을, 독단적 신앙에 반대하며 과학을, 전통에 반대하며 진보를, 교권주의의 위협에 반대하며 계몽철학을" 강조하였고, "반교권주의는 급진파 이념의 본질"이었다.[67] 콩브는 "시

---

65 Gérard Baal, *Histoire du radicalisme* (Paris: La Découverte, 1994), p.36. 1904년 한해 콩브는 이들로부터 1만여 통 이상의 지지서신을 받았다. p.34.

66 Emile Combe, *Une campagne laïque*, pp.349-367.

67 Jean Touchard, *La gauche en France depuis 1900* (Paris: Seuil, 1977), p.46.

민주권의 우월성과 시민주권의 종교와 도그마에 대한 절대적 독립성이 공화국 헌법의 가장 중요한 개념 가운데 하나"라고 인식했다.[68] 콩브 정부는 "좌파에 적이 없다(pas d'ennemis à gauche)"는 주장을 되풀이해서 강조하였다.[69] 이는 급진당이 내세운 민주주의, 세속성, 사회개혁의 강조가 사회주의자들이 추구했던 사회적 공화국의 기본요소들이었기 때문이다.

사회주의자 조레스(Jean Jaurès)는 1901년 하원에서 결사법이 통과된 이후 이 법이 보수주의 우파에 대항하여 "필수적으로 지속되어야 할 노력과 투쟁의 시작"이라고 평가하였다.[70] 따라서 그는 "콩브 정부의 반교권주의 행동을 승인하고 지지"했다.[71] 조레스는 1902년 8월 수도회 폐쇄 조치 이후 "수도회가 1789년 이래 모든 정치적 사회적 위기 속에서 반혁명의 편"이었다고 수도회를 비판했고, "교회가 진실과 법 그리고 공화국에 반대하며 저지른 집단적 범죄들의 대가를 치러야만" 한다고 강조하였다.[72] 노동운동 진영은 무기제조공장의 노동조합처럼 콩브 정부가 사회개혁의 일환으로 논의를 시작한 "하루 8시간 노동제 문제 뿐 아니라 반교권주의 투쟁도 지지"하였다.[73]

콩브 정부는 1904년 7월 7일자 법으로 수도회의 모든 교육활동을 금지시켰다. 이로 인해 2천398개의 수도회 부속학교가 폐쇄되었다.[74] 수도사들은 "국가의 틀 내에서 스스로 속화(se séculariser) 되거나 프랑스를 떠나야" 했다.[75] 콩브 정부는 1902년과 1903년에는 '결사법의 확대 적용'을, 1904년에는 수도회

---

68 Emile Combe, *Une deuxième campagne laïque, vers la séparation*, p.4.

69 Gabriel Merle, *Emile Combe*, p.268.

70 *La Dépeche*, 15 avril 1901.

71 Jean-Michel Ducomte, Rémy Pech, *Jaurès et les radicaux: une dispute sans rupture* (Toulouse: Privat, 2011), p.106.

72 *La Petite République*, 21 août, 3 août 1902.

73 Serge Berstein, Michel Winock (dir.), *L'Invention de la démocratie*, p.411.

74 Jean-Jacques Chevallier, *Histoire des institutions politiques de la France moderne 1789-1945* (Paris: Librairie Dalloz, 1958), p.479

75 Jacques-Olivier Boudon, *Religion et politique en France depuis 1789* (Paris: Armand Colin, 2007), p.120. Cf., Jean-Dominique Durand, Patrick Cabanel (dir.), *Le Grand Exil des congrégations religieuses françaises 1901-1914* (Paris: Cerf, 2005).

교육 금지법을 반교권주의의 무기로 사용했다.[76] 반교권주의의 최종 무기는 1801년의 종교협약과 단절하기 위한 정교분리법 제정이었다. 1903년부터 콩브와 사회주의자 브리앙(Aristide Briand) 등 급진공화파와 사회주의자 의원들에 의한 다양한 정교분리 법률 계획안이 하원에 제출되었고 1903년 6월에 하원에 관련 법안 심의위원회가 구성되었다.

교황청은 급진공화파 정부의 반교권주의 정책을 못마땅해 했으나 큰 마찰을 일으키지는 않았다. 당시 교황 레오13세((Léon XIII)는 1891년에 교회의 사회문제에 대한 관심을 촉구한 회칙 『레룸 노바룸(*Rerum Novarum*)』을 발표하기도 했던 주지주의적 교황이었고 이미 90살을 넘겨 건강이 좋지 않았다. 하지만 1903년 7월 20일 선종한 그의 후임자로 선출된 비오10세(Pie X)는 가톨릭 교리의 현대적 해석을 거부하며 신앙을 수호하려 하였고, 프랑스의 반교권주의 정책에 강한 불만을 표출하였다. 그는 1903년 12월에 프랑스 대통령에게 서신을 보내 수도회 부속교육기관의 폐쇄에 항의하였다. 1904년 7월 바티칸은 프랑스와 외교를 단절하게 되는데 여기에는 콩브의 반교권주의 정책 뿐 아니라 이탈리아와의 외교문제도 한 계기가 되었다. 1870년 통일 이탈리아 왕국이 로마를 수도로 삼자 교황청은 이탈리아 왕국을 공식승인하지 않았는데, 1900년에 왕위에 오른 이탈리아 왕 비토리오 에마누엘레3세(Vittorio Emanuele III)가 1903년 10월 파리를 성황리에 방문하고 이에 화답하며 프랑스 대통령 루베(Emile Roubet)가 1904년 4월 로마를 방문하자 교황이 크게 분노하였다. 루베의 방문을 환영한 로마 시민들은 "루베 만세"와 "반교권주의 프랑스 만세"를 외쳤었다.[77]

교황청과의 외교 단절 속에서 정교분리법이 논의 중이던 1905년 1월에 콩

76 Yves Lequin (dir.), Jean Bauberot, Guy Gauthier, Louis Legrand, Pierre Ognier, *Histoire de la laïcité* (Besançon: CRDP de Franche-Comté, 1994), p.144.

77 Gabriel Merle, *Emile Combe*, pp.324-326, 329-330. 교황청과 프랑스의 외교관계는 1914년 9월에 비오10세 후임 교황으로 선출된 베네딕토15세(Benoît XV) 재위기간 중인 1921년에 회복되었다.

브는 총리직을 사임하게 된다. 계기는 1904년 10월 28일에 발생한 '신상자료 스캔들(Scandale des fiches)' 혹은 '신상자료 사건(Affaire des fiches)'이라 불리는 불법정보 수집 문제였다. 국방부장관 앙드레는 비밀결사인 프리메이슨단이 제공한 장교들의 종교적 성향과 공화국에 대한 충성도 관련 정보를 관리하며 장교들의 승진에 참고자료로 활용하였는데, 그 양은 전체 장교들의 약 50%에 해당하였다. 이런 사실이 하원에서 우파 민족주의 의원에 의해 폭로되자 앙드레는 며칠 뒤 사임하였으나 우파들의 반발이 더욱 심해져 1905년 1월 10일 하원에서 찬성 287표 대 반대 281표로 콩브 불신임이 가결되었다.[78] 사회주의자들 역시 1904년 암스테르담에서 열린 제2인터내셔널 6차 대회에서 프랑스 사회주의 정파들의 통합이 결정된 후 1905년 통합사회당(SFIO) 창당 전당대회를 준비하면서 급진공화파에 대한 지지를 철회하기 시작하였다.

콩브의 뒤를 이어 온건공화파 루비에(Maurice Rouvier)가 정부를 구성하여 약 1년간 이끌었는데 이 기간인 1905년 12월에 제정된 정교분리법은 콩브 정부의 반교권주의 정책의 최종 결과로 평가된다. 하원의 정교분리법 위원회 위원장이었던 급진사회주의자 뷔송은 1908년에 출간한 저서에서 콩브 내각이 출범하면서 "반교권주의가 원칙에서 적용으로, 이론적 확인에서 효과적인 현실화로 변화"했다고 평가하였다.[79] "정교분리를 이끈 역동성"은 반교권주의 열정으로 결사법을 엄격하게 적용하면서 전개된 콩브 정부의 "수도회 반대 투쟁"에서 비롯되었다.[80]

---

78 Jean-Marc Schiappa (dir.), *1905! La loi de séparation des Eglises et de l'Etat*, p.113. Jean Leduc, *Histoire de la France: l'enracinement de la République*, p.85.

79 Ferdinand Buisson, *La politique radicale: étude sur les doctrines du parti radical et radical-socialiste* (Paris: V. Giard & E. Beière, 1908), p.92.

80 Jean-Marie Mayeur, *La Séparation de l'Église et de l'État*, p.33.

5. 나오며

1901년에 제정된 결사법은 19세기 말 드레퓌스 사건으로 제3공화국을 위기에 빠뜨린 교권주의 세력을 통제하고 억제하려는 의도를 지녔다. 1902년 선거 승리로 정부를 구성한 급진당은 결사법을 철저하게 적용하며 강력한 반교권주의 정책을 펼쳐 1905년 정교분리법의 기반을 마련하였다. 그런데 지금까지 연구들은 드레퓌스 사건, 결사법, 정교분리법을 급진공화파의 반교권주의 활동 속에서 서로 연결시키지 못하였다. 그 연결고리인 결사법이 지닌 결사의 자유 허용과 수도회 통제라는 이중적 특성에서 결사의 자유란 측면이 보다 중시되어졌기 때문이다. 따라서 이 글에서는 제3공화국의 반교권주의 역사에서 상대적으로 주목받지 못했던 결사법의 역사적 의미를 규명하기 위해 결사법 제정의 정치적 사회적 배경, 결사법 제정 당시의 의회 논쟁, 결사법을 엄격하게 적용한 급진당 콩브 정부의 반교권주의 정책을 차례대로 살펴보았다.

드레퓌스 사건이 야기한 위기를 극복하려 한 발덱-루소의 공화국수호 정부가 제정을 주도한 결사법의 내용은 시민의 결사 허용 문제 뿐 아니라 수도회에 대한 통제를 동시에 담고 있다. 법률 제정 과정에서 보수주의 우파와 교권주의 세력은 수도회 역시 결사의 자유를 누려야 한다고 반발하였으나 급진공화파는 결사가 본질적으로 자유로운 시민을 전제로 하는 것이라며 반박하였다. 1902년 하원 선거 승리로 구성된 급진당의 콩브 정부는 결사법을 적용해 허가받지 않은 수도회와 부속 교육기관들을 폐쇄하였고, 모든 수도회의 교육 금지법을 제정했으며 정교분리법 논의를 본격화하였다. 민주주의, 공화주의, 세속성을 중시한 급진공화파는 종교 자체에 반대한 것이 아니라, 보수주의 세력과 결탁해 정치적 사회적 영역에 개입하여 민주주의와 공화국을 위협한 교권주의 세력에 반대하였다.

이 글에서 다루는 시기를 벗어나는 것이지만 1901년 결사법의 수도회 교육 금지와 허가받지 않은 수도회의 불법화 및 처벌 조항은 비시체제에서 폐지되었다. 보수적 가톨릭 교권주의자들은 비시체제와 결탁해 다시금 교육에 적극 개입하였다. 하지만 2차 대전 이후 20세기 후반 내내 공교육의 확대와 결사법에 따른 시민들의 다양한 결사체 활동은 종교의 사회적 영향력을 대폭 축소시키며 프랑스 사회의 세속화에 기여하였다.

최근 우리 사회에서 조직화되려는 양상을 보이고 있는 일부 개신교 성직자들의 정치활동은 많은 이들의 우려를 낳고 있다. 세속적 현대 사회에서 종교 공동체가 정치에 관여하려고 시도하는 것은 위험스러운 일이다. 다양한 사회 갈등 상황에서 이따금씩 표출되는 성직자의 소신어린 발언이 강한 사회적 울림이 있는 것은 종교가 정치에 이해관계를 갖지 않는다는 시민들의 인식 때문이다.

Chapter 08

1930년대 프랑스의 가톨릭 지성 『에스프리』

1. 들어가며 : 『에스프리』의 창간
2. 『에스프리』의 반부르주아, 반개인주의
3. 인간의 품격
4. 노동자의 인격은 어디에?
5. 가톨릭과 공산주의의 관계를 열며
6. 맺음말

Chapter 08

1930년대 프랑스의 가톨릭 지성 『에스프리』

노서경

1. 들어가며 : 『에스프리』의 창간

1930년 12월 어느 날 20대의 젊은이들인 엠마뉘엘 무니에와 조르주 이자르는 파리 6구의 생플라시드(Saint Placide) 거리로부터 강 건너 팔레 루와얄(Palais Royal)까지 시내를 걸으면서 잡지를 창간해야 한다는 데 생각을 모으고 의논을 계속했다.[1] 25세, 27세인 두 사람은 잡지에 손을 담근 경험이 없었지만 20대가 잡지를 만들어 시대의 전위로 나서는 것은 1920년대 또는 1930년대에 그리 특별한 일이 아니었다. 1924년 잡지 『초현실주의 혁명(*La Révolution surréaliste*)』을 창간한 것이 20대의 브르통(André Breton), 아라공(Louis Aragon)이었고, 공산주의와 가까워지는 『클라르테(*Clarté*)』를 주관한 것도 20대의 피에르 나빌

1 Michel Winock, *Histoire politique de la revue "Esprit" 1930-1950* (Paris: Seuil, 1975), pp.46-47.

(Pierre Naville)이었다. 이런 상황은 우파 그룹에서도 다를 바 없었다. 프랑스의 나약함을 우려한 드리외라로셸(Pierre Drieu La Rochelle)이 글을 쓰는 『젊은이들의 투쟁(*Combat des Jeunes*)』, 브라지야(Robert Brasillac)이 편집하는 『나는 도처에(*Je suis Partout*)』 같은 잡지들이 20대의 수중에 들었으며 이미 1910년에 창간되어 명성을 날리는 『악시옹 프랑세즈』의 필진도 수장 샤를 모라스(Charles Maurras)를 제외하면 거의 팽팽하게 젊었다. 이들과 같은 세대라 해도 무니에와 이자르가 차이가 있는 것은 좌파, 우파라기보다 가톨릭이란 점이었다. 그러나 이들이 구상한 것이 가톨릭 교인들을 위한 잡지는 아니었으며, 더구나 이 잡지의 필진을 가톨릭으로 한정하는 것은 아무도 생각지도 않았다.

그렇더라도 근본적으로는 가톨릭 즉, 정신의 세계에 뜻을 두고 잡지를 새로 만들겠다는 이들은 이자르, 무니에 두 사람뿐 아니라 앙드레 들레아주(Andre Déléage), 루이-에밀 갈레(Louis-Emile Galais) 등 지방의 부르주(Bourges) 중학교, 파리의 루이르그랑(Louis le Grand) 학교 동기생들이었다. 델레아주는 일찍부터 명석했던 시인이자 역사가였으며, 갈레는 세속화된 부친에 반항한 열렬한 가톨릭이었다. 이자르는 남부 랑그독(Languedoc) 출신으로 다혈질인 개신교도였는데 델레아주의 영향을 받아 가톨릭이 되었다. 이자르가 소르본 대학교에서 무니에를 만난 것은 1914년 1차 대전에 자원하여 곧 산화한 샤를 페기(Charles Péguy)의 문집을 편집하는 일 때문이었는데 두 사람은 곧 의기 상통했다. 하여튼 델레아주, 이자르, 무니에 세 사람은 일요일이면 므동(Meudon)을 찾았다. 므동이라면 가톨릭 안에서는 물론 가톨릭 밖에서도 잘 알려진 철학자 자크 마리탱(Jacques Maritain)의 거처를 가리켰다.[2]

비록 1905년 정교분리법 제정으로 교회가 심대한 타격을 받기는 했지만 프랑스는 가톨릭의 나라이며 가톨릭은 서열과 질서를 지켜야 하는 사회인데 왜

---

2 Philippe Chenaux, *Entre Maurras et Maritain. Une génération intellectuelle catholique (1920-1930)*, (Paris: Éditions du Cerf, 1999), pp.49-60.

갓 20대의 이름 없는 젊은이들이 새로운 잡지의 창간을 기획하게 되었을까. 마리탱은 이들과 어떤 관계였으며 페기 편집실에서 가톨릭 젊은이들이 만나게 된 것은 어떤 사연이 있어서였을까. 어떤 성격의 잡지가 필요하다는 공감이 이들을 서로 접근하게 한 것이며 또 그 때가 왜 1930년이었을까. 이런 일련의 의문을 한꺼번에 풀어주는 하나의 단초는 1932년 10월에 창간되는 이 잡지의 제호인 『에스프리(*Esprit*)』이다.[3] 사실 새 잡지를 만들고 싶다는 갈망에 응답한 가톨릭은 이들 외에도 여러 층의 여러 사람이었다. 주요한 사회학자가 되는 조르주 뒤보(Georges Duveau), 1950년대에도 계속 이 잡지에 기고하는 철학자 폴 리쾨르(Paul Ricoeur)도 합류했다. 그런데 창간을 준비하면서 모여서 숙의를 해도 답이 나오지 않은 문제가 '잡지의 이름이 무엇이어야' 하느냐 였다. 제호는 이자르, 델레아주, 무니에의 뜻과 방향, 새로움에 대한 갈망, 그러면서도 가톨릭이라는 것을 모두 표상하는 말이어야 했다. 잡지 발간을 확정한 1931년의 어느 날 누군가 에스프리라는 낱말을 꺼내자 모두 무릎을 쳤다. 정신, 재기, 마음, 영혼을 뜻하는 프랑스어, 에스프리, 그건 누구나 매일 쓰는 친근한 말이었다. 게다가 간결하고, 다른 나라 말로 대체하기 힘든 프랑스적인 것을 담고 있었다. 그리고 중대하게, 지금까지 종교, 또는 영혼을 대변해 온 스피리튀알리테(Spiritualité)가 주는 비현실, 천상의 느낌과 달랐다.

이렇게 출발한 에스프리가 프랑스 가톨릭과 프랑스 지성계에 하나의 중대한 이정표였다는 것은 가톨릭을 넘어 일반적으로 충분히 인정되고 있다. 2012년에도 발간되는 오랜 수명을 가진 이 잡지는 특히 초기 1930년대와 대독 항쟁기(1940-1944), 그리고 1950년대에 주목을 끌었다. 교회를 넘어 울리는 철학적이고 사회적인 비판의 폭이 넓고 조용하고 날카로웠다. 이 글은 그러한 에스프리의 면모를 특히 1932년 창간부터 2차 대전 전인 1939년까지에 한정하여 살피고자 한다. 그런 이유는 1차 대전과 2차 대전 사이, 즉 현실에 매

3 앞으로 이 글에서 일일이 잡지 부호 없이 에스프리로 표기하는 경우도 거의 잡지를 가리킨다.

몰되지 않으려는 비순응(Non conformisme)이 어느 분야에서나 강렬했던 시대가 1930년대이기 때문이다.[4] 그리고 바로 그 시기에 20세기 프랑스의 종교와 사회 사이의 관계가 모종의 중대한 변화를 일으키기 시작했기 때문이다. 말하자면 에스프리는 자기 시대를 어떻게 살았는가가 이 글의 문제의식이다.

우선 프랑스 가톨릭이 '지금의' 침체 상태를 벗고 변해야 한다고 판단한 것은 에스프리 발간인들 만이 아니었다. 한 조사에 따르면 1920년 이전 파리에서 발행되는 가톨릭 언론은 96종에 달할 만큼 종교 언론은 풍부하고 다양했다. 그런데 1926년 이후 1930년 사이에 프랑스 가톨릭은 19세기 말에 이어 다시 한 번 커다란 충격을 입었다. 군과 함께 교회가 공격을 받은 1898년 드레퓌스사건 이후 프랑스 가톨릭의 입장을 대변해 온 것은, 프랑스 내외에 잘 알려졌듯이 '악시옹 프랑세즈(Action française)' 운동이었다. 1900년에 새로운 보수 동맹으로 탄생한 악시옹 프랑세즈는 가톨릭에서 발원하지 않았으면서도 19세기의 보수주의에 새로운 옷을 입히고 왕당파를 혁신시키면서 가톨릭을 이에 결합시켰다. 이 운동의 주창자인 샤를 모라스에 따르면 왕정은 혈통 때문이 아니라 근대적 이성적인 의미가 있기 때문에 유지되어야 했고 가톨릭 역시 마찬가지 이유로 계승, 발전되어야 했다. 그런데 악시옹 프랑세즈는 1926년 로마 교황청의 파문 선언을 받아 왕당파 가톨릭의 깃발을 내렸다. 로마 가톨릭은 이 파문의 이유로 악시옹 프랑세즈의 민족주의 성향과 반(反)민주주의를 들었지만 아무튼 로마 교황청이 두려워 할 만큼 이 조직의 영향력이 커진 것은 분명했다. 악시옹 프랑세즈가 가톨릭의 부속기관이 아니었음에도 파문이 내려졌다는 것이 이를 반증하였다. 교황의 파문이 친독일적이었든, 프랑스 교회의 독자성을 우려했든, 이 뜻밖의 조치로 19세기와 다른 이지적 권위에 기대던 프랑스 가톨릭은 방향타를 잃었다.

물론 악시옹 프랑세즈의 노선에 프랑스 가톨릭이 하나같이 동의했던 것은

4 Jean-Louis Loubet del Bayle, *Les Non-conformistes des années 30* (Paris: Seuil, 2001 [초판은 1969]).

아니다. 1920년대의 가톨릭은 자크 마리탱이란 철학의 거장을 얻었다.[5] 종교의 신비와 근대적 형이상학을 섬세하게 엮어 젊은이들의 가슴을 두근거리게 한 마리탱은 진보 가톨릭의 둥지를 틀었다. 마리탱은 한 때는 악시옹 프랑세즈에 공감했지만 곧 프랑스 혁명이 주창한 인간의 권리가 종교의 입장과 어긋나지 않는다는 논리를 세우고 그것을 '인간적 페르소나(personne humaine)의 권리'라고 지칭했다. 좌우를 가리지 않는 20세기 초의 지적 모험 속에 가톨릭이 외롭게 혼자 떨어져 있지 않도록 한 것이 마리탱 신학이었다. 스타니슬라스 콜레주와 파리 가톨릭학교(Institut Catholique de Paris)의 교수인 마리탱과 우크라이나 출신이며 유대인의 해박함을 갖춘 아내 라이사가 구심점이 된 므동의 토마스주의(Thomisme)서클은 이름이 났다.[6] 므동은 동유럽의 사상가와 문인들, 멀리 미국과 라틴 아메리카의 신학자와 교육자들이 모여들어 늘 활기차고 분방했다. 이자르와 무니에의 새 잡지 발간 계획에는 므동의 지지와 후원이 필히 요구되었으며 마리탱은 기꺼이 배경이 되어 주었다. 사실 마리탱의 연결로 발간 기금이 답지했고 벨기에의 출판사가 에스프리의 인쇄 작업을 맡았다.[7]

에스프리의 창간인들은 본질적으로 이 시대는 농익어 썩고 있다는 인식을 나누었다. 프랑스에만 140만 명의 사망자를 부른 1차 대전의 파괴는 심각하고 대규모였으나 그로부터 10년이 지나지 않아 사회는 오히려 부르주아의 전성기를 맞았다. 우아하고 현대적인 패션과 가구, 식당이 파리 거리에 번성하고 프랑스뿐 아니라 베를린에서 주네브, 밀라노, 런던...유럽 전체가 영화와 소설, 자동차와 대중가요의 새 물결에 휩싸였다. 교회도 새 단장에 열을 내고

5 마리탱의 신학에 대해서는 손은실, 「자끄 마리땡의 『통전적(統全的) 휴머니즘』에 나타난 토미즘의 현재성」, 『가톨릭철학』, Vol.11(2008), 35-63쪽. 마리탱 신학의 지성사적 위치는 Eric Matthews, *Twentieth Century French Philosophy* (Oxford University Press, 1996), ch.3.

6 마리탱의 아내 라이사(Raïssa)는 심도 있는 종교철학을 제시한 가톨릭이다.

7 그러나 마리탱과 무니에가 교회의 미래에 대해 일치된 의견을 가졌던 것은 아니다. John Hellman, "Maritain and Mounier, A Secret Quarrel over the Future of the Church", *The Review of Politics*, Vol.42, No.2 (Apr., 1980), pp.152-166.

성대한 외관, 반짝이는 조명으로 건물을 장식했다. 반면 끊임없는 정치적 이합집산, 감추어진 모순과 거짓은 젊은이들을 실망하게 만들었다.

1932년 10월에 나온 에스프리 창간호에 「르네상스를 다시 만들자」는 무니에의 서두 논설로 시작되었으며 그 아래에는 혁명의 필요성을 주장하는 이자르의 글이 〈연대기〉(Chroniques)란에 실렸다. 지금 왜 르네상스를 만들어야 하며 에스프리가 뜻하는 르네상스가 무엇인가는 40페이지가 넘는 장문의 논설로 설명되었다. 무니에에 따르면, "우리가 투쟁하려 하는 것은 우리의 시테(Cité), 즉 우리의 정치와 삶이 이루어지는 도시가 불편해서가 아니라 그 곳이 못된, 나쁜 시테이기 때문"이었다.[8] 골똘히 생각해야 하는 것은 행복, 안락, 도시의 번영이 아니며 인간의 정신이 어떻게 피어나 무르익어 가느냐 하는 문제였다.

프랑스에서는 시테의 문제를 흔히 좌우라는 정치판에서 타결하려는 경향이지만 지금 시대의 무질서, 부정의를 바꾸는 일은 정치의 차원으로 충족되지 않았다. 문제는 정치보다 훨씬 깊은 정신, 혼, 마음의 세계에 달려 있었다. 그렇다고 무니에가 손쉽게 정신과 물질을 하나는 선, 하나는 악으로 이원화한 것은 아니다. 20대의 지식인들이 그렇게 간단히 세상을 진단하기에는 경제와 생산, 분배와 구조의 문제는 너무도 거대하고 불투명해 보였다. 그러나 이 물질의 범람 앞에서 인간의 혼을 짓누르는 것이 물질이며 이 물질을 경계해야 한다는 에스프리의 의식은 투명할 뿐이었다.

2. 『에스프리』의 반부르주아, 반개인주의

이 잡지는 집단적인 견해의 발표장이 아니며 모든 의견은 개인적이라는 경

---

8 E. Mounier, "Refaire la Renaissance", *Esprit* (1932. 10).

고문이 본문 앞에 붙었지만[9] 어떤 일관된 비판, 또는 사상이 에스프리의 바탕에 있는 것은 부인할 수 없었다. 창간호에 이어 1933년, 1934년 또 1936년의 특집 제목들이 그러한 방향성이 무엇인가를 가리키고도 남았다. 「금전과 종교의 문제」, 「인격은 소명」, 「부르주아 개인주의 문명」이라는 제목들은 에스프리 필자들 사이에 오간 토론과 번민, 이를 잡지에 반영하려는 의지가 없었다면 나타나지 않았을 것이다. 하지만 팽배하는 물질에 대한 우려와 방비(防備)는 에스프리 운동에서 시작된 것도 아니며 이 젊은 가톨릭의 전권(專權)도 아니었다.

1900년대에 베르그송의 철학 강좌가 인기를 끌었던 것은 그의 창조관이 19세기의 실증 철학에 대한 반발이었기 때문이다. 그런데 오랫동안 철학의 본령인 듯 인식되어 온 실증주의는 물질주의(matérialisme)와 분리되지 않았으며 콜레주 드 프랑스의 베르그송 강의에 몰리는 청중들은 물질과 실증 아닌 다른 전망을 찾고 있었다.[10] 우리는 그 때문에도 금전이라는 물질, 숫자 만능의 물질주의는 이미 1차 대전 전부터 식자층의 관심사였다고 헤아릴 수 있다. 이러한 물질 비판의 사조는 전쟁 후 1920년대에 한층 확산되고 예리해졌다. 초현실주의 혁명이 파괴하려 한 것도, 일부이지만 공산주의 이념이 치우려 한 것도 물질 위주 사회가 주는 '더러움'이었다. 1920년대의 파시즘적인 선언문들이 혐오한 '불결'(impur)도 일차적으로는 물질은 더럽다는 인식을 반영했다.

에스프리는 이런 흐름을 이으면서도 참신한 문제의식에 명료한 언어 감각을 선보였다. 1933년 10월 창간 1주년 기념호는 문제는 '돈(argent)'이라고 직설적인 어법을 구사하는데, 특집의 제목이 '돈: 빈자의 비참, 부자의 비참'이고 그 제목 안에서도 '돈'은 잡지의 제목 크기로는 이례적으로 큰 활자를 골랐다.

---

9 본문의 목차는 1930년대에나 그 후에나 이 잡지가 교회 잡지도 아니지만 형이상학에 치우치지도 않는 것을 보여준다. 일반 잡지의 스타일을 따라 경제, 미술, 문예, 노동에 두루 관심을 두었고 〈사건과 인물〉 란으로 시사를 따라가며 처음부터 법정 시리즈도 예고했다.

10 베르그송의 정신적, 종교적 경향을 말해주는 대목은, Kay Chadwick(ed.), *Catholicism, Politics and Society in Twentieth Century France* (Liverpool: Liverpool University Press, 2000), pp.140-143.

그리고 특집은 '가공할 돈의 중식' '돈과 종교' '돈과 사생활' '작가와 돈' '예술과 돈' '돈과 민주주의' '돈과 의약품' '돈과 변호사들' '돈과 노동' '돈과 스포츠'를 망라하였으며 '부의 거짓과 자선의 비참함'이라는 제목도 보였다.[11] 돈이라는 논제는 10월호뿐 아니라 1933년 4월호, 7월호, 12월호에 지속적으로 나타난다. 이 평론들은 스포츠와 의약품, 또 변호사, 작가, 예술가처럼 어떠한 부문과 어떠한 직업에서도 금전의 힘이 직업적인 소명과 책임감을 불식시키고 드디어는 금전에 대한 저항의 감각을 무디게 만들어버렸다는 결론을 내렸다.

에스프리는 부패란 모든 나라, 모든 세기에 숭앙을 받았다 해도 현재 프랑스 민주주의의 부패 상황이 전례 없는 수준이고 그 원인은 아직 돈을 모르는 농촌이 아니라 목적만 이루면 무슨 수단이든 좋다는 자본주의 기업에 있다고 보았다. 자유주의 체제를 악용하여 소수 금융인들, 약 300명, 더 좁게는 100여명의 거대 금융인들이 주도하는 이익 위주의 체제가 민주주의의 작동 기제 전체에 부패를 확산시키고 있었다. 그들은 정부의 결정에 영향을 미치기 위해 정부 인사들에 접근하고 인민의 대표들에게 그물망을 쳐놓고 또 여론을 주도하는 언론의 지원도 받아 냈다. 거대 신문이 정보의 의무를 저버리고 대가성 금전을 받으면, 어떤 이들에게는 치명적인 진실을 말하기를 포기해버렸다. 기업체들은 치부(恥部)를 안고 있고 이를 은폐하기 위해 광고라는 매개체로 비용을 지급할 태세이며 이에 따라 많은 정간물이 창설되고 이내 사라져갔다.[12] 이자르는 그러한 돈은 부르주아의 본성과 삶과 의식을 표상했으며 그러한 부유함에는 거짓이 내포되었다고 논평했고, 다른 필자는 실상은 자선도 정신적 빈곤에서 도출되고, 요약하면 부르주아 세계는 사실은 빈곤의 세계라고 진단했다. 사람은 눈으로는 하늘도 지평선도 보지만 손은 옆에 있는 사물만 만질 뿐이라고 한 것은 무니에였다. 금전이 육신, 사랑, 예술, 산업으로 퍼

11 *Esprit* (1933. 10).

12 René Milliene, "Argent et démocratie", *Esprit* (1933. 10), p.83.

져 모든 것을 삼켜버렸다는, 포착되지도 않고 인격체도 아닌 그것이 일찍 권력도 모험도 하지 못한 것을 성취하기에 이르렀다는, 그래서 사람들이 거역할 수 없고 염치없는 소유욕에 인이 박혀버렸다는 관찰이었다. 그러나 이런 비판은 에스프리 세대에 이르러 처음 나타난 것이 아니었으며 가톨릭 지성의 부르주아 사회에 대한 이런 비판은 정도는 다르지만 이미 오래 전부터 제기되었다.[13] 때문에 에스프리에서 내놓은 그런 비판도 어쩌면 종교 특유의 비현실적이고 배타적인 언설로 들릴 수도 있다.

그러나 그 비판의 날이 겨냥한 것은 교회를 제외한 사회가 아니라 사회 안에 들어 있는 자신들의 교회였다. 예를 들어 1933년 3월호에 실린 자크 마리탱의 '부르주아 세계에 관한' 편지가 그러한 자기비판이었다.[14] 1930년에 『종교와 문화』를 출간했던 마리탱은 이 편지에서 우선, 이 시대의 많은 사람들이 무신론자들의 선전으로 종교와 국가는 특정 계급의 이익을 위해 밀착되어 있다고 믿고 있음을 지적했다. 마리탱은, 하지만 교회의 사상과 역사는 그렇게 간단히 말할 수는 없다고 해명하고 성숙기의 자본주의가 세상을 장악해 갔을 때 오자낭(Antoine Frédéric Ozanam), 르네 라투르드팽(La Tour du Pin), 또 오스트리아의 칼 폰 보겔상(Karl von Vogelsang)이 무엇을 말했는가를 되짚었다.

리옹(Lyon) 견직공 봉기가 무참하게 유혈 진압을 당하는 1838년에 이 오랜 공업 도시에 있던 오자낭은 리옹 빈민들을 지원하는 조직을 구축했다. 오자낭은 교회의 변신이 필요하다는 생각으로 합리주의 교리 자체를 반박할 세미나를 열도록 파리 대주교에게 청원하여 성과를 거두었다. 사회개혁에 몰두한 오자낭의 질문은 "당신들은 종교인이라고 자부하지만 사실은 무엇을 하고 있는가"였다. 프랑스혁명 후 새로운 종교에 대해 사색을 거듭하게 된 19세기의 교회에서 오자낭은 혼자가 아니었다. 라 투르 뒤 팽은 파리의 생시르(Saint-Cyr)

13 B. Jaye Miller, "Anarchism and French Catholicism", *Journal of the History of the Ideas*, Vol.37, No.1(Jan.-Mar.1976), pp.166-167.

14 Jacques Maritain, "Lettre sur le monde bourgeos", *Esprit* (1933. 3), pp.897-908.

사관학교 출신에 악시옹 프랑세즈와 가까웠던 왕정주의자로서 19세기 후반 노동자들의 상황에 깊은 관심을 기울였다. 마리탱은 여기까지 설명했지만 그건 기존 교회에 비판적이었던 라므네(Lamennais) 몽탈랑베르(Montalembert), 또 근래 실롱(Sillon) 운동의 창시자인 마르크 상니에(Marc Sangnier)가 사람들에게 익숙했기 때문에 이들에 대한 설명은 생략한 것이다.[15] 프랑스의 교회와 노동자들의 관계가 이렇게만 펼쳐진 것은 아니지만, 마리탱은 어떻든 프랑스에서도 사회 가톨릭의 신념이 지속되었고 그것은 그리스도교의 원리에 회귀하려는 정신임을 강조했다. 마리탱은 부르주아 세계에 보낸 편지의 결론에서 그리스도교는 부패의 원리에 근거한 세상과 어떠한 유대도 없으며, 이제 세상이 그리스도로부터 떨어져 빚어낸 모든 결과로부터 벗어날 때가 된 것 같다고 제언했다. 그리고 물었다. 지금 너무 늦지는 않았을까?

이미 늦었는지, 그렇지 않은지는 마리탱도 에스프리도 답할 수 없었다. 늦었으리라는 위기감에 가슴이 조인다면 오직 비판을 더욱 가다듬어야 할 뿐이었다. 사실 이 편지는 '그리스도교의 질서와 현재의 무질서'라는 큰 제목 아래 실린 3개 논설 가운데 하나였다. 무질서로부터 질서로 회귀하자면 계속 근본을 돌아보고, 쉽사리 허물어질지도 모르는 대안을 삼가야했다. 우선 교단(教壇) 주위가 문제라고 지적한 에스프리는 부유한 자들이 종교를 사들이며, 혁명 후 교회가 부르주아를 찾는 것은 권력, 돈 때문이었다는 표현까지 사용했다.

이미 페기는 1898년 드레퓌스 사건에서 교회가 지나치게 부르주아에 연결되었다고 이에 대한 적대감을 표현했다.[16] "우리는 하느님을 사지 않는다."[17]는

15 프랑스의 자유주의 가톨릭, 더 나아가 크리스천 민주주의에 관해서는 예를 들어, 악시옹 프랑세즈 회원이었고 비시 정부를 지지한 기자의 다음 저술을 보라. Harvard de la Montagne, *Histoire de la démocratie chrétienne de Lamennais à Georges Bidault* (Paris: Amiot-Dumont, 1948). 또한 Maurice Montuclard, *Conscience religieuse et démocratie* (Paris: Seuil, 1965).

16 M. Michel Raimond, "Péguy et la critique du monde moderne dans les années trente", Communication au XLVIIIe congrès de l'Association, le 18 juillet 1996, *Les Cahiers de l'Association internationale des études françaises* (1997), n.49, pp.355-369.

17 J. Maritain, "Lettre sur le monde bourgeois".

에스프리의 비판론자들은 이 점에서도 페기의 정신에 충실하였다. 이미 1924년 프랑스 가톨릭에 반대하는 그린(Green)의 소책자가 나타났고 그것은 6명의 추기경에게 헌정되었으며 마리탱도 이 책자에 공감한 바 있다.[18] 에스프리는 교회 본연의 자세는 정의의 추구와 보편주의이며 현재의 교회는 너무 여성적인 점 때문에도 보편 아닌 특수성(particularisme)으로 종교인을 이끈다고 보았다. 그리스도교가 세운 평등과 우애의 보편 원칙을 저버리게 한 것이 부르주아적인 가치, 부르주아적인 특수성이었다.

이 같은 젊은 가톨릭의 비판이 힘을 얻은 것은 종교의 터전이 삭막하지 않았기 때문이다. 1차 대전 후 종교는 지난날에 비해 상승 국면에 들어갔다. 사실은 이미 제3공화정의 반(反)교권주의 정책이 가시화되는 시기에 역반응이 일어났다. '분리법'으로 국가가 치고자 한 것은 교회의 교육 권한, 즉 교회 학교들이었지만 종교는 교육기관의 축소나 폐지와는 달리 내적으로는 위축되지 않았다. 대중의 반향도 컸지만 시인 샤를 페기, 젊은 폴 클로델(Paul Claudel), 또 작가 조르주 베르나노스(Georges Bernanos) 들을 가톨릭으로 이끈 것이 역설적이게도 국가의 반교회 정책이었다.[19] 두드러진 예는 파리 고등사범학교(ENS)의 상황으로, 이 소수 명문학교의 가톨릭 신자는 1907년에는 3명 내지 4명이었지만 1912년에는 40명이 되었고 이는 전체 학생의 약 3분의 1에 해당하는 숫자였다. 더구나 1차 대전의 참화는 일반 신자의 수를 크게 늘렸으며 종교의 열기로 1920년대에는 교회 행사와 성지 순례가 다시 붐을 일으켰다. 정치사가 르네 레몽의 지적대로 분명 프랑스 국가의 세속화는 교회 자체를 핍박하고 신앙의 자유를 탄압하는 정책이 아니었던 것이며 더구나 무신앙을 의미하지 않았다.[20]

---

18 Julien Green, *Pamphlet contre les catholiques de France* (Paris: Fayard, 1996, [초판은 1924]).

19 주요한 가톨릭 입문자들로 문학사가 Ferdinand Brunetière, NRF 창설 그룹인 Jacques Rivière, Francis Jammes, Louis Bertrand, 또한 민족주의자 Ernest Psichari를 들 수 있다. Frédéric Gugelot, *La conversion des intellectuels au catholicisme en France (1885-1935)* (CNRS, 1998).

20 René Rémond, *Religion et société en Europe* (Paris: Seuil, 1998), pp.240-250.

에스프리의 종교에 대한 애정에 이 같은 배경이 있었다면 종교인으로서의 책임감은 1920년대 후반의 정치 상황에 의해서도 촉발되었다. 정당 연합으로 집권한 좌파 카르텔(Cartel des gauches)은 1925년에 전쟁 전에 제정된 정교분리법의 시행을 위해 일련의 반교권 작업을 추진했다. 1905년의 정교분리법 이후 프랑스를 떠났다가 고국에 돌아와 전쟁에 종군한 사제들을 추방하고 바티칸 대사직을 폐지했으며 알자스-로렌까지 분리법을 확대했다. 프랑스 가톨릭은 이에 대해 1925년에서 27년 사이에 교구동맹을 조직하여 453차례 회의를 가졌고 교육과 결사의 자유를 최소강령으로 채택했다. 뿐만 아니라 경제 위기도 종교적인 책임 의식을 심화시켰다. 프랑스는 아직 소공업, 소고용이 펴져 있으므로 대공황으로 당장 강타를 당한 것은 아니었지만 세계적인 경제 위기는 생각 있는 사람들이 자본주의의 정신 상태를 깊이 숙고하도록 만들었다. 곧 이 같은 대규모의 위기는 순전히 경제적 요인으로 닥친 것이 아니며 문제의 핵심에는 개인과 사회의 모럴이 있다는 반성이 일었다. 에스프리도 물론 이 조류에 합류했으며 이런 관점에 의해 계속 공격을 받은 것이 부르주아 개인주의이다.

「개인주의가 무엇인가?」 이 새삼스러운 질문은 1938년 2월호 에스프리에 실린 장 플라크방(Jean Plaquevent)의 논설 제목인데 이 글은 개인주의와 민주주의, 전체주의의 연관성을 지적했다. 이런 관점은 지나치지 않았으며 현실에서 우러나왔다. 1932년 이래 유럽의 정치 상황은 격렬하게 요동치고 있었다. 프랑스에서는 1934년 2월의 좌우파 충돌 시위 이래 1936년 5월 공화파에서 공산주의까지 넓게 연합한 인민전선이 총선에서 승리하여 정부를 세웠는데 곧 무너지는 일이 일어났다. 그 사이에 독일에서는 1933년 1월 히틀러 집권 이후 파시즘 체제가 공고해졌으며 또 에스파냐에서는 1936년 7월부터 공화파와 민족주의 우파 사이에 무력 접전이 벌어지고 있었다. 1938년 2월호 에스프리의 개인주의에 관한 논설은 담론을 위한 담론이 아니라 이러한 정치적 변동 속에서 쓰였다.

그러나 에스프리는 정치평론지가 아닌 가톨릭 잡지로서 문제를 바라보았다. 개인들이 자유를 누리면서 살아야 하지만 어떻게 공동체를 내팽개치지 않을 것인가가 에스프리의 고민이었다. 에스프리가 보기에는 정치는 사람들을 동원할 궁리만 하거나 아니면 문제를 해결하지는 못하고 연구만 하고 있었다. 다시 말해 선거 수법, 공공집회, 원내 질의, 장광설, 내각의 침몰, 외교적 거래, 국제회의라는 절차와 제도들은 상충되는 이익만 대변했으며 일반 이해를 구성하지 못했다. 그래서 사람들은 "정치인을 믿지 않고 사법을 믿지 않았다. 사람들은 더 이상 언론을 믿지도 않았다. 사람들이 믿는 것은 오직 돈의 힘" 뿐이었다.[21] 아주 중요한 것이 인간들은 더 이상 만나지 않는다는 점이었다. 한 편은 부를 쌓고 다른 이들은 경멸하는 무지 속에 있었고 다른 편은 증오를 보내는 무지 안에 들어 있었다.

이렇게 개인주의의 해악을 분석한 플라크방은 개인주의의 속성은 군집 사회와 유리되는 것이 아니라는 점을 설명했다. 지금은 개인이 하는 행위라면 각자의 소비에 그칠 뿐이며 그런 개인주의는 부유한 자들과 가난한 자들이 서로 묻고 서로 기댈 여지를 허물어버렸다. 그러나 에스프리의 주제는 부와 빈곤으로 문제를 풀지 않고 어떻게 개인을 살리면서 오늘의 개인주의를 종식시키느냐 였다. 정치판을 기웃거리지 않고 정신의 문제에 전념하는 프랑스 가톨릭의 태도를 어떻게 해야 강점으로 만들 수 있을까.[22]

3. 인간의 품격(Personnalisme)

에스프리가 여기서 내놓은 답이 국내 신학계에서 인격주의로 번역한

21 René Millienne, "Argent et démocratie", *Esprit* (1933. 10), p.96.

22 Jacques Julliard, "Naissance et mort de l'intellectuel catholique", *Mil neuf cent, Revue d'histoire intelletuelle* n.13(1995), pp.5-13, 특히 p.6, p.7.

personnalisme이다.[23] 인격주의는 무니에의 사상으로 세계적 평가를 받았고 2000년 유네스코 학술대회가 말해주듯이 지금도 살아 있는 신학이다. 그러나 이 글에서는 인격주의와 무니에의 관계를 다시금 돌아보기보다는 인격주의를 에스프리의 공동 작업처럼 간주하고 그렇게 되었던 상황을 살펴려 하며 나아가 인격주의가 과연 무엇이었느냐 하는 질문 앞에 서고자 한다.

우선 주의할 것은 인격주의라는 개념이나 말이 에스프리의 독자적인 창안으로 나타나지 않은 점이다. 곧 에스프리가 창간되기 전인 1914년 베르그송이 영국 에딘버러 대학에서 행한 기퍼드(Gifford) 강연의 제목이 '인격의 문제(The Problems of Personality)'였다. 이 강연은 17차례 계속되었는데 베르그송은 나중에 가톨릭으로 개종하고자 했지만[24] 당시는 가톨릭이 아니었다. 하지만 베르그송이 뜻한 인격은, 그의 마지막 작품『도덕과 종교에 관한 두 원천』에서 보듯이 도덕과 종교의 두 요소를 모두 포함하였다.[25] 인격에 관한 성찰은 베르그송뿐 아니라 동시대의 샤를 페기에 의해서도 심화되었다. 페기가 열망한 인격은 영혼의 순결함을 배제하고는 의미가 없었다. 그것은 인격주의가 20세기의 창안도 아니었으며 그리스도교의 오랜 전통이었던 데 연유했다. 에스프리는 개인과 인격을 통합하는 키워드, personnalisme을 다른 시대 이념과 경쟁할 만큼 실천적인 것으로 만들기에 부심한 것 같다.

에스프리에서 이러한 신학적 노력을 기울이려 한 것은 다채로운 가톨릭 언론판이 벌어진 것과도 관계가 있었다. 에스프리는『로브』(*L'Aube*: 여명),『라크롸』(*La Croix*: 십자가) 같은 대중 신문과 다른 무엇, 또한『테르 누벨』(*Terre Nouvelle*: 새로운 대지),『로르드르 누보』(*l'Ordre Nouveau*: 새 질서)처럼 급진적이지는 않으면서도 진보적인 어떤 것을 발굴하고 싶었다. 새롭지만 견고한 교리에 대한 갈망은 가톨릭 세계에 대한 응답이었을 뿐 아니라 좌우의 지적 모험에 대한 동참

23 김현태,「무우니에(E. Mounier)의 인격주의적 존재론」,『가톨릭 신학과 사상』, No.7(1992).

24 그러나 그 때는 나치 독일의 유대인 박해의 세월이며 그는 유대인에 대한 연대감으로 개종을 포기하게 된다.

25 앙리 베르그송, 김재희 옮김,『도덕과 종교의 두 원천』(지식을만드는지식, 2009).

이기도 했다. 영역이 전혀 다르지만 기존의 미학과 다른 초현실주의, 기존의 사회경제 이론과 다른 마르크스주의는 가톨릭 지식인들에게도 매력과 자극을 주었다.

가톨릭의 사상적 분발을 요구된 것은 이러한 신선한 외부의 개념만이 아니라 부흥이라고 해도 좋을만한 가톨릭 내부의 상황이었다. 1920년대 말에는 우선 1919년 창설된 프랑스가톨릭노조총연맹(CFTC)의 가입률이 전체 근로자의 21%에 달했다. 독일과 달리 거대 정당이나 대규모 노조를 형성하지 못하는 프랑스의 조직 풍토에서 이는 분명 고무적인 징표였다. 1925년 창설된 공민사회 여성동맹(Union féminine civique et sociale), 가톨릭 보건 요원의 활동도 주목되었다. 엔지니어층도 가톨릭에 많이 들어와 1935년 파리의 오랜 고딕 풍 교회인 생테티엔뒤몽(Saint Etienne du Mont)에서 열린 부활절 성사에는 1100명의 폴리테크니크(Polytechnique) 학생들이 참가했다. 가톨릭 농민과 가톨릭 대학생 그룹은 "보다, 판단하다, 행동하다"는 표어를 중심으로 뭉쳤으며 이 그룹 중에서 1929년에 창설된 크리스천 학생젊은이들(JEC: Jeunesse Étudiante Chrétienne), 크리스천 노동자 젊은이들(JOC: Jeunesse Ouvrière Chrétienne)은 어느 조직보다도 활기 있었다.[26] 1936년 JEC의 나치즘 반대 집회에는 4,000명이 참가하며 JOC는 국제적으로 활동하는 교육 기구로 자리 잡았다. 이 두 기구는 1930년대의 중요한 에스프리 구독자들이었으며 에스프리의 전국적 네트워크가 이들의 희망과 비판을 전달했다. 독자와 잡지는 쌍방적이었다.

이 같은 상황이 압력을 주기도 하고 분발을 촉구하기도 했지만 인격주의의 창출에는 종교 내부의 지적 상황이 들어있었다. 에스프리가 종교단체의 공식 기구는 아니었어도 가톨릭이었기 때문에 가톨릭 고유의 신학적 틀을 지킨다는 것은 당연한 원칙이었다. 이 점에서 인격주의의 발판이 된 것은 자크 마리탱의 신학이었다. 마리탱은, 교황이 직접 그의 저서를 번역할 만큼 로마 교황

---

26 Gérard Cholvy, *La religion en France de la fin du XVIIIe siècle à nos jours* (Paris: Hachette, 1998), pp.122-123.

청의 존경을 받는 가톨릭 사상가였다. 그러한 내재적 권위는 마리탱 신학에 연유했으며 사실 20세기의 프랑스 가톨릭은 이 덕분에 교회에 비판적인 모더니즘을 두려워하지 않는 종교로 거듭 났다. 19세기의 자유주의적 가톨릭은 비판적이었어도 교회 내에 있었지만 원전 해석의 자유를 시도한 모더니즘이야말로 종교계에 대한 반항과 부정의 화신이었다. 그러나 1920-30년대에 이르러 20대의 가톨릭들은 모더니즘은 받아들이고, 모던한 세상의 악덕은 비판하기로 마음을 굳혔다. 모더니즘에 대한 마리탱의 입장에 호응한 것은 에스프리만이 아니어서 『테르 누벨』, 『로브』 같은 언론이 비슷한 지향을 보였다. 에스프리의 반부르주아, 반개인주의는 그 때문에도 보다 명료하고 보다 확실한 설명이 요구되었다. 다시 말하지만, 이 잡지에 따르면 '지금의' 개인주의는 너무도 산만하고 인색하고 초라했다. 그런데 진정한 개인은 그런 허울뿐인 개인주의의 개인을 말하지 않았다. 개인이야말로 온 사회에서 가하는 뭇 순응주의에 대해 쉬지 않고 싸움을 벌이는 존재였다. 에스프리는 뭇 기성제품에 반대하는 개인, 역동, 발명, 창조를 통해 각자 자기를 다지는 개인, 다른 사람들 모두와 동등하게 통신하고 교제하는 개인을 진정 자유로운 개인으로 설정했다. 이런 입장에서는 공동체의 선(善)이 개인의 선보다 우위에 놓여야 한다는 것은 자명한 논리였다.

에스프리는 1934년 「인격은 소명」이라는 제목으로 시작하여 인격주의 사상을 힘들여 구축해 갔다. 그 때문에 1936년 '인격주의 선언'은 인격주의는 어떠한 완제품도, 체계도 아니란 것을 강조하게 된다.[27] 그것은 끊임없이 자신의 인성, 품성을 가다듬는 과정일 뿐이었고 그렇게 새로 만들어가야 할 인격의 요소들은 사명감, 현존, 참여, 통합, 선택, 관용이었다. 인격주의를 이렇게 설명해 준 것은 무니에의 스승인 슈발리에(Jean-Jacques Chevalier)였다. 하지만 유

27 E. Mounier, "Manifeste au service du personnalisme. Le monde moderne contre la personne. 1. La civilisation bourgeoise et individualiste", *Esprit* (1936. 10).

의할 것은 그런 내면적 덕목들이 인격주의 운동이 안일하다는 의미로 해석될 수는 없는 점이다. 안일하기는커녕 오히려 그들은 빈곤도, 고립도 아무 것도 두려워하지 않았으며 여기에는 샤를 페기를 비롯한 작가들의 영향력이 컸다. 가톨릭 시인과 작가의 작품들은 내면의 종교가 무엇인가를 자문하도록 사람들을 괴롭혔다. 클로델, 베르나노스의 문학은 즐거움이 아니라 읽는 이 자신의 위선을 바늘로 찌르는 고통의 행위였다.[28] 특히 페기의 내면의 삶은, 드레퓌스사건 이후 그가 좌파에서 민족주의로 선회하면서, 가톨릭에 적지 않은 충격을 주었다. 무니에는 파리 중등교사 시절 페기에 심취하고 본격적으로 페기의 사상을 연구했다. 민족과 종교에 열중하는 페기는 그에게 혼신을 다하는 참여(engager)의 영혼으로 다가왔다.

하지만 물질에 대한 영혼의 우위를 주장한 것은 전통적으로 우파였다. 영어권의 종교사학자 헬만에 따르면 그러한 우파적 영혼의 세계는 명료하고 이지적이었다. 바꿔 말하면 프랑스의 좌파적 가톨릭이 의지할 정신적 연원은 깊지 않고 풍부하지 않았다.[29] 누구보다 악시옹 프랑세즈의 대부 샤를 모라스가 영혼의 추구에 온 열정과 역량을 기울였듯이 사회가 썩고 있다는 의식에 시달렸던 것은 1920년대, 1930년대의 우파였던 것이다. 우파 논자들은 프랑스 민족의 데카당스(décadence)를 정면으로 파헤쳤고, 에스프리 역시 1930년대 내내 부패에 대한 비판의 목소리를 높였다. 그렇다면 젊은 우파와 무엇이 그리 달랐는지? 두 세계의 필자와 논자들은 사실 칸막이 안에 있지 않았으며, 어느 편의 모임이든 모두 참가하는 일도 흔했다.[30] 좌나 우가 아닌 노선에 동조하는 입장도 어느 정도는 마찬가지였다. 악시옹 프랑세즈의 편집자인 막상스(Jean Pierre Maxence), 모니에(Thierry Maulnier), 로베르 아롱(Robert Aron)은 모두 제3

28 J. Julliard, *L'Argent, Dieu et le Diable, Péguy, Claudel, Bernanos face au monde moderne* (Flammarion, 2008).

29 J. Hellman, "The Opening to the Left in French Catholicism: The Role of the Personalists", *Journal of the History of Ideas*, Vol.34, No.3(Jul. - Sep., 1973), pp.381-390.

30 Pierre de Senarclens, *Le mouvement Esprit 1932-1941* (Lausanne: Éditions l'Âge d'homme, 1974), pp.17-22.

의 힘이 불러올 신질서의 수립을 갈구하였다.[31] 에스프리 역시 외골수가 아니었으며 우파의 미덕은, 명예심, 절제, 신중으로, 좌파의 미덕은 대담성과 평화로 보았다.

그러나 에스프리는 이 지점에서 프랑스 가톨릭의 지적, 정치적 기수였던 악시옹 프랑세즈와 (좌파) 가톨릭이 갈라지는 길을 냈다. 우파의 새 노선이 신군주제(néo-royalisme)를 지향한 데 비해, 가톨릭 사상은 이제 분명하게 왕당파와 끊어져야 한다는 것이 젊은 가톨릭들의 입장이었다. 인격주의는 이를 확고하게 할뿐 아니라 이를 넘어서는 새로운 지평이었다. 인습적인 영혼의 가치와 연을 끊는다는 것은, 보수우파에서 되뇌는 영혼과 '우리의' 영혼은 다르다는 선언이었다. 에스프리의 좌파적 성격은 바로 이에 근거했다. 따라서 정치적 관점은 부차적이라는 것이 에스프리의 특성이었으며 공화파와는 물론 정치적 좌파에 흡수되지 않은 것 또한 에스프리의 고유성이었다. 젊은 가톨릭들은 의심의 여지가 없이 우파, 또는 좌파라고 하는 현실은 임시적이라고 간주했다. 영혼을 찾아가는 첫 번째 과제는 이 '잠정적 비현실'에 집착하지 않는 것이었다.

하지만 인격주의가 영혼을 추구하기 때문에 개인의 도덕에만 의존하겠다는 것은 아니었다. 에스프리의 공동창간인 중 일인이었던 델레아주는 의원을 추천하고 당선시키고 원내에서 활보하는 것 아닌 정치적 일을 구상하였다. 1944년 12월 룩셈부르크 전선에서 사망하는 그는 마르크 블로크(Marc Bloch)의 제자로 중세사 연구에 기대를 모았던 역사학도인데 에스프리를 선전, 운동지로 밀고 나가겠다는 뜻을 가졌다. 그러나 델레아주의 발언은 약해지며 잡지의 주도권은 운동보다 정신적인 것에 집중하는 무니에의 방향으로 나아갔는데 그렇더라도 무엇보다 공동체 의식을 중요시하는 데는 모두 이의가 없었

31 Véronique Auzépy-Chavagnac, "La Jeune Droite Catholique (années 1930, 1940): histoire d'une différence", *Mil neuf cent*, n.13(1995), p.90.

다. 그러나 에스프리의 공동체란 집단주의와 관계가 없었다.

집단주의를 거부하는 공동체, 개인주의를 배격하는 개인은 공동체 혁명(Révolution communautaire)이란 말로 대변되었다. 다시 말해 그것은 파시즘에 대해, 공산주의에 대해 항거하는 것이었고 이는 '인격주의 선언'의 목차에서부터 확연히 드러났다. 민족의 우선권이란 민족 구성원을 바르게 위하는 것이 아니라, 개인들에게 민족을 강제하는 것이었다. 새로운 인간의 창출을 현실화하겠다는 마르크스주의란 인간에서 출발한 것이 아니라 자연과 물질에 근원을 두었다. 인격주의는 양편 모두에 인간을 소홀히 여기는 커다란 함정이 있다고 보았다.[32] 이런 주장은 1936년에 인격주의 책자가 나온 후 1940년까지도 에스프리 지면을 통해 계속 설명되고 2차 대전 후 〈품격을 지닌 인간들과 집단들의 권리 선언〉으로 다시 집약되었다. 그럼에도 인격주의가 어떤 종류의 해결책도 갖고 있던 것이 아니며 다만 어떻게 실천하고 무엇을 할 것이고 누구와 함께 할 것인가에만 명확한 답이 있었다. 그러나 이 열린 성격 때문에 인격주의는 브라질의 해방신학과 결합하여, 파울로 프레이레(Paulo Freire)가 주변인들의 공동체 교육에 이론적 지주가 되었으며 미국과 캐나다, 스위스, 네덜란드 또 폴란드와 루마니아에서도 공명을 일으켰다.

하지만 아무리 보아도 강력한 파시즘과 공산주의의 대두에 대면하여 인간의 품성을 고양시켜 사회를 바꾸어야 한다는 것은 너무 흐릿하지 않았을까. 그리고 불명확하면 곧장 공격을 받게 되지 않았을까. 사실 가톨릭 우파는 인격주의에 대해 가톨릭이 전통적 입장을 포기하고 적수들과도 손을 잡는다는 비판을 가했다. 정치적 좌파는 공산주의에 대한 불분명한 의견을 문제 삼았다. 크리스천 민주주의는 인격주의가 적인지 벗인지 알 수 없는 노선이라고 지적했다. 그러나 에스프리는 단순히, 진지한 가톨릭이고 좌파일 수 있다는 것을 증명하려 하였으며 그것이 혁명이라고까지 믿었다. 종교를 교회와 국가

32 E. Mounier, *Manifesto du personnalsime* (Éditions Montaigne, 1936).

의 권력 갈등으로 보는 것을 부인한 것이 혁신 자체였다.[33] 영혼의 인격이 요구되는 것은 지금까지의 인격체는 실패였기 때문이다. 그 실패의 밑바닥에는 물질주의가 놓였으며, 다시 말하지만 그것의 정체는 금전일 뿐이었다. 영혼을 위해 돌아보아야 할 것은 그것, 금전과 물질을 빼앗긴 듯한 수많은 사람들이었다. 인간다운 품격이 결핍되고 박탈된 노동을 제치고 계속 인격을 논한다는 것은 상상할 수 없었다. 노동이 어떠한 상태인가는 에스프리의 중대한 질문이었다.

4. 노동자의 인격은 어디에?

프랑스의 산업 프롤레타리아는 거의 가톨릭의 외곽에서 성장해왔다.[34] 1890년대에 톰 만(Tom Mann)이 그리스도교인 공산주의자로 부두 노동자 파업을 지도하고 있는 영국의 광경은 프랑스에서는 통하지 않았다. 영국의 이념 지형이나 실천방식과는 달리 프랑스 사회주의는 물론, 프랑스 노동운동에 종교가 발을 들여놓을 여지는 없었다. 필립 뷔세(Philippe Buchez), 피에르 르루(Pierre Leroux)처럼 19세기 초에는 프랑스에서도 크리스천 사회주의라고 할 사상이 싹텄지만 노동자들이 부르주아지에 의해 탄압받는 1848년 혁명 이후 더구나 1871년 파리 코뮌(Paris Commune) 이후 노동은 나날이 종교와 멀어졌다. 노동운동가들에게는 종교가 권력의 대변으로 인식되었으며 반대로 교회의 눈에는 노동운동이 교회를 박해한 프랑스혁명의 연장으로 보였다. 그러나 그 때문에 19세기의 교회가 노동자들에 무심한 태도를 지녔던 것은 아니지만 종교는 부르주아적이고 우파적이란 인식은 19세기 사회운동의 고정관념과도

33 Stathis N. Kalyvas, *The Rise of Christian Democracy in Europe* (Connecticut: Cornell University Press, 1996), Ch. 3 The Puzzle of Nonformation: The Case of France,

34 François A. Isambert, "Les ouvriers et l'Église catholique", *Revue française de sociologie*, XV(1974), pp.529-551.

같았다.[35]

1910년부터 1930년 사이의 도시화는 노동자들의 종교적 무관심을 한층 키웠다. 파리 변두리의 이브리 쉬르 센(Yvry sur Seine)에서는 1940년 일요 예배 참석자가 주민의 1%에 지나지 않는데 이 비율은 20세기에 더 심해진 것도 아니었다. 파리 시내의 서민 구역인 벨빌(Belleville)의 경우 1847년에 이미 예배 참석 비율이 2%일 뿐이었다. 파리를 벗어나도 주요 공업지대의 종교적 무관심은 거의 어디서나 마찬가지였다. 탄광과 철광 지대인 북부의 노르/파드칼레(Nord/Pas-de-Calais), 동부의 로렌(Lorraine), 중부의 생테티엔(Saint Etienne), 대형 제철소가 있는 발랑시엔(Valencien), 직물 삼각지대인 릴(Lille), 노르망디(Normandy), 피카르디(Picardie)를 주요한 예로 들 수 있다. 그러한 상황이 전간기에 달라질 이유는 없었다. 앞서 든 가톨릭노조총연맹(CFTC)의 강세는 일반적인 노동자들의 비종교적 태도와 구분되는 문제였다. 남부 지역의 종교적 태도는 그렇게 삭막하지 않았지만 전체적으로는 노동자들의 비종교적 태도가 만연한 상황에서 에스프리 같은 가톨릭이 노동자 문제를 주시한 것은 어떤 이유에서였을까? 혹시 종교에 더해 지식인의 언론이니 노동자들을 당연히 보살펴야 한다는 의식의 발로는 아니었을까?

에스프리는 1933년 7월호에 '인간에 반하는 노동', '프롤레타리아에 반하는 기계', 1934년 1월호에는 '인간에 반하는 주인', '새로운 산업주의의 필요성', 1936년 3월호에 '인격주의에 비춰 본 노동자 문제'라는 논설을 내놓았다.[36] 이 잡지의 지면은 다른 잡지들이나 다름없이 신용, 국가 공무원, 사법, 그리고 식민지 문제에 두루 걸쳤지만 노동과 노동자는 분명 주된 관심사였다. 노동자의 실존에 관심을 기울인 것은 에스프리의 입장에서는 부르주아 문명을 비판

35 교회와 프랑스 노동세계에 관해서는 다음의 특집호를 보라. "Église et monde ouvrier en France", *Le Mouvement social*, n.57(oct.-déc., 1966), pp.3-100.

36 소유와 자본과 노동에 관해 교회가 발언해 온지는 오래 되었다. 하나의 예로 L'abbé Naudet, *Propriété, capital et travail : le christianisme social*(Bloud, Barral, 1898).

하고 르네상스를 일으키자는 창간 정신에 충실한 것일 뿐이었다. 1930년대 노동의 지위는 19세기 같은 방어적, 수세적 위치에 있지 않았다. 긴 설명이 아니라도 노동을 그린 화폭들이 그 점을 예시했다. 레제(Fernand Léger)가 그린 노동자들은 기술주의에 패배한 모습이 아니라 기계와 함께 있고 또 기계를 제어하는 인상을 주었다. 19세기 밀레의 농촌 노동자들이나 쿠르베의 '돌 캐는 사람'들과는 다른 모습이었다. 사실 강철 공업, 자동차 공업, 항공부문의 신산업에 종사하는 노동자들은 젊었고 건장하고 게다가 노동자들의 당이라는 버젓한 이념적 후원을 얻었다.

하지만 노동의 이미지나 정치적 배경에도 불구하고 노동자들이 실제로 부딪치는 것은 아직 19세기 식 온정주의(paternalisme)였다. 가부장적 질서를 의미하는 온정주의는 신형 산업의 대두와 합리화 공정 속에서 위축되지 않았으며 오히려 대기업일수록 놓지 않으려는 노사 원칙이 되었다.[37] 대기업의 고용주 층은 공장 안에서나 밖에서나 노동자들을 완전히 통제하고자 하였다. 노동 감독체제가 법으로 규정되어 있어도 공장 내의 감독관의 재량에 달렸다. 1930년대에도 노조 대의원은 기업에 의해 부당하게 때로는 이유도 없이 해고되었다. 생디칼리스트 계열이던 에스프리의 필자 프랑수아 페루는 온정주의자들을 "복음서의 악마와 같다"고까지 말했다.[38] 온정주의는 노동자의 삶을 일일이 지시하고 있었는데, 그런 방식이 어디서 연원하는가? 그것은 다름 아니라 금전이라는 익명의 힘에서 나왔다. 고용주들의 등 뒤에는 경제, 정치에 침투하고 나아가 사생활, 문화 그리고는 종교에까지 밀려든 금력이 있었다. 노동자들에게 '우리는 착한 가족'이라고 하는 고용주들의 주장은 사실은 그런 힘을 믿고 벌이는 강제적 구호였다.[39]

---

37 Gérard Noiriel, "Du "patronage" au "paternalisme" : a restructuration des formes de domination de la main-d'oeuvre ouvrière dans l'industrie métallurgique française", *Le Mouvement social*, n.144, Paternalismes d'Hier et d'Aujourd'hui (juil.-sept., 1988), pp.17-35.

38 François Perroux, "Les paternalistes contre la personne humaine", *Esprit* (1936. 3.), pp.834-835.

39 *Ibid.*, pp.834-835.

온정주의는 노동자들에 대해 그들이 수고한다는 것은 인정했다. 하지만 19세기의 부르주아들이 "검은 옷을 차려 입고 깃발 들고 북을 치면서 노동을 기린" 태도는 지금도 여전하였으며, 프랑스 최고의 수공업 장인에게 매년 레종 도뇌르(Légion d'honneu) 훈장을 수여하면 그만이었다.[40] 가족이 된 노동자들은 자신들에게 온정을 베푸는 고용주들의 도덕과 권위와 전통을 따르면서 살아야 했다. 그러면 그 결과 노동자 대중은 어떻게 되는가? 에스프리는 보편성에 다가가지 못하고 고립된다고 보았다. 그렇게 몰리는 이유는 보편적 사고 역량을 키울 기회와 시간, 대상을 모두 갖지 못하기 때문이었다. 임금노동자는 언제까지나 자신의 이해(利害)를 관리할 능력이 모자라고 자신의 인격을 완성할 이성이 없는 자들로 보였고, 그러니 노동자들과의 토론이란 허용되지 않았다. 이렇게 해서 노동자들의 정신력을 낮추고 영혼의 힘을 막는 것이 바로 온정주의적 권위라고 에스프리는 분석해 나갔다. 노동자들에게는 보이지 않는 고용주뿐 아니라 실제로 대면하는 중간 감독관들이 행사하는 권위 역시 두려웠다. 자신들에게 부과하는 벌금과 제재, 또 노동 생산물의 평가는 감독관들의 손으로 결정되었다.

에스프리의 이러한 논리는 노동자의 자율성을 선언하는 19세기 프랑스의 노동자 사상가 프루동의 관점과 멀리 있지 않았다. 더 직접적으로는 무정부주의와 급진적 노조주의가 합류한 1차 대전 전 노동자주의(ouvriérisme)의 반영이었다. 특히 페르낭 펠루티에(Fernand Pelloutier)에 의해 정립된 노동자주의는 무엇보다도 고용주로부터 독립된 노동자 상이었다. 그러나 고용주 층의 의식 상태에 대한 좌파 가톨릭의 비판이 20세기 초에 전성기를 누렸던 혁명적 노동운동과 닮은 바는 없었다. 가톨릭은 혁명에 길이 있다고 말하지 않았으며 무정부주의 계열인 에스프리의 필자 페루는 계급 개념은 한계가 있으므로 이

40 Etienne Borne, "Stakhanovisme et personne ouvrière", *Esprit* (1936. 3.), p.899.

를 넘어서야 한다고 주장했다.[41] 가톨릭은 경제 아닌 마음에 관심이 많았던 까닭에 온정주의가 고용주와 노동자 양측 모두에 대해 서로 사랑하는 마음을 막아 버린다는 것에 중점을 두었다. 온정주의의 위세 속에서 노동자들이 당면한 또 하나의 심각한 문제는 노동의 자동화 경향이었다.

에스프리에 따르면 자동화가 장인들에게 주는 폐해는 산업화 초기의 분업 체제에 비견할 만큼 치명적이었다. 공장은 사람이 들어오고 나가는 시각, 사람이 가질 최소의 휴식 시간을 제한하고 사람과 작업도구의 위치를 강제하고 또 빛의 배치마저 임의로 정했다. 또한 근로자가 자리를 옮기는 것을 제한하고 왔다 갔다 못하도록 고정시키고 영양가, 위생, 배설과 같은 신체 리듬을 규제했다. 모든 시간이 수치로 측정되고 화장실 사용도 기록되었다. 말, 노래, 외침은 사라지고 사람과 사람 사이에는 침묵이 흘렀다. 일정한 복장과 함께 공손한 어법과 태도도 일정한 기준에 따라야 했다. 추천서 역시 일정한 항목에 따라 작성되었다. 장인의 고유성이란 자기의 동작을 자신이 통제하는 것이었는데 자동화는 인간적 요소를 저하시키고 사람이 가진 순간의 창의력을 마비시키고, 노동자와 노동자의 작품 사이의 직접적인 접촉을 끊어버렸다.[42]

노동자는 물적으로나 심적으로나 생산 공정 밖으로 밀려났으며 그 결과는 그의 복종이 되어 돌아왔다. 1930년대에 공장(알스톰과 르노)에서 노동자들과 일했던 철학도 시몬 베유(Simone Weil)는 자신이 기계 앞에 앉아 배운 첫 번째 교훈은 억압의 강도가 어느 수준 이상으로 되면 저항감이 사라지고 완전히 복종하게 된다는 것이라고 썼다. 노동자와 노조, 고용주들에게 보낸 편지와 베유 자신의 일기에 1930년대의 공장 상황이 세밀하게 기록되었다.[43] 그것은 하루 8시간 씩 기계 노동을 해보지 않고서는 예상치 못한 신랄한 경험이었다.

---

41 에스프리에 스민 무정부주의 사상에 대해서는, B. J. Miller, "Anarchism and French Catholicism", 특히 pp. 164-166.

42 Alexandre Marc, "La machine contre le prolétaire", *Esprit* (1933. 7.), p.589.

43 Simone Weil, *La condition ouvrière* (Paris: Gallimard, 1951). 시몬느 뻬트르망, 강경화 옮김, 『불꽃의 여자, 시몬느 베이유』(서울 : 까치 , 1993); 시몬느 베이유, 윤진 옮김, 『시몬느 베이유의 사색 1: 중력과 은총』(서울 : 사회평론 , 1999).

그러면 어떻게 이런 상태의 많은 노동자를 인간다운 품위 있는 존재로 만들 것인지 에스프리가 어떤 발언을 할 수 있을까? 정설은 없었다. 그것은 아무도 방법론을 찾을 수 없던 난제였으며 에스프리에서도 제안할 수 있는 것은 노동자의 문화, 노동자의 교육 그뿐이었다. 에스프리의 필진은 속이 쓰렸을지 모른다. 왜냐하면 이 문화적 운동의 진전이란 너무 느리고 산만하고 그야말로 과정이나 성과가 불투명했기 때문이다. 하지만 1890년대 지역 노조와 산별노조의 수립과 함께 일어난 노동자 문화운동은 1920년대에 새로운 운동 조직들의 출현으로 기운을 얻었다. 이 운동에는 어떤 형태로든 지식인이 참여하였다. 우선 고등교육을 받은 층이 극히 소수였으므로 특혜에 대한 자각이 따랐다고 할까. 독일도 비슷했는데 1930년대에 프랑스의 중등학교인 리세(lycée) 이수자는 전체 인구의 7%였으며 리세를 거쳐 사회에 진출하는 것은 압도적으로 중산층 출신이었다.[44] 사실 1929년에서 1934년 사이에 전통적인 리세 수업료는 폐지되었다. 이는 저소득 가정의 유입을 기대하는 조치였다. 그러나 자식이 당장 벌이도 안되는 비직업 교육을 수년간 받는다는 것에 대해 부모들은 주저했고 이 때문에도 노동자 계층의 3%, 농민층에서는 2% 정도가 리세에 자식을 보냈다.

그러나 에스프리 편집진은 노동과 교육 분야에 발언할만한 자산이 있었다. 우선 에스프리의 필진에 마르셀 마르티네(Marcel Martinet) 같은 노동자 교육의 주도자가 있었고 장 플라크방 같이 노동계를 잘 아는 무정부주의자들도 있었다. 이 같은 인적 자원도 도움이 되었지만 에스프리 자체가 창간 당시부터 리옹, 그르노블, 엑스, 마르세유, 디종, 브장송, 낭트 등 36개 도시에 클럽이나 그룹을 두었다. 그리고 이 소규모 활동을 잡지에서 포용하여 작은 연구회, 강연이라도 그룹 이름을 일일이 알리고 소개했으며 논평도 덧붙였다. 잡지 구독과 판매 증진을 위한 이 네트워크는 노동자 집회와 의견을 전하는 정보 인프

44 Maurice Larkin, *France Since the Popular Front* (Oxford: Clarendon Press, 1991). pp.16-17.

라와 같았다. 1936년 인민전선 전후로 왕성해진 노동 문화운동에는 노동자교육총연맹센터 등과 함께 가톨릭 기구도 참여했다. 실제로 노동자들의 인기를 끈 것이 라그랑주(Léo Lagrange)에 의해 창시된 민중 휴가와 스포츠, 인민전선의 문화장관이 되는 장 제이(Jean Zay)의 문화 정책이었고 가톨릭의 스카우트(Scoutisme) 운동이었다. 1907년 영국에서 출범한 스카우트는 1920년대에는 프랑스에서도 인기 있는 여가와 스포츠 조직으로 성장했으며 노동자층의 참여도 눈에 띄었다.

이 운동들은 모두 프롤레타리아 문화를 중요하게 간주하고 부르주아 문명을 비판하였다. 에스프리 역시 앞서 본 것처럼 부르주아 문화는 모든 것을 상업적으로 평가하여 비인간적인 상품거래 세상을 만들어 놓았다고 인식했다. 노동에 대한 에스프리의 관점은 이에 바탕을 두었다. 곧 정신적인 것은 여유 있는 층이 당연히 누린다는 독점적 인식에 반대했다. 그런 반론이야말로 종교가 보수적인 것이 아니라는 믿음을 말해주었다. 하지만 에스프리는 집단으로 대처하면 문제가 해결되리라는 마르크스주의는 낙관론이라고 평가했다. 그 같은 사고 체계는 사실은 급진적인 비관론을 은폐하는 것이었다.[45] 하지만 이런 수준의 비판이 노동 문화에 대한 대안이었다면 에스프리의 자세는 무력하거나 혹은 진정성이 결여되었던 것이 아닐까. 우리는 그렇게 의심할 수 있다.

그러나 명백한 대안이 없을 때 사상은 무엇을 할 수 있는 것일까. 노동자, 그들에게 가까이 가고 지켜보는 것 외에. 사실 그것은 에스프리뿐 아니라 1930년대 지식인들의 한계이고 어려움이었다. 하지만 적어도 그것은 시혜적이거나 일방적인 태도로서 구현되지는 않았다. 1932년 혁명적 작가예술가협회에 80명의 작가와 120명의 예술가들이 참여하는데 그것은 교육 불균형에 대한 지식인들의 자의식에서 나온 것만은 아니었다. 사회적 혜택을 받게 된 상층에서 하층으로 내려가 온정을 베푸는 것을 의미하지 않았다. 딜레마에

45 E. Mounier, *Manifeste au service du personnalisme*.

부딪치지만, 지식인이 노동계급을 필요로 하는 것은 사색과 경험이 흐르고 만나기를 원했기 때문이다. 노동자가 지식인을 필요로 하는 것도 노동자 스스로의 욕구에 의해서였다.[46] 문제는 1930년대에도 여전히 미답의 영역이었다. 19세기 한 세기 내내 노동자와 부르주아가 만나고 갈등을 치른 프랑스에서는 당도 노조도 이 문제에 전권을 주장하지 못했다.

마르셀 마르티네는 노동자 문화 이론을 개척한 프롤레타리아 작가로서 이 문제의 어려움을 숙지했다.[47] 독일과 중부 유럽에 비해 프롤레타리아 예술의 독자적 영역이 약한 것이 프랑스였다. 그러나 부르주아의 개인주의가 강한 것도 프랑스이지만 노동자들도 집단으로 움직이지 않는 것이 이 나라였다고 볼 수 있다. 1934년 초 마르티네는 지도자를 추종하는 것이 노동자 문화가 아니라는 주장을 되풀이했다.[48] 마르크 상니에도 파리의 스타니슬라스(Stanislas) 학교를 나온 수재로 노동자 교육에 헌신했지만 노동은 동원되고 이용되는 대상으로 간주되지 않았다. 밖에서 스스로 그 안으로 들어가야 하는 대상이었고 더 좋은 것은 그 안에서 지식인들이, 지도자들이 양성되는 것이었다. 그것은 종교의 입장에서도 의식되었다. 이 때문에 1950년대에 본격화되는 노동사목(prêtre-ouvrier)의 개념, 즉 사목이 노동현장에서 양성되면 좋겠다는 발상이 나타나고 또 실현되기 시작한다. 가톨릭은 노동자에게, 노동자를 위한 길로부터 노동자와 함께, 노동자에 의한 길로 선회하게 되었다. 노동자들 사이에서 사목을 키우자는 것은 단순히 출신만 노동자면 된다는 것이 아니라 지적 훈련과 종교적 신념을 갖춘 남다른 지식인-노동자를 추구한 것이었다.

에스프리에게 노동자들은 노동계급이 아니라 노동자 인격(personne ouvrière)

---

46 프랑스 지식인들과 공산주의의 밀접한 관계는 크게 보면 1789년 프랑스 혁명 후 공화파적 지식인들의 태도와 이어진다. 1920년대부터 1930년대 사이에는 '지식인 노동자(travailleur intellectuel)' 이란 개념이 상당히 주의를 끌었다. Sudir Hazareesingh, *Intellectuals and the French Communist Party* (Oxford: Clarendon Press, 1991), pp.62-74, 75.

47 짧은 단락으로 구성되었지만 마르티네의 노동자 문화 사상을 잘 볼 수 있는 자료는 M. Martinet, *Culture prolétarienne* (François Maspero, 1976).

48 M. Martinet, "Le Chef contre l'homme. Nécessité d'un nouvel individualisme", *Esprit* (1934. 1.), pp.541-558.

이었다. 그러나 그렇게 되니 노동자들을 노동계급으로 조직화하는 세력과 어떻게 지내느냐 하는 문제가 은연중에, 심각하게 제기되었다. 광부 출신으로 프랑스 공산당 당수에 오른 모리스 토레스(Maurice Thorez)는 1931년 문화 공방, 학교, 서클, 노동자 숙소가 노조원들을 위해 필요하다고 인정했다. 공산주의의 통합노조(CGTU)를 만들어낸 그는 노조원들의 건전한 오락을 당이 거부하리라는 생각은 착각이라고 밝혔다.[49] 노동자들에 깊은 관심을 가진 것은 가톨릭이기도 하고 공산주의이기도 하였다.

5. 가톨릭과 공산주의의 관계를 열며

에스프리는 창간 즈음부터 공산주의에 관심이 많았지만 1934년 6월 '공산주의의 유혹'이란 특집을 실었다. 이 특집은 먼저 공산주의에 대한 지식인들의 의견이 부조리(inconséquence)하다는 점을 논하고 이어서 마르크스주의에 대한 비평을 실은 다음 마지막으로는 젊은이들의 운동관을 살폈다. 자유주의를 비판할 뿐 아니라 공산주의에 대해 동조하지 않는 잡지의 입장을 밝힌 것인데 이 특집이 준비된 1934년 상반기는 2월 6일 파리 시내에서 좌우 시위대가 충돌한 후 좌우 간의 대치가 날카로워지고 누구나 어느 한 편을 택하지 않을 수 없는 듯한 상황이었다. 6월호는 공산주의를 문제 삼았을 뿐 아니라 그 앞에 민주주의의 위기를 주제로 '가치관의 수정', '민주주의의 위기와 국가의 개혁'을 논했는데 1934년 이후 상황은 나날이 착잡해졌다. 민주주의와 공산주의만이 아니라 파시즘이 현실이 되고 놀라움을 주고 있었다. 그 때문에 공산주의에 대한 입장이 무엇인가는 파시즘을 어떻게 대하느냐 하는 것과 분리되지 않았다. 두 가지는 적과 적이라고 명확하게 서로 공언하였으며 파시즘 대 공

49 Claude Willard, *La France ouvrière*, t.2. 1920-1968 (Éditions de l'atelier, 1995), p.71에서 재인용.

산주의는 거의 온 유럽이 발을 뺄 수 없는 국제적 쟁점이었다.

프랑스 가톨릭은 이 시기에 파시즘에 기울지 않았으며 에스프리는 말할 나위도 없었다.[50] 지식인들의 반(反)파시즘 운동은 1934년 2월 후 좌우 대립이 고조되기 전에 이미 구체화되었다. 그런데 1932년 8월 암스테르담에서 열린 전쟁과 파시즘반대 작가대회에서 보듯이 반파시즘은 코민테른(Komintern)과, 프랑스 공산당(PCF)과 연관되기 마련이었다. 코민테른의 원칙과 정책은 프랑스 공산당에 전달되고 다시 당의 반파시즘으로 연계되었다. 그렇지만 1934년 3월부터 활동에 들어간 반파시스트지식인감시위원회(CVIA)의 참가자들이 오직 공산주의에 충실하거나 공산주의를 위해 모이지는 않았다.[51]

어떻든 1935년 10월 무솔리니의 에티오피아 침공, 1936년 여름 에스파냐 내전의 발발로 프랑스에서 벌어지는 공화파 대 파시즘의 대립도 격화되어갔다. 에스프리는 '파시즘은 자유주의의 자식'이라고 명명하고 『외롭』, *NRF* 같은 저명한 잡지들이나 다름없이 파시즘의 상승에 예민하게 반응했다. 에스프리의 관점으로는 파시즘과 공산주의의 대결이 세력 싸움만을 의미하지 않았다. 영혼의 우선권에 반대하고 힘을 우선시하는 것이 파시즘이었다. 그 체제가 숭배하는 것은 영혼을 지닌 인간들이 아니라 당과 지도자였다. 독일의 체코 침공을 덮어두고 평화 보장을 기하려 영국과 프랑스가 독일과 체결한 1938년 뮌헨 회담에 대해 좌파는 대체로 침묵을 지켰지만 에스프리는 이 영혼의 문제 때문에 파시즘을 묵인할 의사가 없었다. 프랑스 우익 단체 '불의 십자가'(La Croix du Feu)가 파시즘 체제까지 나아간 것이 아니었음에도 그 점 때문에 에스프리의 반대를 받았다.

권위를 숭배하는 국가상은 에스프리가 열망하는 인격주의에 정면으로 어

50 1940년 6월 비시 정부 수립과 함께 가톨릭도 이 정부와 가까워진다. 그러나 그 전까지는, 더구나 1934년의 시점에서는 프랑스 가톨릭의 두드러지니 파시즘 우호 정책은 나타나지 않았다.

51 프랑스 역시 지식인은 파시즘에 기우는 성향과 반파시즘의 진영에 서는 이들로 갈라졌으며 그 가운데 반파시즘에 대해서는 노서경, 『지식인이란 누구인가-프랑스 지식인들의 상상력과 도전』(책세상, 2012), 77-108쪽.

긋났다.[52] 에스프리가 세우려 하는 것은 부르주아 개인주의가 아닌 공동체적 개인주의였지 집단화와 지도자가 아니었다. 몸, 집단성, 종(種)의 신성화에 세상이 기울고 있어도 그런 것들은 오랫동안 종교현상이 버리려 한 모든 요소들이 되돌아온 것이고 더 저질화된 것이었다. 그런 집단주의는 인격이 요구하는 바를 대체로 제거해 버렸다.[53] 에스프리의 태도는 이단적이지 않았다. 온 나라가 뜨거웠던 1936년 5월 선거에서 가톨릭이 마치 한 몸인 듯 어느 한 정당에 표를 몰아주는 일은 일어나지 않았다.[54] 가톨릭 내에서 '신(神)은 우익인가?' 하는 물음까지 나왔으며 이에 대한 답은 부정적이었다. 그렇지만 인민전선이 승리를 거두자 한편에서는 이제 가톨릭은 공산주의에 자리를 내주고 문을 닫았다는 한탄이 나왔다. 그런 이유는 반파시즘이라면 불문곡직하고 공산주의로 통하기 쉬웠기 때문이다. 그렇더라도 우익에 치우치지 않은 가톨릭의 풍토는 정치적인 온건 좌파와 종교적인 온건 가톨릭이 서로 양해하는 모습까지 만들어냈다. 인민전선이 수립된 1936년 6월 파리의 베르디에(Jean Verdier) 대주교는 "우리의 원한, 우리의 정치적 사회적 편견을 희생시키자"는 코뮈니케를 발표하여 물의를 일으켰다. 북부 공업지대인 릴에서는 크리스천 노조를 지지하는 젊은 리에나르(Cardinal Liénart) 대주교가 무엇보다 사회평화를 촉구하였다.[55] 『테르 누벨』 같은 일부 가톨릭 언론은 공산주의와 협력이 그리스도교의 소생에 필요하다는 견해로까지 나아갔다. 공산당이 합류한 인민전선에 대해 가톨릭의 스펙트럼이 이렇게 넓었던 만큼 공산주의에 대한 에스프리의 관심이 유난히 좌파적이지는 않았다.

---

52 Klaus-Jurgen Müller, "French Fascism and Modernization", *Journal of Contemporary History*, Vol.11, No.4, Special Issue: 'Theories of Fascism' (Oct., 1976), p.81.

53 Danièle Hervieu-Léeger, "Religion and Modernity in the French Context: For a New Approach to Secularization", *Sociological Analysis*, Vol.51, Special Presidential Issue 'Sociology of Religion: International Perspectives' (1990), pp.15-25.

54 R. Rémond, "Les catholiques et le Front Populaire (1936-1937)", *Archives des sciences sociales des religions*. n.10(1960). pp.63-69.

55 J. Hellman, "French "Left-Catholics" and Communism in the Nineteen-Thirties", *Church History*, Vol.45, No.4(Dec., 1976), pp.507-523.

그럼에도 우선 의미가 있는 것은 무니에와 에스프리 그룹이 공산주의에 대해 관심을 보인 것 자체였다.[56] 에스프리는 1932년 창간호부터 「서구 앞의 공산주의」, 「공산주의의 진실과 거짓」을 실었다. 필자는 베르자예프(N. Berdyaev)였는데 그는 파리에 와서 활동한지 오래 되는 러시아 지식인으로 무니에 그룹과 친밀했다.[57] 망명길에 오른 러시아인들이 프랑스 지식인들과 가까웠던 것은 1900년대 프랑스 사회주의권에서 크게 활동한 샤를 라포포르(Charles Rappoport)의 예로 이미 널리 알려졌으며 1917년 혁명 이후 러시아 지식인들이 파리에 미치는 영향은 더 깊어갔다. 하지만 공산주의에 대한 에스프리의 관심이 이 같은 인적 관계에서만 비롯되지는 않았다. 프랑스 공산주의는 처음부터 당으로 나타났는데 그 당인 프랑스공산당은 1920년 12월 창당 후 한동안은 약세이다가 1934년부터 1936년 인민전선까지 8만 명에서 27만 명으로 당원을 늘렸다. 좌우 어느 당파든 당원 수가 적고 늘기도 어려웠던 프랑스의 사정으로는 이 정도의 당의 규모는 비상한 것이었다. 이쯤 기반을 다진 당은 드디어 어느 날 가톨릭을 향해 제휴 의사를 타진해 왔다. 1936년 4월 17일 한창 선거운동 중에 모리스 토레스 당수가 라디오 방송으로 가톨릭에게 보내는 메시지를 전했다. 당세의 성장으로 이론보다 현안이 중대해지자 공산당 지도자들이 오랜 반(反)교권주의를 내리고 돌연히 입장을 전환한 것으로 보였다.

하지만 공산주의의 이러한 제의에 어떤 방식으로든 응답한 것은 당이 원한 가톨릭 노동자들과 가톨릭 농민, 소장인, 또는 사무원들이 아니라 가톨릭 철학자들이었다. 에스프리는 말할 것도 없이 가톨릭 철학의 선봉에 있었으며 1920-30년대는 마르크스주의 철학이 프랑스에 처음으로 제대로 소개되는 중이었다. 19세기의 프랑스 마르크스주의는 노동과 정치 현장의 일선 운동가들이 도입했던 것이지 대학에서부터 논의가 시작된 사상이 아니었다. 독일과

56 Oscar L. Arnal, "Emmanuel Mounier as Paradigm of the Catholic Avant-Garde (1930-1950)", *Historical Reflections/Réflexions historiques*, 10/3(1983, Fall), pp.377-386.

57 Nicolas Berdiaeff, "Vérité et mensonge du Communisme," *Esprit* (1932. 10.), pp.104-128,

프랑스의 철학은 서로 관심도 많았지만 경계심도 날카로웠고 때문에 마르크스에 대한 거부감은 헤겔, 니체 철학서에 대한 반감 이상의 것이었다. 마르크스의 원전에 대한 학구적 소개는 뒤늦게 러시아 출신의 코제브(Kojeve)와 코이레(Koire)에 의해, 그것도 스트라스부르 대학을 거쳐 파리 대학가에 들어왔다. 그러나 눈이 번쩍 뜨이는 새로운 텍스트들이었으며 따라서 에스프리 역시 마르크스 사상에 어느 정도는 사로잡혔다. 그러나 에스프리는 문제를 구분했던 것 같다. 무니에는 마르크스주의가 하나라고 보지 않았다. 인간조건에 대한 마르크스주의의 직관은 파스칼과 그리스도교의 깊은 관점에 합류하였다.[58] 다른 한편 전체주의적 철학으로서 마르크스주의가 있었다. 그것은 모든 영혼의 활동을 경제적 조건의 반영으로 만들고 그로써 인간과 존재의 신비를 소홀히 하거나 부정했다. 여기서, 인간을 해방시키도록 되어 있는 것이 기계주의인데 거꾸로 기계주의가 인격을 위협한다는 에스프리다운 분석이 도출되었다.[59]

그러나 중요한 것은 있을 수 있는 오류와 어느 사상의 중대한 진실을 뒤섞어 깊이 알아보지도 않고 치워버리는 행위였다. 무니에나 마리탱의 비평적 설교는 그러한 행위를 삼가기를 가톨릭에 요청한 것으로 들린다. 이들 가톨릭 철학자들은 마르크스주의 안의 오류와 마르크스주의가 전하는 중대한 진실을 떼어놓고 보아야한다고 말했다. 일반적으로 마르크스주의라면 고개를 내젓는 이유는 현실적이었다. 사실 인간의 종교성을 원칙적으로 거부하려는 것이 사회주의의 역사에 늘 따라다녔고 따라서 종교 편에서 사회주의를 외면하고 배척하는 것이 독단이지 않았다.[60] 게다가 소련의 현실이 마르크스의 반영이고 구현인 것으로 받아들여지는 것을 무조건 탓할 수 없었다. 가톨릭의

58 E. Mounier, "Pour un certain sang-froid", *Esprit* (1934. 6.), p.419.

59 E. Mounier, *Ibid*.

60 그러나 프랑스 사회주의 사상이 전적으로 종교를 부인했던 것은 아니다. 예를 들어 조레스는 사회주의와 종교에 대해 열린 태도를 지녔고 신앙의 중요성을 조금도 부인하지 않았다. Madeleine Rebérioux, "Socialisme et Religion: un inédit de Jaurès (1891)", *Annales Économies, Sociétés, Civilisations* vol.16, n.6(1961), pp.1097-1120.

『세트』지는 당시 소련의 도미니크 연구센터 오는 정보로 소련의 공식 종교정책과 종교적 박해 상황을 알고 있었다. 하지만 무니에는 마르크스의 저술에 대해 알아갈수록 사람들이 마르크스주의와 소련은 다르다는 것을 인식할 것이라고 믿었다.[61] 그는 공산주의는 난 데 없이 나타난 것이 아니라 유럽의 위기에서 비롯되었다는 것을 인정했다. 그러나 미묘하지만 분명히 할 것은 현재의 민주주의 아래 벌어진 이 개인주의의 병폐 때문에 곧 공산주의를 인정하겠다는 것은 아니라는 점이었다. 에스프리의 전망으로는 공산주의의 기반인 계급(classe) 개념에는 인간을 물적으로만 파악하는 한계가 있었다. 필요한 것은 이 개념으로 일을 해결하려는 것이 아니라 이 한계를 넘는 것이었다.[62] 에스프리는 마르크스주의와 1917년 혁명 전후의 사상, 또 1930년대의 소련의 현황에 대해서 상당한 정보와 판단 근거를 보유했다. 우선 반(反) 볼세비키 필자로 앞서 본 베르자예프가 있었고 그 외에도 러시아에서 망명한 부모 아래 태어난 빅토르 세르주(Victor Serge)가 활동적이었다. 또 일찍 스탈린주의를 비판하여 프랑스 공산당으로부터 제명당한 보리스 수바린(Boris Souvarine)의 영향이 적지 않았다. 에스프리는 또한 스위스, 네덜란드, 독일에 해외 지사망을 갖고 있었기에 여러 방향의 러시아 소식을 접했다.

공산주의에 대한 에스프리의 입장에는 변수가 많았고 따라서 어떤 결론을 내린 것도, 준비한 것도 아니다. 다시 말해 에스프리가 적극적인 의미에서 공산주의와 가톨릭의 관계를 열었다는 평가를 내리는 것은 무리이다. 그러나 아무리 줄여 말하더라도 에스프리는 자신, 가톨릭에 적대적인 사상의 근원으로 파고들고, 그것을 무조건 멀리 하는 태도를 갖지 않았다. 거리끼는 대상일지언정 그것이 무엇인가를 알고자 텍스트를 읽고 분석하고 비판하는 작업에 게으르지 않았다. 그리고 이 과정에서 종교와 공산주의 양편에 대해 근본적

61 J. Hellman, "French "Left-Catholics" and Communism", p.514.
62 F. Perroux, "Limites et dépassement de la notion de classe", *Esprit* (1938. 5.).

인 질문을 던지고 있었다. 양측 모두 공허한 험담과 배척을 일삼는 것이 누구를 위한 것이며 무엇에 좋은 것인가가 그 질문의 요체였을 것이다.

6. 맺음말

1939년 6월 비시(Vichy) 정부가 수립되자 에스프리의 발간이 어려워지는 듯했지만 1940년 리옹으로 본사를 옮기고 잡지는 계속 간행되었다. 비시 체제하에서 잡지가 계속 간행된 사실은 파시즘에 대한 무니에의 입장을 의심하게 만들기도 하였다. 프랑스 파시즘을 전공한 이스라엘의 역사가 제프 스테른헬은 이 점을 들어 무니에가 파시즘에 기울었다고 비판을 가하였다. 그러나 그의 비판은 프랑스 역사가 자크 줄리아르의 재비판을 받았다. 무니에가 파시스트의 분위기와 파시즘의 일에 관심을 가졌던 것은 사실이며 이탈리아 파시스트 운동의 행사에 참석했고 독일 나치즘의 형성에 무조건 반감을 갖지는 않았다. 하지만 일시적인 것과 원칙적인 것, 상황에 따른 행동과 지켜온 이념을 뒤섞는 것은 역사적 평가의 기준이 아니라고 줄리아르는 설명했다.[63]

1941년 8월 에스프리는 드디어 비시의 판금 조치를 받았고 1942년 1월에는 무니에가 체포되어 가톨릭 레지스탕스 지도자 앙리 프레네(Henri Frenay)와의 관계 및 저항 언론 『콩바』(*Combat*)와 연관 여부를 조사받았다. 무니에가 그 해 10월 풀려나면서 에스프리는 지하 저항의 대열에 서게 되었다. 잡지가 복간된 것은 1944년 12월인데 에스프리는 이로부터 1940년대 후반에 다른 어느 언

---

63 Zeev Sternhell, "Emmanuel Mounier et la contestation de la moralité libérale dans la France des années trente", *Revue française de science politique*, n.6(1984), pp.1141-1180. 스테른헬은 무니에가 이탈리아 파시즘 회합에 참석한 사실, 독일의 우익인사와 만난 사실 등에 유의하고 무니에의 정치 성향에 파시즘에 우호적인 점이 있다고 보았다. 반면 20세기 프랑스 지성사와 노동사 전공인 줄리아르는 스테른헬의 논리는 상상적 파시즘이며, 사상은 맨몸으로 다니는 것이 아닌 만큼 역사가는 전체를 보는 시야로 문제를 살펴야 한다고 반박했다. J. Julliard, "Sur un fascisme imaginaire: à propos d'un livre de Zeev Sternhell", *Annales Économies, Sociétés, Civilisation*, 39e année, n.4(1984), pp.850-851.

론보다도 일찍 식민주의 비판 논설들을 실었으며 이는 알제리전쟁이 벌어진 1950년대로 이어지고 다시 이 물줄기는 프랑스 신좌파의 생성에 이바지한다.

에스프리는 물론 프랑스 가톨릭의 한 모퉁이에 지나지 않았다. 그런데 이 글은 1930년대 프랑스 가톨릭의 주요 언론 가운데 에스프리의 위치를 정하는 것은 시도하지도 못했다. 하지만 판매부수 1000부에서 3000부 정도의 소수 지성지에 불과했을지라도 이 잡지는 교회 안에만 머물지 않고 교회 밖으로 나왔다. 교회 밖에서 종교의 얼굴을 다시 들여다 보도록 만들었다.[64] 그 결과는 무엇이었을까? 이 문제는 이 글의 한계를 벗어나지만 20세기 후반의 프랑스 가톨릭이 이제 수구적 이미지가 아니며, 교회가 가진 자들의 회합 장소가 아니라는 사회적 인식, 종교인들은 가지지 못한 자를 살피고 그들과 함께 하려 한다는 교회인의 감각과 관련이 없는 것일까?

에스프리가 계속 노동을 살피고 프롤레타리아의 문화적 비축을 지지한 목적의 하나는 정신적인 것은 여유 있는 이들이 독과점해도 마땅하다는, 또는 설령 그런들 어떻게 하겠냐는 무력감을 벗자는 것이었다. 그런 사고방식은 부르주아 문명의 해악이며, 편협한 것임을 종교도 사회도 알자는 것이었다. 에스프리에 따르면 그를 위해 요구되는 것은 노동자들의 동원과 구호가 아니라 그들 자신의 냉정과 내향성이었다.[65] 에스프리의 젊은 가톨릭 지성은 금전과 물질의 위세에 수많은 인간의 영혼이 짓눌리지 않기를 바랐기 때문이다.

64 레몽은 현대 가톨릭의 다원화의 기원을 인민전선기에 둔다. R. Rémond, "Les catholiques et le Front Populaire", p.65.

65 1933년 이후 1930년대의 에스프리에는 목차 앞에 '우리의 입장'이라는 전문이 실렸다. 예를 들어 1934년 1월호에는 '정화할 것'으로 돈에 의한 영혼의 가치의 배반이나 착취를 들었다 또 '창조할 것'으로, 산발적인 개혁으로는 현대의 악의 근원에 닿지 못하기 때문에 전반적인 가치의 수정이 우리 스스로 맡으려는 우리의 목적이라고 적혀 있다. *Esprit* (1934. 1.), pp.5-7.

Chapt er 09

비시정부와 가톨릭교회의 라이시테

1. 들어가며
2. 프랑스 라이시테의 역사적 변화
3. 비시정부와 가톨릭교회의 '절충' 라이시테
4. 민족 정체성을 위한 라이시테와 반유대주의
5. 나오며

Chapter 09

비시정부와 가톨릭교회의 라이시테

박지현

1. 들어가며

2차 대전 이후 비시정부(gouvernement de Vichy)의 성격을 논할 때 전통 보수주의, 가톨릭 보수주의, 반동주의는 거의 빠지지 않고 언급되어왔다. 비시정부의 수반인 필립 페탱(Philippe Pétain) 자체가 친가톨릭 성향을 가졌기에 그의 가톨릭계 측근 인사들은 비시정부의 내각에 등용되는 기회를 가졌다. 가톨릭교회의 일부 성직자들도 스스로를 페탱주의자(Pétainisme)라 지칭하면서 비시정부를 공개적으로 지지하였다. 비시정부 역시 가톨릭교회에 대해 우호적 정책을 실시하였다. 특히 비시정부는 가톨릭교회의 요구를 수용하여 제3공화국의 정교분리(séparation des Églises et de l'État) 입장에서 벗어난 일련의 법안들을 제정하였는데, 대표적으로 1940년 9월 4일 법령을 들 수 있다. 이 법령은 가톨릭교회에 대한 제3공화국의 정책과는 정반대되는 내용이다.

제3공화국은 세속 교육(enseignement laïque), 의무 교육(enseignement obligatoire), 무상 교육(enseignement gratuit)을 강조한 페리법(loi de Ferry)[1]을 제정하였고, 그 연장선상에서 1901년 7월 1일 결사법을 마련하였으며, 결사법 제14조에 따라 종교 교육(enseignement religieuse)의 기능을 전면적으로 금지시켰다.[2] 이로 인해 가톨릭교회는 프랑스 사회에서 차지했던 교육 기관의 위상을 공식적으로 잃게 되었고, 그 이후 이를 복원하기 위한 가톨릭교회의 노력이 계속되었다. 가톨릭교회는 1940년 비시정부의 성립을 복원의 기회로 삼았고, 비시정부는 같은 해 9월 4일 법령으로 가톨릭교회의 교육 활동을 부분적으로 허용하였다. 이처럼 비시정부는 제3공화국의 정교분리 입장에서 나온 1901년 결사법의 제14조를 폐지함으로써, 반공화적, 친가톨릭적 성격을 드러냈다고 평가받았다.

그런데 1940년 9월 4일 법령은 비시정부의 붕괴 이후에도 폐지되지 않고 존속되었다. 샤를 드골(Charles De Gaulle)의 임시정부가 마련한 1944년 8월 9일 법령[3]에서도 1940년 법령은 폐지되지 않았다. 당시 법령에서 드골은 국가의 중립성(neutralité d'État)을 토대로 둔 라이시테(laïcité)[4]의 구현이 필요하며, 라이시테가 실현된 사회는 공화국의 모든 시민이 출신, 인종, 종교의 차별 없이 법 앞에서 평등한 삶을 누리도록 보장해 줄 수 있는 체제라고 선언하였다.[5] 그것은 제3공화국의 정교분리 입장으로 돌아가서 프랑스 사회의 공교육(éducation

---

1 Loi du 16 juin 1881, Loi du 28 Mars 1882.

2 1901년 결사법의 제14조는 다음과 같다. "허가받지 않은 수도회는 직접 혹은 대리인을 통해서도 교육기관을 운영할 수 없으며 교육을 할 수도 없다. 이를 어긴 수도회는 제8조에 의거하여 처벌받는다. 기관의 폐쇄는 유죄 판결문에 의해 선고된다." Loi du 1er juillet 1901 relative au contrat d'association, Art. 14. 이 책의 6장을 참고하라.

3 Ordonnance du 9 août 1944 relative au rétablissement de la légalité républicaine sur le territoire continental.

4 laïcité에 대한 프랑스 사전의 의미와 대표적 문구는 다음과 같다. "시민 사회와 종교 사회를 분리하는 원칙이다. 국가는 종교적 권력을, 교회는 정치적 권력을 행사하지 않는다. 〈라이시테, 다시 말해 모든 종교들 간의 중립적 국가이다〉(르낭 Renan)." Paul Robert, "Laïcité", A. Rey et J. Rey-Debove (dir.), *Le Petit Robert 1* (Le Robert, 1984), p.1066. 그러나 시대에 따라 Laïcité의 뜻이 사전의 정의처럼 고정되지 않고 다양하기 때문에 세속성, 비종교성, 중립성 등등의 번역이 오히려 혼동을 가져올 수 있다. 최근 프랑스 문화 관련 저서들에서는 독특한 프랑스 문화의 키워드로서 laïcité를 원음으로 표기하고 있다. 따라서 본문에서 laïcité를 원어 발음, 그대로 표기하고자 한다. 신행선, 「공화국 학교와 라이시테-여성교육의 필요성과 여성의 역할」, 『프랑스의 열정: 공화국과 공화주의』 (아카넷, 2011), 186-206쪽; 오영주, 「신의 왕국에서 인간의 사회로」, 서울대학교 불어문화권연구소, 『프랑스 하나 그리고 여럿』 (강, 2004), 20-21쪽.

5 Ordonnance du 9 août 1944.

publique)을 강화시키겠다는 의지의 표현이었다. 그러나 공화국으로 복귀된 시점에서 드골의 임시정부뿐만 아니라 제4 · 5공화국에서도 비시정부의 1940년 9월 4일 법령은 폐지되지 않았다. 이것은 오늘날 사립학교에서 종교 교육이 합법적으로 이루어질 수 있는 법적 토대가 되었다.[6]

그런데 최근 프랑스 정부는 1989년 '히잡 사건'으로 불거진 종교와 라이시테 간의 문제를 해결하고자 2004년 공교육에서 종교적 상징물 착용 금지법[7]을 제정하였다. 이 법안을 통해 프랑스 정부는 공화국의 원칙, 즉 정교분리라는 라이시테의 원칙을 내세웠고 이를 프랑스인에게 재확인시켰다.[8] 이 엄격한 원칙에 입각한다면, 1940년 법령이야말로 이미 프랑스 공화국에 의해 폐지되어야 할 대상이었을 것이다. 가톨릭교회의 특권을 유지시키는 1940년 법령을 존속시키는 반면, 타종교에 대해서는 엄격한 정교분리의 원칙을 고수해 2004년 법령을 제정한 프랑스 국가의 라이시테 개념을 어떻게 이해해야 하는가? 어째서 반공화적, 친가톨릭적 성향에서 비롯된 비시정부의 법령을 존속시켜 프랑스 정부는 이중적이고 배타적인 태도를 취하는가?

이 의문의 실마리를 찾기 위해 크게 세 가지 차원에서 비시정부 시기의 라이시테를 검토해 볼 필요가 있다. 첫째, 프랑스 라이시테(laïcité française)의 의미가 역사적 과정 속에서 어떻게 달라졌는지를 살펴보고자 한다. 둘째, 비시정부 수립 초기(1940-1941)에 비시정부와 가톨릭교회는 프랑스 라이시테를 어떤 의미로 수용하여 가톨릭교회의 종교 교육을 허용할 수 있었는지 그 과정을 검토하고자 한다. 셋째, 종교 교육을 허용한 비시정부의 라이시테가 배타

---

6 Guy Haarscher, *La laïcité* (Paris: PUF, 2005), p.33.

7 1989년 '히잡 사건' 이후 2004년 3월 15일 공립학교에서 종교적 상징물 착용 금지법이 제정되었다. Loi n. 2004-228 du 15 mars 2004 encadrant, en application du principe de laïcité, le port de signes ou de tenues manifestant une appartenance religieuse dans les écoles, collèges et lycées publics.

8 '히잡 사건' 에 관련된 국내외 연구 성과는 다음을 참조하길 바란다. 박단, 『프랑스의 문화전쟁-공화국과 이슬람』(책세상, 2005); Florence Rochefort, "Foulard, genre et laïcité en 1989", *Vingtième Siècle*, n.75 (2002), pp.145-156; Jean-François Chanet and Denis Pelletier, "La laïcité à l'épreuve de la sécularisation 1905-2005", *Vingtième Siècle*, n.87 (2005), pp.7-10; René Rémond, "L'héritage chrétien de l'Europe: Retour sur une controverse historique", *Vingtième Siècle*, n.95 (2007), pp.143-150.

적인 반유대주의 정책과 어떤 관련성이 있는지 생각해보고자 한다.

2. 프랑스 라이시테의 역사적 변화

일반적으로 프랑스 라이시테는 정교분리라는 단어[9]가 연상될 정도로 1905년 법에 기초를 둔 개념이지만 사실상 훨씬 광의적 의미로 정의될 수 있다. 벨기에의 라이시테 연구자인 기 아르쉐(Guy Haarscher)는 프랑스뿐만 아니라 각 유럽 국가들은 역사적 변화에 따라서 나름대로 라이시테의 특징을 형성, 발전시켰기 때문에 정교분리라는 좁은 개념으로 라이시테를 설명하기는 어렵다고 하였다.[10]

프랑스 현대사가 르네 레몽(René Rémond)은 라이시테 개념에는 다양한 철학적 사상이 어우러져 형성되었음에도 불구하고, 프랑스 라이시테의 개념은 1905년 정교분리에 고착되어 있다고 지적하였다.[11] 레몽은 정교분리의 라이시테는 정치 이데올로기의 고안물로서 입법화하는 과정에서 세워진 개념으로 보았다. 그에 따르면 제3공화국 헌법의 1884년 부분 개정 이래 프랑스 공화국의 형태가 1905년 정교분리법으로 확립되면서 라이시테의 개념이 헌법에 포함되었고, 이로 인해 프랑스 사회에서는 라이시테의 개념과 적용에 대한 지속적인 토론이나 활발한 논쟁이 이루어지지 못했다는 것이다.[12] 시대적 변화에 따른 다양한 라이시테의 의미가 수용되지 못했기에, 현재 프랑스 라이시테가 보편적이라기보다 차별적, 혹은 배제적인 성격을 지녔다고 비판한다.[13]

---

9 한국 사회에서도 이러한 라이시테의 정의가 불변하는 유일한 개념처럼 받아들이는 경향이 있다. 오영주, 「신의 왕국에서 인간의 사회로」, 11-30쪽.

10 Haarscher, *La laïcite*, p.3.

11 René Rémond, *L'invention de la laïcité: De 1789 à demain* (Paris : Bayard, 2005), pp.29-30.

12 *Ibid.*, p.24.

13 *Ibid.*, pp.12-17.

광의의 의미에서 라이시테란 어떤 것인가? 아르쉐에 따르면, 국가가 한 계층을 지지하지 않고 모든 이에게 개인의 양심을 존중해 주는 체제이다.[14] 시대마다 개인의 양심을 존중해 주는 체제가 다르기 때문에, 라이시테를 추구하는 방법도, 여기서 배제되는 대상도 달라질 수 있다. 예를 들어 제3공화국 시대는 교권주의에 대항하는 투쟁(정교분리)으로 가톨릭 성직자라는 특권층을 배제시키고, 개인의 양심을 존중하는 1905년 정교분리법에 토대를 둔 라이시테를 추구했다고 할 수 있다.

그렇다면 제3공화국 이전의 체제에선 어떤 특권층을 배제시키려는 라이시테였을까? 왕권이 커지는 중세 말기부터 제3공화국까지 체제의 시대적 변화에 따른 라이시테의 특징을 간략히 살펴보겠다. 우선, 프랑스 가톨릭교회의 독립을 위해 교황권을 배제하려는 프랑스 왕정 체제의 라이시테이다. 중세 말기 아비뇽 유수 사건 이래로, 프랑스 왕정은 로마 가톨릭의 권위와 교황권에 대해 프랑스 가톨릭교회의 독립주의(gallicanisme)를 주도했다. 이 시기는 프랑스 왕정이 로마 가톨릭의 정치적 권위에 대항하여 영토 내 프랑스 가톨릭 교회의 자유를 보장하려는 라이시테가 형성되었다. 비록 19 · 20세기 개인의 탈그리스도교화(déchristianisation)를 의미하는 라이시테는 아니지만, 프랑스 왕정 체제의 한계 안에서 로마가톨릭 교황의 특권을 배제하려는 '속세적'[15]인 라이시테가 형성된 것이다.

둘째, 개인의 자유를 위해 형성된 혁명정부의 라이시테이다. 1789년 8월 4일 인권선언문을 내세워 프랑스혁명정부는 왕정과 결합된 프랑스 가톨릭 교회에 대항하여 시민 개인에게 종교의 자유를 허용하였다. 혁명정부는 성직자민사기본법을 제정하여 교회를 국가 체제 아래 종속시켜 성직자와 교회의 특권을 배제시켰다. 또한 신교도와 유대인들에게도 종교의 자유를 허

---

14 Haarscher, *La laïcité*, p.3.

15 당시 교권에 반대하는 황제의 권력을 속세권으로 지칭했고, 여전히 종교 사회에 있었기 때문에 '속세적' 이라는 형용사로 라이시테의 특징을 표현했다. Haarscher, *La laïcité*, pp.8-10.

용하였는데, 혁명정부는 1791년 9월 27일 법령을 통해 유대인의 종교 자유는 민족 해방이 아닌 개인의 해방에 해당된다고 명시하였다. 프랑스 국가 안에서 유대인이 정치적 집단이나 질서를 만들 수는 없으나, 개인적 차원의 시민으로서 그들의 종교적 자유가 허용된 것이다. 여기에는 유대인이 평등한 시민으로 살아갈 수 있는 여건을 마련해 주는 대신, 국가의 정치권에 도전할 종교 단체의 정치적 규합을 미리 통제하겠다는 혁명정부의 의도가 반영되었다.[16]

셋째, 바티칸 교황청(Saint-Siège)과 프랑스 국가 사이의 관계에서 빚어진 복합적인 라이시테이다. 프랑스혁명 시기 바티칸 교황청은 라이시테를 선언한 프랑스 국가, 그리고 그에 종속된 프랑스 교회의 라이시테를 어떻게 수용해야 할지 고민했다. 반면 프랑스 국가는 바티칸 교황청보다 프랑스 교회의 입장을 우선시하는 라이시테의 정책을 어떻게 실시해야 할지를 고민했다. 두 입장의 차이는 나폴레옹 통령 시기에 맺어진 종교협약(Concordat)을 통해 타협되었다. 1801년 정교협약으로 바티칸 교황청은 가톨릭 종교가 더 이상 프랑스 국가의 종교가 아님을 인정하는 대신, 프랑스 국가가 가톨릭교회의 성직자에게 재정 지원을 보장해 주고, 여전히 다른 종교에 비해 가톨릭교회의 특권을 유지시켜줄 것을 요구하였다. 양 진영 사이의 타협은 빈 체제, 7월 혁명, 2월 혁명, 제2공화국, 제2제정을 거치면서 때로는 가톨릭교회의 입장이, 때로는 국가의 입장이 서로 번갈아 우위를 점하면서 복합적인 라이시테의 특징이 형성되었다.[17] 한편으론 국가와 가톨릭교회 사이의 정치적 분리가 이루어지는 방향으로, 다른 한편으론 여전히 둘 사이의 사회적 동반 관계가 계속적으로 유지되는 방향으로 라이시테의 특징이 이루어진 것이다.

---

16 *Ibid.*, pp. 11-13.

17 다음을 참조하길 바란다. Jacques-Olivier Boudon, *Religion et politique en France depuis 1789* (Paris: Armand Colin, 2007).

넷째, 정교분리와 중립성을 동시에 추구하는 제3공화국의 라이시테이다. 1881-1882년 페리법과 1905년 정교분리법을 내세워 제3공화국 정부는 프랑스 사회에서 차지하는 교회의 교육 재량권을 통제하고 정치적으로 공화국과 교회의 분리를 선언하였다. 가톨릭교회의 특권이 사회적 차원, 특히 교육 제도에 여전히 남아있어서 교권주의의 확대 조짐이 보이자, 공화국은 교회의 교육권을 제한하는 입법안을 추진하였다. 제3공화국은 비가톨릭신자인 개인의 자유를 존중한다는 목적 아래 의무(obligation), 무상(gratuité), 중립성(neutralité)[18]을 토대로 하는 세속 교육을 실시해서 사회 전반에 걸친 교권주의를 통제하는 라이시테 체제를 구축했다.[19]

하지만 1901년 결사법과[20] 1905년 정교분리법 중에 결사(association) 관련 조항이 실제로 적용하는 과정에서 프랑스 공화국은 가톨릭교회에 대한 이중적인 입장을 취하였다. 이 법령에 따라 종교 의식의 자유는 보장되나 공식적인 종교 의식은 허용되지 않았으며, 이를 위한 지원 예산도 삭제되었다. 그 대신, 문화적 목적의 종교 의식만이 허용되어 종교 단체가 문화단체(association culturelle) 형태로 전환되었다. 프로테스탄트나 유대교인이 이를 적극적으로 받아들인 것과는 달리, 가톨릭 진영에서는 가톨릭교회의 의식을 문화단체 형태로 행할 수 없다는 강한 입장을 표명하였다. 왜냐하면 이 법령으로 인해 각 교구와 본당이 민간 문화단체로 전환되어 가톨릭교회의 고유한 조직이 붕괴될 뿐만 아니라 가톨릭교회의 재산조차 자체적으로 소유하거나 유지하기 어려워지기 때문이었다.

이 갈등 사안은 1차 대전의 발발로 새로운 국면을 맞이하였다. 신성동맹(Union sacrée)과 애국주의(patriotisme)라는 기치 아래 우파가 득세한 프랑스 정

18 이 단어를 '비종교성'으로 번역하는 경우가 있으나 본문에서는 '중립성'으로 표현하고자 한다. 당시 가톨릭교회의 사회적 권한을 통제한다는 목적 아래 가톨릭에 대한 국가의 중립성이 강조되었기 때문이다.

19 Jean-Pierre Rioux, "Sur la laïcité", *Vingtième Siècle*, n.31 (1991), pp.95-97.

20 Loi du 1er juillet 1901 relative au contrat d'association.

부와 가톨릭교회 사이에 우호적 관계가 이루어진 것이다.[21] 그 결과, 1924년 참사원(Conseil d'État)이 특별 문화 단체로서 교구(Association diocésaine)를 인정하여 교회의 위계질서를 존중하는 것으로 해결되었다. 이 법령의 적용 과정을 통해, 프랑스 국가는 다른 종교와 달리 가톨릭교회에 특권을 부여하였다. 타종교인의 입장에서는 종교에 대한 중립성이 지켜지지 않는 종교적 차별의 사례로, 무신론자들의 입장에서는 정교분리의 원칙에서 벗어난 것으로 받아들여질 수 있었다. 제3공화국은 종교에 대한 중립성을 강조했지만 여전히 타종교와 비교할 때 가톨릭 종교에 대한 우호적인 정책을 실시하였다. 제3공화국의 정교분리를 기점으로 프랑스 라이시테의 개념이 정치적 영역에서 사회적 영역으로 점차 확대되는 특징이 있었지만, 입법적 차원에서 타종교와 비교해서 가톨릭교회의 특권이 계속해서 인정되는 측면이 있었다고 하겠다.

이러한 프랑스 국가의 라이시테를 어떻게 해석해야 하는가? 프랑스 역사 속 가톨릭 문화의 잔재로, 혹은 프랑스 국가와 가톨릭교회 사이의 정치적 문제로 간주해야만 하는가? 정교분리의 원칙을 지키되, 여전히 가톨릭교회의 특권을 유지시키는 프랑스 라이시테를 어떻게 이해해야 하는가? 오늘날에도 프랑스 국가가 타종교에 관련해서는 엄격한 정교분리의 라이시테를 내세우고 있다는 점을 상기할 필요가 있다.

'히잡 사건'을 계기로 프랑스 정부는 2004년 엄격한 정교분리의 원칙을 적용한 3월 15일 법령을 제정하였다. 이 법령의 대상이 대체로 이슬람 종교를 가진 무슬림 이민 공동체였고, 법의 실행 과정에서 이들에 대한 차별 행위가 이어지면서 출신, 종교, 인종의 차별 없이 법 앞에서 평등한 삶을 누리도록 보

---

21 구체적 설명과 논의는 다음의 저서를 참고하길 바란다. Etienne Fouillous, *Société sécularisée et renouveaux religieux (XXe siècle) Tome 4*, Jacques Le Goff et René Rémond (dirs.), *Histoire de la France religieuse* (Paris: Seuil, 1992); Etienne Fouilloux, Bruno Duriez, Denis Pelletier, Nathalie Viet-Depaule, *Les catholiques dans la République 1905-2005* (Atelier, 2005).

장해 준다는 공화국의 원칙까지 흔들리게 되었다.[22]

이 사건과 법령 제정 과정을 통해 프랑스 사회는 크게 라이시테에 대한 두 시각으로 나누어졌다. 하나는 정교분리의 원칙에 따라서 히잡 착용 금지를 시켜 종교의 자유를 개인적 차원으로 여전히 국한시키려는 입장이고, 다른 하나는 '차이의 권리(droit à la différence)' 원칙에 따라서 종교적 차원만이 아닌 사회적 차원으로 확대 해석하려는 입장이다.[23] 후자는 히잡 착용만이 아니라 공립학교에서 남녀 분반 체육 시간, 그리고 역사 시간이나 일반 도덕 시간에 드러나는 이슬람교에 대한 편하된 관점 등을 문제 삼아 차이의 문화를 존중하는 라이시테의 개념을 확대시키려는 입장이다.

그러나 당시 프랑스 대통령 자크 시라크(Jacques Chirac)는 2003년 12월 17일 대국민 연설을 통해 "종교와 정치의 분리는 프랑스 공화국이 이룩한 가장 큰 성과 중의 하나이며 이 원칙을 약화시키는 어떤 행동도 용납할 수 없다"고 밝혔다.[24] 프랑스 정부에 의해 각계의 전문가로 구성된 스타지 위원회(commission Stasi)는 보고서에서 명백한 종교적 상징물을 학교, 병원 등 공공장소에서 착용을 금지하는 법안 제정을 권고하였다.[25] 시라크 대통령은 이 법안의 제정을 지지하였고, 마침내 상하원에서 법안이 통과되어 2004년 법이 제정되었고, 지금까지 실행되고 있다. 프랑스 국가는 타종교에 대해서는 엄격한 정교분리의 원칙을 지키되, 여전히 가톨릭교회의 특권을 유지시키는 이중적 태도를 취하고 있다.

사실 1905년 정교분리법(비시정부의 시기를 제외하고)에서부터 2004년 공교육에서 종교적 상징물 착용 금지법의 제정 전까지, 프랑스 국가의 이중적 태도를

22 최근 프랑스 사회의 종교 문제는 다음 논문을 참조하길 바란다. Denis Pelletier, "L'Éole, l'Europe, les corps: la laïcité et le voile", *Vingtième Siècle*, n.87 Numéo spéial. Laïcité séparation, séularisation 1905-2005(2005), pp.159-176.

23 Haarscher, *La laïcité*, pp.38-43.

24 *Le monde*, 19 décembre 2003.

25 스타지 위원회 및 보고서 관련 내용은 다음 국내 논문을 참조하길 바란다. 박단, 「'히잡금지'와 '부르카금지'를 통해 본 프랑스 사회의 이슬람인식」, 『프랑스사연구』, 제24집(2011. 2), 80-111쪽.

문제 삼는 일은 거의 금기시되어왔다. 정교분리법은 가톨릭교회가 프랑스 국가의 공식 종교였던 정치 문화에서 벗어나기 위해 만들어졌기 때문에 타종교보다 가톨릭교회에 해당되는 내용이었다. 이 법의 주요 목적은 가톨릭교회 자체를 부정한다기보다 국가의 권위 아래 가톨릭교회를 통합시키는 데 있었다. 그것은 프랑스 국가의 존립과 관련된 사항이다. 정교분리법에 대해 문제를 삼는다면, 그것은 공화국의 존재 자체를 부정하는 반국가적, 반시민적 태도로 간주되었다. 그래서 비시정부의 시기를 제외하고 라이시테의 문제는 오랜 침묵의 심연 속에 있다가 1989년 히잡 사건을 계기로 수면 위로 떠오르게 되었다.[26]

이점에서 가톨릭교회의 특권을 법령으로 제정했던 비시정부 시기의 라이시테로 거슬러 올라가 검토할 필요가 있다. 2차 대전 이후 2000년대까지 라이시테의 의미 변화가 표면적으로 공론화되지 않았더라도, 비시정부의 시기에는 이미 가톨릭교회의 특권을 인정하는 법령이 제정되어 정교분리 차원의 라이시테에서 벗어났기 때문이다. 오늘날 라이시테의 문제를 협소한 정교분리의 차원에서 다루면서 1940년 비시정부의 법을 존속시키려는 프랑스 국가의 이중적 태도가 비시정부 시기의 라이시테에서 비롯될 수 있다.

그렇기 때문에 가톨릭교회에 대한 비시정부의 우호적 태도와 교육 정책을 단지 가톨릭 보수주의, 복고주의라는 성격으로 규정짓기보다는 2차 대전 이후 프랑스 라이시테의 변화선상에서 살펴볼 필요가 있다.

3. 비시정부와 가톨릭교회의 '절충' 라이시테

비시정부와 가톨릭교회의 관계를 다루는 데 크게 두 시기로 나누어 볼 수 있다. 하나는 비시정부의 성립부터 나치 독일의 자유지역 점령 직전까지(1940-

---

26 Rémond, *L'invention de la laïcite*, pp.16-20.

1942)이고, 다른 하나는 자유지역 점령 후부터 파리 해방까지(1943-1944)이다. 예상할 수 있듯이 전자는 프랑스 가톨릭교회가 비시정부를 지지한 시기이고, 후자는 비시정부가 자유지역 영토를 잃어버린 후부터 가톨릭교회가 나치 독일에 대한 협력과 레지스탕스(Résistance) 활동으로 분열된 시기이다.[27] 비시정부와 가톨릭교회 사이의 우호적 관계는 첫 번째 시기에 해당되며, 그 기간 동안 가톨릭교회의 종교 교육에 해당되는 입법안이 상정되고 제정되었다. 그래서 1940년과 1941년 사이 일어난 비시정부와 가톨릭교회의 관계에 집중해서, 우선 비시정부 수립 직후 가톨릭교회의 반응과 행보를 검토하고, 비시정부와 가톨릭교회 사이에서 공감된 라이시테의 성격을 살펴보겠다.

1) 비시정부에 대한 가톨릭교회의 태도

1940년 6월 17일 페탱의 휴전 선언 이후, 7월 11일 프랑스국(État français, 비시정부의 공식 명칭)이 성립되자, 가톨릭교회의 프랑스 주교단은 즉각적인 공식 입장을 표명할 수 없을 정도로 당황스러워했다. 게다가 점령지역과 자유지역으로 분리되면서 주교단의 전체 회의가 소집되기 어려운 상황이라서 비시정부에 대한 공식적 입장을 표명할 수 없었다.

이 상황에서 리옹(Lyon) 대주교인 추기경 게를리에(Pierre Gerlier)가 먼저 행동을 취하였다. 그는 1940년 7월 9일 파리로 올라와 파리 대주교 추기경 쉬아르(Emmanuel Suhard)를 만났다.[28] 추기경들에게 가장 큰 사안은 포로수용소에 갇

27 이와 관련된 구체적 설명은 다음 저서들의 내용을 참고하길 바란다. Michèle Cointet, *L'Église sous Vichy* (Paris : Perrin, 1998), pp.300-340; Jean-Louise Clément, *Les évêques au temps de Vichy* (Paris : Beauchesne, 1999), pp.145-178.

28 프랑스 주교단에는 네 명의 추기경이 있었다. 게를리에, 쉬아르를 포함해서 릴(Lille) 대주교인 아실 리에나르(Achille Liénart)와 아카데미 회원인 추기경 알프레드 보드리야르(Alfred Baudrillart)가 있었다. 리에나르 추기경은 회동하려 했으나 점령지역에서 빠져나오기가 어려워서 7월 25일에서야 쉬아르 추기경과 만날 수 있었다. 보드리야르는 전쟁 전부터 직접 교구를 담당하지 않았기 때문에 사실상 이 회동에 차지하는 역할이 크지 않았다. 더구나 그는 이미 협력자들(Collaborationnistes)과 친분을 유지하였고 이점에 대해 쉬아르는 경계심을 가지고 있었다. Michèle et Jean-Paul Cointet, *Dictionnaire historique de la France sous l'Occupation* (Paris: Tallandier, 2000), pp.65, 341, 659.

혀있는 2,800명 신부들의 문제였다. 둘째, 나치 독일군의 침입으로 일어날 강압적 상황에 어떻게 대처할 것인가 하는 사안이었다. 추기경들은 점령지역의 교구들, 특히 프랑스와 독일 접경지대인 알자스-로렌(Alsace-Lorraine) 교구의 상황을 염려하였다. 셋째, 비시정부와 급히 논의해서 종교 교육의 문제를 해결해야 하는 사안이었다. 마지막으로, 점령과 자유지역으로 나누어진 프랑스 상황 때문에 가톨릭교회가 통일적인 입장을 견지해야 하며, 이를 위해 두 지역의 악시옹 가톨릭(Action catholique)도 공동의 노선 아래 활동이 이루어져야 한다는 문제였다.

그러나 이 사안들 이전에 급선무는 비시정부에 대한 프랑스 주교단의 공식 입장 표명이었다. 페탱 주변 인물들에 대해 호감을 갖지 못했던 쉬아르 추기경은 게를리에 추기경보다 비시정부의 성립에 대해 좀 더 유보적인 태도를 취하였다. 반면 게를리에 추기경은 비시정부에 대한 신뢰감을 가졌고 새로운 헌법에 대한 기대감을 감추지 않았다.

게를리에 추기경은 1940년 7월 16일 비시(Vichy)의 오텔 뒤 파크(Hôtel du Parc)에서 페탱을 만났고, 그 자리에서 그는 추기경에게 비시정부의 '민족혁명(Révolution nationale)'[29]이 성공하기 위해서는 가톨릭 운동을 사회개혁 프로그램으로 전환시킬 필요가 있음을 강조하였다. 하지만 페탱은 가톨릭교회의 사회적 역할이 크지만 정치적 영역과는 별개임을 분명히 밝혔다. 그는 비시정부가 기대하는 가톨릭교회의 역할을 교육의 영역으로 한정시키고자 하였다. 게를리에 추기경 역시 비시정부의 '프랑스의 재건(reconstruction de la France)'이 그리스도교화를 위한 사회의 재건이 아니라는 점에 동의하였다. 추기경은 이를 1940년 10월 26일 미사 강론 중에 분명히 밝혔다.

---

29 비시정부는 '가정, 노동, 조국 (Famille, Travail, Patrie)' 기치 아래 "민족혁명"이라는 정치 이데올로기를 내세웠다. 이와 관련된 상세한 내용은 다음을 참조하길 바란다. 박지현, 『누구를 위한 협력인가-비시 프랑스와 민족혁명』 (책세상, 2004).

> 정의와 사랑 안에서 평화로운 세상을 만들려는 것처럼 조국을 재건하기 위해 모든 노력이 필요하며 모두가 이것이 시급하다는 점을 알고 있습니다. 그러나 가장 중요한 의무는 국가 안에 살면서[30] 그리스도 왕에게 돌려드리는 일입니다. 그리스도 왕 없이 프랑스 [비시정부]는 재건할 수 없을 것입니다. 프랑스의 그리스도교 전통은 세속적 토대의 하나이기 [때문입니다].[31]

게를리에 추기경이 바라는 프랑스 국가란 다른 종교보다 프랑스의 전통인 가톨릭교회의 특권을 우선시하는 세속 국가이다. 추기경은 1940년 11월 19일 페탱이 참석한 미사에서 자신을 페탱주의자라고 지칭하면서, 자신이 바라는 세속 국가로서의 비시정부가 가톨릭교회의 숙원인 교육 참여의 문제를 해결해 주리라는 속내를 내비쳤다.

> 어제, 눈물로 글썽해진 우리 눈앞에서 무리지은 군중과 깃발들이 당당히 벨쿠르 광장을 행렬하는 동안, 불행이 영광을 무너뜨리기는커녕, 갑절로 우리를 성스럽게 한 것을 알아챘는지요? 장군님, 군중들의 무수히 울려 퍼지는 함성이 오직 두 개의 외침으로 용해되었다는 것을 주목하셨는지요? '페탱 만세', '프랑스 만세' 이 두 외침이라고요? 천만에요. 오늘날 프랑스는 바로 페탱입니다. 상처 입은 조국을 일으켜 세우기 위해 장군님, 프랑스 전체가 당신의 뒤에 있습니다.[32]

하지만 비시정부의 성립 이후, 한 달 동안 프랑스 주교단의 공식 발표는 없었다. 다만 게를리에 추기경처럼 주교, 성직자들의 개별적 입장들이 표명되었을 뿐이다. 물론 점령과 자유지역이라는 분리가 각 교구의 고립성을 가져왔기 때문일 수도 있지만 실상 교구 내에서 비시정부를 인정하는 사안에 대한 반대 의견이 있었다. 일부 주교들이[33] 비시정부에 대해서 어느 정도 거리감

---

30 직역하면 '국가적 삶' 이지만 '국가 안에 살면서' 로 의역했다.

31 Jacques Duquesne, *Les Catholiques français sous l'Occupation* (Paris : Grasset, 1957), p.41.

32 Clément, *Les évêques au temps de Vichy*, p.38.

33 *Ibid.*, pp.29-33.

을 두어야 한다는 움직임을 보였기 때문이다. 1941년 1월 15일 점령지역의 추기경과 주교들이 파리대교구에 모여서 교황에게 보낸 편지 내용의 일부를 공식 발표문으로 채택하였다. 1941년 2월 6일 자유지역의 리옹대교구가 먼저 이를 공식적으로 발표하였다.[34]

> 완전한 종교적 계획에 애착을 갖기로 한 이상, 모든 정치, 혹은 정당의 음모를 피해 [비시정부의] 계획이 오직 영혼의 정신적 행복과 역경의 위로에 적합한 것이길 원한다. 우리는 프랑스 정부의 현 정권(pouvoir établi)[35]을 향한 완전한 충성심을 사회, 시민 영역에서 가르치고자 한다. 그래서 신자들이 이 정신을 지켜나가길 기대한다. 우리는 고통 받고 결핍 속에 있는 민중들과 점점 가까워지고 그들의 고통을 나누고, 그들에게 밝은 신앙심을 가르치기를 원한다. 우리는 [강제적] 복종이 아니라 기성 정권에 대해 진실하며 완전한 충성심을 보이길 원한다. 우리는 국가 원수를 존경한다. 그리고 우리는 간곡하게 모든 프랑스의 단결이 이루어지기를 요구한다. 단결, 이것은 항상 힘의 원리이다. 우리는 신자들이 '가정, 노동, 조국'이라는 세 가지 영역을 통해 [프랑스] 재건을 시도하는 작품의 한 쪽에 자리하길 격려한다. 그것은 강하고 하나로 결집된 프랑스를 실현하는 일이다.[36]

이처럼 비시정부에 대한 입장 표명의 문제로 회동한 프랑스 추기경과 주교들의 공식 입장은 세 가지로 요약된다. 첫째, 정치적 영역이 아닌 사회적 영역에서 가톨릭교회의 역할을 스스로 국한시키고, 시민 교육 안에서 종교 교육

---

34 물론 게를리에 추기경이 리옹대교구의 공식 발표를 주도하였다.

35 프랑스 주교단은 비시정부에 대한 합법성에 대해서 상당히 조심스럽고 유보적인 태도를 보였다. 특히 비시정부를 프랑스 정부의 정통성을 계승한 "현 정권(pouvoir établi)"으로 표현하는 데 있어서 논란이 되었기 때문이다. 물론 랭스(Reims), 렌(Rennes), 아미앵(Amiens), 아라스(Arras), 에브뢰(Evreux), 낭트(Nantes), 낭시(Nancy), 느베르(Nevers), 푸아티에(Poitiers), 라로셸(La Rochelle), 생디에(Saint-Die) 등 많은 교구 주교들이 비시정부를 조국의 이름 아래 성립된 합법적 정권으로 선언하였다. 하지만 추기경과 주교 회의(Assemblée des cardinaux et archevêques)에서 최종적으로 채택된 1941년 7월 25일 공식 발표문에는 "국가 원수에 대한 존경"이나 "현 정권에 대한 진실하며 완전한 충성심"이라는 표현이 삭제되었다. 이것은 당시 다를랑(Darlan) 내각에 대한 일종의 경계심이었다고 한다. 그 이후 1942년 11월 나치 독일군의 점령으로 교회 내부가 협력과 레지스탕스로 분열되면서 더 이상 가톨릭교회의 공식 입장 표명이 어려워졌다. 이 때문에 프랑스 가톨릭교회가 비시정부를 공식적으로 인정한 것인지, 아니면 추기경과 주교들의 개별적 의견으로 1941년 발표문을 간주되어야 하는지에 대한 논란이 일어났다. Clément, *Les évêques au temps de Vichy*, pp.68-73; Duquesne, *Les Catholiques français sous l'Occupation*, pp.51-52.

36 Duquesne, *Les Catholiques français sous l'Occupation*, pp.50-51에서 재인용.

을 담당하겠다는 입장이다. 둘째, 비시정부와 페탱에 대한 교회의 충성심을 내세워 가톨릭교회가 국가의 법에 복종하는 그리스도교인의 삶을 권고하고, 세속적 사회를 인정하는 입장이다. 셋째, 조국 아래 하나로 결집된 프랑스를 위한 종교 교육이 민족적 차원에서 이행될 필요가 있다는 입장이다.

주목할 사항은 세 가지 입장 모두가 비시정부가 내세운 교육의 기치인 '그리스도교 교육 · 민족 교육 · 엘리트 교육'에 해당된다.[37] 페탱은 가톨릭교회의 교육을 인정하지만 세속 교육 안의 종교 교육을 종속시키려는 의도였고, 프랑스 추기경과 주교는 세속화된 프랑스 사회를 인정하고 가톨릭 시민 교육 차원에서 종교 교육을 맡겠다는 의도였다. 프랑스 추기경과 주교는 시민의 권리와 의무로 형성된 세속 사회와 세속 교육을 수용하여 시민의 권리 차원에서 종교 교육을 담당하고자 하였다.

그렇기 때문에 가톨릭교회의 종교 교육을 허용한 1940년 9월 4일 법령 제정이 단순히 비시정부의 친가톨릭적 특징에서 비롯되었다고 단정하기는 어렵다. 만약 가톨릭교회가 국가적 삶에서, 민족적 삶에서 종교 교육이 이루어져야 한다는 비시정부의 세속 교육에 동의하지 않았다면 1940년 법령의 제정이 쉽게 이루어질 수 없었으리라 짐작할 수 있다. 그러면 법의 제정 과정에서 세속 교육에 대한 비시정부와 가톨릭교회 간의 공감대가 어떻게 이루어졌는가?

2) 세속 교육의 재탄생

가톨릭교회의 종교 교육 문제는 게를리에와 쉬아르 추기경 사이에서나 게를리에 추기경과 페탱 사이에서 주요한 사안이었지만, 제3공화국 말기에 이

37 박지현, 「비시프랑스, 프랑스 공화정의 두 얼굴?」, 이용재, 박단 외 지음, 『프랑스의 열정: 공화국과 공화주의』 (아카넷, 2011), 237쪽.

미 거론된 적이 있었다.[38] 1938년 7월 랭스(Reims) 대성당의 복원 사업이 완성된 것을 축하하는 대미사에 알베르 르브룅(Albert Lebrun)이 공화국의 대통령 자격으로 참석하여 정치적, 사회적으로 공화국과 가톨릭교회 사이의 화해가 이루어졌다. 1905년 정교분리법을 제정했던 반교권주의적인 사회 분위기를 고려한다면 1930년대 후반 양 진영의 친밀한 관계는 상상할 수도 없는 일이었다.

또한 가톨릭교회 진영에서도 공화국의 협력자로서 화해의 분위기를 조성하였다. 파리대주교 베르디에(Jean Verdier) 추기경은 비록 프랑스 공화국이 반교권주의 성격에 토대를 둔 체제이지만 민족 공동의 유산을 보호하고 외부의 침입에 대항하려는 민족 통합을 위해서라면 가톨릭교회는 공화국의 편이 되어줄 필요가 있다고 말했을 정도였다.[39] 또한 달라디에(Daladier) 내각에서 샹페티에 드 리브(Champetier de Ribes) 장관은 민주주의를 신봉하는 가톨릭 신자였는데, 당시 프랑스 대표를 교황 비오 12세(Pie XII)와 접견하도록 주선하였다. 비공개 면담을 통해 비오 12세는 프랑스 공립학교에서 종교 교육의 실행이 가능한지, 이를 위한 행정적 방안이 있는지를 직접적으로 논의할 기회를 가졌다. 그만큼 가톨릭교회의 숙원은 1905년 정교분리법으로 금지되었던 종교 교육을 재개하려는 일이었다.

이 때문에 비시정부의 수립 직후부터 프랑스 주교단에서 파견한 게를리에 추기경과 같은 가톨릭 인사들이 페탱과의 면담을 통해 정치적 물밑 작업을 시도한 것이다. 비시정부는 1940년 9월 4일 법령[40]을 제정하여 가톨릭교회의 숙원을 풀어주게 된다.

하지만 가톨릭교회는 이 법령에 만족하지 않았고, 1940년 12월 비시정부의

38 Cointet, *L'Église sous Vichy*, p.98.

39 Duquesne, *Les Catholiques français sous l'Occupation*, p.87.

40 이 법령으로 제3공화국이 정교분리의 원칙 아래 제정된 두 가지 주요 법령이 폐지되었다. 하나는 1901년 7월 1일 법령의 제14조, 즉 허가받지 않는 수도회나 관련 인사들은 교육 활동을 할 수 없다는 조항이, 다른 하나는 1904년 7월 7일 법령, 즉 모든 종교기관의 교육을 금지한다는 조항이 삭제되었다.

교육부 정무차관[41] 자크 슈발리에(Jacques Chevalier)에게 사립학교(école libre)의 초등부에 대한 재정적 지원을 요청하였다. 슈발리에는 페탱과 친분을 가진 열렬한 가톨릭 신자이며 그르노블(Grenoble)대학 인문대 학장 출신으로, 전쟁 전부터 공교육에서 가톨릭 교육의 필요성을 변호했던 인물이다. 그는 가톨릭 교회의 요청을 긍정적으로 검토했으나, 실상 사립학교의 재정은 항상 학부모회와 주교에 의해 유지되었기 때문에 갑자기 국가 예산으로 전환시키는 일은 어려운 문제였다.[42] 1905년 정교분리법은 국가 예산에서 종교 교육뿐만이 아니라 가톨릭 사립학교에 대해 직접적인 재정을 지원할 수 없도록 만들었다. 흥미롭게도 비시정부조차 사립학교의 재정 지원 금지법을 제3공화국처럼 계속 유지시켰다. 대신 비시정부는 가톨릭교회의 요구를 간접적인 국고 예산으로 지원해 주기로 하였다. 가족법에 근거해서 각 시의 예산을 통해 사립학교를 다니는 가족의 자녀들에게 혜택을 주는 우회적인 방식으로 재정이 지원되었다. 1941년 1월 6일 법령 제정을 통해서는 사립학교 초등부에 식당, 조명, 난방, 가구와 같은 간접 경비가 지원되었다.[43]

친가톨릭 정책을 추진한 슈발리에는 취임 전부터 "[그동안 프랑스는] 신 없는 학교로 살았다. 세속학교, 즉 신앙 없는 학교가 되었으나 다시 갱생할 것이다"[44]라고 말해왔다. 그는 종교 교육이 사립학교 뿐만 아니라 공립학교에서도 도덕 교육의 일환으로 실시되어야 한다는 생각을 가졌고 실제로 '슈발리에 법안'을 상정하였다.

슈발리에 법안은 비시정부 안팎으로 거센 논란을 가져왔다. 이 법안은 가

41 공식 명칭은 정무 차관(Secretaire d'État)이다. 교육부는 비시정부의 장관급에서 큰 위치를 차지하지 못했기 때문에 장관과 정무차관의 명칭이 혼용되는 경향이 있다. 비시정부 시기 장 · 차관급 6명이 임명되었는데 알베르 리보(Albert Rivaud, 1940. 6. 16-7.12), 에밀 미로(Émile Mireaux, 1940. 7. 12-9. 6), 아벨 보나르(Abel Bonnard, 1942. 4. 18.-1944.8.)는 장관이고, 조르주 리페르(Georges Ripert, 1940. 9. 6.-12. 13), 자크 슈발리에(Jacques Chevalier, 1940. 12. 13.-1941. 2. 23.), 제롬 카르코피노(Jérôme Carcopino, 1941. 2. 23.-1942. 4. 18)는 정무차관이다.

42 Rémond, *L'invention de la laïcite*, p.96.

43 Duquesne, *Les Catholiques français sous l'Occupation*, pp.93-94.

44 Cointet, *L'Église sous Vichy*, p.120.

톨릭 교리 교육(catéchisme)의 부활이나 다름없었기 때문이다. 슈발리에는 종교 질서를 다시 부활하자는 의미가 아니라 국가의 도덕적 토대로서 가톨릭 교리를 실시하려는 것임을 밝혔지만 법안의 적용 과정에서 교권주의적 성격이 강해질 수밖에 없는 일이었다. 물론 가톨릭교회 입장에서는 절호의 기회였기에, 게를리에 추기경이 1941년 1월 14일 페탱을 다시 만나 이 개혁의 중요성을 말하였고, 쉬아르 추기경조차 수사 라데낙(Abbé Radenac)을 파견해서 지역 차원에서라도 교리 교육이 실행될 수 있도록 비시정부의 인사들을 설득하게 하였다.[45]

이 같은 가톨릭교회의 움직임에 대해 점령지역의 파리협력자는 비시정부의 교권주의[46]에 대한 비판의 목소리를 내기 시작하였고, 그 파장이 커지자 프랑스주재 독일 대사인 오토 아베츠(Otto Abetz)도 이 소식을 듣게 되었다. 그 결과 아베츠는 페탱에게 직접 교육부 정무차관 자리에 아베 보나르(Abel Bonnard)라는 친독주의자를 앉힐 것을 추천하였다.[47] 그러나 페탱은 이를 단호히 거부하고, 슈발리에를 해임하고 대신 제롬 카르코피노(Jérôme Carcopino)를 임명하였다. 그는 고대 로마 전공 역사가이며 파리 대학의 학장이었고 누구보다 공화주의 연구에 정통했던 자이다. 더구나 그는 페탱과 프랑스 주교들과의 인적 교류가 깊었기 때문에 슈발리에 법안의 논란을 종결시키는 데 적임자였다.[48]

정무차관 카르코피노는 우선 쉬아르 추기경과 특별 대담을 통해 양 진영의 타협점을 찾고자 하였다. 추기경은 국가의 교육 틀 안에서 성직자가 교육을 할 수 있는 권리를 요구했지만 카르코피노는 종교 교육을 다시 부활시키는 일 자체가 불가능하다고 말하였다. 그는 학교란 자유에 근거한 라이시테의 장소

45 Duquesne, *Les Catholiques français sous l'Occupation*, p.96.

46 『뢰브르 *L'Oeuvre*』 잡지에서는 프랑스 대학을 교회의 부분으로 만드는 슈발리에 법의 무지를 비판하였고, 초·중등학교조차 이러한 교리 교육이 이루어져서는 안 된다고 강조하였다. 『레누보탕 *Les Nouveaux Temps*』 잡지에서는 세속법에서 있을 수 없는 상황이라고 언급하였다. *Ibid.*, p.121.

47 Clément, *Les évêques au temps de Vichy*, p.85.

48 Pierre Gilotto, *Histoire de la Jeunesse sous Vichy* (Paris: Perrin, 1991), p.113.

이기 때문에 교리 교육은 공립학교에서 이루어질 수 없다고 분명히 밝혔다.[49] 대신 그는 사립학교에 대한 재정 지원만큼은 고려해보겠다고 약속하였다.[50]

카르코피노는 비시정부로 돌아와서 내각 인사들, 다를랑(François Darlan) 제독, 재정부 장관 부틸리에(Yves Bouthillier), 내무부 장관 퓌슈(Pierre Pucheu)와 함께 공립학교의 종교 교육 문제를 논의하였다. 공동적으로 공립학교에서 가톨릭 교리 교육의 금지에 대해서는 이견이 없었다. 대신 카르코피노는 고등교육 체제, 특히 대학에서는 종교 교육을 통해 국가나 민족에 대한 희생정신을 주입, 강화시킬 필요가 있다고 주장하였다. 사립학교에서 그리스도교 문명(civilisation chrétienne)과 조국(patrie)이라는 교육 가치를 이행하는 데 기여했던 종교 교육의 중요성을 상기시켰다.[51]

카르코피노는 1941년 3월 10일, 1941년 8월 15일 법령을 통해 세속 교육(enseignement laïque)을 개정하였다. 먼저 성직자가 초 · 중등 도덕 교과 내용을 가르칠 수 없다는 조항을 만들어 세속 교육에 대한 성직자의 개입을 전반적으로 금지시켰다. 그 대신 종교 과목은 방과 후의 자율 수업으로 편성되었고, 대학 교육 안에 종교 교육이 필수 정규 수강 과정으로 포함되었다. 또한 카르코피노가 쉬아르 추기경에게 약속한 대로, 1941년 10월 17일 법령의 제정으로 사립학교에 대한 국가보조금이 지원되었다.[52]

어째서 비시정부는 슈발리에 대신 카르코피노의 법안을 선호했던 것인가? 여러 가지 요인이 있을 수 있지만, 카르코피노의 개정안이 비시정부가 추구하는 세속 교육의 방향과 맞았기 때문이라 할 수 있다. 제3공화국에서 세속 교육은 공교육(enseignement publique)과 같은 의미이다. 제3공화국은 1905년 정교분리법에 근거해서 모든 공립학교나 사립학교에서 종교 교육을 배제시켰

---

49 Cointet, *L'Église sous Vichy*, p.131.

50 *Ibid*.

51 Stéphanie Corcy-Debray, *Jérôme Carcopino, un historien à Vichy* (Paris: L'Harmattan, 2001), pp.382-387.

52 Duquesne, *Les Catholiques français sous l'Occupation*, pp.92-93.

기 때문에 제3공화국이 추구하는 세속 교육은 공교육이라 할 수 있다. 비시정부는 프랑스 공화국의 세속 교육이 개인주의를 양산함으로써 전쟁의 패배를 가져오는 궁극적인 원인이라고 판단하며 제3공화국의 공교육을 비판하였다. 개인주의 대신 집단정신을 육성할 수 있는 세속 교육의 개혁을 위해서 비시정부는 세속 교육 안에서 종교 교육을 실시하고자 하였다. 물론 공립학교나 사립학교에서 일정한 종교 교육을 실시하는 법령을 제정했기 때문에, 비시정부의 세속 교육이 공교육이라 말할 수는 없다. 하지만 비시정부는 슈발리에 법안처럼 종교 교육을 위주로 하는 세속 교육을 원하지 않았기 때문에 국가적 삶을 위한 세속 교육 개정법을 절충안으로 제시한 카르코피노[53]를 선택했다고 볼 수 있다.

따라서 세속 교육에 대한 비시정부와 카르코피노 사이에는 공통의 목적이 있다. 양측 모두가 가톨릭교회의 종교 교육 관련 법령이 필요하다고 인식했지만, 궁극적 목적이 종교 교육을 통해 신앙의 사회를 건설하기 위한 것도, 공교육을 파괴하려는 것도 아니다. 그것은 '민족 교육 · 그리스도 교육 · 엘리트 교육'으로 구성되는 세속 교육을 완성시키는 데 있다. 개인은 가정, 사회, 조국이라는 집단의 보호 없이 존재할 수 없기 때문에, 개인의 권리보다 공동체에 대한 의무를 먼저 가르치는 것이 공교육의 최우선이어야 하고, 그 의무를 가르치는 수단이 그리스도교 교육이어야 한다는 점이다. 그리고 국가 공동체는 프랑스 민족 공동체에서 양성된 엘리트에 의해 주도되어야 하며, 위기에 처한 민족 공동체의 운명을 대비하기 위해 엘리트 교육이 이루어져야 한다는 것이다.[54]

프랑스 주교단도 비시정부가 내세운 세속 교육의 궁극적 목적, 즉 민족의

53 카르코피노는 고등사범학교(École Normal Supérieure) 출신이며 그 학교의 총장이었기에 엘리트 교육의 필요성과 특수성을 절감한 자이다. 그는 자유와 민주주의를 열망하는 정치가였으나 기회의 균등이라는 개념이 무상 교육으로 적용되는 점에 반감을 가졌다. 또한 가톨릭 종교 교육이란 신앙보다 정신적 가치를 심어주는 차원에서 조국의 통합을 위해 그리스도교 문화를 배우는 수단으로 인식하였다. Corcy-Debray, *Jérôme Carcopino*, p.374

54 박지현, 「비시프랑스, 프랑스 공화정의 두 얼굴?」, 237쪽.

재건을 위한 종교 교육의 역할에 대해선 큰 이견이 없었다.[55] 이점은 게를리에 추기경과 페탱의 면담 내용에서 드러났지만 1941년 7월 주교단의 회의에서도, 주요 교구 주교에 의해서 말해진 바 있다. 프랑스 주교단은 세속 교육을 담당하는 비시정부의 인사와 성직자들 사이에 긴밀한 교류가 가장 필요한 시기이며 서로 간의 신뢰를 기대한다고 밝혔다.[56] 이미 1940년 보르도(Bordeaux) 주교 모리스 펠탱(Maurice Feltin)[57]을 비롯해서 지역교구 주교들은 민족 합일에 대한 노력 없이 가톨릭 정신이 프랑스 사회에 다시 자리하기 힘들다고 의견의 일치를 보았다. 그들은 가톨릭교회의 정치적 활동보다 청년을 교육시키고, 각 가정을 돌보며, 사회 질서 안에서 진정한 가톨릭 정신이 자리할 수 있는 교육적, 사회적 역할을 강조하였다.[58] 이러한 가톨릭교회 주교들의 의견은 슈발리에 법안의 성립이 이루어지지 않았음에도 불구하고, 카르코피노의 타협적 제안을 받아들일 수 있는 요인으로 작용하였다.

따라서 비시정부와 가톨릭교회는 민족 재건과 세속 교육의 틀 안에서 서로의 절충안을 내세웠다고 볼 수 있다. 비시정부는 민족 재건을 위해 가톨릭교회의 종교 교육[59]을 실시한 것이고, 가톨릭교회 역시 동일한 목적으로 세속 교육의 틀 안에서 가톨릭교회의 특권을 유지시킬 수 있었던 것이다. 이점에서 비시정부의 세속 교육은 민족 교육과 종교 교육의 절충안으로 재생되었다고 할 수 있다.

55 Clément, *Les évêques au temps de Vichy*, pp.86-88.

56 Duquesne, *Les Catholiques français sous l'Occupation*, p.100.

57 Clément, *Les évêques au temps de Vichy*, p.93.

58 *L'Aquitain*, 9 août 1940, p.248; 25 octobre 1940, p.319. Clément, *Les évêques au temps de Vichy*, pp.27-28에서 재인용.

59 세르주 잔느레(Serge Jeanneret)는 이를 "민족주의 교리교육(catéchisme nationaliste)" 이라고 정의하였다. Serge Jeanneret, *L'école et l'esprit civique* (Paris: Flammarion, 1943), p.27.

4. 민족 정체성을 위한 라이시테와 반유대주의

민족 재건을 위한 세속 교육은 1941년과 1944년 사이에 실시된 시민 도덕 교육(éduction civique et morale)에 그대로 반영되었다. 이와 관련해서 15종의 초중등 교과서가 출간되었는데, 민족 정체성(identité nationale)에 대한 정의와 필요성에 대한 내용이 주를 이루고 있었다. 시민의 권리와 의무를 정의하기 이전에, 또한 이를 정치적, 사회적 행동으로 이행하기 이전에, 먼저 조국애를 가진 민족이 무엇인지를 깊게 느낄 수 있어야 한다는 취지 아래 교과서가 출간된 것이다. 특히 교과서에 에르네스트 르낭(Ernest Renan)의 『민족이란 무엇인가』[60]라는 텍스트를 수록해서 필수적으로 읽도록 했는데 이는 프랑스 청년에게 시민 정체성(identité civique)보다 민족 정체성을 우선적으로 심어주려는 교육의 의도에서 비롯되었다.[61] 거의 모든 교과서 저자는 교과서의 서언에서 시민 도덕 교육의 목적이 '좋은 시민(bon citoyen)'보다 우선 '좋은 프랑스인'(bon français)을 만드는 데 있다고 밝혔다.

> 운명과 과거를 통해 이루어진 장엄한 우리 민족, 그리고 정의와 자유에 대한 우리 민족의 이상은 매우 오랜 역사에 새겨져 있다. 우리 민족은 조국애가 있는 자들로 부흥했고, 그들을 [소중히] 생각하며, 타인 [혹은 타민족]을 위해 복종하지도, 일하지도 않을 것이며, 이점을 잃어버리길 원하지 않는다.[62] 민족(Nation)은 발전된 사회에서만 이루어지는 것이 아니다. 같은 언어와 단단한 이해관계에 있는 나라조차도 [일정한] 변화를 통해 이루어진다. 그것은 지리적, 정치적 차원에서 가정집단들이 겪는 광범위한 변화를 의미한다. 민족, 그것은 특히 역사이기도 하며 전통이고, 미덕이고, 유산이다. 오랜 세기 동안 민중의 삶 속에서 생각, 감정, 연대 정신의 공동체가 만들어졌다. 그것을

60 Ernest Renan, *Qu'est-ce qu'une Nation?* (Conférence faite en Sorbonne, le 11 mars 1882).

61 Yves Déloye, *École et Citoyenneté: L'individualisme républicain de Jules Ferry à Vichy: controverses* (Paris: Presses de la Fondation Nationale des Sciences Politiques, 1994), p.365.

62 Commandant M. Chocquet, *Les devoirs du jeune Français* (Paris, Limoges, Nancy: Charles-Lavauzelle & Cie, 1942), p.5, Déloye, *École et Citoyennete*, p.364에서 재인용.

민족정신(esprit national)이라 부른다.[63]

이처럼 비시정부의 세속 교육 과정은 민족 정체성과 불가분의 관계에 있다. 제3공화국의 교과 내용이 시민 정체성을 강조했다면, 비시정부 시기의 교과 내용은 민족 정체성을 내세웠다고 볼 수 있다. 두 시기 모두 타종교에 비해 가톨릭교회의 특권을 인정해주지만 비시정부는 민족 정체성의 형성을 위해 가톨릭교회의 교육 또는 그리스도교 교육을 통합시킨 경우라고 할 수 있다.

시민 정체성과 민족 정체성은 국가-민족(État-nation)이라는 범주에서 항상 중요한 개념이고, 학교는 이 정체성을 만들어가는 중요한 수단이다.[64] 세속 교육을 통해 국가-민족의 시민 문화를 어떻게 균등화시킬 지, 어느 정도의 경계선에서 시민과 민족 정체성의 공간을 규정할 수 있는지, 그리고 국가의 권력이 행사하는 정치 영역에서 그 공간의 한계점을 어떻게 규정지어야 할지가 주요 문제이다.[65] 이 문제를 해결하는 역사적 과정에서 시민 교육의 장치는 시민과 외국인을 분리시키는 경계선을 만들었고, 외국 이주자로부터 시민을 보호하기 위해 민족 정체성이 필요해지기 시작했다. 국가-민족이 시민의 사회화를 통제하면서 계속 존속하기 위해서는 시민 정체성과 민족 정체성이 모두 필요하기 때문이다.[66]

그러나 제3공화국에서는 '세속 교육, 의무 교육, 무상 교육'을 내세워 전통 종교인 가톨릭 정체성(identité catholique)을 민족 정체성에서 분리시키고 시민 정체성을 내세운 세속 교육을 실시하였다. 이 시기부터 정교분리법으로 정의된 라이시테의 개념이 제3공화국의 정치 사회 문화에 핵심으로 자리하기 시작하였다. 제3공화국에서도 시민과 민족 정체성을 추구했지만 민족 정체성

63 *Ibid.*, pp.7-8, p.366.

64 Déloye, *École et Citoyenneté*, p.23.

65 *Ibid.*, pp.112-124.

66 *Ibid.*, pp.24-25.

이 포함된 시민 정체성을 위한 세속 교육이 우선적으로 이루어졌다. 다만 민족 정체성을 이루는 주요 구성 요소인 가톨릭의 위상이 여전히 컸기 때문에, 제3공화국은 다른 종교에 비해 가톨릭교회의 특권을 유지시켰던 것이다. 이러한 특징이 비시정부에서도 계속 이루어졌지만, 민족 시민 정체성에 가톨릭 정체성을 통합시키는 교과내용이 주를 이루었다.

> 가장 강력한 프랑스 공동체의 유대 관계는 정신적 유산이다. 이 유산은 아주 오랜 전부터 위대한 고전 작가[의 존재와 작품]과 함께 교육과 일상 문화를 통해 전달된 사상, 감정, 애정이 복합적으로 합일되어 만들어진 것이다. 이 유산에는 기사도의 자비와 용기가, 그리고 가톨릭 창시자, 십자군과 선교사의 그리스도 정신이 담겨져 있다.[67] 각 프랑스인은 모든 공동체의 삶이 필요하다는 믿음의 토양을 일구는 개인적 노력을 기울여야만 한다. 각 프랑스인은 일말의 프랑스 정신을, 그리고 프랑스를 만든 모든 세대를 합치는 사슬고리를 가진 보관자임을 느껴야만 한다.[68] 그리스도인이 아닌 프랑스인이 될 수 있는지에 대한 문제는 더 이상 논의되지 않는다. [물론] 우리 조국의 분위기에서 오랜 세대를 걸쳐 살아온 비(非)그리스도인 가정에서 프랑스의 정신과 가슴은 있다. 그러나 그리스도의 교리와 어느 정도 동화되고 그 훈련을 적어도 받아들이는 분위기가 아니라면 그들은 숨조차 쉬지 못한다. 더구나 프랑스 정신을 낳은 그리스도 정신이 그들에게 새겨지지 않고서 순수한 프랑스 정신을 갖는 것 자체가 불가능하다. 그래서 우리는 주저 없이 [교육을] 진전시킬 수 있다. 즉 그리스도인만큼의 프랑스인이 되는 일이다. 프랑스인에게 역사가 남긴 흔적의 길에서 프랑스 문명을 복원시킬 수 있는 가장 좋은 개혁은 그리스도 정신에 의해서이다.[69]

인용된 내용에서 밝힌 바와 같이, 미래의 프랑스 시민은 그리스도 정신을 토대로 민족적 삶을 구현해야 하며, 이는 비시정부 시기 세속 교육의 목적이자 라이시테의 핵심이라 할 수 있다. 그러나 이 핵심의 본질을 이해하기 위해

---

67 *La morale au certificat d'études primaires* (Éditions École et collège, 1942), p.29.

68 Pierre Sauvage, *Dix entretiens de morale civique* (Éditions Spes, 1942), pp.28-29.

69 Paul Foulquié, *Cours de morale pour les élèves de l'enseignement primaire supérieurs* (1er année)(Éditions École et collège, 1941), p.192.

서는 비시정부가 민족 정체성을 강조하면서 이에 포함되지 않는 외국인, 비그리스도인, 기타 소수자를 정치적, 사회적, 문화적 영역에서 배제시키는 차별 정책을 편 것을 주목할 필요가 있다.

1941년 카르코피노는 새로운 세속 교육법을 통과시키면서 7월 11일 고등사범학교에 유대인의 입학을 금지시켰다.[70] 그해는 비시정부가 유대인에 대한 억압 정책을 본격적으로 진행시킨 해이다. 1941년 3월 23일 전국 유대인 문제 위원회(Commissariat général aux questions juives)가 조직되면서, 5월 14일 프랑스 주재 외국 유대인들이 체포되었다. 그 이후 반유대주의(antisémitisme)를 선전하는 비시정부의 정책이 심화되었고, 6월 2일 자유지역 주재 유대인 조사법이 실시되었으며, 6월 30일 점령지역에서 유대인 대검거가 본격적으로 시작되었다. 마침내 1942년 7월 16-17일 벨 디브 급습(Rafle du Vel' d'Hive) 사건이 일어나 12,000명의 성인과 4,501명 아동이 체포되었다.

그런데 비시정부의 반유대주의 정책에 대해 프랑스 추기경과 주교들은 즉각적인 거부 움직임을 보이지 않았다. 1941년 프랑스 추기경과 주교 회의에 상정된 유대인 문제 관련 서류를 살펴보면, "유대인 문제는 예외적인 법이 아닐지라도 [유대인의] 기존 위상은 모든 외국인과 같은 위치에서 다루는 듯하다"고 기술되어 있다. 그만큼 유대인의 문제에 대해서는 가톨릭교회가 '민족'이라는 범주 안에서 다루지 않는 경향이 있다. 그래서인지 주교 회의에서는 프랑스 유대인의 집단을 서로 다르게 호칭하였는데, 예를 들어 게리 대주교(Mgr. Guerry)는 프랑스 유대인을 시민으로, 리에나르 대주교(Mgr. Liénart)는 외국인으로 표현하였다.[71]

1941년 6월 2일 유대인 관련 법령에 대한 논의가 계속되었지만 정통 교리

---

70 Corcy-Debray, *Jérôme Carcopino*, p.182.

71 Catherine Masson-Gadenne, *Le cardinal Liénart, évêque de Lille 1928-1968, un grand pasteur* (Thèse de doctorat Université Charles-de-Gaulle Lille III, 1997), p.262, Clément, *Les évêques au temps de Vichy*, p.129에서 재인용.

파와 세속 종교화를 내세운 각기 다른 주교들 사이의 의견 차이로 공식적 입장이 표명되지 않았다. 세속 종교화를 주장하는 일부 주교들은 "그리스도 안에서 유대인도, 그리스인도, 노예도, 자유인도, 여자도, 남자도 없다"는 점을 내세워 반유대주의 정책을 거부하였다. 반면 정통 교리파, 친비시파인 주교들은 가톨릭 정신은 성체성사에 있으며, 이를 복원하는 일환으로 엄격한 인종 법안에 찬성하였다.[72]

1941년 유대인 관련 법안이 통과되었을 때 바티칸의 교황대사인 레옹 베라르(Leon Bérard)는 프랑스 가톨릭교회가 이와 관련해서 어떤 공식적 언급도 없었고, 이 "불운한 법(malecontreuse loi)"을 재고하기 위한 교황청의 개입조차 요청하지도 않았다고 바티칸 보고서에서 밝혔다.[73] 이미 1940년 프랑스 교황대사는 나치 독일의 협력정부로서 비시정부가 유대인의 정책을 진행시킬 것이라고 교황 비오 12세(Pie XII)에게 보고한 바 있었다.[74] 교황은 교황대사의 보고서, 특히 베라르의 보고서에서 밝힌 유대인 법령의 문제점에 대해 직접적 승인을 하거나 해결안을 제시하지는 않았다. 다만 각국의 교황대사들이 이를 해결하기 위해 게를리에 추기경의 개입을 요청했을 뿐이다.[75]

그러다 1942년 7월 벨 디브 급습 이후에서야 점령지역의 프랑스 주교단은 먼저 비인간적인 유대인 체포에 항의하기 시작하였다. 쉬아르 추기경[76]의 개입이 이루어지면서 주교단의 항의서는 페탱과 피에르 라발(Pierre Laval)에게 전달되었다. 그 이후 자유지역에서도 개인적 차원에서 주교와 성직자의 항의가 있었다. 특히 툴루즈(Toulouse)교구의 살리에쥬(Jules-Géraud Saliège)나 리옹대교

72 *Ibid.*, pp.133-134.

73 Pierre Blet, s.j., *Pie XII et la Seconde Guerre mondiale d'après les archives du Vatican* (Paris : Perrin, Tempus, 2005), p.263.

74 *Ibid.*, p. 262.

75 폴란드, 체코, 우크라이나에서도 유대인 문제가 이미 시작되었기 때문에 각국의 교황대사는 이를 심각하게 받아들였다. *Ibid.*, p.265.

76 쉬아르 추기경은 비시정부의 정책에 따라서 각기 다른 반응을 보였는데, 가톨릭 진영의 레지스탕스 활동이 활발해진 시기인 1944년 2월 7일에 레지스탕스 단체를 폭력을 수반한 테러리스트로 규정하였다. 그만큼 가톨릭교회의 성직자들이 비시정부의 시기에 상당히 혼란스러워 했고 다양한 태도를 보였음을 짐작할 수 있다.

구의 게를리에 추기경들이 주도적으로 1942년 8월, 9월에 유대인 문제를 규탄하였다. 살리에쥬가 말하길, "그리스도의 윤리가 있다. 의무를 부과하고 권리를 인식하는 인간의 도덕이 있다. 이 의무와 권리는 천부인권에 속한다. 그것은 신에게서 왔다. 누구도 이를 없앨 수 없다. (...) 유대인은 남자이고 여자이다. [어느 누구도] 그들의 적이 되라고 하지 않는다."[77]

이를 계기로 프랑스 주교단은 비시정부의 반유대주의를 찬성, 혹은 반대하는 진영으로 나누어졌다. 1942년 11월 독일이 프랑스를 완전 점령하면서, 프랑스 주교단과 성직자들은 각자의 개인적 선택에 따라 정치적 노선을 결정했고 비시정부와 협력하거나, 레지스탕스 활동에 참여하거나 혹은 침묵하였다.[78] 1942년 친독주의자 라발이 총리로 복귀하면서 비시정부의 반유대주의 정책은 심화되었고 1943년 9월 16일 법령으로 의무노동국(강제노동국, Service du travail obligatoire)이 설치되어 강제 노동이 모든 프랑스인에게 적용되었을 때, 프랑스 추기경과 주교들은 즉각적인 공식 입장조차 표명할 수 없을 만큼 분열되었다.

결국 비시정부 시기 라이시테의 핵심인 '민족 정체성'은 실제 비시정부의 정책에서는 유대인 차별, 억압, 학살이라는 현실로 반영되었고, 이 정체성을 함께 공감했던 가톨릭교회는 닥친 현실 앞에서 유대인 문제를 해결하기보다 오히려 침묵하거나 갈라졌다. 비시정부의 라이시테는 미래의 프랑스 시민이 그리스도 정신을 토대로 민족적 삶을 구현한다는 특징을 지녔지만, 독일 점령 상황 아래 비시정부의 반유대주의 정책은 그 특징의 본질, 즉 프랑스 시민도, 프랑스 민족도, 그리스도인도 아닌 자를 제거할 수 있다는 인종적, 종교적 차별로 이어지게 된 것이다.

---

77 Masson-Gadenne, *Le cardinal Liénart, évêque de Lille 1928-1968, un grand pasteur*, p.215, Clément, *Les évêques au temps de Vichy*, p.134에서 재인용.

78 Cointet, *L'Église sous Vichy*, pp.300-303.

5. 나오며

비시정부는 세속 교육의 목적을 민족의 정신과 문화적 가치를 가르치는 데 두었기 때문에 가톨릭 교육과 민족 교육이 절충된 라이시테를 탄생시켰다. 이러한 특징적 라이시테가 2차 대전 이후 프랑스 사회에 자리하면서, 가톨릭 종교를 절충한 민족 교육이 세속 교육의 한 부분을 차지하게 된 것이다.

오늘날 프랑스에서는 매년 가톨릭 청년들이 파리 노트르담 대성당(Cathédrale Notre-Dame de Paris)에 모여 샤르트르 대성당(Cathédrale Notre-Dame de Chartres)까지 도보 순례를 한다는 점을 상기할 필요가 있다. 이 종교 문화 행사는 공영뿐만 아니라 민영 방송에서도 항상 뉴스거리로 등장하곤 한다. 방송은 사실만을 전달하지만, 가톨릭 공동체가 프랑스의 전통 공동체이며, 가톨릭 정신은 국가와 민족 공동체에 여전히 기여한다는 그 이면의 의도가 드러난다. 이는 1940년 비시정부의 라이시테 특징에 가깝다. 비록 프랑스 공화국의 헌법에서 규정한 자유 공교육에 위배되지 않는 한에서 종교 활동이 보장된다고 말하지만, 오늘날 가톨릭교회의 활동이 프랑스 사회에서 차지하는 사회적 이목과 관심은 타종교에 비해 여전히 크다는 점을 밝혀준다.

비시정부의 라이시테는 가톨릭 종교를 보편적인 개념이 아닌 프랑스 민족 종교로서, 혹은 프랑스 문화의 정신적 토대로서 수용했기 때문에 가톨릭 종교 교육을 허용한 1940년 법령이 오늘날까지 존속할 수 있었다. 그러나 이 법령의 존재는 라이시테의 이면이라고 할 수 있다. 비시정부의 반유대주의 정책처럼 현재 프랑스 민족에 해당되지 않는 외국인, 이민자, 이주자, 타종교인을 차별, 억압할 수 있는 정책의 기저가 될 수 있기 때문이다. 현재 프랑스 사회의 뜨거운 감자, 마그레브(magrébe)인의 차별이나 이슬람 종교 간의 갈등이 민족 정체성을 강조하는 프랑스 라이시테의 특징에서 비롯될 수 있다는 점을 주목할 필요가 있다.

이러한 이면성은 제3공화국에서도 이미 존재했겠지만 정교분리라는 라이시테 개념에 매어 있어서 비교적 덜 드러났을 뿐이며, 독일 점령이라는 4년의 짧은 기간에 훨씬 두드러지게 나타났다고 할 수 있다. 그렇기 때문에 1944년 임시정부에서도, 이어진 제4공화국과 제5공화국에서도 1940년 9월 4일 법령이 폐지될 수 없었던 것이다. 오늘날 프랑스 사회의 라이시테 문제는 개인의 종교 차원보다 국가의 정책 차원에서 일어나는 현상으로 볼 수 있다.

따라서 비시정부의 라이시테에 대한 검토는 프랑스 사회의 저변에 존재하는 현대 프랑스인들의 배타성을 반추해 볼 수 있는 거울이 되는 동시에, 오늘날 제5공화국의 이중적 태도가 반영된 프랑스 라이시테의 논쟁을 숙고할 수 있는 하나의 계기가 된다.

Chapter 10

프랑스 무슬림 여성의 베일 착용과 라이시테

1. 들어가며
2. '라이시테' : 서구 사회의 특징? 프랑스적 특수성?
3. 베일 착용과 유럽 국가들의 정체성
4. 나오며

Chapter 10

프랑스 무슬림 여성의 베일 착용과 라이시테

박 단

1. 들어가며

일반적으로 한 나라의 정체성을 논하자면, 그 나라가 다른 나라와 어떤 점에서 특수한지, 어떠한 특이점을 갖고 있는지를 찾게 된다. 한 예로, 유럽 국가들의 특수성을 고찰할 때 만나게 되는 것 가운데 하나가 “프랑스적 예외(l'exception française)”같은 것이다. 사실 ‘프랑스적 예외’는 일반인들에게 널리 알려져 있지 않은 개념이다. ‘프랑스적 예외’라 하면 이는 다른 나라, 특히 이웃한 유럽 국가들과 프랑스의 어떠한 점이 차별화된다는 뜻이다. 프랑스에서 프랑스적 예외 혹은 프랑스적 특수성이라 하면, 많은 경우 ‘라이시테(laïcité)’를 그 가운데 하나로 언급한다.[1] 하지만, 일반적으로 영미권 사람들은 라이시테의 뜻을 잘 이해하지 못하고, 한국에서는 더더욱 이를 이해하는 사람이 드물다. 그 이유 가운데 하나가 '라이시테'라는 용어의 특별함에 있다 할 것이다. 이 단어는 영어나 한국말에 적합한 역어를 찾기 힘들다. 이를 한 인터넷 사전에서 찾아보면, '세속주의'라고 번역되어 있고, 그 밑에 다음과 같은 설명이 덧붙여진다.

> 라이시테, 또는 라이시즘은 프랑스와 프랑스어를 사용하는 몇 개국에 널리 퍼져있는 정교분리 사상의 일종이다. 한국어로는 'laïcité'의 정확한 번역이 불가능하다. 정치 이론인 라이시테와 세속주의는 차이가 있다. 라이시테는 정치와 종교를 분리 하는 것이 목적인 반면, 세속주의는 종교에 국가적인 특권을 부여하지 않는 것을 의미한다.[2]

이처럼 라이시테는 어휘의 번역뿐만 아니라 그 개념도 매우 모호하다. 최근에 프랑스 내 무슬림 이민자들과 많은 갈등을 야기했던 요인으로 '라이시테'라는 말이 국내에서도 빈번하게 회자되었으며, 이 원칙을 확고하게 수호하려는 프랑스 내 일부 지방자치단체에서는 '자유(Liberté), 평등(Egalité), 우애(Fraternité)'라는 프랑스혁명의 3대 정신에 '라이시테(Laïcité)'라는 구호를 청사 현관 상단에 함께 새겨놓아 그 의미에 대한 궁금증을 더 하였다.[3] 그럼에도 불구하

---

1 Laurent Wirth, *L'exception française 19e-20e siècles* (Paris: Armand Colin, 2000)가 대표적이고, Nelly Mauchamp, *Les Français* (Paris: Ed. Le Cavalier Bleu)의 마지막 장 "De l'universalisme à l'exception française" 에서도 라이시테를 프랑스의 대표적인 특수성(La lăïcité est une singlulairté française)으로 보고 있다.

2 http://ko.wikipedia.org/wiki/%EB%9D%BC%EC%9D%B4%EC%8B%9C%ED%85%8C 일부 문구 수정 (검색일자: 2010. 1. 4)

3 가장 최근에는 2010년 2월 말, 앵드르-에-루아르(Indre-et-Loire)도, 주에-레스-투르(Joué-lès-Tours)시의 사회당 시장인 필립 르 부르통(Philippe Le Breton)이 경찰이 불법이라고 판단했음에도 이를 강행했다. 그 이전에도 시청사 현관 상단에 라이시테(laïcité)를 추가로 새겨 넣는 경우가 종종 있었다. 공공기관에 프랑스혁명의 3대 구호를 새겨 넣기 시작한 것은 1880년부터이다.http://www.lefigaro.fr/flash-actu/2010/02/23/01011-20100223FILWWW00688-laicite-sur-le-fronton-d-une-mairie.php (검색일자: 2010. 12. 5)

고, 우리에게 '라이시테'라는 개념은 여전히 생소하다.[4]

라이시테란 무엇인가? 광의로는 '국가가 일부 국민이 아니라 국민 전체의 편에 있다는 의미에서, 개인이 자신의 삶의 방향 때문에 차별받지 않는, 양심의 자유를 존중하는 정치체제 혹은 정치개념'이라고 볼 수 있고, 협의로는 '반교권주의(anti-cléricalisme)와 정교분리'를 의미한다.[5] 하지만, 라이시테의 개념이나 기원[6]을 사전적 의미로 파악하는 것이 이 글의 주요 목적은 아니다. 라이시테 개념을 보다 잘 이해하기 위해서는 이 개념이 오늘날 논란의 핵심이 되고 있는 프랑스에서의 무슬림 이민자와 관련하여 어떻게 정의 내려지고 있으며, 실제로 어떻게 적용되고 있는지를 알아보는 것이 더욱 긴요할 것으로 판단된다. 뿐만 아니라, '프랑스적 라이시테(laïcité française)'가 다른 유럽국가의 정교분리 원칙과는 어떠한 차이점을 갖고 있는지를 살펴보는 것도 하나의 효과적인 방법이 될 텐데, 그러기 위해서는 각국의 정교분리 원칙과 무슬림 이민자 정책과의 연관성을 파악하는 일이 중요할 수 있다.

주지하다시피 프랑스는 1989년부터 10여 년 간 '히잡 사건'을 겪었으며, 2009년부터는 '부르카 사건'을 겪고 있다. 이 두 사건은 라이시테의 원칙과 직접적으로 관련되어 있으며, 그렇기에 이 문제에 해답을 얻기 위해 프랑스 하원 및 상원은 특별 위원회 등을 구성하여 다른 유럽 국가들의 예를 수집, 비교함으로써 국내 문제를 해결하기 위해 애썼다. '히잡 사건' 당시에는 장-루이 드

---

4 라이시테와 관련된 국내연구로 헌법학자인 지규철의 논문,「프랑스헌법에서의 라이시테원칙에 관한 고찰」,『공법학연구』, 제10권 3호(2009.8);「프랑스공교육에서의 비종교성과 학생의 종교의 자유」,『고려법학』, 54호(2009)이 있고, 불문학자인 오영주의 논문,「프랑스 공화국, 왜 비종교성인가?」,『불어불문학연구』, 71집(2007년 가을)이 있다. 한편 역사학계에서는 19세기말에 초점을 맞춘 전수연,「19세기말 프랑스 초등학교 교과서에 나타난 프랑스의 역사-두 소년의 프랑스 일주를 중심으로」,『역사교육』, 59집(1996)과 김정인,「프랑스 제3공화정의 세속화와 국민형성-초등학교 교과서 분석을 중심으로」, 서울대학교 석사학위논문(1995), 신행선,「제3공화국 초기 공화국학교와 라이시테-여성교육의 역할과 여성의 역할」,『프랑스사연구』, 21호(2009) 등이 있다.

5 Guy Haarscher, *La Lāïcité*, Que sais-Je? N.3129 (Paris: PUF, 2004), p.3.

6 역사적 관점에 의하면, lāïcité는 일반적으로 '종교적이 아닌 것', '비종교성' 을 뜻하기도 하지만, 교회 그리고 종교로부터의 국가의 분리, 독립을 지칭하는 것으로 1871년에 공립학교에 처음 쓰였다. Maurice André et Edmond Finck *et al., Histoire de la lāïcité* (Paris: Editions PEMF, 1999), p.1.

브레 하원의장이 구성한 위원회[7]가 그리고 '부르카 사건' 때에는 상원[8]에서 그 일을 담당하였다.

이러한 자료를 바탕으로 '프랑스적 라이시테'의 특성을 본격적으로 규명하기 위해서는 우선 라이시테의 개념 및 다른 유럽 국가들과 라이시테와의 관계를 살펴보는 것이 필요할 것이다. 이는 오늘날 프랑스에서 논의 되고 있는 라이시테 개념에 대한 논쟁을 이해하는 데 도움을 줄 것이다. 다음으로, 우리는 '히잡 사건' 및 '부르카 사건'과 관련하여 조사된 타국의 현황을 분석할 것이다. 프랑스, 독일, 영국 등의 국가들이 무슬림 여성들의 '베일'[9] 착용 문제를 어떻게 처리하고 있는지를 살펴보는 것은 해당 국가들의 '정교분리 문제' 뿐만 아니라 각국의 무슬림 이민자 통합정책의 특성을 이해하는 데에도 많은 도움이 될 것이다. 유럽의 이민 문제를 주로 천착한 크리스천 욥커(Christian Joppke)는 최근 출간된 그의 저서『베일: 정체성의 거울(*Veil: Mirror of Identity*)』에서 "베일이 정체성의 거울 역할을 한다"고 주장하였다. 최근의 히잡 논쟁이 "프랑스인이 누구인지, 독일인이 누구인지, 영국인이 누구인지를 재평가하는 일과 일치한다."는 것이다.[10] 이러한 논의는 궁극적으로 '프랑스적 예외'로서의 '라이시테'를 이해할 수 있을 뿐만 아니라, 이민자 통합정책에서 라이시테와 관련된 프랑스적 특수성을 이해하는 데에도 많은 도움을 줄 수 있을 것으로 보인다.

---

7 Assemblée Nationale, *Rapport fait au nom de la mission d'information sur la question du port des signes religieux à l'école*, 2 vol. (2003)

8 *Les Documents de Travail du Sénat, Série Législation Comparée : Le Port de la Burqa dans Les Lieux Publics*, n.LC201, Octobre 2009.

9 이 글에서는 히잡과 부르카, 니캅 등을 통칭할 경우 '베일' 이라는 용어를 사용하고, 어쩔 수 없이 각각의 명칭을 사용할 수밖에 없는 경우에만 각각의 이름을 사용할 것이다. "굳이 '베일' 이라는 개념을 쓰는 이유는 ... 히잡과 니캅의 구분과 그 차이의 강조가 반이슬람 정서를 구성하는 요소로 작용하고 있기 때문이다." 염운옥,「영국의 무슬림 '베일' 논쟁」,『대구사학』101집(2010.11), 267쪽.

10 Christian Joppke, *Veil: Mirror of Identity* (Cambridge: Polity Press, 2009), p.2.

2. '라이시테' : 서구 사회의 특징? 프랑스적 특수성?

1) 서구사회의 한 특징으로서의 라이시테

정밀하지는 않지만, '정교분리' 혹은 '세속화'라고 번역해 볼 수 있는 '라이시테'는 프랑스만의 특수성인가? 서구사회의 일반적인 특징인가? 프랑스의 한 세속주의 전문가의 다음과 같은 문제제기를 들어보자.

> 일반적으로 서구와 이슬람의 차이 혹은 서구 국가 사이의 공통점을 들라면, '표현의 자유, 민주주의, 정교분리, 인권 그리고 특별히 여성의 권리' 등을 들 수 있다. 혹시 이것들이 기독교적 가치인가? 이슬람과 서구 사이의 대립이 서구가 기독교적이라는 사실로부터 기인하는가? 그렇지 않으면, 오히려 서구가 세속화되었기 때문인가? 서구를 그렇게 특징적으로 만든 것이 기독교 때문인가 세속주의 때문인가?[11]

이와 같은 문제제기에 전적으로 찬성하는 것은 아니지만, 위의 내용으로부터 우리는 서구와 이슬람 사이의 두드러진 차이점 가운데 하나가 '정교분리'라는 것을 알 수 있다. '표현의 자유, 민주주의, 인권' 등을 오늘날 서구만의 대표적인 특징으로 부각시키기는 어렵다. '여성의 권리' 또한 논란이 있는 부분이다. 하지만 '정교분리'는 이슬람의 특징 가운데 하나인 신정일치제도 때문에 무슬림으로서는 받아들이기 어려운 부분이 있다. 그렇다면 '정교분리'가 서구사회의 공통된 특징으로 불릴 수 있을까? 일반적으로 근대화의 특징 가운데 하나로 정교분리를 꼽는다. 그러다 보니 자연스럽게 정교분리의 원칙이 서구사회의 대표적 특징 가운데 하나로 알려져 있다. 하지만 서구의 대표격인 영국만 보더라도, 우리가 이 나라를 과연 완전한 정교분리 국가로 부를 수

---

11 Olivier Roy, *Secularism confronts Islam* (N.Y.: Columbia University Press, 2007), p.viii.

있을까? 또 프랑스, 독일, 에스파냐, 이탈리아 등을 다 같은 수준의 정교분리 국가로 취급할 수 있을까?

이 부분에 대해서는 프랑스의 라이시테 분야 전문가인 클로드 르리에브르(Claude Lelièvre)의 설명을 들어보자.[12] 일반적으로, 프로테스탄트 국가에서는 '라이시테'라는 용어가 존재하지 않는다. 이러한 국가에 존재하는 것은 세속화(sécularisation)의 논리이다. 라이시테는 '분리laïcité-séparation'의 의미와 '중립laïcité-neutralité'의 의미를 모두 함축한다. 분리와 중립, 이 두 개념 사이의 차이는 그렇게 크지 않을 수 있다. 그러나 두 개념은 같은 의미를 가지지 않으며 다른 결과를 도출한다. '분리'는 종교에 대하여 국가의 독립을 강조하지만, '중립'은 종교적 자유의 존중을 강조한다. 첫 번째 개념은 근대국가의 완성을 가져온 과거의 엄격한 라이시테를 생각하게 하고, 두 번째 개념은 종교적 자유에 대하여 좀 더 부드럽고 열려있는 새로운 라이시테를 말한다. 그런데 역사적으로 '프랑스의 라이시테'는 첫 번째 개념에 속하는 반면, 두 번째 개념은 다른 유럽 국가들에 적용된다. 일반적으로, 다른 서구 국가들에 의해 공유되는 공통점은 종교적 자유를 인정하는 것이다. 그렇지만, 국가와 종교 사이에 존재하는 관계를 좀 더 면밀하게 검토한다면 그 다양성은 크다고 할 수 있다. 유럽에서 세 개의 나라가 과거의 유산으로 국교 혹은 공식적인 종교를 가지고 있는데, 덴마크가 루터교, 영국이 성공회, 그리스가 정교를 가지고 있는 것이 그것이다. 이 국가들은 모든 종교들에 대하여 중립적이지 않은 '종교국가(confessionnel)'이지만 그럼에도 타종교에 대한 자유를 인정하고 있다. 이 국가들은 어느 한 종교에 특권적 지위를 부여하므로 '정교분리 국가(l'Etat laïque)'라고 볼 수 없다.

다섯 개의 다른 나라들, 즉 독일, 벨기에, 네덜란드, 룩셈부르크, 아일랜드

12 유럽의 라이시테에 대한 설명은 특별한 언급이 없는 한, 르리에브르의 책을 참조하였음을 밝혀둔다. Claude Lelièvre, *L'école "à la française" en danger?*(Paris: Ed. Nathan, 1996), pp.62-64.

는 대부분 복수 종교를 유지하는 특징을 갖는다.[13] 즉 '부분 라이시테' 혹은 '반(半)라이시테'(laïcité partielle ou semi-laïcité) 국가들이다. 국가가 '종교국가'적이지 않아 공식종교는 없다. 그렇지만 국가가 종교교육을 위해, 특히 재정적으로 각각의 종교에 도움을 제공하는 등으로 종교와 밀접한 관계를 유지한다. 몇몇 다른 국가들 즉 에스파냐, 이탈리아, 포르투갈 등은 전통적으로 가톨릭 국가인데, 결국은 '유사 라이시테(quasi-laïcité)'로 발전하였다. 왜냐하면 이들 국가는 특정 종교를 공식종교로 인정하지 않을 뿐만 아니라 국가와 종교가 어느 정도 분리되어 있기 때문이다. 좀 더 구체적으로 말하자면, 포르투갈에서는 분리가 전반적으로 거의 이루어져 있지만, 가톨릭시즘이 특별한 상황에서는 유지되고 있으며, 에스파냐와 이탈리아에서는 가톨릭과 부분적으로만 분리되어 있다. 이들 국가에서는 여전히 국가와 종교 사이에 공식적인 협약이 존재한다.

이렇게 보면, 프랑스만이 '국가와 종교의 분리'라는 의미를 엄격히 지키는 라이시테, 즉 '프랑스적 라이시테' 국가라고 할 수 있을 것이며, 영국, 독일은 라이시테라는 의미에서 볼 때, 서로 다른 성격을 갖는 국가들로 각각 분류될 수 있을 것이다. 20세기를 전체적으로 놓고 볼 때, 라이시테 발전의 주요 방향은 '분리laïcité-séparation'에서 '중립laïcité-neutralité'으로 그리고 더 나아가서, '자유laïcité-liberté' 쪽으로 흘러간 것으로 보인다.[14] 이러한 추세로 본다면, 본연의 엄격한 라이시테를 고수하는 '프랑스적 라이시테'에도 미묘한 변화가 감지될 수 있을 것이다. 그러면, 프랑스적 라이시테란 구체적으로 무엇을 뜻하는가? 어떻게 라이시테 개념이 프랑스적 특징이 되었는가? 과연 라이시테는 프랑스의 특수성으로 볼 수 있는가?

---

13 독일에서 국가의 종교적 중립성의 원칙은 국가와 종교가 분리된다는 정교분리를 의미하는 것이 아니라 가톨릭과 개신교 사이의 조정자 역할을 하는 것이다. 강태수,「독일 무슬림의 종교의 자유」,『세계헌법연구』제15권 2호(2009.6), 26쪽.

14 Claude Lelièvre, pp.62-64.

2) '프랑스적 예외'로서의 라이시테

> 프랑스 공화국은 라이시테로 구성되었다. 공화국 협약의 초석인 라이시테는 세 가지 불가분의 가치에 기반을 두고 있다. 첫째는 양심의 자유이며, 두 번째는 종교선택권의 평등, 그리고 마지막으로 정치권력의 중립이 그것이다. 양심의 자유 덕분에 모든 시민은 자신의 영적 종교생활을 선택할 수 있다. 종교선택권의 평등은 모든 차별이나 강제를 금지시키며, 국가는 어떠한 선택에도 특권을 부여하지 않는다. 마지막으로 정치권력은 종교영역에 전혀 간섭하지 않음으로써 그 한계를 인정한다.[15]

위 문구는 '히잡 사건'의 해결을 위하여 2003년 시라크 대통령이 구성한 스타지 위원회의 보고서 전문(前文)에 나오는 내용이다. 이 내용은 라이시테가 프랑스 공화국에 얼마나 중요한 개념인지, 그리고 종교문제와 관련하여 프랑스 공화국이 취해야 할 태도가 어떠한지를 명확히 보여주고 있다. 사실, 라이시테의 개념은 프랑스만의 특수성이라고 할 수 없을지도 모른다. 오늘날 모든 민주국가에는 정교분리 정책이 존재한다. 서구국가는 물론이고, 매년 정부각료의 신사참배 문제가 주요 이슈가 되고 있는 일본이나, '장로 대통령'의 출현으로 불교탄압 문제가 이슈가 되고 있는 한국도 모두 정교분리를 표방하고 있는 나라임에는 틀림없다. 한국에서 논란이 되고 있는 '국가의 종교에 대한 중립성' 문제는 앞에서 서술한 대로 민주국가라면 적어도 거의 모든 나라가 준수하고 있는 기본사항이기도 하다.

그러면 이들 나라들과 프랑스는 무엇이 다른가? 프랑스는 정치영역과 권력상징으로부터 모든 종교적인 준거 틀을 축출했던 나라이다. 게다가 더욱 특별한 것은 라이시테가 공화국 협약의 초석으로 간주되며, 프랑스의 정체성을 구성하는 주요한 요소로 간주된다는 것이다.[16] 이를 조금 더 명확히 하기 위해

15 Bernard Stasi, *Rapport au Président de la République: Laïcité et République* (Paris: La Documentation Française, décembre 2003) 전문.

16 Nelly Mauchamp, p.101.

서는 1905년 법의 몇 개 조항을 살펴볼 필요가 있다.

1905년 12월의 정교분리법은 '라이시테에 대한 프랑스적 개념'을 법적으로 확립했다. 이 법은 오늘날 여전히 살아있으며, 본질적으로 적용되고 있다. 이 법의 제1조는 "공화국은 양심의 자유를 보장하며, 자유로운 종교 행사를 보장한다."고 되어 있으며, 제2조는 "공화국은 어떠한 종교도 인정하거나 재정 지원하지 않는다."고 되어 있다. 1905년의 법 조항에는 '라이시테'라는 용어가 직접적으로 등장하지는 않는다. 이 용어는 1946년이 되어서야 명백히 헌법적 요소가 되는 데, 1946년 제4공화국 헌법의 1조에 "프랑스는 불가분의, '라이크'의, 민주적인 사회공화국이다(La France est une République indivisible, laïque, démocratique et sociale)."라고 적히게 된다. 이 구절은 1958년 10월 4일의 제5공화국 헌법에 재인용되고, 지금까지 적용되고 있다.[17]

1905년 법이 적용되는 '라이크 국가' 프랑스가 무신론을 진작시킬 의도가 있는 것은 아니다. 프랑스는 1905년 법에 따라 '모든 사람의 신앙의 자유를 보장'하고 있기 때문이며, 인권선언 10조[18]에서 이미 천명된 권리를 보장하고 있기 때문이다.[19] 그럼에도 국가는 사적인 영역과 공적인 영역을 명확히 구분하였다. 종교는 반드시 사적인 영역에만 머물러야 했다. 국가와 관련되는 장소인 공적 영역, 그 가운데에서도 학교에서는 중립성이 적용될 수밖에 없다. 학생들을 '몽매주의'로부터, 그리고 가정환경의 잠재적인 압력으로부터 떼어놓기 위해서 종교는 학교 밖에 놓여 있어야만 한다.[20]

---

17 http://www.assemblee-nationale.fr/site-jeunes/laicite/fiche-dates/fiche-1946/fiche1.pdf (검색일자: 2011.1.3.)

18 제10조. '누구도 자신의 의견표명이 법이 규정한 공공질서를 어지럽히지 않는 한 설사 그것이 종교적인 것일지라도 그 의견 때문에 괴롭힘을 당해서는 안 된다.' (최갑수 번역)

19 라이시테와 프랑스혁명의 연관성에 대해서는 Gérard Delfau, *Du principe de laïcité: Un combat pour la République* (Paris: Les Editions de Paris, 2005), pp.13-32를 참조하라.

20 라이시테와 학교는 매우 밀접한 관계에 있으며, 이와 관련된 저술도 상당히 많다. 예를 들어, Nicole Allieu, *Laïcité et culture religieuse à l'école* (Paris: ESF, 1996); Jean-François Chanet, *L'école républicaine et les petites patries* (Paris: Aubier, 1996); Sonia Orallo, *La Laïcité en pratique à école dans l'administration à l'hôpital dans l'entreprise* (Paris: Editions Prat, 2004); Xavier Darcos, *L'école de Jules Ferry 1880-1905* (Paris: Hachette, 2005); Lydie Garreau, *L'école, la religion et la politique. de Condorcet à Ferry* (Paris: L'Harmattan, 2006) 등을 참고할 수 있다.

라이시테와 학교 사이의 문제를 이해하기 위해서 조금 더 과거로 돌아가 보자. 라이시테가 프랑스 공화국의 주요 원칙으로 확고히 자리 잡은 것은 1905년 12월 9일의 '국가와 교회의 분리(Séparation des églises et de l'Etat)'에 관한 법이 제정되면서부터이다. 하지만 공립학교에서의 라이시테 원칙은 1880년대 반교권주의 정책을 적극적으로 편 쥘 페리(Jules Ferry) 이래 이미 자리 잡고 있었다. '무상, 라이크 그리고 의무'(Gratuite, laïque et obligatoire)라는 것이 당시 교육부 장관인 페리가 만든 공립학교의 기본원칙이었던 것이다. 페리에 의해 비로소 '라이크적인 공립학교의 창설'이라는 프랑스에서 '가장 기본적인 민주적 개혁 가운데 하나'가 이루어진 것이다.[21]

왜 페리와 같은 공화주의자들은 교회로부터 학교를 분리시키려 했을까? 이들은 교육이 매우 중요한 역할을 한다고 보았는데, 만일 시민들이 '계몽되지 못한다면' 보통선거는 권위주의 정권에 유리하게 돌아갈 것으로 보였던 것이다. 루이 나폴레옹 보나파르트가 황제가 되기 전에 공화국 대통령으로 선출된 것은 이를 잘 입증해준다고 할 수 있다. 뿐만 아니라, 만일 민중이 불만을 갖는다면 파리코뮌처럼 소요를 일으킬 수도 있는 것이었다. 이러한 일들을 방지할 수 있는 조처가 1882년 3월 28일의 법[22]으로 마침내 완성되었다. 즉 '의무교육과 교육과정의 라이시테화'가 새로이 추가됨으로써, 기존 초등공립학교에서의 무상교육에 관한 법을 보완할 수 있게 된 것이다.[23] 이로써 도덕 및 종교교육(l'instruction morale et religieuse)이 도덕 및 공민교육(morale et civique)으로

21 Yves Déloye, "Une laïcité de combat pour fonder la République: combats d'hier, enjeux d'aujourd'hui?", *L'Ecole en débats* n.1: La Laïcité(1999), p.3.

22 6세에서 13세까지의 남녀 어린이들의 의무교육을 규정하였다. 이 법은 또한 공립학교의 중립성과 종교교육의 폐지를 결정하였지만, 목요일에 학교수업을 하지 않아서 필요한 사람들은 학교 밖에서 종교교육을 할 수 있었다. Maurice André, Edmond Finck *et al.*, *Histoire de la laïcité* (Paris: Editions PEMF, 1999), pp.20-21.

23 교육과정의 라이시테화(세속화)는 4년 뒤 교사들의 라이시테화로 이어진다. 1886년 10월 30일의 법(loi organique)은 사실상 "모든 분야의 공립학교에서 교육은 전적으로 라이크(성직자가 아닌)인 사람에게 한정된다"는 것을 규정한다. 뿐만 아니라 1880년에 13,000개 이상 있었던 종교학교가, 1912년에는 27개를 넘지 못했다. Cent ans d'Ecole Laïque : *L'histoire de l'instruction en France à travers les âges* (Edit. : Société Coopérative Arts et Techniques de l'Office Central de la Coopération à l'Ecole, 1982), p.36.

대체되었다. 즉시, 보수 왕당파와 가톨릭 진영은 '불행한 법(la loi de malheur)'이자 '신 없는 학교(l'école sans Dieu)'의 비도덕성을 비난하기 위해 집결하였다.[24] 19세기 말 프랑스의 교육 분야에서 마침내 라이시테의 원칙은 사고의 영역을 떠나 현실이 되었다.

공화주의자들은 라이시테의 원칙에 맞는 새로운 공민 도덕교육을 위한 지침서를 출판한 반면, 가톨릭 진영은 개인에 의한 종교 선택의 자유를 주장하면서 이들 지침서를 금서목록으로 지정하는 행위로 저항하였다. 교실에서 아이들이 이 지침서를 찢거나 교사들에게 야유하는 등의 사고가 일어났다. 이것이 이른바 '지침서 전쟁(la guerre des manuels)'이다. 가톨릭 진영과 공화파 진영의 비타협에 의해 이 전쟁은 지속되었으며, 1909년에는 두 번째 지침서 전쟁이 일어났는데, 이는 주교들이 일부 단체들을 선동함으로써 심화되었다.[25] 시골에서 사제들은 공립학교 교사들에 반대하는 캠페인을 격렬히 벌였다. 공립학교에서 사용되는 교재는 종교적 권위로 비난받았으며, 이 교재를 사용하는 자들은 성사로부터 제외될 것이라고 직간접적으로 협박받았다. 교황 레옹13세는 가톨릭 부모들에게 아이들을 "신 없는 학교, 사탄의 학교(l'école sans Dieu, à l'école du diable)"에 보내는 것을 금지시켰다.[26]

1904년 7월 7일 의회는 수도회의 교육을 모두 배제시켰으며, 국가는 피에르 발덱-루소(Pierre Waldeck-Rousseau)와 에밀 콩브(Emile Combes)의 지도력 하에 이 문제를 신속히 해결하려고 하였다. 드레퓌스 사건으로 공화국과 가톨릭 사이의 반목이 심화됨으로써, 1880년 쥘 페리의 공세가 미완성된 채 남아있던 것이 해결되었다. 그렇지만 그 과정은 때로 급진적이어서 증오를 불러일으켰고, 단기적으로는 공화국의 오랜 강령이었던 국가와 교회의 분리에 이르렀다. 성직자들은 학교와 수도원으로부터 '요란스럽게' 축출되었으며, 또 다

24 Yves Déloye, p.3.

25 *Ibid.*

26 Maurice André, Edmond Finck *et al.*, p.21.

른 이들은 추방 길에 올랐고, 그 밖의 일부는 프랑스에 남았지만 구호활동을 위해 허가된 수도원에 속한 경우뿐이었다.[27] 결과적으로 가톨릭 신자들 대다수가 드레퓌스 재판의 수정 판결에 적대적이었다는 사실이 '분리'쪽으로 가는 길을 돌이킬 수 없게 한 것이다. 이렇게 해서 프랑스에는 다른 나라와 비교해서 가장 급진적인 '분리' 규정이 주어졌다. 하지만, '분리'는 종교적 자유의 추방이 아니었다. 종교는 사적인 문제가 되는 것이었다. 그 결과 프랑스에서 종교장관직(le ministère des Cultes)이 폐지되었다.[28]

1905년의 정교분리법으로 1801년 나폴레옹 시대의 '정교협약'이 규정한 국가와 가톨릭 사이의 공식적인 관계에 종말이 고해졌다. 이 법은 단지 가톨릭에만 관련되는 것이 아니라 유대교와 프로테스탄트와도 관련된다. 이 법은 프랑스 사회의 다양한 종교를 인정하는 것이며, '현재 혹은 앞으로 있을 모든 종교는 평등하다'는 것이었다.[29] 가톨릭은 공식적인 역할을 멈출 수밖에 없었다.[30] 하지만 이로부터 약 한 세기 후, 프랑스공화국은 새로운 도전에 직면해야 했다. 이제는 가톨릭이 아니라 이슬람이 라이시테 원칙을 준수하느냐 하는 문제로 쟁점이 옮겨갔다. 주지하다시피 이슬람은 오랜 기간 동안, 프랑스에 혼자 살고 있는 이민 독신노동자들의 종교였을 뿐이었으나, 1970년대 중반 이후 가족재결합 정책으로 인해 점차 가족의 종교가 되었다. 처음에는 '조심스럽고 수줍어하는 이슬람'이었으나, 이제는 보다 가시적이고 보다 요구조건이 많은 종교로 발전하였다. 이러한 변화의 상징적인 사건이 1989년 가을

---

27 Christian Sorrel, *La République contre les congrégations: Histoire d'une passion française 1899-1904* (Paris : Cerf, 2003), p.8.

28 Gérard Cholvy, *Etre Chrétien en France au XIXe siècle: 1790-1914* (Paris : Seuil, 2000), p.33.

29 Maurice André, Edmond Finck *et al.*, p.21.

30 그렇지만 가톨릭 사립학교의 재정관련 문제는 여전히 뜨거운 문제로 남아 있다. 1959년 드브레 법(la loi Debré)과 1981년 사회당 정권의 등장으로 인한 교육개혁, 1994년 우파정권의 사립학교에 대한 재정보조 문제 등은 가톨릭과 라이시테 문제를 현재의 문제로 남아 있게 하는 주요 이슈였다. 현재는 드브레 법이 여전히 적용되어, 1905년 법이 국가가 특정 종교에 재정 지원하는 것을 금하고 있음에도, 사립학교가 정부와의 계약으로 비신자들도 학교에 받아들이는 대가로 재정지원을 받고 있는 형태를 띠고 있다. Nelly Mauchamp, p.105.

크레유에서 일어난 여중생들의 '히잡 사건'이라고 할 수 있다.[31] 그 결과는 스타지 보고서와 '공립학교에서 가시적인 종교적 상징물 착용을 금지'하는 2004년 3월 15일의 법으로 나타났으며, 최근에는 부르카 금지법의 통과로 나타났다. 이러한 사건들은 라이시테 원칙에 대한 논쟁을 재점화시켰다. 이러한 환경 하에서, 라이시테의 원칙을 엄격히 고수하려는 '프랑스적 라이시테'에도 미묘한 변화가 감지되고 있다.

3. 베일 착용과 유럽 국가들의 정체성

베일(히잡, 부르카, 니캅, 질밥 등) 착용과 같은 이슬람의 도전은 프랑스에서만 나타나는 현상이 아니다. 그렇다면, 유럽에서 왜 베일 문제가 확산되고 있는가? 또한 왜 베일 문제가 서로 다른 나라에서 서로 다른 이유로, 그리고 서로 다른 정도의 차이를 갖게 되는가? 특히 두 번째 질문은 이 글이 목표로 하고 있는 프랑스의 특수성을 잘 보여줄 수 있는 항목이다. 어떤 나라에서는 베일 착용이 허용되고 있기도 하고, 어떤 나라에서는 베일착용이 금지되기도 한다. 허용되거나 금지되고 있는 나라도 그 이유가 각양각색일 수 있다. 일반적으로 여러 요인이 복합적으로 작용할 수 있겠지만, 프랑스와 같은 '공화국'에서는 무엇보다도 라이시테 문제가 가장 뜨거운 핵심 주제이고, '반(半)라이시테' 국가인 독일에서는 기독교문화가 핵심 주제이다. 베일 착용이 허용되었든, 금지되었든, 혹은 금지의 이유가 무엇이든 베일 착용과 관련된 그들 나라의 정책은 모두 각국의 정체성을 보여주는데 일조를 하고 있다. 우리는 여기서 베일 논쟁이 벌어지고 있는 국가 가운데, 베일 착용이 허용되고 있는 영국[32]과,

---

31 박단, 『프랑스의 문화전쟁-공화국과 이슬람』(책세상, 2005).

32 부르카의 경우에도 영국에서는 공공장소에서의 착용을 금지하는 어떠한 법조문도 존재하지 않는다. 하지만, 부르카 금지를 주장하지만, 강제적 법적 효력이 없는 두 건의 문건이 2007년 2월과 10월에 공개된 바 있다. 이 문건들은 법정과 학교에서의 부르카 착용 금지와 관련된다. *Les Documents de Travail du Sénat, Série Législation comparée: Le port de la burqa dans les lieux publics*, n. LC 201(octobre 2009), pp.21-22.

베일착용이 금지되고 있는 나라 가운데 독일, 프랑스 등의 예를 살펴봄으로써 베일 문제가 각국의 정체성과 연결되어 있고, 특히 프랑스는 그런 나라 가운데 가장 전형적인 예가 될 수 있음을 보여주고자 한다.

1) '종교 국가 영국'에서의 베일 문제

"공공장소에서 히잡과 부르카 착용을 법률로 규제하고 있는 프랑스나 독일과 달리, 영국은 법적인 규제를 실시하고 있지 않다. 다문화주의를 표방해온 영국에서 거리, 공원, 관공서, 도서관, 학교 등 공적 공간에서 히잡과 니캅을 쓴 여성을 만나는 일은 드물지 않다."[33] 이와 같은 서술에서 알 수 있듯이, 영국에서는 전반적으로 히잡이나 니캅 등의 착용이 허용되고 있다. 하지만, 9.11 그리고 이라크 전쟁이나 아프간 전쟁 이후 미국뿐만 아니라 유럽에서도 이슬람에 대한 '악마화'는 점차 확산되어 갔으며, 이와 함께 무슬림 여성의 베일을 '남녀 불평등, 고립, 교조적 행위'의 표현으로 보는 반이슬람 정서가 이와 함께 짙어져 갔다는 것은 말할 나위없다.

이러한 분위기를 영국에서 결정적으로 심화시킨 것이 2005년 7월 런던테러였다고 볼 수 있다. 그 후 2006년에 영국 외무장관인 잭 스트로우(Jack Straw)의 니캅 관련 발언, 즉 니캅이 상호간의 의사소통을 방해하고 있다는 주장이 이 베일 논쟁에 도화선을 당겼다. 이어 일부 정치인들의 베일에 대한 찬반 논쟁이 있었으며, 급기야 2010년 6월에는 보수당의 한 의원이 부르카 금지법을 의원 개인법안으로 발의를 준비하고 있다는 소식도 들렸다. 하지만 영국에서는 법으로 금지해야 한다는 의견이 다수는 아니었다. "길거리에서 무엇을 입어야 하는지에 대해 간섭하는 일은 영국적 정서에 맞지 않는다는 생각이 아직

33 염운옥, 「영국의 무슬림 '베일' 논쟁」, 268쪽.

은 지배적으로 보인다."[34]

그렇다면, 여기서 말하는 '영국적 정서'란 무엇을 말하는 것일까? 엄격한 라이시테 원칙을 추구하는 프랑스와는 달리 영국이 '종교 국가'이기에 그렇다는 말일까? 아니면, 영국은 이미 오래 전부터 다문화주의 정책을 취하고 있는 국가여서일까? 사실 영국은 성공회를 국교로 하고 있지만, 모든 종교에 자유를 부여하고 있는 나라임은 주지의 사실이다. 더욱이 영국은 국교도와 비국교도가 오랜 기간 갈등한 경험을 바탕으로 타종교인 이슬람과의 공존에도 커다란 문제를 일으키지 않았다.[35] 당연히 특정 종교의 의상 착용에도 제한이 있을 수는 없다. 더욱이 영국은 '실용주의에 기초한 다문화주의 국가'[36]이기에 한 개인이 '길거리에서 입는 옷에 대해 간섭하는 일', 그것도 법률로 제한한다는 것은 그야말로 영국적 정서에 맞지 않는다고 볼 수 있다.[37]

그렇다고 영국 사회에서 아무런 논란 없이 보편적으로 누구에게나 어디에서든지 베일 착용이 허용되지는 않았다. 프랑스와 같이 베일 착용 논란은 주로 학교에서 발생하였다. 영국에서의 첫 번째 베일 착용 논란은 프랑스에서처럼 1989년에 맨체스터 근처의 한 여자 그래머 스쿨(Altrincham Girl's Grammar School)에서 일어났다. 교장은 이 학교에 다니는 자매에게 교실에서 히잡을 벗지 않았다는 이유로 퇴학처분을 내렸다. 하지만, 이 사건은 "철저히 영국적 방식"으로 해결되었다. 즉, 히잡이 만일 교복 색깔과 동일한 짙은 남색일 경우 착용이 허용된다는 것이다.[38] 같은 해, 같은 이유로 퇴학당한 학생들이 서로 다른 결과를 낳았다. 프랑스에서는 이러한 사건이 극단적인 방식으로 표출되

---

34 염운옥, 「영국의 무슬림 '베일' 논쟁」, 268-269쪽.

35 정희라, 「영국: 자유방임식 다문화주의」, 박단 (편), 『현대서양사회와 이주민: 갈등과 통합 사이에서』(한성대학교 출판부, 2009), 393-394쪽.

36 이민자 통합에 있어 영국이 프랑스와 비교하여 매우 실용적 판단을 하고 있다는 주장에 대해서는 Patrick Weil and John Crowley, "Integration in Theory and Practice: A Comparison of France and Britain", *West European Politics*, Vol. 17(April 1994)을 참조할 수 있다.

37 염운옥, 「영국의 무슬림 '베일' 논쟁」, 269쪽.

38 Joppke, *Veil*, p.81.

어, 결국 법원의 판단에 맡겨졌을 뿐만 아니라, 라이시테와 관련된 국가위원회의 출현과 법률까지 새로 제정되는 결과를 낳았지만, 영국에서는 히잡 색깔의 변경이라는 '사소한 수정'으로 극적인 타협책이 나올 수 있었다. 비록 '과학실험과 체육시간 동안 위생문제와 안전의 문제'[39]를 야기할 수 있다는 이유들은 무시되었지만 교복정책의 유지라는 명분으로 극단적인 선택까지 가지 않은 것은 실용적 전통의 영국적 정서를 잘 보여준 측면이기도 하다.

그러면 '과도한 히잡'(extrem headscarves)이라 할 수 있는 질밥(jilbab)이나 니캅(niqab)의 경우는 어떠한가? 영국 사회는 '일반적인 히잡'과 동일한 반응을 보였는가? 결론부터 말하자면, '과도한 히잡'과 관련해서는 두 건의 소송을 살펴볼 수 있는데, 두 소송 모두 원고가 패소하였다. 두 사건은 2005년 질밥(gilbab) 복장이 교칙에 어긋난다고 해서 등교 거부를 당한 여학생 사비나 베굼(Shabina Begum)과 니캅 착용을 이유로 보조교사 임용을 거부당한 아이샤 아즈미(Aishah Azmi)가 각각 학교 당국을 상대로 낸 소송이다.[40] 비록 두 소송에서 '과도한 히잡'의 착용이 금지되었지만, 교사인 아즈미의 경우 교실에서만, 그것도 학습의 효율성을 이유로 금지된 것이기에 종교적인 이유는 크게 고려되지 않았다고 볼 수 있다. 더욱이 그것이 '과도한 히잡'이어서도 아니었다. 앞에서도 보았듯이 이는 효율성과 관련되었다. 그럼에도 불구하고, 우리는 이 두 사건이 런던테러가 일어난 2005년에 발생한 사건이라는 것에 주목할 필요가 있다.[41] 이전의 사건들이 재판까지 가지 않고 상대적으로 '무난히' 해결되었다면, 이후의 사건들이 소송까지 갔을 뿐만 아니라 사회적으로 반이슬람 정서가 훨씬 강화된 분위기에서 그와 관련된 논쟁도 훨씬 첨예화될 수 있었다는 점은 당연하다고 할 수 있겠다.

---

39 Sevgi Kiliç, "The British Veil Wars", *Oxford Journals* (Winter 2008), p.444.

40 이에 대한 구체적 내용은 Joppke, *Veil*, pp.94-104와 국내문헌으로 염운옥의 논문(274-276쪽)을 참조할 수 있다.

41 영국에서 이슬람을 대하는 분위기가 2005년 런던테러 전후 상당한 차이가 있다는 점을 분석한 국내논문으로 정희라, 「영국: '루시디 사건'」, 박단 (편), 『현대서양사회와 이주민: 갈등과 통합 사이에서』를 참조할 수 있다.

비록 우리가 영국의 '베일 문제'를 체계적으로 고찰해 보지는 않았지만, 위의 내용들을 고려할 때, 영국의 베일 문제 해결방식은 프랑스적 방식과는 커다란 차이가 있다는 것을 분명히 알 수 있다. 기존의 영국적 방식이라 할 수 있는 '종교적 자유주의 및 실용적 다문화주의식 해결 방안'[42]이 2005년 런던테러 이후 분명 어려움을 겪는 측면이 있다는 것을 부인하기는 힘들다 할지라도, 여전히 영국에서 공공장소에서의 베일 착용 금지가 국가가 인위적으로 억제할 수 있는 사안은 아닌 것이다. '세속적인 프랑스'의 베일 금지 방식이 '종교적인 영국'에서도 똑같이 적용되지는 않는다는 것이다.[43]

2) '반(半)라이시테[44] 국가 독일'에서의 베일 문제

독일은 영국과 같이 공식적인 종교를 갖고 있는 나라가 아니지만, 그렇다고 프랑스처럼 종교와 국가가 완전히 분리된 라이시테 국가도 아니다. 독일은 앞에서도 간단히 살펴보았지만, 종교교육에 국가가 재정을 지원하는, 그렇지만 국교를 갖고 있지 않은 '반(半)라이시테 국가'라고 할 수 있다. 이러한 국가에서 무슬림 여성들이 히잡을 쓰고 학교에 오는 경우 정부는 어떠한 대처를 하였는가?[45] 2004년 이후 독일의 16개 주 가운데 8개주는 소위 '히잡 법'을 만들어 공립학교 교육 공무원의 히잡 착용을 금지시켰다.[46] 또한 지방마다

---

42 J. S. Fetzer and J. C. Soper, *Muslims and the State in Britain, France, and Germany* (Cambridge: Cambridge University Press, 2005), p.34.

43 그럼에도 불구하고, 영국의 무슬림들은 교육문제나 '인종관계법' 등에서 차별받고 있다고 주장하고 있다. 이러한 논의에 대해서는 정희라의 논문, 염운옥의 논문을 참조할 수 있다.

44 또 다른 표현으로 '절름발이 분리' 라고도 한다. 강태수, 「독일 무슬림의 종교의 자유」, 3쪽.

45 프랑스 의회의 조사에 따르면, 독일에서는 '종교의 자유를 보장하는 기본권 4조' 와 '공공서비스의 중립성 및 공무원의 차별금지를 보장하는 기본권 33조' 가 이 문제와 관련하여 중요한 역할을 하고 있다. Assemblée Nationale, vol. 1, p.186.

46 독일은 프랑스를 제외하고, 학교 내에서 히잡 착용을 금지하기 위하여 법을 제정한 유일한 국가이다. 하지만, 독일의 경우 프랑스와 달리 학생들의 히잡 착용은 기본권 4조의 종교적 자유권에 의해 보호되었다. Joppke, *Veil*, p.53. 부르카의 경우는 이와 달랐다. 최근 프랑스 상원의 부르카 조사위원회에 따르면, 독일의 경우 부르카가 공공장소에서 금지되고 있지 않지만, 공립학교 내에서는 학생들의 착용이 허용되고 있지 않다. *Les Documents de Travail du Sénat*, p.11.

다르지만, 대체로 기독교 상징물의 착용에는 아무런 문제가 없었다. 이러한 행위는 무슬림에 대한 차별행위인가? 히잡을 대하는 방식이 영국이나 프랑스와 다른 것은 독일의 어떠한 전통 혹은 정책에 기초한 것인가?

독일에서 최고법원이 공립학교에서의 기독교 상징물의 사용을 두고 종교의 자유를 침해한 것으로 보아 위헌 결정한 바 있으나, 주정부는 기독교를 하나의 종교로 간주하지 않고 독일의 전통 혹은 생활양식으로 규정함으로써 이를 무력화시킨 바 있다.[47] 반면 히잡의 경우는 최고법원이 히잡을 하나의 종교적 상징물이 아니라고 판결한 바 있으나, 일부 지방정부에서는 '히잡 법'을 제정하여 히잡 착용을 금지시키고 있다.[48]

이처럼 기독교적 상징물에 대해서는 관용적이고, 히잡에 대해서 적대적인 것을 우리는 어떻게 보아야 하는가? 이는 분명 독일의 이민자에 대한 정서와 맞물려 있다고 할 수 있다. 10여 년 전까지만 해도 독일은 자국이 이민국이 아니라고 선언하였을 뿐만 아니라, 이민자를 통합의 대상으로 보기보다는 주로 통제와 경계의 대상으로 보고 있었다. 이는 독일 내 이민자를 대표하는 사람들이 주로 무슬림인 터키 노동자였기에 그러했을 것이며, 여기에 9.11 사건은 독일인의 무슬림에 대한 경계를 한층 강화시키는 계기가 되었다. 무엇보다 이 사건의 용의자 중 한 명이 독일 거주민이었다는 점은 이러한 점을 크게 부각시켰다. 이러한 요인들은 점차 무슬림들의 명예살인, 강제결혼 등 여성의 인권 문제 등과 결부되었으며, 자연스레 히잡 착용 문제와도 연결되었다.

47 바이에른을 포함한 5개 주는 교내에서 히잡 착용은 금지하면서 기독교적 상징물은 허용하였다. (강태수, 「독일 무슬림의 종교의 자유」, 21쪽). 예를 들어, 수녀복은 기독교적 전통과 문화에 기인한 의복으로서 독일 사회 내에서 보편적 가치관에 무리가 없기 때문에 허용할 수 있다고 해명하였다. (신원경,「히잡논쟁을 중심으로 본 독일과 이슬람의 문화갈등」,『아랍어와 아랍문학』, 제12집 2호(2008.10), 312쪽.

48 바덴-뷔르템베르크, 바이에른, 니더작센은 교사에게만 히잡을 비롯한 종교적 상징물을 금지한 주도 있지만, 베를린과 헤센처럼 다른 공무원에게도 금지조처를 내린 주도 있다. 강태수, 독일 무슬림의 종교의 자유」, 21쪽. 물론 예외적으로 이슬람과 기독교 모두를 종교로 취급하여 그 상징물을 학교에서 금지하는 지방정부도 있고, 반대로 모든 종교적 상징물이 허용되는 주도 있다. 이철용,「독일: 히잡의 재발견」, 박단 (편),『현대서양사회와 이주민: 갈등과 통합 사이에서』, 227-228쪽.

여기서 독일에서 발생한 '히잡 사건'의 예[49]를 하나 들어보자. 바덴-뷔르템베르크 주에 거주하는 페레쉬타 루딘(Fereshta Ludin)이라는 한 아프가니스탄 출신의 독일 국적 여성이 1998년 히잡 착용을 고집함으로써 초등학교 교사 임용에서 거부된 사건이 있었다. 루딘은 행정소송에서부터 최종심에 이르기까지 모두 패소하였으나, 2003년 9월 24일 연방헌법재판소에서는 마침내 승소하였다. 행정법원에서는 히잡 착용을 종교적 소속감을 표시한 것으로, 교사의 종교적 중립성을 위반한 것으로 판시하였으나, 헌법재판소에서는 히잡 착용의 금지가 헌법에 보장된 기본권[50]을 침해한다고 본 것이었다. 하지만 이 결정은 다른 불씨를 남겨두었다. 판결문은, 만일 지방정부가 충분한 법적 근거를 갖고 있다면, 교사의 종교의 자유가 일부 제한될 수 있음을 내비쳤기 때문이다.[51] 이것은 지방정부에 따라 히잡을 종교적 복장의 하나로 볼 여지를 준 것이며, 심지어 히잡 착용을 금지할 수 있는 관련법의 제정 여부를 각 주에 위임한다는 의미라고 볼 수도 있는 것이다.[52]

이에 따라 교사의 히잡 착용을 달가워하지 않는 일부 지방정부는 신속하게 관련법안의 제정 토의에 들어갔다. 보수성향의 기민/기사연합이 지배하는 남부의 주들이 앞장섰음은 말할 나위 없다. 이들 주에서는 히잡을 단순한 종교적 상징물을 떠나 사회적 평화를 위협하는 정치적 상징물로 간주하기도 하였다.[53]

앞의 헌법재판소가 교실 내에 부착되어 있는 십자가상을 종교적 상징물로 판단했지만, 독일 내에서 종교적 중립을 내세워 이를 제거한 경우는 별로 없

49 이 부분은 특별한 전거가 없을 경우 대체로 이철용의 논문 3장, 4장에 의존한다.

50 기본권 제33조 3항 : "시민권의 향유, 공직에 취임할 권리는 종교와 무관하다. 어떤 종교나 세계관에 속하거나 속하지 않는 다는 것 때문에 누구도 불이익을 받을 수 없다."

51 "지방정부의 구체적 관련 입법이 부재한 관계로 학교 내에서 교사의 히잡 착용을 거부할 수 없다." 도르투문트(Dortmund)의 노동재판소 역시 한 유치원 교사가 히잡 착용한 것을 허용하였는데, 그 이유는 유치원생들이 종교적 상징물에 민감할 가능성이 없으므로 히잡이 종교적 선동의 매개가 될 수 없기 때문이었다. Assemblée Nationale, vol. 1, p.186.

52 독일은 연방국가 원리에 의해서 연방과 각 주의 관할권이 구별된다. 학교에서의 종교적 세계관적 중립성의 원칙과 종교의 자유와의 긴장관계는 연방이 아니라 각 주의 의회가 담당해야 하는 권한이다. 강태수, 「독일 무슬림의 종교의 자유」, 21쪽.

53 Joppke, *Veil*, p.53.

었다. 이는 독일이 기독교적 전통에 입각한 국가라고 많은 사람들이 믿기 때문이다. 앙겔라 메르켈 현 총리도 과거 "십자가를 교실에서 떼어내는 것은 기독교와 독일 문화의 전통을 부정하는 발상"이라고 비판하고, "기독교 문화의 강조는 다른 종교에 대한 차별과는 무관"하다고 밝힌 적이 있다.[54] 이러한 입장을 독일인 다수의 입장으로 받아들인다면, 독일의 히잡 착용에 대한 입장은 프랑스의 라이시테 정신과는 완전히 상치되는 것이며, 더 나아가 종교간 평등을 추구하는 '종교 국가' 영국과도 매우 다른 길을 걷고 있는 것으로 판단할 수 있다. 적어도 히잡 문제에 있어서 독일은 그야말로 기독교라는 특정 종교에 밀접하게 연계된 '반(半)라이시테' 국가이면서, 대표적인 '기독교적 서구 국가(Christian-Occidental Germany)'[55]라고 할 수 있겠다. "독일은 공공영역에서 모든 종교적 상징물이 추방당하는 프랑스식 모델을 따라서는 안 된다."는 선언이 종교와 국가의 분리 문제에 대한 독일의 입장을 잘 나타내준다.[56]

3) '라이시테 국가 프랑스'에서의 베일 문제

프랑스에서는 '1989년 히잡 사건'[57] 이후 십 수 년 간의 사회적 논쟁 끝에 2003년, 자크 시라크 대통령의 지시로 스타지 위원회가 창설되었으며, 그 결과 마침내 2004년 3월 15일의 법이 제정되어 '공립학교 내 가시적 종교적 상징물 금지'가 확정되었다. 이 법은 히잡 뿐만 아니라 커다란 십자가나 유대인들이 쓰는 키파 등 '모든 가시적인 종교적 상징물'을 금지했으나, 일반적으로는 '히잡 법'으로 더 알려져 있다. 이 법은 라이시테의 원칙을 다시 한 번 강조하였는데, 공립학교와 같은 공적영역에서 종교적 상징물의 착용 금지를 나타냈

---

54 이철용, 「독일: 히잡의 재발견」, 239-240쪽.

55 Joppke, *Veil*, p.53.

56 독일가톨릭중앙위원회 의장의 말 http://www.wfn.org/2004/03/msg00096.html. 이철용, 「독일: 히잡의 재발견」, 242쪽에서 재인용.

57 이 부분은 박단,『프랑스의 문화전쟁-공화국과 이슬람』을 참조하라.

을 뿐만 아니라, 가톨릭, 이슬람, 유대교 모두에게 중립적인 법임을 천명하였다. 하지만, 이 법의 주요 대상이 무슬림 여학생이 됨으로써 무슬림 여학생들이 더 이상 히잡을 착용하고 학교에 올 수 없게 되었고, 이로 인해 무슬림들은 이 법을 자신들에 대한 인종(종교)차별적인 법으로 비난하였다.

프랑스적 라이시테는 종교로부터 국가의 독립을 천명하는 동시에 국가가 모든 종교에 중립적이라는 원칙을 천명한다. 하지만, 2004년 3월 15일의 법은 왜 이슬람을 신봉하는 사람들에 편파적인 법으로 취급되고 있으며, 그로 인해 라이시테의 원칙을 훼손한 법으로 비난받고 있는가? 이러한 정책으로 프랑스적 특수성으로 간주되는 라이시테 원칙이 흔들리는 것은 아닌가? 2004년 9월, 앞의 법이 적용됨으로써 실제 퇴학당하는 무슬림 여학생들이 발생하자, 이슬람혐오에 대한 논란이 더욱 거세졌다. 가톨릭, 유대교 학생들이 종교적 상징물을 공립학교 내에서 착용할 때에는 대체로 조용하던 프랑스가 왜 무슬림 학생이 히잡을 착용하고 학교에 왔을 때에 비로소 라이시테에 대한 문제제기를 본격화하느냐가 관건이었다. 이는 20세기 후반, 대규모 무슬림 쇄도에 대한 프랑스인들의 두려움의 표현이라고도 볼 수 있으며, 9.11 테러, 이라크 전쟁 등 세계적인 문명의 충돌 현상과 무관할 수 없을 것이다. 프랑스는 영국처럼 국교가 있는 것도 아니고, 독일처럼 공개적으로 '기독교국'임을 선언할 수도 없다. 프랑스는 모든 종교에 엄격히 중립을 지켜야 하는 라이시테 국가이기 때문이다.

하지만, 최근의 추세는 프랑스의 라이시테 성격, 그 가운데 모든 종교에 중립적이어야 한다는 원칙에 더욱 비관적인 것으로 보인다. 2009년 이후 국제적 논란이 되고 있는 일명 '부르카 착용 금지'가 대표적 현상이다. 물론 여성의 권리, 여성의 존엄성을 해친다는 주장도 있지만, 사회 안전을 빌미로 이슬람을 폄하하고 악마화 한다는 주장도 적지 않다. 이처럼 프랑스 내 무슬림의 증가, 이로 인한 이슬람에 대한 상대적 적대 현상 등은 더욱 가속화되어 갔다.

역설적으로 이러한 현상으로 인해 프랑스에서는 종교차별에 대한 논의와 함께 라이시테에 대한 논의가 더욱 확산되어갔다. 1989년 히잡 사건이 그 기폭제 역할을 했다면, 2005년은 '1905년 정교분리법' 제정 100주년으로 이 논쟁을 확대 재생산하는 기회가 되었다. 많은 학자들이 라이시테 논쟁에 참여하였고, 그에 대한 찬반 논쟁도 가속화되었다. 이 논쟁에는 현실 정치인들도 참여하였는데, 그 가운데 이 논의에 가장 깊숙이 뛰어든 사람이 당시 내무부 장관인 니콜라 사르코지였다. 그는 부족한 무슬림들의 기도소인 모스크의 건설을 위해 국가가 시한부로 재정 지원에 나설 것과 이슬람 지도자라 할 수 있는 이맘 양성을 위해 이슬람 신학교 설립을 재정적으로 지원하자고 제안하였는데, 이 제안은 '판도라의 상자'라 불리는 '1905년 법'의 수정을 상정하는 것이었다.[58]

주지하다시피, '1905년 법'은 프랑스 라이시테의 결정체이다. 이를 수정하자는 한 유력 정치인의 제안은 많은 반발을 불러일으켰고, 결국 이 시도는 무산되었다. 하지만 사르코지는 다른 방식으로 무슬림 문제를 해결하려고 노력하였다.[59] 2008년 말에는 인종에 바탕을 둔 통계 작성의 필요성을 공개적으로 강조함으로써 그동안 법으로 금지된 인종에 따른 통계 조사 가능성 여부를 열어놓았다. '다양성 및 기회평등 위원회(Commissaire à la diversité et à l'égalité des chances)' 위원인 야지드 사베그(Yazid Sabeg)가 2009년 초, 프랑스 국민의 인종구성비와 종교적 성향을 조사하기 위해 관련 위원회를 출범시킨다고 밝힌 것은 사르코지 대통령의 앞선 발언과 무관하지 않을 것이다.[60] 500만을 넘어서고 있다고 판단되는 무슬림 이민자 문제를 해결하기 위한 사르코지의 시도는 프랑스의 정체성인 라이시테 문제와 충돌하지 않을 수 있을까? 베일 문제에서 가시화된 무슬림 이민자 문제는 이제 프랑스의 라이시테 원칙을 시험대에 올려놓고 있다. 21세기 서구 대 이슬람이라는 세계적 차원의 새로운 대립구도

58 *Le Monde*, 21 octobre 2005.

59 이 부분은 박단, 「프랑스공화국과 이민-'새로운 공화국' 을 위하여」, 『프랑사연구』, 21호(2009년 8월)을 참조할 수 있다.

60 *Le Monde*, 7 mars 2009.

는 100년 전 프랑스 내 가톨릭과 세속주의자들의 대결구도보다 한층 더 첨예한 대립을 예고하고 있다고 볼 수 있다. 프랑스는 안팎의 도전을 무릎 쓰고 계속 엄격한 '라이시테 원칙'을 자신의 정체성의 일부로 유지해 나갈 수 있을까?

4. 나오며

프랑스 제5공화국 헌법이 밝히고 있듯이 "프랑스는 단일하고, 분리될 수 없으며, 라이크적인 사회적 민주 공화국이다." 필자는 이 가운데 '라이크적인 공화국'을 프랑스의 가장 특수한 정체성 가운데 하나로 파악하였다. 이를 입증하기 위하여 필자는 영국, 독일 그리고 프랑스의 '베일 문제'를 비교하면서, 프랑스의 '베일 금지 조치'를 라이시테라는 기준으로 살펴보았다. 그런데, 무슬림 이민자와 라이크적 공화국 사이의 갈등에서 발견할 수 있었던 것은, 프랑스가 이론적으로는 라이크적 공화국이면서, 현실적으로는 무슬림 이민자에 직면하여 라이시테 원칙을 수호하기 쉽지 않은 처지에 놓여있다는 점이다.

분명 라이시테 원칙은 지금도 지켜지고 있다. 2004년 3월 15일의 법은 비록 '히잡 금지법'이라 불리며, 프랑스의 무슬림에게는 차별적인 악법으로 간주되었지만, 이 법의 시행은 분명 라이시테 원칙을 수호하는 데 효과가 있었다. 법 시행 이후 공립학교 내 히잡 착용은 눈에 띠게 줄어들었으며, 히잡을 착용하고 학교에 온 학생들의 퇴학과 관련된 분쟁 건수도 감소되었다.

한편, 프랑스 내 다양한 종교들도 프랑스 공화국의 정체성을 대표하는 라이시테 원칙을 점차 받아들이고 있는 것이 사실이다. '교회의 맏딸'을 자처하는 프랑스에서 정교분리법은 가톨릭의 과도한 권력에 균형추 역할을 한 것으로 간주되었고, 프랑스의 가톨릭교회도 한 세기를 거치면서 점차 공화국의 가치를 받아들이기 시작하였으며, 이제는 사실상 라이시테 원칙에 익숙해져 있다. 프로테스탄트와 유대교는 이들 종교의 세속화 때문에 일찍부터 라이시테 원칙에 기초한 프랑스 사회에 충분히 통합될 수 있었다. 최근까지 이슬람의 경우만 라이시테 문제가 완전히 해결되지 않았다고 볼 수 있지만, 사르코지가 내무부 장관이었던 2003년 이래 프랑스의 무슬림 공동체를 제도적으로 일원화함으로써 정부와 이슬람 대표체 간에 대화로 그 문제를 풀려는 시도가 있어왔다. 프랑스의 무슬림을 대표하는 '프랑스 이슬람 위원회 CFCM(le Conseil français du culte musulman)'가 2003년에 확립된 것이다.[61]

이 위원회는 프랑스 가톨릭 주교회의(Conférence des évêques de France), 프랑스 유대인 중앙위원회(Consistoire central de France pour les juifs), 그리고 프랑스 프로테스탄트 연맹(Fédération protestante de France) 등과 같이 프랑스의 다양한 종교단체들과 구도를 함께 하고 있다. 사실, 이러한 종교적 대표성을 인정하는 것도 프랑스의 또 다른 정체성인 '불가분의 원칙'을 침해하는 것으로 볼 수 있지만, 이들 대표단들은 프랑스의 라이시테 원칙의 존중을 대외적으로 천명함으로써 프랑스 공화국 원칙을 존중한다는 명분을 갖고 있다.

하지만, 프랑스가 이슬람 대표기구의 창립을 위해 이처럼 적극적으로 노력한 것은 오히려 프랑스가 이슬람으로 인해 라이시테 원칙이 위기에 처하고 있음을 느끼고 있기 때문이라고도 볼 수 있다. 앞에서 살펴본 것처럼, 프랑스에서는 1989년 '히잡 문제'가 라이시테에 대한 논쟁에 불을 붙였으며, 여기에 2005년 12월, 프랑스가 라이시테 기본법의 100주년을 기념할 당시, 일부 정치인들은 문화적 다양성의 상황에 적응하기 위해 이 법의 손질을 제안하기까지 했었다. 이처럼 이슬람과 관련된 라이시테에 대한 논쟁 때문에 프랑스인들 사이의 대립이 격화되고 있음은 주지의 사실이다. 일부 프랑스인은 국가가 라이시테 원칙을 유연하게 적용해서라도 프랑스는 앞으로 다른 공동체의 문화적 특수성을 고려해야한다고 주장하고, 다른 사람들은 라이시테가 보장하고 있는 공화주의적 평등주의에 의미를 확고히 부여해야 한다고 주장

61 http://fr.wikipedia.org/wiki/Conseil_fran%C3%A7ais_du_culte_musulman (검색일자: 2010.12.20.)

하고 있다.[62]

과연, 라이시테 원칙은 미래에도 프랑스의 정체성으로 확고하게 지켜질 수 있겠는가? '1905년 법'의 수정은 그야말로 '판도라의 상자'일 수 있다. 프랑스가 100년 이래 라이시테 원칙을 확고히 지켜왔으며, 또한 지키려 하는 것은 한편으로는 국가가 종교권력으로부터 독립적이고, 모든 종교로부터 중립을 지킨다는 프랑스 공화국의 정체성을 확고히 하는 방법일 수도 있지만, 다른 한편으로는 '새로운 프랑스인' 무슬림 이민자를 맞이하여 프랑스 공화국이 펼칠 수 있는 통합정책의 유연성에 발목을 잡는 일이기도 하다. 무슬림 이민자 문제가 더욱 심각해진다면, 프랑스는 라이시테라는 프랑스 정체성에 어느 정도 변화를 줄 수밖에 없을 것이다. 정체성이 영원히 불변할 수는 없지 않은가? 이는 프랑스뿐만 아니라 영국과 독일 그리고 네덜란드 등 무슬림 이민자 문제로 적지 않은 고통을 겪고 있는 다른 유럽 국가들에게 있어서도 마찬가지일 것이다. 그런 의미에서 베일 문제는 각 나라마다 전통 및 정체성과 관련된 그들의 통합정책이 얼마나 확고한지를 알아볼 수 있는 리트머스 용지의 역할을 한 것으로 보인다.

62 Nelly Mauchamp, pp.106-107.

프랑스의 종교와 세속화의 역사

참고문헌
색인

참고문헌

1장

〈사료〉

E. Caspar(ed.), Gregory VII, Registrum (Berlin: Weidmann, 1955).

H. Cowdrey(ed.), Gregory VII, *Epistolae Vagantes* (Oxford : Clarendon Press, 1972)

〈연구서 및 논문〉

Barraclough, G., *The Medieval Papacy* (London: Thames and Hudson, 1968).

Cowdrey, H. E. J., *Pope Gregory VII, 1073-1085* (Oxford: Clarendon Press, 1998).

Morrison, K. F., "The Church Reform and Renaissance in the Early Middle Ages", *Holiness and Politics in Early Medieval Thought* (London: Variorum Reprints, 1985).

Robinson, I. S., "Pericuosus Homo: Pope Gregory VII and Episcopal Authorith", *Viator*, 9 (1978).

Robinson, I. S., *The Papacy, 1073-1198, Continuity and Innovation* (Cambridge: Cambridge Univ. Press, 1990).

Schimmelpfenning, B., *The Papacy* (New York: Columbia Univ. Press, 1992).

Somerville, "The Councils of Gregory VII", *Studi Greroriani*, 13 (1989).

Tangl, G., *Die Telinehmer an den allgemeinen konzilien des Mittelalters* (Weimar, 1932).

박은구, 『서양 중세 정치사상 연구』 (혜안, 2001).

이영재, 「교황 Gregory 7세의 로마 교회론과 성전(Holy war)관」, 『서양중세사연구』, 19호 (2007), 36-66쪽.

이영재, 「교황 Gregory 7세의 서임권투쟁에 관하여」, 『서양중세사연구』, 15호 (2005), 27-59쪽.

이영재, 「교황 Gregory 7세의 교황주권론 연구」, 숭실대학교 박사학위 논문 (2004).

장준철, 「전통과 혁신: 교황 그레고리우스 7세 개혁의 양면성」, 『서양중세사연구』, 23호 (2009), 31-58쪽.

2장

〈사료〉

Bernard de Clairvaux, *Éloge de la nouvelle chevalerie(De laude novae militiae)*–

Vie de saint Malachie – Épitaphe, hymne, lettres, Pierre-Yves Emery(trans.), *Oeuvres complètes/Bernard de Clairvaux* (Paris: Cerf, 1990).
Foreville, R.,(ed.), *Gesta Guillelmi ducis Normannorum et regis Anglorum* (Paris, 1952).
Webb, C. C. J.(ed.), John of Salisbury, *Policraticus* (Oxford, 1909).
Migne, J. P., *Patrologie latine*, t. CLXXXII.
Orderic Vital, *Historia Ecclesiasticae*, F. Guizot(tra.), *La collection des mémoires relatifs à l'histoire de France* (Paris, 1826).
LE PREVOST, Aug.(ed.), Orderic Vital, *Historia Ecclesiastica*, Aug. (Paris, 1838-1855).
Chibnall, M., Orderic Vital, *The Ecclesiastical history* (Oxford, 1968-1980).
Du Bois L.F.(tra.), Orderic Vital, *Histoire de Normandie*, vol. IV (Paris, 1825-1827).

〈연구서 및 논문〉

Batany, J., "Du bellator au chevalier dans le schéma des trois ordres, études sématique", *Actes du 101e Congrès national des sociétés savantes: section de philologie et d'histoire* (Lille, 1976).
Boussard, J., *La seigneurie de Bellême aux Xe et XIe siècles, Mélanges Halphen* (Paris, 1951), pp.43-54.
Duby, G., *La société chevaleresque* (Paris: Champs, 1979).
Flori, J., "Les origines de l'adoubement chevaleresque", *Traditio*, XXXV (1979), pp. 228-239.
Flori, J., *Croisade et chevalerie XIe-XIIe siècle* (De Boeck Université, 1998).
Pernoud, R., *Les hommes de la Croisade* (Paris: Fayard/Tallandier, 1982).
Prevost, M., *Dictionnaire de biographie française*, t. V (Paris, 1951).
Richard, J., *L'esprit de la croisade* (Paris: Cerf, 1969).
Rousset, P., *Les origines et les caractères de la première croisade* (Neuchâtel: La Baconnière, 1945).
Vignes, M., "Les doctrines économiques et morales de Saint Bernard sur la richesse et le travail", *Revue d'histoire économique et sociale*, t.16 (1928).
이정민, 「성 베르나르와 새로운 기사도」, 『서양중세사연구』, 27호 (2011), 125-157쪽.

3장

〈사료〉

Bossuet, J.-B., *La politique tirée de l'Ecriture sainte*, III.
Chastelet, Paul Hay du, *Recueil de diverses pièces pour servir à l'histoire* (Paris, 1635: éd. 1643).

Louis André(ed.), Richelieu, Armand du Plessis, duc de, *Testament politique* (Paris: Robert Laffont, 1947).

〈연구서 및 논문〉

Baubérot, J., "Tolérance, sécularisation et la laïcisation de l'Etat", *La Tolérance*, Colloque international de Nantes, mai 1998 (Presse Univ. de Rennes, 1998), pp.187-191.

Baubérot, J., "Sécularisation et Laïcisation. Mode d'empoli «à la française»", *Communication présentée au Centro di Alti Studi in Scienze Religiose* (le 4 novembre 2004).

Baubérot, J., "Sécularisation et laïcisation", Haneda Masashi (ed.), *Sécularisation et laicités* (UTCP Booklet, 2009), pp.13-25.

Baubérot, J., "Etat, laicité, religions", *Regards sur l'actualité*, n.298, pp.5-23.

Christin, O., "Sortir des Guerres de Religion. L'autonomisation de la raison politique au milieu du XVIe siècle", *Actes de la recherche en sciences sociales*, vol.116-117 (mars 1997).

Dompnier, B., *Le venin de l'hérésie. Image du protestantisme et combat catholique au XVIIe siècle* (Paris: Centurion, 1985).

Fabre, R., "Tolérance et sécularistion de l'Etat", *La Tolérance*, Colloque international de Nantes, mai 1998 (Presses Univ. de Rennes, 1998).

Gauchet, M., "Une laïcité incertaine", *Conférence de Marcel Gauchet prononcée lors d'un colloque en décembre* 2000.

Tallon, A., *Conscience nationale et sentiment religieux en France au XVIe siècle* (Paris: PUF, 2002).

Thuau, E., *Raison d'Etat et pensée politique à l'époque de Richelieu* (Athènes: Presses de l'Institut Français d'Athènes, 1966).

Vovelle, M., *Les mots de la Révolution* (Toulouse: Presses Universitaires du Mirail, 2004).

Wanegfellen, Th., *La Renaissance* (Paris: Eclipse, 2003).

Wollenberg, J., *Les Trois Richelieu. Servir Dieu, le Roi et la Raison, trad. de l'allemand par Edourd Husson* (Paris: François-Xavier de Guibert, 1995).

김응종, 『아날학파』 (민음사, 1997).

임승휘, 「국왕고해신부 니콜라 코생의 절대주의 비판」, 『서양사론』, 63호 (1999).

임승휘, 「프랑스의 왕」, 『역사비평』, 54호 (2001).

임승휘, 「근대국가의 종교적 기원: 프랑스 절대왕정과 종교」, 『프랑스사 연구』, 12호 (2005).

임승휘, 「프랑스 종교전쟁과 관용개념의 탄생: 푸아시 회담(1562)에서 낭트칙령(1598)까지」, 『이화사학연구』, 37집 (2008).

4장

〈사료〉

AN, MC, ET XXXIII 293, XXXV 329, LXV 23.

Archives départementales de Seine-Maritime(ADSM), G 1241.

Argenson, René II de Voyer d', *Annales de la compagnie du Saint-Sacrement*, (Marseille: Dom Beauchet-Filleau, 1900).

Benoist, R., *De l'institution et de l'abus survenu ès confraries populaires: avec la réformation nécessaire en icelles* (Paris: N. Chesneau, 1578).

〈연구서 및 논문〉

Agulhon, M., *Pénitents et Francs-Maçons dans l'ancienne Provence* (Paris: Fayard, 1967).

Beaurepaire, Ch. de, "Notice sur le cimetière Saint-Maur à Rouen", *Bulletin de la commission des Antiquités de la Seine-Inférieure*, t. VI (1885).

Bée, M., "La société traditionnelle et la mort", *XVIIe siècle*, n.106-107 (1975).

Bullan, B., "Support and redeem: charity and poor relief in Italian cities from the fourteenth to the seventeenth century", *Continuity and Change*, vol.3, n.2 (1988).

Cattelona, G., *Regulation of female sexuality: the Hôpital du Refuge in Marseille*, 1640-1789, Ph. D. Indiana University (1991).

Chill, E., "Religion and Mendicity in Seventeenth-Century France", *International Review of Social History*, n.7 (1962).

Devos, R., "Pratiques et mentalités religieuses en Savoie. Permanence et évolution", *Ethnologie française*, nouvelle série, t. II, n. 3 (juillet-septembre, 1981).

Duparc, P., "Confréries du Saint-Esprit et communautés d'habitants au Moyen Age", *Revue historique de Droit français et étranger*, quatrième série, t. XXXVI (1958).

Gutton, J.-P., *Dévots et Société au XVIIe siècle: Construire le Ciel sur la Terre* (Paris: Belin, 2004).

Jütte, R., *Poverty and Deviance in Early Modern Europe* (Cambridge: Cambridge University Press, 1994).

Le Bras, G., "Les confréries chrétiennes", *Etudes de sociologie religieuse, t.2, De la morphologie à la typologie* (Paris: PUF, 1956).

Fossoyeux, M., *Contribution à l'étude de la compagnie du Saint-Sacrement au XVIIe siècle*, (Nogent-le-Rotrou: imp. Daupeley-Gouverneur, 1923).

McHugh, T. J., "Hôpital Général, the parisian elites and crown social policy during the reign of Louis XIV", *French History*, vol.15, n.3 (september, 2001).

Simiz, S., *Confréries urbaines et dévotion en Champagne 1450-1830* (Villeneuve-d'Ascq: PU du Septentrion, 2002).
Venard, M., “Les formes de piété des Confréries dévotes de Rouen à l'époque moderne”, *Histoire, économie et société*, vol.10, no.3 (1991).
Venard, M., *Le Catholicisme à l'épreuve dans la France du XVIe siècle* (Paris: Cerf, 2000).
브로니슬라프 게레멕, 이성재 역, 『빈곤의 역사』 (길, 2010).
조르주 뒤비 & 로베르 망두르, 김현일 역, 『프랑스문명사』 하 (까치, 1995).
필리프 아리에스, 고선일 역, 『죽음 앞의 인간』 (새물결, 2004).
이성재, 「16-17세기 프랑스의 감금정책에 나타난 종교성: 정부법령과 성직자들의 태도를 중심으로」, 『서양사론』, 91호 (2006).

5장

〈사료〉
D'Holbach, Paul-Henri Thiry, *Oeuvres Philosophiques*, t.1 (Editions Alive, 1998).
D'Holbach, Paul-Henri Thiry, Samuel Wilkinson(tra.), *System of Nature; or the Laws of the Moral and Physical World*, 3 Vols (Thomas Davison, 1820).
D'Holbach, Paul-Henri Thiry, *Histoire critique de Jésus-Christ ou Analyse raisonnée des Evangiles* (1770), *Oeuvres Philosophiques*, t.2 (Editions Alive, 1998).

〈연구서 및 논문〉
Berti, S., “The First Edition of the *Traité des trois imposteurs* and its Debt to Spinoza's *Ethics*”, Michael Hunter, David Wootton (ed.), *Atheism from the Reformation to the Enlightenment* (Clarendon Press, 1992): 스피노자의 정신 지음, 성귀수 옮김, 『세 명의 사기꾼』 (생각의 나무, 2005).
Buckley, M. J., *At the Origins of Modern Atheism* (New Haven: Yale University Press, 1987).
Chaussinand-Nogaret, G., *Les Lumières au péril du bûcher. Helvétius et d'Holbach* (Paris: Fayard, 2009).
Kors, A. C., *D'Holbach's coterie: an enlightenment in Paris* (Princeton University Press, 1976).
Marshall, J., *John Locke, Toleration and Early Enlightenment Culture* (Cambridge: Cambridge University Press, 2006).
Tocanne, B., *L'idée de nature en France dans la seconde moitié du XVIIe siècle*, (Klincksieck, 1978).

로버트 단턴, 로버트, 주명철 옮김, 『책과 혁명. 프랑스혁명 이전의 금서 베스트셀러』 (길, 2003).
다니엘 모르네, 주명철 옮김, 『프랑스혁명의 지적 기원』 (민음사, 1993).
미셸 옹프레, 곽동준 옮김, 『바로크의 자유사상가들』 (인간사랑, 2011).
미셸 옹프레, 남수인 옮김, 『계몽주의 시대의 급진철학자들』 (인간사랑, 2010).
주명철, 『서양금서의 문화사. 프랑스 계몽주의 시대를 중심으로』 (길, 2006).
에른스트 카시러, 박완규 옮김, 『계몽주의 철학』 (민음사, 1995).

6장

〈사료〉

Archives Nationales, AFII. 152-153.
Archives Départementales, Essonne, L.52.

〈연구서 및 논문〉

Actes du 89e Congrès national des Sociétés savantes (Lyon, 1964).
Agulhon, *Pénitents et Francs-Maçons dans l'ancienne France* (Paris, 1968).
Alliot, J. M., *Le clergé de Versailles pendant la Révolution* (Versailles, 1913).
Audisio, G., *Les Français d'hier, t. II. Des Croyants. XVe-XIXe siècle* (Paris: Armand Collin, 1996).
Berger, P. L., *The Sacred Canopy* (Garden City, 1969).
Boulard, F., *Matériaux pour l'Histoire religieuse du peuple français, XIXe-XXe siècles* (EHESS, 1982-1987).
Brian, I. & Le Gall, J.-M., *La vie religieuse en France XVIe-XVIIIe siecle* (Paris: SEDES, 1999).
Burke, P., "Religion and Secularisation", in The *New Cambridge Modern History*, XVIII, Companion volume (Cambridge UP, 1979).
Certeau, M. de, *L'Ecriture de l'histoire*, Paris: Gallimard, 1975.
Cousin, B., Cubells, M, Moulinas, R., *La pique et la croix: histoire religieuse de la Révolution française* (Paris: Centurion, 1989).
Delaselle, J., "Les enfants abandonnés à Paris au XVIIIe siècle", *A.E.S.C.* (janvier-février, 1975), pp.187-218.
Delumeau, J., *Le Catholicisme entre Luther et Voltaire* (Paris: PUF, 1971).
Delumeau, J., *Le Christianisme va-t-il mourir* (Paris: Hachette, 1977).
Dinet, D., "Le jansénisme et les origines de la déchristianisation. l'exemple des pays de Yonne", *Du jansénisme a la laïcité* (Paris: MSH, 1987).
Dufresne, A., *Documents Historiques se rattachant à la vie des villages avant 1789, sous la Révolution* (Versailles, 1908).

Froeschle-Chopard, M-H. et M., *Atlas de la Réforme pastorale en France de 1550 à 1790* (Paris, 1986).
Gibson, R., A *Social History of French Catholicism, 1789-1914* (London: Routledge, 1989).
Greer, D., *The incidence of the Terror during the French Revolution-A Statistical interpretation* (Cambridge, 1935).
Jaurès, J., *Histoire socialiste de la Révolution française*, t.6 (Paris: Editions sociales, 1971).
Langlois, C., "Problèmatique de la déchristianisation", *Histoire de la France religieuse*, t. III.
Le Bras, G., *Introduction à l'histoire de la pratique religieuse en France* (Paris, 1942-1945).
Lebrun, F., *Histoire des catholiques* (Paris: Privat, 1980).
Leflon, J., "La crise révolutionaire(1789-1846)", *Histoire de l'Eglise*, t. XX (Paris: Bloud & Gay, 1949).
Le Goff, J. & Rémond, R., *Histoire de la France religieuse*, Vol.3-4 (Paris: Seuil, 1992).
Maire, C., *Les convulsionnaires de Saint-Médard, Miracles, convulsions et prophètes à Paris au XVIIIe siècle* (Paris: Gallimard, 1985).
Mathiez, A., *Robespierre et le culte de l'Etre-Suprême* (Le Puy, 1904).
Noël, L., *Monfermeil et sa région*, t. II (Aidillac, 1938).
Noonan, J. T., *Contraception, a History of its Treatment by the Catholic Theologians and Canonists* (Cambridge, 1966).
Ozouf, M., *La fête révolutionnaire 1789-1799* (Paris, 1976).
Portelli, H., *Gramsci et la question religieuse* (Paris, 1974).
Robertson, R., *The Sociological Interpretation of Religion* (Schocken Books, 1970).
Tackett, T., "L'histoire sociale du clergé diocèsain dans la France du XVIIIe siècle", *Revue d'Histoire Moderne et Contemporaine*, t.27 (1979), pp.198-234.
Tackett, T., *Religion, Revolution and Regional Culture in Eighteenth-Century France-The Ecclesiastical oath of 1791* (Princeton University Press, 1986).
Tilly, Louise A., Fuchs, R. G., Kertzer, D. I., Ransel, D. L., "Child Abandonment in European History: A Symposium", *Journal of Family History*, n.17 (1991).
Viguerie, Jean de, *Le Catholicisme des français dans l'ancienne france* (Paris: NEL, 1988).
Vovelle, M., *Piété baroque et déchristianisation en Provence au XVIIIe siècle* (Paris: Seuil, 1978).
Vovelle, M., *La révolution contre l'Eglise* (Paris: Editions Complexe, 1988).
구본식,「얀세니즘에 대한 이해」,『가톨릭 교육연구』, 제5집(1990), 효성여대 가톨릭 교육연구소, 47-71쪽.

로제 샤르티에, 백인호 역,『프랑스혁명의 문화적 기원』(소나무, 1999).
폴 아자르,『유럽의식의 위기』(민음사, 1990).
양희영,「프랑스 혁명기 성직자의 입헌선서에 대한 고찰」,『서양사연구』, 17집 (1995), 43-90쪽.
오경환,『종교사회학』(서광사, 1990).
이영림,「프랑스의 얀센주의:신학에서 정치로」,『서양사론』, 67호 (2000), 155-179쪽.
이영림,「근대초 유럽사회의 세속화와 신앙의 내면화」,『경기사학』, 4집 (2000).
이영림,「18세기 프랑스: 종교적 갈등에서 정치적 저항으로」,『역사학보』, 231집 (2012. 3), 181-209쪽.
오귀스트 콩트,「실증철학」, 조나단 터너 외,『사회학이론의 형성』(일신사, 1995).
엠마뉘엘 토드,『유럽의 발견 : 인류학적 유럽사』(까치, 1997).
홍순호,「19세기 전후 프랑스에서의 교회와 국가」, 오경환 외,『교회와 국가』(인천 가톨릭대학교출판부, 1997).

7장

〈사료〉

Compte-rendu du deuxième Congrès annuel du Parti républicain radical et radical-socialiste (Paris, 1902).
Journal Officiel, Débats parlementaires, Chambre des députés.
Le Semaine politique et littéraire.
La Dépêche.
La Petite République.
Le Petit journal.
Le Radical.
Buisson, F., *La politique radicale: étude sur les doctrines du parti radical et radical-socialiste* (Paris: V. Giard & E. Beière, 1908).
Combe, E., *Une campagne laïque* (Société nouvelle de librairie et d'édition, 1904); *Une deuxième campagne laïque vers la séparation* (Société nouvelle de librairie et d'édition, 1905).
Lermina, J., *Les Crimes du cléricalisme: I. L'Église sanglante II. L'Église ignorante* (Paris: Journal le Radical, 1900).

〈연구서 및 논문〉

Agulhon, M., *La République, t.1, L'élan fondateur et la grande blessure 1880-1932* (Paris: Hachette, 1990).
Airiau, P., *Cent ans de laïcité française 1905-2005* (Paris: Presses de la Renaissance, 2005).

Andrieu, C., Le Béguec, G., Tartakowsky, D., (dir), *Associations et champ politique: la loi de 1901 à l'épreuve du siècle* (Paris: Publications de la Sorbonne, 2001).
Ardura, B., Cholvy, G., Billé, C., *Le concordat entre Pie VII et Bonaparte, 15 juillet 1801* (Paris: Cerf, 2001).
Baal, G., *Histoire du radicalisme* (Paris: La Découverte, 1994).
Baubérot, J., *Laïcité 1905-2005, entre passion et raison* (Paris: Seuil, 2004).
Berstein, S., Winock, M. (dir.), *L'Invention de la démocratie 1789-1914* (Paris: Seuil, 2002).
Birnbaum, P., "Affaire Dreyfus, culture catholique et antisémitisme", Michel Winock(dir.), *Histoire de l'extrême droite en France* (Paris: Seuil, 1993), pp.83-123.
Boudon, J.-O., *Religion et politique en France depuis 1789* (Paris: Armand Colin, 2007).
Capéran, L., *L'anticléricalisme et l'Affaire Dreyfus 1897-1899* (Toulouse: Imprimerie Régionale, 1948).
Chantin, J.-P., *Le régime concordataire français: la collaboration des Eglises et de l'État 1802-1905* (Paris: Beauchesne, 2010).
Chevallier, J.-J., *Histoire des institutions politiques de la France moderne 1789-1945* (Paris: Librairie Dalloz, 1958).
Defrasne, J., *Histoire des associstions françaises* (Paris; L'Harmattan, 2004).
Démier, *F., La France du XIX*[e] *siècle. 1814-1914* (Paris: Seuil, 2000).
Doessant, S., *Le général André, de l'affaire Dreyfus à l'affaire des fiches* (Paris: Glyphe 2009).
Duclert, V., *La République imaginée* (Paris: Belin, 2010).
Ducomte, J.-M., *La loi de 1905, Quand l'État se séparait des Églises* (Toulouse & Milan, 2005).
Ducomte, J.-M., Pech, R., *Jaurès et les radicaux: une dispute sans rupture* (Toulouse: Privat, 2011).
Durand, J.-D., Patrick Cabanel (dir.), *Le Grand Exil des congrégations religieuses françaises 1901-1914* (Paris: Cerf, 2005).
Irvine, W. D., *Between Justice and Politics: The Ligue des Droits de l'Homme, 1898-1945* (Stanford University Press, 2007).
Larkin, M., *Church and State after the Dreyfus Affair: The Separation Issue in France* (London: The Macmillan Press, 1974).
Leduc, J., *Histoire de la France: l'enracinement de la République 1879-1918* (Paris: Hachette, 1991).
Lejeune, D., *La France de la Belle époque 1896-1914* (Paris: Armand Colin, 1995).

Lequin, Y. (dir), Jean Bauberot, Guy Gauthier, Louis Legrand, Pierre Ognier, *Histoire de la laïcite* (Besançon: CRDP de Franche-Comté, 1994).
Mauduit, A.-M. & J. *La France contre la France la séparation de l'Eglise et de l'Etat 1902-1906* (Paris: Plon, 1984).
Mayeur, J.-M., *La vie politique sous la Troisième République, 1870-1940* (Paris: Seuil, 1984).
Mayeur, J.-M., *La Séparation de l'Église et de l'État* (Paris: Armand Colin, 1998, Réédité avec compléments, Éditions de l'Atelier, 2005).
Merle, G., *Emile Combe* (Paris: Fayard, 1995).
Ozouf, M., *L'Ecole, l'Eglise et la République 1871-1914* (Paris: Editions Cana, 1982).
Phillips, C. S., *The church in France 1848-1907* (New York: Russell & Russell, 1967).
Rebérioux, M., *La République radicale? 1898-1914* (Paris: Seuil, 1975).
Risse, J., *Le petit père Combes* (Paris: L'Harmattan, 1994).
Rosanvallon, P., *Le modèle politique français: La société civile contre le jacobinisme de 1789 à nos jours* (Paris: Seuil, 2004).
Schiappa, J-M., (dir.), *1905! La loi de séparation des Eglises et de l'Etat* (Pais: Institut de recherches et d'études de la Libre pensée, Fédération nationale de la Libre pensée, Editions Syllepse, 2005).
Sorlin, P., *Waldeck-Rousseau* (Paris: Armand Colin, 1966).
Sternhell, Z., *La Droite révolutionnaire 1885-1914: les origines françaises du fascisme* (Paris: Seuil, 1984).
Touchard, J., *La gauche en France depuis 1900* (Paris: Seuil, 1977).
Tricot, M., *De l'instruction publique à l'éducation permanente* (Paris: Tema, 1973).
Wright, G., *France in modern times: From the Enlightenment to the Present* (W. W. Norton & Company, 1987 fourth edition).
민유기, 「프랑스 교육동맹 운동의 정치적 사회적 성격 1868-1889」, 『史叢』, 48집 (1998. 12).
민유기, 「20세기 전환기 프랑스의 급진공화파와 중도정치」, 『프랑스사 연구』, 22호 (2010. 2).

8장

〈사료〉

L'Esprit.
La Croix.

L'Humanité.
L'Action française.
Le Christianisme social (Revue mensuelle).

〈연구서 및 논문〉
Arnal, Oscar L., "Emmanuel Mounier as Paradigm of the Catholic Avant-Garde(1930-1950)", *Historical Reflections/Réflexions historiques*, 10/3(1983, Fall), pp.377-386.
Auzépy-Chavagnac, Véronique "La Jeune Droite Catholique (années 1930, 1940): histoire d'une différence", *Mil neuf cent, Revue d'histoire intellectuelle* n.13(1995), pp.81-102.
Chadwick, Kay(ed.), *Catholicism, Politics and Society in Twentieth Century France* (Liverpool: Liverpool University Press, 2000).
Chenaux, Philippe, *Entre Maurras et Maritain. Une génération intellectuelle catholique, 1920-1930* (Paris: Éditions du Cerf, 1999).
Cholvy, *Gérard, La religion en France de la fin du XVIIIe siècle à nos jours* (Paris: Hachette, 1998),
"Église et monde ouvrier en France", *Le Mouvement social*, n.57(oct.-déc., 1966).
Emmanuel Mounier(1905-1950), numéro spéciale d'Esprit (décembre 1950).
Green, Juilien, *Pamphlet contre les catholiques de France* (Paris: Fayard, 1996, [1924]).
Harvard de la Montagne, Robert, *Histoire de la démocratie chrétienne de Lamennais à Georges Bidault* (Paris: Amiot-Dumont, 1948).
Hazareesingh, Sudir, *Intellectuals and the French Communist Party* (Oxford: Clarendon Press, 1991).
Hellman, John, "Maritain and Mounier, A Secret Quarrel over the Future of the Church", *The Review of Politics*, Vol.42, No.2 (Apr., 1980), pp.152-166.
Hellman, John, "The Opening to the Left in French Catholicism: The Role of the Personalists", *Journal of the History of Ideas*, Vol.34, No.3(Jul.-Sep., 1973), pp. 381-390.
Hellman, John, "French "Left-Catholics" and Communism in the Nineteen-Thirties", *Church History*, Vol.45, No.4(Dec., 1976), pp.507-523.
Hervieu-Léger, Danièle, "Religion and Modernity in the French Context: For a New Approach to Secularization", *Sociological Analysis*, Vol.51, Special Presidential Issue : Sociology of Religion: International Perspectives (1990), pp.15-25.
Julliard, Jacques, "Sur un fascisme imaginaire: à propos d'un livre de Zeev Sternhell", *Annales Économies, Sociétés, Civilisation*, 39e année, n.4 (1984), pp.849-861.

Julliard, Jacques, "Naissance et mort de l'intellectuel catholique", *Mil neuf cent, Revue d'histoire intellectuelle*, n.13(1995), pp.5-13.
Julliard, Jacques, *L'Argent, Dieu et le Diable, Péguy, Claudel, Bernanos face au monde moderne* (Paris: Flammarion, 2008).
L'abbé Naudet, *Propriété, capital et travail : le christianisme social* (Paris: Bloud, Barral, 1898).
Larkin, Maurice, *France Since the Popular Front* (Oxford: Clarendon Press, 1991).
Loubet del Bayle, Jean-Louis, *Les Non-conformistes des années 30* (Paris: Seuil, 2001 [1969]).
Martinet, Marcel, *Culture prolétarienne* (Paris: François Maspero, 1976).
Matthews, Eric, *Twentieth Century French Philosophy* (Oxford: Oxford University Press, 1996).
Miller, B. Jaye, "Anarchism and French Catholicism", *Journal of the History of the Ideas*, Vol.37, No.1(Jan.-Mar.1976), pp.163-174.
Montuclard, Maurice, *Conscience religieuse et démocratie* (Paris: Seuil, 1965).
Mounier, Emmanuel, *Manifeste au service du personnalisme.*
Müller, Klaus-Jurgen, "French Fascism and Modernization", *Journal of Contemporary History*, Vol.11, No.4, Special Issue: Theories of Fascism(Oct., 1976), pp.75-107.
Noiriel, Gérard, "Du "patronage" au "paternalisme": la restructuration des formes de domination de la main-d'oeuvre ouvrière dans l'industrie métallurgique française", *Le Mouvement social*, n.144, Paternalismes d'Hier et d'Aujourd'hui (juil.-sept., 1988), pp.17-35.
Rebérioux, Madeleine, "Socialisme et Religion: un inédit de Jaurès(1891)", *Annales Économies, Sociétés, Civilisations* vol.16, n.6(1961), pp.1097-1120.
Rémond, René, "Les catholiques et le Front Populaire (1936-1937)", *Archives des sciences sociales des religions.* n.10(1960). pp.63-69.
Rémond, René, *Religion et société en Europe* (Paris: Seuil, 1998).
Senarclens, Pierre de, *Le mouvement Esprit 1932-1941* (Lausanne: Éditions l'Âge d'homme, 1974).
Sternhell, Zeev, "Emmanuel Mounier et la contestation de la moralité libérale dans la France des années trente", *Revue française de science politique*, n.6(1984), pp.1141-1180.
Weil, Simone, *La condition ouvrière* (Paris: Gallimard, 1951).
Willard, Claude, La France ouvrière, t.2. 1920-1968 (Paris: Éditions de l'atelier, 1995).
Winock, Michel, *Histoire politique de la revue "Esprit" 1930-1950* (Paris: Seuil, 1975).
김현태, 「무우니에(E. Mounier)의 인격주의적 존재론」, 『가톨릭 신학과 사상』, No.7

(1992), 141-164쪽.
앙리 베르그송, 김재희 옮김, 『도덕과 종교의 두 원천』(서울: 지식을만드는지식, 2009).
시몬느 베이유, 윤진 옮김, 『시몬느 베이유의 사색 1: 중력과 은총』(서울: 사회평론, 1999).
시몬느 뻬트르망, 강경화 옮김, 『불꽃의 여자, 시몬느 베이유』(서울: 까치, 1993).
손은실, 「자끄 마리땡의 『통전적(統全的) 휴머니즘』에 나타난 토미즘의 현재성」, 『가톨릭철학』, Vol.11(2008), 35-63쪽.

9장

〈사료〉

Chocquet, C.-M., *Les devoirs du jeune Français* (Paris, Limoges, Nancy: Charles-Lavauzelle & Cie, 1942).
Foulquié, *Cours de morale pour les élèves de l'enseignement primaire supérieurs*, 1er année (Éditions École et collège, 1941).
Jeanneret, S., *L'école et l'esprit civique* (Paris: Flammarion, 1943).

〈연구서 및 논문〉

Blet, P., s.j., *Pie XII et la Seconde Guerre mondiale d'après les archives du Vatican* (Paris: Perrin, Tempus, 2005).
Boudon, J.-O., *Religion et politique en France depuis 1789* (Paris: Armand Colin, 2007).
Chanet, J. F., & Pelletier, D., "La laïcité à l'épreuve de la sécularisation 1905-2005", *Vingtième Siècle*, n.87 (2005), pp.7-10.
Clément, J. -L., *Les évêques au temps de Vichy* (Paris: Beauchesne, 1999).
Cointet, M., *L'Église sous Vichy* (Paris: Perrin, 1998).
Cointet, M. & J.-P., *Dictionnaire historique de la France sous l'Occupation* (Paris: Tallandier, 2000).
Corcy-Debray, S., *Jérôme Carcopino, un historien à Vichy* (Paris: L'Harmattan, 2001).
Déloye, Y., *École et Citoyenneté: L'individualisme républicain de Jules Ferry à Vichy: controverses* (Paris: Presses de la Fondation Nationale des Sciences Politiques, 1994).
Duquesne, J., *Les Catholiques français sous l'Occupation* (Grasset, 1957).
Fouilloux, E., *Société sécularisée et renouveaux religieux (XXe siècle) Tome 4*, Jacques Le Goff & René Rémond (dirs.), *Histoire de la France religieuse* (Paris: Seuil, 1992).

Fouilloux, E., Duriez, B., Pelletier, D., Viet-Depaule, N., *Les catholiques dans la République 1905-2005* (Paris: Atelier, 2005).
Gilotto, P., *Histoire de la Jeunesse sous Vichy* (Paris: Perrin, 1991).
Haarscher, G., *La laïcité* (Paris: PUF, 2005).
Masson-Gadenne, C., *Le cardinal Liénart, évêque de Lille 1928-1968, un grand pasteur*, Thèse de doctorat Université Charles-de-Gaulle Lille III (1997).
Pelletier, "L'Éole, l'Europe, les corps: la laïcité et le voile", *Vingtième Siècle*, n.87 Numéo spéial. Laïcité séparation, séularisation 1905-2005 (2005), pp.159-176.
Rémond, R., "L'héritage chrétien de l'Europe: Retour sur une controverse historique", *Vingtième Siècle*, n.95 (2007), pp.143-150.
Rioux, "Sur la laïcité", *Vingtième Siècle*, n.31 (1991), pp.95-97.
Rochefort, F., "Foulard, genre et laïcité en 1989", *Vingtième Siècle*, n.75 (2002), pp.145-156.
박단, 『프랑스의 문화전쟁-공화국과 이슬람』 (책세상, 2005).
박단, 「'히잡금지'와 '부르카금지'를 통해 본 프랑스 사회의 이슬람인식」, 『프랑스사연구』, 24호 (2011. 2), 80-111쪽.
박지현, 『누구를 위한 협력인가-비시 프랑스와 민족혁명』 (책세상, 2004).
박지현, 「비시프랑스, 프랑스 공화정의 두 얼굴?」, 이용재, 박단 외 지음, 『프랑스의 열정: 공화국과 공화주의』 (아카넷, 2011).
신행선, 「공화국 학교와 라이시테-여성교육의 필요성과 여성의 역할」, 『프랑스의 열정: 공화국과 공화주의』 (아카넷, 2011), 186-206쪽
오영주, 「신의 왕국에서 인간의 사회로」, 서울대학교 불어문화권연구소, 『프랑스 하나 그리고 여럿』 (강, 2004).

10장

〈사료〉

Assemblée Nationale, *Rapport fait au nom de la mission d'information sur la question du port des signes religieux à l'école*, 2 vol (2003).
Les Documents de Travail du Sénat, Série Législation Comparée : Le Port de la Burqa dans Les Lieux Publics, n.LC201 (Octobre 2009).
Stasi, B., *Rapport au Président de la République: Laïcité et République* (Paris: La Documentation Française, décembre 2003).

〈연구서 및 논문〉

André, M., Finck E. et al., *Histoire de la laïcité* (Paris: Editions PEMF, 1999).
Allieu, N., *Laïcité et culture religieuse à l'école* (Paris: ESF, 1996).

Cholvy, G., *Etre Chrétien en France au XIXe siècle: 1790-1914* (Paris: Seuil, 2000).
Cent ans *d'Ecole Laïque: L'histoire de l'instruction en France à travers les âges* (Société Coopérative Arts et Techniques de l'Office Central de la Coopération à l'Ecole, 1982).
Chanet, J.-F., *L'école républicaine et les petites patries* (Paris: Aubier, 1996).
Darcos, X., *L'école de Jules Ferry 1880-1905* (Paris: Hachette, 2005).
Delfau, G., *Du principe de laïcté: Un combat pour la République* (Paris: Les Editions de Paris, 2005).
Déloye, Y., "Une laïcité de combat pour fonder la République: combats d'hier, enjeux d'aujourd'hui?", *L'Ecole en débats n.1: La Laïcité* (1999).
Fetzer J. S. & Soper, J. C., *Muslims and the State in Britain, France, and Germany* (Cambridge: Cambridge University Press, 2005).
Garreau, L., *L'école, la religion et la politique. de Condorcet à Ferry* (Paris: L'Harmattan, 2006).
Haarscher, *La Laïcité* (Paris: PUF, 2004).
Joppke, C., *Veil: Mirror of Identity* (Cambridge: Polity Press, 2009).
Kiliç, S., "The British Veil Wars", Oxford Journals (Winter 2008).
Lelièvre, C., *L'école "à la française" en danger?* (Paris: Ed. Nathan, 1996).
Orallo, S., *La Laïcité en pratique à école dans l'administration à l'hôpital dans l'entreprise* (Paris: Editions Prat, 2004).
Roy, O., *Secularism confronts Islam* (N.Y.: Columbia University Press, 2007).
Sorrel, Ch., *La République contre les congrégations: Histoire d'une passion française 1899-1904* (Paris: Cerf, 2003).
Weil P. & Crowley, J., "Integration in Theory and Practice: A Comparison of France and Britain", *West European Politics*, Vol. 17 (April 1994).
Wirth, L., *L'exception française* 19e-20e siècles (Paris: Armand Colin, 2000).
강태수, 「독일 무슬림의 종교의 자유」, 『세계헌법연구』, 제15권 2호 (2009.6).
김정인, 「프랑스 제3공화정의 세속화와 국민형성-초등학교 교과서 분석을 중심으로」, 서울대학교 석사학위논문 (1995).
박단, 『프랑스의 문화전쟁-공화국과 이슬람』 (책세상, 2005).
신원경, 「히잡논쟁을 중심으로 본 독일과 이슬람의 문화갈등」, 『아랍어와 아랍문학』, 제12집 2호 (2008.10).
신행선, 「제3공화국 초기 공화국학교와 라이시테-여성교육의 역할과 여성의 역할」, 『프랑스사연구』, 21호 (2009).
염운옥, 「영국의 무슬림 '베일' 논쟁」, 『대구사학』, 101집 (2010.11).
오영주, 「프랑스 공화국, 왜 비종교성인가?」, 『불어불문학연구』, 71집 (2007. 가을).
이철용, 「독일: 히잡의 재발견」,, 박단(편), 『현대서양사회와 이주민: 갈등과 통합 사이에서』 (한성대학교 출판부, 2009).
전수연, 「19세기말 프랑스 초등학교 교과서에 나타난 프랑스의 역사-두 소년의 프랑스 일주를 중심으로」, 『역사교육』, 59집 (1996).
정희라, 「영국: 자유방임식 다문화주의」, 박단(편), 『현대서양사회와 이주민: 갈등과 통합 사이에서』(한성대학교 출판부, 2009).
정희라,「영국: '루시디 사건'」, 박단(편), 『현대서양사회와 이주민: 갈등과 통합 사이에서』(한성대학교 출판부, 2009).
지규철, 「프랑스헌법에서의 라이시테원칙에 관한 고찰」, 『공법학연구』, 제10권 3호 (2009.8).
지규철, 「프랑스공교육에서의 비종교성과 학생의 종교의 자유」, 『고려법학』, 54호 (2009).

색인

ㅇ